Bibliografische Information der Deutschen Bibliothek
Die Deutsche Bibliothek verzeichnet diese Publikation in der Deutschen Nationalbibliografie; detaillierte bibliografische Daten sind im Internet über http://dnb.ddb.de abrufbar.

Andreas Hepp
Auf dem Weg zur digitalen Gesellschaft.
Über die tiefgreifende Mediatisierung der sozialen Welt
Köln: Halem, 2021

Alle Rechte, insbesondere das Recht der Vervielfältigung und Verbreitung sowie der Übersetzung, vorbehalten. Kein Teil des Werkes darf in irgendeiner Form (durch Fotokopie, Mikrofilm oder ein anderes Verfahren) ohne schriftliche Genehmigung des Verlages reproduziert oder unter Verwendung elektronischer Systeme (inkl. Online-Netzwerken) gespeichert, verarbeitet, vervielfältigt oder verbreitet werden.

© 2021 für die deutsche Ausgabe Herbert von Halem Verlag, Köln

Übersetzung aus dem Englischen durch den Autor
Originaltitel: *Deep Mediatization*
All Rights Reserved. Authorised translation from the English language edition published by Routledge, a member of Taylor & Francis Group.

ISBN (Print) 978-3-86962-599-7
ISBN (PDF) 978-3-86962-595-9
ISBN (ePub) 978-3-86962-561-4

Den Herbert von Halem Verlag erreichen Sie auch im Internet unter http://www.halem-verlag.de
E-Mail: info@halem-verlag.de

SATZ: Herbert von Halem Verlag
LEKTORAT: Volker Manz, Rüdiger Steiner
DRUCK: FINIDR, S.R.O., Tschechische Republik
UMSCHLAGFOTO: Timon Stadler / Unsplash
GESTALTUNG: Claudia Ott, Düsseldorf
Copyright Lexicon ©1992 by The Enschedé Font Foundry.
Lexicon® is a Registered Trademark of The Enschedé Font Foundry.

Andreas Hepp

Auf dem Weg zur digitalen Gesellschaft

Über die tiefgreifende Mediatisierung der sozialen Welt

HERBERT VON HALEM VERLAG

ANDREAS HEPP (Jg. 1970) ist Professor am Zentrum für Medien-, Kommunikations- und Informationsforschung (ZeMKI) der Universität Bremen. Aufenthalte als Gastwissenschaftler und Gastprofessor u.a. an der London School of Economics and Political Science, dem Goldsmiths, University of London, der Université Paris II Panthéon ASSAS und der Stanford University (USA). Forschungsschwerpunkte: Mediatisierung, Datafizierung, Mediennutzung und Medienaneignung. (Foto: Beate C. Koehler)

FÜR LEVI DANIEL HEPP

INHALT

VORWORT ZUR DEUTSCHEN AUSGABE

Wir leben nicht in der digitalen Gesellschaft. Wir sind aber auf dem Weg dahin. Diese beiden Sätze mögen zu Beginn eines Buches mit dem Thema ›digitale Gesellschaft‹ überraschen. Sie sollen aber signalisieren, dass wir es bei dem, was unter dem Begriff der digitalen Gesellschaft verhandelt wird, mit einem weitaus komplexeren Zusammenhang zu tun haben, als es gemeinhin den Anschein hat. Was ist die digitale Gesellschaft? Diese Frage ist leicht gestellt. Ungleich schwieriger ist es, sie zu beantworten.

Befasst man sich näher mit dem Begriff ›digitale Gesellschaft‹, so stellt man fest, dass er seit nunmehr mindestens einem Jahrzehnt so etwas wie eine Chiffre zu sein scheint: eine Chiffre für eine Gesellschaft, in der digitale Medien und Infrastrukturen eine herausgehobene Rolle spielen. Betrachtet man alleine die Buchpublikationen im deutschsprachigen Raum, die ›digitale Gesellschaft‹ in ihrem Titel tragen, zeigt sich das Spektrum, mit dem man es zu tun hat: Man findet historische Bände, die die *Wege in die digitale Gesellschaft* (2018) aufzeigen, Sammelbände, die die *Politik in der digitalen Gesellschaft* (2019) reflektieren, Bücher zur *Netzpolitik* (BECKEDAHL/LÜKE 2012), *Kommunikationspolitik* (2015) und *Partizipationskultur* (2014) der digitalen Gesellschaft oder ganze Entwürfe einer *Theorie der digitalen Gesellschaft* (NASSEHI 2019). Die verbindende Linie zwischen so unterschiedlichen Publikationen ist, dass sie unter digitaler Gesellschaft eine Gesellschaft verstehen, die auf digitalen Medien und ihren

Infrastrukturen basiert. Unterschiede gibt es dann in den Perspektiven und Zäsuren. Beispielsweise lässt sich argumentieren, dass die moderne Gesellschaft bereits seit ihren Anfängen verschiedene Probleme aufgeworfen hat, deren »Lösung« (NASSEHI 2019: 12) die heutige Digitalisierung ist. Die digitale Gesellschaft ist in einer solchen Perspektive weit älter als die digitalen Medien selbst. Oder man bringt – wesentlich dichter an unserem Alltagsverständnis – die digitale Gesellschaft mit der schrittweisen »Durchdringung« (BÖSCH 2018: 10) der Gesellschaft mit Computertechnologien in Verbindung. Man hat es dann mit einem Prozess zu tun, der in den 1950er- und 1960er-Jahren begann.

Ich möchte in diesem Buch von einem Verständnis der digitalen Gesellschaft als einer auf digitalen Medien und ihren Infrastrukturen beruhenden Gesellschaft ausgehen. Mein Kernargument dabei ist, dass wir – auch wenn es die oben genannten Publikationen suggerieren – noch nicht in einer solchen Gesellschaft leben, uns aber auf dem Weg dorthin befinden. Es geht mir also um ein *Prozessargument*: Will man wirklich verstehen, was die entstehende digitale Gesellschaft ausmacht, sollte man sich näher mit dem gegenwärtigen Prozess ihres Entstehens befassen. Dies ist nicht unbedingt leicht, befinden wir uns doch inmitten dieses Prozesses. Es handelt sich bei ihm um eine vielschichtige Refiguration der Gesellschaft, die gleichwohl nicht einfach nur auf die jüngsten digitalen Medien verweist, sondern im Zusammenhang der Transformation der Gesellschaft mit und durch Medien insgesamt zu sehen ist.

Die Corona-Pandemie, wie wir sie alle 2020 und 2021 erlebten, ist ein gutes Beispiel für dieses Argument. Zuerst einmal führt uns die Pandemie vor Augen, dass wir gerade *nicht* bereits in einer digitalen Gesellschaft leben: Egal, ob man an das eigene Arbeiten, die Schule und Universität, die öffentliche Verwaltung oder die Organisation privater Unternehmen denkt – der Druck, unter Pandemie-Bedingungen viel mehr als bisher ›online‹ zu realisieren, hat exemplarisch gezeigt, dass dies trotz der von der Politik immer wieder proklamierten Digitalisierungsstrategien nicht so einfach möglich ist. Wären wir wirklich schon in einer digitalen Gesellschaft, in der digitale Medien und Infrastrukturen wirklich die Basis jeglicher sozialen Praktiken sind, hätten wir mit der Pandemie ganz anders umgehen können als in unseren heutigen Gesellschaften, die sich mitten auf dem Weg dahin befinden. Dennoch waren aber elektronische und digitale Medien zentral für die Art und Weise, wie wir diese Pandemie sozial erfahren haben und wie wir mit ihr umgegangen sind.

Es lassen sich hier zumindest vier Punkte ausmachen. Erstens haben wir die Pandemie von Beginn an auf der Basis von *medienvermittelten Erwartungen* erfahren. Filme und Serien, die gefährliche Viren, deren rasche Verbreitung und das Kämpfen der Menschheit mit diesen zum Gegenstand haben, sind mindestens seit den 1970er-Jahren populär. Und für diejenigen, die sie noch nicht kannten, waren sie nach Ausbruch von Covid-19 über die verschiedenen digitalen Plattformen leicht verfügbar. Vor diesem Hintergrund haben wir uns der Pandemie von bestehenden medienvermittelten Skripten dazu, was ›passieren kann‹ und ›wie man damit umgehen muss‹, aus angenähert. Zweitens haben wir eine *medienvermittelte Erfahrung* der Pandemie: Was wir über die Pandemie wissen, wurde uns über die Medien vermittelt, wobei hier der in Teilen automatisierte Datenjournalismus – die fortlaufende visuelle Aufbereitung der letzten Corona-Zahlen (Infektionen, Tote, Impfungen) – phasenweise eine erhebliche Rolle gespielt hat. Drittens haben wir es mit einer fortlaufenden *medienvermittelten Analyse* des Pandemieverlaufs zu tun. Damit ist gemeint, dass insbesondere digitale Medien und deren Infrastrukturen dazu eingesetzt werden, ›Daten‹ darüber zu gewinnen, wie Menschen mit der Pandemie umgehen. Beispiele dafür sind die Analysen zur Mobilität der Menschen während des Lockdowns anhand von Login-Daten ihrer Mobiltelefone oder verschiedene mathematische Modellierungen möglicher Pandemieverläufe anhand unterschiedlicher anderer digitaler Daten. Viertens schließlich waren wir immer wieder mit der Idee einer *medienvermittelten Lösung* einzelner Probleme der Pandemie konfrontiert. Insbesondere digitale Medien sind hier zu nennen, wenn beispielsweise zu Beginn der Pandemie die Politik eine Covid-App als zentrale Lösungsstrategie imaginierte, wenn digitale Verkaufs-, Vermittlungs- und Präsentationsplattformen als Lösung gesehen wurden, um einen Zusammenbruch von lokaler Wirtschaft, Kultur- und Veranstaltungsbranche zu verhindern, oder wenn das Homeoffice nur durch spezifische Plattformen und Videokonferenzsysteme möglich war. In all diesen Fällen wurden erhebliche Teile der ›Lösungen‹ aus dem Silicon Valley eingekauft und haben Unternehmen dort um die Faktoren reicher gemacht, wie Menschen durch die Pandemie in Deutschland ärmer wurden. Ungleichheiten der entstehenden digitalen Gesellschaft wurden durch die Pandemie nicht nur für alle ersichtlich, sondern mit großer Wahrscheinlichkeit weiter verschärft.

Aus Sicht der Kommunikations- und Medienforschung verwundert all dies kaum. Seit Längerem wird zu der Frage geforscht, wie sich Kultur und Gesellschaft mit dem Wandel von Medien und Kommunikation ändern – und digitale Medien und deren Infrastrukturen sind nur Teil der letzten Stufe eines lang anhaltenden Wandels. Dieser Prozess der zunehmenden Durchdringung von Gesellschaft mit technischen Kommunikationsmedien wird als ›Mediatisierung‹ bezeichnet und hat eine lange Geschichte. So können wir uns beispielsweise moderne Nationalstaaten ohne mechanische und elektronische Massenmedien wie Druckmedien und Rundfunk nicht vorstellen. Erst diese machten es möglich, dass sich eine große Zahl von Menschen zu so etwas wie einer Nation ›zugehörig‹ fühlte. Oder anders formuliert: Die Nation wurde mit diesen und durch diese Medien erst »erfunden« (ANDERSON 1996: 1). Und auch unsere heutigen, hochgradig differenzierten Gesellschaften sind ohne die gegenwärtigen Medien – wie sie in Endgeräten wie dem Smartphone, Laptop oder Tablet greifbar werden – nicht vorstellbar. Weil diese digitalen Medien und Infrastrukturen unsere heutigen Gesellschaften umfassend durchdringen, spricht man hier von einer *tiefgreifenden* Mediatisierung – im Englischen ›deep mediatization‹, ähnlich wie auch ›deep learning‹ oder ›deep analytics‹ für verschiedene computerbasierte Verfahren des maschinellen Lernens oder der automatisierten Datenanalyse.

Das Kernargument dieses im englischen Original unter dem Titel *Deep Mediatization* erschienenen Buches ist, dass wir uns mit dem Prozess der tiefgreifenden Mediatisierung auf dem Weg zur digitalen Gesellschaft befinden. Wenn wir die digitale Gesellschaft für uns alle auf eine produktive Weise gestalten wollen, ist es zuerst einmal notwendig, diese Transformation – die Refiguration von Gesellschaft mit digitalen

Medien und deren Infrastrukturen – zu verstehen. Hierzu möchte ich in diesem Buch das Rüstzeug vermitteln. Bei der Übersetzung des englischen Buches ins Deutsche – die während des zweiten Lockdowns der Corona-Pandemie entstand – habe ich an einigen Stellen zusätzliche Erläuterungen, Beispiele und Literaturhinweise eingefügt, die mir für ein deutschsprachiges Publikum wichtig erschienen. Im Kern ist die deutsche Übersetzung aber identisch mit der englischen Originalausgabe.

***

Ich möchte dieses Buch meinem Sohn Levi Daniel Hepp widmen, der selbst zum Studium auszog, als ich die letzten Korrekturen am Original in englischer Sprache vornahm. Meine Hoffnung ist, dass zumindest einige der Gedanken, die ich formuliert habe, für ihn anregend sein werden.

Danken möchte ich vor allem meiner Frau Beate C. Koehler für die vielen Ermutigungen und Unterstützungen, die ich erfahren habe, sowie für ihre Begleitung bei Gastprofessuren, Auslandsaufenthalten und diversen Auslandsreisen. Ohne ihre Liebe, Akzeptanz, Unterstützung und Hilfe wäre dieses Buch nicht möglich gewesen.

Dieses Buch ist das Ergebnis einer umfangreichen Forschungsarbeit, die zu einem großen Teil in Zusammenarbeit mit Kolleg:innen durchgeführt wurde, denen ich an dieser Stelle ebenfalls danken möchte. Der Ansatz, der meiner Argumentation zugrunde liegt, wurde in vier wissenschaftlichen Kontexten entwickelt. Dies ist erstens die gemeinsame Arbeit mit Nick Couldry zum Themenfeld der kommunikativen Konstruktion von Wirklichkeit, deren Ergebnis u.a. das Buch *The mediated construction of reality* ist. Ich möchte Nick für die mehr als zehnjährige Zusammenarbeit und für die Möglichkeit danken, unsere gemeinsamen Ideen weiterzuentwickeln. Der zweite Kontext ist der Forschungsverbund ›Kommunikative Figurationen‹, in dem wir die medienbedingte Refiguration der Gesellschaft empirisch erforschen. Ich danke allen Beteiligten, insbesondere Andreas Breiter, Uwe Hasebrink, Leif Kramp und vor allem Wiebke Loosen für die anregende Arbeit in unseren gemeinsamen Projekten, die mir immer wieder neue Themenfelder erschlossen hat. Wichtig war hier für mich – neben der gemeinsamen theoretischen Arbeit – vor allem die Forschung zu Pioniergemeinschaften und zum Pionierjournalismus. Als dritter Kontext ist das DFG-Schwerpunktprogramm ›Mediatisierte Welten‹ zu nennen, in dem wir sechs Jahre lang die Mediatisierung verschiedener gesellschaftlicher Domänen untersucht haben. Ich möchte mich bei allen Mitgliedern dieses Programms für die gemeinsame Arbeit und die vielen anregenden Diskussionen bedanken, insbesondere bei Ronald Hitzler, Friedrich Krotz, Michaela Pfadenhauer und all den ›jungen Wilden‹, die schon früh Fragen zur Datafizierung aufgeworfen haben. Viertens basiert dieses Buch auf mehr als 15 Jahren empirischer Forschung zur Mediatisierung am Zentrum für Medien-, Kommunikations- und Informationsforschung (ZeMKI) der Universität Bremen. An dieser Stelle möchte ich mich bei allen Kolleg:innen für die konstruktive und anregende Zusammenarbeit über so viele Jahre hinweg bedanken, insbesondere bei den Mitgliedern meines Labs ›Mediatisierung und Globalisierung‹, mit denen ich auch frühere Versionen dieses Buches diskutiert habe: Alessandro Belli, Susan Benz, Matthias Berg (der inzwischen am Fraunhofer-Institut für Experimentelles Software Engineering arbeitet), Julia Gantenberg, Stephan Görland, Andrea Grahl, Katharina Heitmann, Marco Höhn (der mittlerweile leider verstorben ist), Florian Hohmann, Sigrid Kannengießer, Heiko Kirschner, Leif Kramp, Hendrik Kühn, Anke Offerhaus, Cindy Roitsch und Anne Schmitz.

Darüber hinaus habe ich in diesem Buch verschiedene Anregungen aus Forschungsaufenthalten und Konferenzen aufgegriffen, für die ich mich ausdrücklich bedanken möchte. Kapitel 3 dieses Buches ist während einer Gastprofessur an der Université Paris 2 Panthéon-Assas entstanden. In diesem Zusammenhang möchte ich mich bei meinen dortigen Kolleg:innen bedanken, insbesondere bei Tristan Mattelart, ohne den mein Aufenthalt nicht möglich gewesen wäre und der mir sehr konstruktives Feedback während meiner Zeit dort gab. Die Kapitel 5 und 6 habe ich geschrieben, als ich Gastprofessor am Department of Media and Communications der London School of Economics and Political Science war. Auch hier möchte ich mich bei meinen dortigen Kolleg:innen bedanken, insbesondere bei Bart Cammaerts, Nick Couldry,

Sonia Livingstone und Robin Mansell – nicht nur dafür, dass sie mir den Aufenthalt ermöglicht haben, sondern auch für die Anregungen, die sie in vielen Gesprächen gegeben haben (und die vielen schönen Abende in und um London). In die deutsche Übersetzung sind einige Hinweise eingeflossen, die ich während eines Gastaufenthalts am Department of Communication der Stanford University erhalten habe. Hier danke ich insbesondere Fred Turner, dass er den Aufenthalt möglich gemacht hat – sowie für die Anregungen, die er mir gab. Darüber hinaus konnte ich Teile des Manuskripts dieses Buches auf vielen Konferenzen und Workshops vorstellen, teilweise als Keynotes, teilweise als Panel Papers. An dieser Stelle möchte ich mich bei allen bedanken, die mich großzügig eingeladen haben, bei den Teilnehmer:innen der Tagungen und Workshops für die vielen ausführlichen Diskussionen und bei den anonymen Gutachter:innen für die Hinweise, die ich erhalten habe. Ein großer Dank geht auch an die Sektion Mediatization der European Communication Research and Education Association (ECREA), die seit vielen Jahren eine perfekte Heimat bietet, um Fragen der Mediatisierung zu diskutieren.

Ich möchte mich bei Göran Bolin, Nick Couldry, Knut Lundby, Wiebke Loosen und Kim Schrøder für ihre sehr hilfreichen Kommentare zum ersten Entwurf dieses Buches bedanken. Ihre Hinweise auf Unschärfen in der Argumentation, fehlende Beispiele und Verweise sowie reine Denkfehler ermöglichten es mir, das Manuskript weiter zu verbessern.

Eine wesentliche Hilfe bei der Fertigstellung des englischen Manuskripts waren verschiedene studentische Hilfskräfte. Ich möchte Jeanette Asmuss, Linda Siegel und Kian Reiling für ihre Besuche in der Bibliothek, ihre Visualisierungen der Daten und ihr Korrekturlesen danken. Alle drei haben mich bei meiner Arbeit maßgeblich unterstützt. Ein ganz besonderer Dank geht an Marc Kushin, der mir bei der sprachlichen Überarbeitung meines englischen Manuskripts geholfen hat. Bei der Übersetzung half mir Nicola Peters beim Finden der deutschen Zitate, bei der Korrektur des Literaturverzeichnisses und beim Erstellen des Index. Vor allem danke ich aber Leif Kramp, der mein Manuskript kritisch auf nach wie vor auftretendes ›Denglish‹ durchsah, sowie Heide Pawlik für die finalen Korrekturen.

Dem Verlag Herbert von Halem möchte ich dafür danken, dass er diese deutsche Übersetzung von *Deep Mediatization* möglich gemacht hat. Danken möchte ich daneben Volker Manz für das sorgfältige Lektorat. Mein Dank geht insbesondere an Rüdiger Steiner für die vortreffliche Betreuung und Begleitung im Prozess des Übersetzens sowie für seine Korrekturen und Hinweise zum eingereichten deutschen Manuskript.

Aber all diese Dankesworte dürfen nicht darüber hinwegtäuschen, dass ich für die verbleibenden Fehler, Unklarheiten oder einfach schlechtes Schreiben selbst verantwortlich bin. Es liegt nun an den Leser:innen, über die Qualität dieses Buches zu entscheiden. Ich hoffe jedenfalls, dass es für viele Menschen anregend sein wird und dass es unser kollektives Nachdenken über die tiefgreifende Mediatisierung und die entstehende digitale Gesellschaft voranbringt.

Bremen, im Sommer 2021
Andreas Hepp

1. EINLEITUNG

Populäre Medien präsentieren uns gerne fiktive Charaktere wie Mia, eine junge Frau, die im Jahr 2037 lebt: Eines Morgens wird Mia mit freundlichen Worten von Ben, ihrem künstlichen Begleiter, aus ihrem tiefen Schlaf geweckt. Ben ist eine auf künstlicher Intelligenz (KI) basierende Softwareanwendung, die hauptsächlich in der ›Cloud‹ existiert. Mia kann jederzeit über ihre Smartwatch, ihr Mobiltelefon und andere Geräte auf Ben zugreifen. Sie lebt in einem Smart Home: Wenn sie ihr Badezimmer betritt, schaltet sich das Licht automatisch ein. Am Rand des Badspiegels erscheint stets ein kuratierter Fluss von Nachrichten aus ihren Social-Media-Kanälen sowie eine Auswahl von Gesundheitsdaten und persönlichen Metriken wie ihre Herzfrequenz, die Qualität ihres Schlafs in der letzten Nacht und wie viele Kalorien sie am Vortag verbrannt hat. Das Essen in ihrer Küche wird automatisch zubereitet; künstliches Fleisch wird dafür in Bioreaktoren gezüchtet und der Kühlschrank wird automatisch durch Online-Einkäufe aufgefüllt. Mia fährt mit einem Hochgeschwindigkeitszug zur Arbeit. Wenn sie sich individueller durch die Stadt bewegen möchte, kann sie dies in einem autonomen Elektroauto tun. Sie arbeitet in einem Support-Center für autonome Fahrzeuge und es ist ihre Aufgabe, einen Simulator zu steuern, um einen fahrerlosen Lkw durch belebte Innenstädte zu manövrieren, wenn menschliche Unterstützung benötigt wird. Dank der Produktivitätsvorteile, die Robotik und KI-Technologien bieten, muss Mia nur vier Stunden am Tag arbeiten. In ihrer Freizeit genießen Mia und ihre Freunde Virtual-Reality-Erlebnisse und reisen auf diese Weise an weit entfernte Orte, vielleicht zu einem Außenposten auf dem Mars, um über die wogenden Dünen des Roten Planeten zu fahren.

Dieses Szenario wurde ursprünglich als ›Multimedia-Story‹ von Journalist:innen des deutschen Nachrichtenmagazins *Der Spiegel* in Zusammenarbeit mit Zukunftsforscher:innen des Ars Electronica Future Lab entwickelt. Der Artikel positioniert sich als »optimistische[r] Blick in die Zukunft, der nicht zwangsläufig der realistischste ist«.[1] Trotz der oft beschworenen Risiken und Gefahren, die mit der Digitalisierung verbunden werden, geht es den Autor:innen vor allem um die »Chancen [...], die die Zukunft bietet«. Ihr Szenario begreifen sie dabei nicht als »haltlose Fantasie«, sondern als eine »auf dem aktuellen Stand der Forschung« basierende Zukunftsvision, die von den bereits heute verfügbaren medientechnologischen Innovationen ausgeht.

Es gibt mehrere Gründe, warum ich dieses Buch mit der Geschichte von Mia beginne. Zunächst einmal zeigt Mias Alltagswelt, wie ein Leben in der digitalen Gesellschaft aussehen könnte. Einige der im Szenario beschriebenen Möglichkeiten sind bereits heute Teil unserer Alltagswelt: Während Bens Funktionalitäten umfangreicher sind als die der aktuellen Sprachassistenten, haben wir auf ähnliche Artificial Companions bereits jetzt über unsere Smartphones, Smartwatches und andere ›smarten‹ Geräte Zugriff. Beispiele dafür sind Amazons Alexa, Microsofts Cortana oder Apples Siri. Diese sind bereits in der Lage, unsere Termine zu erfassen, wir können Nachrichten und E-Mails diktieren, nach Informationen suchen lassen und mit einfachen Sprachbefehlen Einkäufe tätigen. Und diese Begleiter ›leben‹ bereits jetzt in der ›Cloud‹. Es scheint, dass wir möglicherweise auf dem besten Weg zu einer digitalen Gesellschaft sind, die dem oben beschriebenen Szenario ähnelt.

Interessant ist dieses Szenario aber auch im Hinblick auf das, was es *nicht* thematisiert – nämlich die potenziell problematischen Aspekte eines durch immer mehr vernetzte digitale Medientechnologien umfas-

1 Siehe https://www.spiegel.de/wirtschaft/deutschland-in-der-zukunft-wie-wir-2037-leben-werden-a-1183331.html [01.05.2019].

send durchdrungenen Lebens. Zum Beispiel sammeln heutige Sprachassistenten kontinuierlich Daten über uns, während wir sie nutzen. In vielen Fällen ist die automatisierte Analyse dieser Daten das zentrale Geschäftsmodell hinter ihrer Entwicklung. Technologien, bei denen wir mittels Simulation Fahrzeuge und andere Geräte steuern, sind bereits in mehr Berufen verbreitet, als wir denken. Aber auch hier wird in der Zukunftsvision des *Spiegel* nicht deutlich, in welchen Bereichen die Simulationssteuerung derzeit am weitesten verbreitet ist.[2] Wenn wir ihren Einsatz genauer untersuchen würden, könnten wir feststellen, dass ihr vorherrschendes Einsatzgebiet das Militär und dessen Steuerung unbemannter Drohnen ist.

Einerseits unterscheidet sich Mias Geschichte also vielleicht gar nicht so sehr von der heutigen Zeit, in der digitale Medien und Technologien bereits in erheblichem Maße die Alltagswelt durchdringen. In der sozialwissenschaftlichen Medien- und Kommunikationsforschung wird diese zunehmende »Verschränkung« (engl.: »entanglement«, SCOTT/ORLIKOWSKI 2014: 873) unserer sozialen Welt mit allgegenwärtigen Medientechnologien als »tiefgreifende Mediatisierung« bezeichnet. Andererseits projiziert die Erzählung des *Spiegel* das Fortschreiten einer solchen tiefgreifenden Mediatisierung in die Zukunft der digitalen Gesellschaft ausschließlich als eine durch digitale Technologien besser und effizienter gewordene Alltagswelt. Die Darstellung bleibt kurzsichtig gegenüber den möglichen negativen Seiten eines durch tiefgreifende Mediatisierung geprägten Lebens.

Die utopische Beschreibung des *Spiegel* stimmt mit vielen anderen Mainstream-Darstellungen des medialen Wandels überein, in denen uns Imaginationen von möglichen Zukünften präsentiert werden. Journalist:innen und Zukunftsforscher:innen versprechen seit Jahrzehnten eine ›schöne neue Welt‹ der digitalen Gesellschaft. Diese Welt ist ›weiß‹, sie ist ›sauber‹ und einfach ›besser‹, weil sie durch ›weiße‹, ›saubere‹ und ›bessere‹ Medientechnologien geschaffen wird. Wir können

2 Eine anschauliche fiktionale Darstellung dieser Art von Arbeitsumgebung bietet der Film *Eye on Juliet* (2018), in dem die Hauptfigur Gordon als Supervisor einer Ölpipeline im Nahen Osten Überwachungsdrohnen steuert, die wie Krabben über den Wüstenboden krabbeln. Siehe http://eyeonjuliet-themovie.ca [01.05.2019].

solche Mythen bis zum Beginn der Digitalisierung zurückverfolgen. Schon in den 1950er-, 1960er- und 1970er-Jahren wurde von digitalen Medientechnologien erzählt, die eine Fülle von ›positiven‹ Transformationen der Gesellschaft mit sich bringen würden. Wir würden mit ihnen beispielsweise in einer ›neuen Wirtschaft‹ (ALEXANDER 1983) kooperieren und in ›virtuellen Gemeinschaften‹ (RHEINGOLD 1994) zusammenleben.

Solche Erzählungen zeigen, dass die tiefgreifende Mediatisierung nicht einfach von Technologieunternehmen ›produziert‹ und von Nutzer:innen ›angeeignet‹ wird. Sie wird auch von verschiedenen Akteur:innen imaginiert und durch positive Zukunftsszenarien wie die oben beschriebenen vorangetrieben. Wir haben es bei dem Entstehen der digitalen Gesellschaft mit einem hochdynamischen und vielschichtigen Prozess zu tun.

In diesem Buch möchte ich der so entstehenden digitalen Gesellschaft nachspüren. Als digitale Gesellschaft bezeichne ich solche Gesellschaften, deren verschiedene Domänen – Gemeinschaften, Organisationen, Gruppen etc. – auf digitalen Medien und deren Infrastrukturen beruhen. Der Wandlungsprozess, der uns hin zur digitalen Gesellschaft führt, ist die tiefgreifende Mediatisierung. In einem solchen Verständnis ist die digitale Gesellschaft noch nicht vollkommen erreicht. Aber wir sind in vielen Ländern der Erde auf dem besten Weg dahin. Um die sich so eröffnenden Möglichkeiten, aber auch Grenzen und Probleme nachzeichnen zu können, bedarf es allerdings vor allem eines Verständnisses des *Wandlungsprozesses* ihres Entstehens: der tiefgreifenden Mediatisierung selbst. Mein Ziel mit diesem Buch ist es, zu einem Verständnis dieser tiefgreifenden Mediatisierung beizutragen, um den Blick für die Herausforderungen der Gestaltung einer digitalen Gesellschaft zu eröffnen.

1.1 VON DER MEDIATISIERUNG ZUR TIEFGREIFENDEN MEDIATISIERUNG

Der in den Sozial- und Kulturwissenschaften häufig genutzte Begriff der Mediatisierung verweist auf eine Erfahrung, die jede:r aus dem Alltag kennt: Technologisch basierte Kommunikationsmedien durchdringen immer mehr gesellschaftliche Domänen, die sich gleichzeitig drastisch verändern. Allgemein gesagt bezeichnet der Begriff ›Mediatisierung‹ das Wechselverhältnis des Wandels von Medien und Kommunikation auf der einen Seite und des Wandels von Kultur und Gesellschaft auf der anderen Seite (COULDRY/HEPP 2013: 197). Mit Bezug auf diese Alltagserfahrung lässt sich sagen, dass Mediatisierung sowohl quantitative als auch qualitative Merkmale aufweist.

Quantitative Aspekte betreffen die immer stärkere Verbreitung von Medien in der Gesellschaft. Sie lässt sich in dreifacher Hinsicht erfassen (KROTZ 2007a: 96): zeitlich (Medien wie beispielsweise das Fernsehen waren früher nur zu bestimmten Tageszeiten verfügbar; heute ist es rund um die Uhr zugänglich), räumlich (Medien wie das Telefon waren in der Vergangenheit als Festnetztelefon ortsgebunden; heute ist es als Mobiltelefon an nahezu allen Orten und in Bewegung verfügbar) und sozial (unsere sozialen Praktiken werden mit einer Vielzahl von Medien verschränkt und durch sie ergänzt, wenn wir uns beispielsweise über www, YouTube und Bücher über ein und dieselbe Sache informieren). Einige Medienforscher:innen haben argumentiert, dass Medien so allgegenwärtig geworden sind, dass wir von der »medialen Vermittlung von allem« sprechen können, der »mediation of everything« (LIVINGSTONE 2009: 1).

Eine qualitative Analyse der Mediatisierung richtet ihr Augenmerk sowohl empirisch als auch theoretisch darauf, welche spezifischen Folgen diese Durchdringung der sozialen Welt mit Medien hat und inwieweit sich dies auf den sozialen und kulturellen Wandel bezieht.[3] Die Mediatisierungsforschung befasst sich aber nicht mit den Wirkungen einzelner Medieninhalte, sondern mit der Art und Weise, wie sich die Gesellschaft und die menschlichen Praktiken als solche durch die Prägkräfte der Medien verändern. Mediatisierung kann daher als »sensibilisierender Begriff« verstanden werden,[4] der »einen allgemeinen Bezugsrahmen und eine Orientierung bei der Annäherung an empirische Instanzen« (BLUMER 1954: 7) gibt und so die Aufmerksamkeit auf (aktuelle) Phänomene in Kultur und Gesellschaft lenkt. In diesem Sinne ›sensibilisiert‹ uns Mediatisierung für grundlegende Transformationen, die wir mit

3 Siehe hierzu die verschiedenen Beiträge in Lundby (2014).
4 Zu diesem Argument siehe Jensen (2013: 206).

der heutigen Medienumgebung erleben, und zwar insbesondere in dreierlei Hinsicht: die historische Tiefe des Prozesses medienbezogener Transformationen, die Vielfalt medienbezogener Transformationen in den unterschiedlichen sozialen Domänen und das Wechselverhältnis von medienbezogenen Transformationen mit weiteren Modernisierungsprozessen (LUNT/LIVINGSTONE 2016: 465).

Ein aktueller Schwerpunkt innerhalb der Mediatisierungsforschung ist der digitale Charakter der gegenwärtigen Medien und die damit verbundene Notwendigkeit, die gesamte Idee der Mediatisierung neu zu überdenken. Während die ersten Beiträge zu diesem Thema eher allgemein gehalten waren (FINNEMANN 2014; MILLER 2014), hat sich die Diskussion in dem Maße intensiviert und konkretisiert, wie die Digitalisierung die Prozesse der Mediatisierung und damit das Entstehen der digitalen Gesellschaft vorangetrieben hat. Die Gründe dafür sind vielschichtig. Mediatisierungsforscher:innen sind sich bewusst geworden, dass medienbezogener Wandel weniger durch den Einfluss *eines* dominanten Mediums vorangetrieben wird, sondern vielmehr durch die Differenzierung einer großen Zahl von hochgradig vernetzten digitalen Medien und die damit verbundene Veränderung von Kommunikation. Der Fokus hat sich daher auf den »polymedialen« (MADIANOU 2014: 323) Charakter des Lebens und die »Mannigfaltigkeit« (COULDRY 2012: 16) der heutigen Medienumgebung verlagert. Vor diesem Hintergrund und um zu verstehen, wie Medien die unterschiedlichen sozialen Domänen prägen, ist es notwendig, digitale Medien in ihrer Wechselbeziehung zueinander zu betrachten. Dabei sind digitale Medien nicht mehr nur Mittel der Kommunikation. Sie sind aufgrund ihres digitalen Charakters, während sie für Kommunikation genutzt werden, gleichzeitig Mittel zur Erzeugung von Daten. Diese Daten dienen als Quelle für verschiedene Formen der automatisierten Verarbeitung und sind so zu einem grundlegenden Bestandteil der Konstruktion unserer sozialen Welt geworden.

Hervorzuheben ist, dass wir mit der Digitalisierung in eine neue Stufe der Mediatisierung eingetreten sind, die wir als *tiefgreifende Mediatisierung* bezeichnen können. Die tiefgreifende Mediatisierung ist ein fortgeschrittenes Stadium dieses Prozesses, bei dem zunehmend alle Elemente unserer sozialen Welt eng mit digitalen Medien und den ihnen zugrunde liegenden Infrastrukturen verbunden sind (COULDRY/HEPP 2017: 7, 34). Wie die bisherige Forschung gezeigt hat, ist die Mediatisierung kein linearer Prozess, sondern vollzieht sich in verschiedenen ›Schüben‹ der grundlegenden Veränderung der Medienumgebung. Wenn wir die letzten Jahrhunderte betrachten, können wir mindestens drei solcher Schübe ausmachen: die Mechanisierung, die Elektrifizierung und die Digitalisierung.

Die Mechanisierung bezieht sich auf die Veränderungen der Medienpraktiken, wie sie durch mechanische Prozesse hervorgerufen werden. Dafür steht insbesondere die Erfindung der Druckerpresse um 1400, dazu zählen müssen wir aber auch die Entwicklung anderer mechanischer Medien wie der Schreibmaschine und der Kamera, die sich im 19. und 20. Jahrhundert verbreiteten. Die Elektrifizierung führt zum Entstehen der elektronischen Medien im Laufe des 20. Jahrhunderts; dabei fallen uns in erster Linie Radio und Fernsehen ein, aber auch Technologien wie der Phonograph und das Telefon sind von Relevanz. Wir können deutlich sehen, dass durch Prozesse der ›Remediation‹ (BOLTER/GRUSIN 2000) ältere Technologien in neue umgewandelt werden; so wie die Bildgestaltung der Malerei in der Fotografie aufging, so erneuerte der elektrisch betriebene Offsetdruck und schließlich der Fotokopierer Gutenbergs mechanische Druckpresse. Die Schreibmaschine wurde zur elektrischen Schreibmaschine und zur Computertastatur. Der Film im Kino wurde zum Fernsehspiel und so weiter. Der aktuellste Schub der Mediatisierung ist die Digitalisierung, von der ein Teil der Trend zur zunehmenden Datafizierung ist.[5] Medien werden computerisiert, und Objekte, die vorher nicht als Medien galten, ein Auto z. B., werden durch ihre digitale Konnektivität zu Medien. Da diese digitalen Medien nun softwarebasiert sind und sich durch Algorithmen – in Einzelschritten definierte Abfolgeregeln, wie sie z. B. in Computerprogrammen festgelegt sind – automatisieren lassen, sind sie nicht mehr nur Mittel der

5 In unserem Buch *The Mediated Construction of Reality* diskutierten Nick Couldry und ich die Frage, ob ein »neuer Schub der Datafizierung innerhalb des Schubs der Digitalisierung« (COULDRY/HEPP 2017: 41) entsteht. In Erweiterung unserer ursprünglichen Überlegungen ist mein folgendes Argument, dass wir Datafizierung am besten als einen der aktuellen Trends der tiefgreifenden Mediatisierung verstehen, deren Ausbildung wiederum mit der der Digitalisierung verbunden ist.

Kommunikation, sondern fungieren auch als Generatoren von Daten. Dies zeigt deutlich, wie das fortgeschrittene Stadium der tiefgreifenden Mediatisierung mit dem Entstehen einer digitalen Gesellschaft verbunden ist: einer Gesellschaft, in der soziale Prozesse eng an die automatisierte Verarbeitung von Daten gekoppelt sind.

Die oben beschriebenen Schübe der Mediatisierung sind in sich widersprüchlich und entstanden in verschiedenen Phasen der Geschichte als Folge von Kräften, die über die Medien selbst hinausgehen. Es ist jedoch klar, dass die Allgegenwärtigkeit der Medien in unserer heutigen sozialen Welt sich größtenteils in der Folge ihrer digitalen Umgestaltung ergeben hat. Die softwarebasierten Medien werden in einer Vielzahl von digitalen Endgeräten konkret. Das Medium ›Radio‹ ist z.B. nicht mehr an das Radiogerät gebunden. Mit einer Vielzahl von Softwarelösungen können wir eine ganze Reihe von digitalen Geräten nutzen, um Radio zu hören. Einige sehen immer noch wie Radios aus (das Digitalradio als eigenständiges Endgerät), andere sind Software-Interfaces auf unseren Bildschirmen (eine Radio-App auf einem Smartphone). Das gleiche Prinzip können wir beim Fernsehen, bei der Telefonie und der gesamten Breite der Mediendienste und -geräte, die wir nutzen, ausmachen.

Die tiefgreifende Mediatisierung stellt eine Herausforderung für die Mediatisierungsforschung dar, weil sie nun die Analyse von Algorithmen, Daten und digitalen Infrastrukturen einbeziehen muss. Die Untersuchung von Algorithmen und Daten wird notwendig, da in einem Zustand tiefgreifender Mediatisierung Teile der Konstruktion der sozialen Welt durch automatisierte Datenverarbeitung erfolgen. Die Klassifizierung von Daten z.B. beim Online-Shopping in Bezug auf bestimmte Gruppen von Konsument:innen oder persönliche Empfehlungen auf der Basis von Download-Historien müssen anders analysiert werden als z.B. politische Diskussionen in Talkshows.[6] Und ein Teil der Aufmerksamkeit muss dabei auf die Infrastrukturen gerichtet werden, die den heutigen digitalen Medien zugrunde liegen.[7]

6 Siehe z.B. Beer (2016) und Gillespie, Boczowski und Foot (2014).

7 Das zeigen eindrücklich die Arbeiten von Bowker et al. (2010), Parks und Starosielski (2015), Karasti und Baker (2004) sowie Mosco (2017).

Da es sich bei der Mediatisierung um ein Konzept handelt, das uns für die gegenwärtigen Veränderungen mit den digitalen Medien und ihren Infrastrukturen sensibilisiert, müssen wir die bisherige Diskussion in der Mediatisierungsforschung nochmals überdenken. Die aktuellen Veränderungen zwingen uns, weitere analytische Konzepte in unseren Begriffsapparat zu integrieren – Konzepte, die Fragen von Algorithmen, Daten und digitalen Infrastrukturen adressieren. Vor dem Hintergrund dieser analytischen Anforderung schwingen im Begriff der tiefgreifenden Mediatisierung auch verschiedene andere Verwendungen von ›deep‹ mit, wie etwa ›deep learning‹ (worunter eine neue Art maschineller Lernprozesse auf der Basis algorithmischer Verfahren verstanden wird) oder ›deep analytics‹ (ein anderer Ausdruck für Data Mining). Die Bildung des Begriffs ›tiefgreifende Mediatisierung‹ – im Englischen: ›deep mediatization‹ – ist daher sehr gezielt erfolgt, um deutlich zu machen, dass es sich um die Stufe der Mediatisierung handelt, bei der die Analyse von Algorithmen, Daten und digitalen Infrastrukturen entscheidend wird für unser Verständnis der sozialen Welt. Oder anders formuliert: Wir können das Entstehen der digitalen Gesellschaft nur dann angemessen erfassen, wenn wir deren Verankerung in Prozessen tiefgreifender Mediatisierung verstehen und einen angemessenen Begriffsapparat haben, um diese zu beschreiben.

1.2 TRADITIONEN UND PERSPEKTIVEN

Mit meinem Fokus auf tiefgreifende Mediatisierung positioniere ich dieses Buch innerhalb einer bestimmten Perspektive. Grundlegend lassen sich in der Mediatisierungsforschung zwei Denkrichtungen unterscheiden, nämlich die institutionalistische und die sozial-konstruktivistische Tradition.[8]

8 Göran Bolin (2014; 2017: 19-24) und Knut Lundby (2014) unterscheiden drei Traditionen der Mediatisierungsforschung: neben den oben erwähnten, institutionalistischen und der sozial-konstruktivistischen, zudem eine technologische. Allerdings teile ich mit André Jansson (2018: 2-3) die Ansicht, dass man zwar grundsätzlich eine technologische Per-

Die institutionalistische Tradition ist aus der Massenkommunikations- und Journalismusforschung hervorgegangen. Die Forschung in dieser Tradition konzentriert sich auf den Einfluss von Medien – verstanden als »semi-unabhängige Institution« (HJARVARD 2013: 21) – auf andere, scheinbar unabhängige Bereiche von Kultur und Gesellschaft. Zentral dafür ist die Idee der ›Medienlogik‹. Von David Altheide und Robert Snow (1979) entwickelt, beschrieb das Konzept der Medienlogik ursprünglich den Einfluss bestimmter massenmedialer Formate, insbesondere des Fernsehens: die ›Eigenlogik‹ der Medien bei der Verarbeitung und Darstellung von Inhalten, die – so die Annahme – zunehmend andere Bereich der Gesellschaft wie Politik oder Religion dominiere. In jüngerer Zeit wird das Konzept aber breiter verstanden. Es wird von Medienlogiken im Plural gesprochen, um damit sehr unterschiedliche medienbezogene Dynamiken zu beschreiben (STRÖMBÄCK/ESSER 2014a; 2018). Der Begriff der Medienlogiken fungiert so zunehmend als »eine Metapher bzw. Abkürzung für die verschiedenen modi operandi, die die Funktionsweise der Medien ausmachen« (HJARVARD 2017: 11). Solche Verständnisse von Medienlogiken betreffen den Einfluss medialer Formen (Genres, Rahmungen etc. im Hinblick auf Medieninhalte), den Einfluss organisatorischer Regeln (Arbeitsroutinen, Entscheidungsfindung etc. von Medien als Organisationen) und den Einfluss der technologischen Affordanzen von Medien (die materiellen Eigenschaften von Medien als Endgeräte, Plattformen etc.). Bei all dem wird davon ausgegangen, dass die Logiken von Medien auf gegenläufige Logiken anderer Gesellschaftsbereiche treffen: Nicht-mediale Institutionen (in den Bereichen Politik, Religion etc.) hätten ebenfalls ihre ›Eigenlogiken‹, die wiederum das Potenzial haben, sich gegen die Logiken der Medien zu positionieren, was zu einer gewissen Trägheit und Widerstand in einer sich verändernden Medienumgebung führen kann.

Die sozial-konstruktivistische Tradition hat ihre Ursprünge in der Forschung zu Medienpraktiken – also zum Handeln von Menschen mit Medien –, sowohl im Hinblick auf Mediennutzung als auch hinsichtlich

spektive in der Mediatisierungsforschung ausmachen kann, diese sich aber nicht zu einer eigenständigen Tradition entwickelt hat.

der Medienproduktion. Sie betont die Rolle von Medien bei der kommunikativen Konstruktion sozialer und kultureller Wirklichkeit und erforscht Mediatisierung vor allem aus der Perspektive der Alltagswelt (KNOBLAUCH 2013; KROTZ 2014). Forscher:innen in dieser Tradition untersuchen, wie sich soziale Praktiken verändern, wenn sie mit Medien verschränkt werden. Hier wird eine andere Art der Theoretisierung des Medieneinflusses greifbar, die über die Idee der Medienlogik und die direkten Konsequenzen der Materialität von Medien hinausgeht. Medieneinfluss wird als »Institutionalisierung« und »Materialisierung« von sozialen Praktiken verstanden (COULDRY/HEPP 2017: 32). In Bezug auf einzelne Medien bezieht sich die Institutionalisierung auf eine Stabilisierung der Kommunikationsmuster und der damit verbundenen Erwartungen: Wir wissen, wie ein bestimmtes Medium – z.B. Telefon, E-Mail, Fernsehen – typischerweise für die Kommunikation genutzt wird, wir kommunizieren mithilfe dieses Mediums auf diese Weise und erwarten, dass andere das Gleiche tun. Damit geht eine Materialisierung einher, das heißt, dass solche Muster selbst den Medientechnologien und den ihnen zugrunde liegenden (digitalen) Infrastrukturen eingeschrieben sind. Messenger-Software z. B. materialisiert eine bestimmte Art des ›Sprechens‹ durch ihre softwarebasierte Benutzeroberfläche. Institutionalisierung und Materialisierung sind jedoch keine Einbahnstraße. Die für die verschiedenen sozialen Domänen (Gemeinschaften, Organisationen etc.) konstitutiven Alltagspraktiken haben eine eigene Handlungsorientierung, die durch mediale Institutionalisierungs- und Materialisierungsprozesse stabilisiert oder durch sie herausgefordert werden kann. Wir können hier die Familie oder die Schule als Beispiel nehmen: Viele ihrer konstitutiven Praktiken werden heute auch mittels digitaler Medien realisiert und auf diese Weise stabilisiert. Wir können an die bestehende Praxis des Anlegens von Familienalben denken, die in der Programmierung von entsprechender Fotosoftware aufgegriffen wird, oder an digitalisierte Schulverwaltungssysteme, die die Organisationsstruktur der Schule abbilden. Gleichzeitig werden die konstitutiven Praktiken von Familie und Schule durch digitale Medien aber auch herausgefordert, wenn die direkte familiäre Kommunikation am Esstisch mit der parallelen Kommunikation der Kinder über ihre Smartphones konfrontiert wird oder wenn sich die organisatorische Kommunikation der Schule auf Messengerdienste verlagert, die sich der Kontrolle der Schulleitung entziehen. In der sozial-konstruktivistischen Tradition der Mediatisierungsforschung geht es darum, die Dynamik dieser sich verändernden Bedingungen sozialer Konstruktion zu rekonstruieren, ohne von vornherein bestimmte Logiken zu unterstellen.

Vielleicht erleben wir gerade eine Annäherung dieser beiden Traditionen und ihrer Perspektiven. Diese Annäherung könnte ihre Ursache in den jüngsten Veränderungen der Medientechnologien haben, die Implikationen für beide Traditionen haben: Da digitale Medien verschiedene Domänen der Gesellschaft durchdringen und eng mit deren Praktiken verschränkt sind, ist es heute schwierig anzunehmen, dass Medien die ›semi-unabhängige Institution‹ bleiben, als die sie in der institutionalistischen Tradition betrachtet werden. Digitale Medien sind mit den Praktiken, die Institutionen konstituieren, so verschränkt, dass es kaum möglich ist, Medienlogiken und institutionelle Logiken einander gegenüberzustellen. Gleichzeitig müssen wir aber bedenken, dass die Untersuchung digitaler Medien nicht einfach bedeutet, dass wir Alltagspraktiken und die kommunikative Konstruktion der Gesellschaft nur auf der Ebene der Mediennutzung erforschen können, sondern wir sollten auch die Rolle berücksichtigen, die große Konzerne wie Alphabet, Amazon, Apple, Facebook und Microsoft und die von ihnen (und anderen) aufgebauten Infrastrukturen spielen. An dieser Stelle müssen die ursprünglichen sozial-konstruktivistischen Argumente erweitert werden, indem unter anderem stärker die Rolle der Organisation beim ›Zustandekommen‹ der tiefgreifenden Mediatisierung berücksichtigt wird.

Generell wäre es irreführend, den Begriff der Mediatisierung in einer oder beiden Traditionen mit einer geschlossenen Theorie des Medienwandels gleichzusetzen. An dieser Stelle ist es hilfreich, sich noch einmal das Argument ins Gedächtnis zu rufen, dass Mediatisierung ein ›sensibilisierender Begriff‹ ist, der unseren Blick für einen wichtigen Aspekt des aktuellen gesellschaftlichen Wandels schärft. Mit dieser sensibilisierenden Eigenschaft kann der Begriff für sich allein keine eigenständige Theorie bilden, sondern eine andere Sichtweise ist hilfreicher:

Mediatisierung ist ein sensibilisierender Begriff, um den sich verschiedene Wissenschaftler:innen versammelt haben, die an einer empirisch fundierten Untersuchung der Bedeutung von Medien und Kommunikation für den Wandel von Kultur und Gesellschaft interessiert sind. Gemeinsam ist diesen Wissenschaftler:innen, dass sie nach Ansätzen suchen, die über einfache Wirkungsmodelle hinausgehen, und versuchen, den aktuellen Wandel in einer längerfristigen, historischen Perspektive sowie medienübergreifend zu beschreiben.[9] Aus dieser Sicht verweist der Begriff ›Mediatisierung‹ auf einen offenen, kontinuierlichen Diskurs der Theoretisierung von sozialem und kulturellem Wandel in Bezug auf Medien und Kommunikation.

Innerhalb dieses Diskurses nimmt dieses Buch eine Position ein, die Nick Couldry und ich an anderer Stelle als »materialistische Phänomenologie« (COULDRY/HEPP 2017: 5-8) beschrieben haben. Wie Raymond Williams (1990) mit seiner Idee des ›kulturellen Materialismus‹, betonen wir, dass es für jede Analyse von Medien und Kommunikation grundlegend ist, sowohl das Materielle *als auch* das Symbolische zu berücksichtigen. In Zeiten tiefgreifender Mediatisierung ist die Berücksichtigung beider wahrscheinlich noch dringlicher, als dies bereits beim Fernsehen der Fall war, auf das sich Williams in seinem Werk bezog: Die ›Materialität‹ der heutigen Medien betrifft nicht nur die verschiedenen Endgeräte, Kabelnetze und Satelliten. Wie ich bereits oben betont habe, ist es, da die heutigen Medien weitgehend softwarebasiert sind, wichtig zu bedenken, dass komplexe Aufgaben an Algorithmen ›ausgelagert‹ werden können und in einer zunehmenden Zahl von Fällen auch werden. Es ist daher notwendig, viel grundlegender über die Materialität von Medien nachzudenken und die Frage zu stellen, welche Art von Handlungsfähigkeit – von Agency, wie es in der wissenschaftlichen Diskussion heißt – digitale Medien wann und wie entwickeln. Dies betrifft insbesondere Formen von automatisierter Kommunikation, wenn also Social Bots, Artificial Companions und andere ›eigenständig‹

9 Siehe u. a. die Diskussion zum Mediatisierungsansatz in der Zeitschrift *Media, Culture & Society*: Deacon und Stanyer (2014), Hepp, Hjarvad und Lundby (2015), Lunt und Livingstone (2016) sowie Ekström et al. (2016).

kommunizierende Medien Teil menschlicher Kommunikationsbeziehungen werden. Eine *materialistische* Phänomenologie untersucht die ›Dinghaftigkeit‹ von Medientechnologien und -infrastrukturen anhand der gegenwärtigen Kommunikation.

Trotz der wichtigen Rolle, die Daten und Algorithmen spielen, sind aber Fragen der *menschlichen Bedeutung* und *Sinngebung* immer noch ein zentrales Thema für jede Analyse der sozialen Konstruktion. Finanzprodukte, die einen beträchtlichen Teil der an den heutigen globalisierten Börsen gehandelten Produkte ausmachen, basieren beispielsweise oft vollständig auf automatisiert verarbeiteten Daten und sind ohne eine visuelle, computergestützte Repräsentation derselben nicht greifbar.[10] Aber die verarbeiteten Daten erhalten erst durch die menschliche Zuschreibung von Bedeutung eine Wertigkeit als Finanzprodukt. Aus diesem Grund ist es wichtig, das Symbolische nicht aus den Augen zu verlieren: die soziale Konstruktion der Wirklichkeit bleibt auch in Zeiten tiefgreifender Mediatisierung ein Prozess der Zuschreibung von Bedeutung. Der Ansatz der materialistischen *Phänomenologie* zielt darauf ab zu verstehen, dass die soziale Welt, so komplex und undurchsichtig sie auch erscheinen mag, der Interpretation und des Verständnisses durch menschliche Akteure bedarf. In der Tat ist sie eine Struktur, die zum Teil erst durch diese Interpretationen und Verstehensweisen aufgebaut wird.

Ein zentrales Anliegen der materialistischen Phänomenologie sind deswegen die jeweils beteiligten Akteur:innen, seien es Individuen oder überindividuelle Akteure wie Unternehmen und Kollektive.[11] Um diesem Anliegen Rechnung zu tragen, wird in diesem Buch die Mediatisierung aus einer Akteursperspektive untersucht: Mediatisierung ist kein Prozess, der einfach ›passiert‹. Obwohl dieser Prozess eine Vielzahl von Technologien und einige der komplexesten Infrastrukturen der Geschichte umfasst, bleibt er einer, der von Menschen gemacht ist, die ihm Bedeutung

10 Dies wird von Karin Knorr Cetina unter dem Begriff der ›skopischen Medien‹ diskutiert, den sie verwendet, um die ›fließende Repräsentation‹ solcher Informationen zu betonen; siehe Knorr Cetina (2014). Zur weiteren Diskussion dieses Zusammenhangs siehe meine Darlegungen in Kapitel 5.3.

11 Zur Unterscheidung von ›individuellen Akteuren‹ und ›überindividuellen Akteuren‹ siehe Schimank (2010: 327-341).

verleihen: *individuelle Akteur:innen* als einzelne Menschen, *korporative Akteure* als Organisationen, Unternehmen und staatliche Behörden sowie *kollektive Akteure* als Gemeinschaften oder soziale Bewegungen. Eine Akteursperspektive auf tiefgreifende Mediatisierung einzunehmen bedeutet, zu versuchen, ein Verständnis dafür zu entwickeln, wie der Prozess der Mediatisierung in der Überschneidung der Interessen und Praktiken einer großen Zahl sehr unterschiedlicher Akteure stattfindet.

Die heutige Mediatisierung ist in ihrem tiefgreifenden Charakter durch das Ausmaß gekennzeichnet, mit dem die Praktiken dieser verschiedenen Akteur:innen mit digitalen Medien und deren Infrastrukturen *verschränkt* sind.[12] Da Medien die verschiedenen Domänen der Gesellschaft durchdringen, sind sie Teil der Praktiken geworden, durch die diese sozialen Domänen konstruiert werden. Praktiken, die in der Vergangenheit vielleicht nicht als medienbezogen betrachtet wurden, werden zu Medienpraktiken.[13] Im Büro und im Labor, in der Schule und an der Universität, mit der Familie oder unter Freund:innen: Unsere aktuellen Praktiken sind dadurch gekennzeichnet, dass wir sie auch mit und durch Medien realisieren. Damit wird die besondere Situation der tiefgreifenden Mediatisierung deutlich, die die digitale Gesellschaft entstehen lässt, nämlich dass Praktiken des physischen Handelns – Handarbeit, Putzen, Autofahren, Kochen und so weiter – zunehmend eng mit Praktiken der Kommunikation verwoben sind und dass digitale Medien dabei eine zunehmende Rolle spielen. Wenn wir Dinge gemeinsam tun, koordinieren wir unsere Handlungen und orientieren unser Wissen durch Kommunikation, und wir projizieren unsere Ziele durch kommunikative Mittel (REICHERTZ 2009: 118-220). Diese Kommunikation ist heute eine Kommunikation, die auch durch digitale Medien vermittelt geschieht. Mit der Verschränkung allgemeiner sozialer Praktiken mit digitalen Medien verschwimmt die Trennung zwischen kommunikati-

12 Im Weiteren benutze ich den deutschen Ausdruck ›verschränkt‹ für das Englische ›entanglement‹. Siehe zu Letzterem als wissenschaftlichem Konzept die Arbeit von Scott und Orlikowski (2014: 873).

13 Für einen allgemeinen Ansatz, ›Medien als soziale Praxis‹ zu verstehen, siehe Couldry (2004, 2012). Für eine Diskussion über die Beziehung zwischen kommunikativem Handeln und anderen Formen des menschlichen Handelns siehe Reichertz (2008, 2011).

vem Handeln und physischem Handeln weiter. Ein gutes Beispiel dafür ist die automatisierte Selbstvermessung von Laufen, Radfahren und Schlafen mithilfe von Smartwatches: Es geht um körperliche Tätigkeiten, die für uns eine ganz neue Bedeutung bekommen können, wenn wir sie mit Medien verschränken – nicht nur Medien des Sammelns von Daten über diese Tätigkeiten, sondern auch Medien wie Facebook und Instagram, mittels derer wir anderen fortlaufend kommunizieren, was wir gerade getan haben. Die analytisch interessantere Frage ist damit die, wie sich physisches und kommunikatives Handeln aufeinander beziehen – wie physische Praktiken auch zu medialen Praktiken werden.

Wenn wir bei unserer Analyse des Entstehens der digitalen Gesellschaft den Weg der materialistischen Phänomenologie beschreiten, können wir die tiefgreifende Mediatisierung als einen Prozess *rekursiver Transformation* verstehen (COULDRY/HEPP 2017: 216-218). ›Rekursivität‹ ist ein Begriff, dessen Ursprünge in der Logik und Informatik liegen. Er bedeutet, dass Regeln auf die Entität, die sie generiert hat, erneut angewandt werden (KELTY 2008). Dies ist ein generelles Moment des Sozialen: Wir erhalten eine soziale Entität wie beispielsweise eine Gruppe aufrecht und nehmen notwendige Anpassungen vor, indem wir entlang der Regeln und Normen, auf denen sie basiert, erneut handeln, wenn Probleme auftreten, gegebenenfalls mit einer gewissen Variation.[14] Bei der tiefgreifenden Mediatisierung sind wir allerdings mit einer gesteigerten Rekursivität konfrontiert: Da viele heutige Praktiken digitale Medien einbeziehen, die auf Software und den damit verbundenen Algorithmen basieren und fortlaufend Daten generieren, potenziert sich Rekursivität:[15] Selbst scheinbar einfache Handlungen, die von sozialen Akteur:innen ausgeführt werden, gestatten als Quelle von Daten das Erschließen möglicherweise versteckter, unsichtbarer oder gar nur unterstellter Regelhaftigkeiten, die dann die Basis weiterer Verarbei-

14 Dies wurde in der Soziologie von der Ethnomethodologie (GARFINKEL 1967) erforscht, auf die sich auch Anthony Giddens (1984) in seiner Theorie der Strukturierung bezieht.

15 Für einen Überblick siehe z.B. Beer (2017), Gillespie (2014), Manovich (2013) und Striphas (2015).

tungsschleifen und Datenrepräsentationen werden.[16] Ein Beispiel dafür sind die verschiedenen Online-Stores, deren Plattformen fortlaufend automatisiert anhand des Kaufverhaltens von Kund:innen auf ›Regelhaftigkeiten‹ schließen, die dann u.a. als Kaufempfehlungen präsentiert werden, was wiederum mögliche Kaufentscheidungen anderer Kund:innen nach sich zieht, wodurch die computerisierten Annahmen der Regelhaftigkeit ggf. erst zur sozialen Regel werden. Die Transformation der Gesellschaft wird nicht nur zu einer *tiefgreifend* rekursiven, sondern bezieht in diesen Prozess auch Imaginationen mit ein: Imaginationen davon, wie sich etwas verändern sollte, werden als Regelsetzungen in Datenverarbeitungsalgorithmen eingeschrieben, die auf die sozialen Phänomene, über die sie Daten sammeln, angewendet werden und durch diese rekursiven Schleifen selbst ein einflussreicher Faktor bei der Transformation sozialer Phänomene sein können. Vermittelt durch digitale Medien und deren Infrastrukturen werden die Imaginationen der Regelhaftigkeit zur sozialen Regel selbst.

1.3 DIE KAPITEL DIESES BUCHES

Es sind die bisher umrissenen Überlegungen, ausgehend von denen ich in diesem Buch eine Annäherung an die entstehende digitale Gesellschaft wagen möchte. Während dieses einleitende Kapitel eine erste Darstellung des Konzepts der tiefgreifenden Mediatisierung geleistet und es innerhalb der weiteren Mediatisierungsforschung verortet hat, zielen die folgenden Kapitel darauf ab, die soziale und technologische Formierung der tiefgreifenden Mediatisierung genauer herauszuarbeiten sowie empirisch zu erfassen.

Das Kapitel 2 mit dem Titel *Das Zustandekommen der tiefgreifenden Mediatisierung* beginnt mit einer akteurszentrierten Perspektive auf diesen Prozess und diskutiert dessen Entwicklungsgeschichte. Dabei befasse

16 Im Kern ist dies die Idee des Buches *Muster* von Armin Nassehi, der argumentiert, dass Digitalisierung so »die Komplexität und vor allem die Regelmäßigkeit der Gesellschaft« (NASSEHI 2019: 28) erstmals für die Gesellschaft selbst zugänglich macht.

ich mich sowohl mit korporativen Akteuren (Technologiekonzernen und Regierungen) als auch mit kollektiven Akteuren (den verschiedenen Pioniergemeinschaften, die die medientechnologische Entwicklung imaginiert und befördert haben). Mein Hauptanliegen ist es zu zeigen, dass das ›Zustandekommen‹ der tiefgreifenden Mediatisierung nicht allein auf die Aktivitäten großer Unternehmen und Regierungen reduziert werden kann, wie es oft im Ansatz der Politischen Ökonomie der Medien gemacht wird. Wir haben es vielmehr mit einem rekursiven Zusammenspiel von korporativen und kollektiven Akteuren zu tun und können die Entstehung der tiefgreifenden Mediatisierung nur begreifen, wenn wir diese Dynamik kennen. In ihrem gegenwärtigen Stadium führte diese Dynamik zu fünf quantitativen Trends des Wandels der Medienumgebung: die Ausdifferenzierung einer Vielzahl von medialen Endgeräten, deren zunehmende Konnektivität durch das Internet, die steigende Omnipräsenz dieser Medien durch mobile Kommunikationstechnologien, ein beschleunigtes Innovationstempo und schließlich das Aufkommen der Datafizierung.

In Kapitel 3 *Medien als Prozess* argumentiere ich, dass es unmöglich ist, die tiefgreifende Mediatisierung ohne einen angemessenen Medienbegriff zu erfassen. Mein Hauptanliegen in diesem Kapitel ist es, Medien als Prozess zu verstehen. Medien sind nicht einfach da, sondern sie entstehen in einem fortlaufenden Prozess der Institutionalisierung und Materialisierung von Kommunikation. Medien auf diese Weise zu betrachten, wirft ein neues Licht auf die Diskussion um die Medienlogik. Es wird deutlich, dass der prozessuale Charakter von Medien in dem Moment am greifbarsten wird, in dem sie digital werden: Basierend auf Algorithmen und digitalen Infrastrukturen werden sie in engen Rekursivitätsschleifen generiert und existieren als ›ständige Beta-Versionen‹ und damit in einer fortlaufenden Veränderung. Während Medien durch ihre Institutionalisierung und Materialisierung die soziale Welt prägen, würden wir uns einer gewissen Verdinglichung hingeben, wenn wir dabei von festen Logiken als inhärenten Eigenschaften von Medien ausgehen würden. Um das Entstehen der digitalen Gesellschaft durch die tiefgreifende Mediatisierung zu erfassen, muss man hingegen den Blick für die Prozesshaftigkeit digitaler Medien schärfen, zumal deren Fähigkeit, die soziale Welt zu formen, nie von einem einzigen Medium ausgeht. Wir haben es mit einer Mannigfaltigkeit der Medien in gesamtgesellschaftlichen Medienumgebungen zu tun, die sich in den Medienensembles verschiedener sozialer Domänen und in den Medienrepertoires der Individuen konkretisiert.

In Kapitel 4 *Ein figurationsanalytischer Ansatz* wird ein grundlegender Zugang zur entstehenden digitalen Gesellschaft dargestellt. Vereinfacht gesagt, sind Figurationen musterhafte Konstellationen von Menschen, wie sie in Familien, Gemeinschaften, Organisationen oder rund um bestimmte Medien zu finden sind. Mein Hauptargument in diesem Kapitel ist, dass wir, wenn wir die tiefgreifende Mediatisierung verstehen wollen, unsere Analyse nicht bei den Medien selbst beginnen lassen sollten, sondern bei einer vergleichenden Betrachtung der Figurationen verschiedener sozialer Domänen und deren Veränderung mit digitalen Medien und ihren Infrastrukturen. In Bezug auf die Gesellschaft ist das Hauptargument eines solchen Ansatzes, dass ihr Wandel am besten als ein Prozess rekursiver Transformation zu verstehen ist, den wir Refiguration nennen können: ein struktureller Wandel von Figurationen selbst wie auch ihrer Wechselbeziehung untereinander, wobei digitale Medien und Infrastrukturen die Schleifen der Rekursivität intensivieren. Ein solcher Zugang zum Entstehen der digitalen Gesellschaft hat enge Bezüge zu einer ›nicht-medienzentrierten Perspektive‹, die zuerst die menschlichen Praktiken analysiert und dann die Frage stellt, welche Rolle digitale Medien und Infrastrukturen bei der Veränderung dieser Praktiken haben.

Das Kapitel 5 *Die Refiguration der Gesellschaft* konzentriert sich auf den gesellschaftlichen Wandel hin zur digitalen Gesellschaft. Die Schwerpunkte liegen dabei auf den sich verändernden Relationalitäten von Figurationen durch Mythen, Daten und Infrastrukturen, auf der Transformation bestehender Figurationen von Organisationen (am Beispiel der öffentlichen Debatte und der journalistischen Nachrichtenproduktion) und von Gemeinschaften (am Beispiel lokaler und transnationaler Familien) sowie auf der Entstehung neuer Figurationen (am Beispiel von Plattformkollektivitäten, konnektiver Praxis und globalen Finanzmärkten). Bei all diesen Beispielen geht es auch um das, was man als ›Aktivierung‹ des Medienensembles der einzelnen Figurationen bezeichnen kann, oder konkreter gesprochen darum, wie die Automatisierung von Kommunikation und das Aufkommen kommunikativer Roboter die soziale Konstruktion der Gesellschaft verändern. Insgesamt möchte ich mit diesem Kapitel zeigen, dass tiefgreifende Mediatisierung ein Transformationsprozess ist, der figurationsübergreifend erfolgt, gleichzeitig aber in Bezug auf einzelne Arten von menschlichen Figurationen Besonderheiten aufweist.

Im Kapitel 6 *Das Individuum in Zeiten tiefgreifender Mediatisierung* kehre ich die Perspektive um: Im Fokus stehen nicht mehr Figurationen als solche, sondern der Einbezug des Individuums in diese. Hier diskutiere ich, welche Folgen es für den einzelnen Menschen hat, dass sie bzw. er in eine Vielzahl von Figurationen eingebunden ist, wie dies seine bzw. ihre Medienrepertoires und Medienpraktiken prägt. Eine besondere Veränderung, die auf der Ebene des Individuums stattfindet, besteht darin, dass die digitalen Spuren, die es über verschiedene Figurationen hinterlässt, in Form von ›Datendoubles‹ akkumuliert werden. Solche Datendouble sind höchst ambivalent, da sie einerseits die Möglichkeiten der Überwachung eines Individuums durch Unternehmen und staatliche Akteure bieten bzw. die gegenseitige Überwachung in Partnerschaften, Gruppen oder Gemeinschaften. Andererseits können Datendoubles aber auch eine Ressource bei der Veränderung der eigenen Lebensführung sein, wie das Beispiel der Selbstvermessung zeigt. All dies rückt die Ambivalenzen der tiefgreifenden Mediatisierung für das Individuum in den Vordergrund und wirft die Frage auf, ob wir in der digitalen Gesellschaft mit einem sich verändernden Sozialcharakter oder Habitus konfrontiert sind.

Das Schlusskapitel dieses Buches trägt den Titel *Die digitale Gesellschaft und das gute Leben*. In diesem Kapitel diskutiere ich die tiefgreifende Mediatisierung aus einem normativen Blickwinkel. Während das Zustandekommen der tiefgreifenden Mediatisierung eng mit der Idee verbunden war, eine Generation von Digital Natives zu formen, die die Welt zum Besseren verändern würde, hat die Analyse innerhalb dieses Buches gezeigt, dass es sich um einen höchst widersprüchlichen Metaprozess des Wandels handelt. Aber trotz dieser Probleme wäre es ein Fehler anzunehmen, dass die tiefgreifende Mediatisierung einfach ›abgestellt‹ werden könnte. Ähnlich wie bei der Globalisierung, Individualisierung und anderen Metaprozessen des Wandels ist dies nicht möglich. Entscheidend wird damit die Frage, welche Form die tiefgreifende Mediatisierung annehmen *sollte*, um unter den von ihr produzierten Bedingungen ein gutes Leben zu ermöglichen. Im Kern geht es damit um die normativen Bedingungen der *Gestaltung* der tiefgreifenden Mediatisierung und damit der digitalen Gesellschaft.

Meine Hoffnung ist es, mit diesem kompakten Band einen allgemeinen Einblick in die Diskussion um die entstehende digitale Gesellschaft aus Sicht der Mediatisierungsforschung geben zu können. Mein Ziel dabei ist es, die Ambivalenz der tiefgreifenden Mediatisierung zu erklären, mit der wir alle, wenn auch auf unterschiedliche Weise, konfrontiert sind. Diesen Veränderungsprozess produktiv zu gestalten, ist nur möglich, wenn man sich analytisch präzise mit ihm auseinandersetzt. Das vorliegende Buch will dazu eine Anregung geben.

Ich sehe dieses Buch nicht als eine Standardeinführung in ein wissenschaftliches Gebiet. Das wäre schwierig, wenn nicht sogar unmöglich, da die Forschung zur tiefgreifenden Mediatisierung und digitalen Gesellschaft gerade erst beginnt. Mein Ziel mit diesem Buch ist es, die Leser:innen zu einer entstehenden Diskussion einzuladen. In diesem Sinne mag es hilfreich sein, dieses Buch neben einer Reihe anderer Veröffentlichungen zu lesen: Wer sich für Mediatisierung im Allgemeinen interessiert, findet Zugang zu dieser Diskussion durch einführende Publikationen wie die Monografie von Stig Hjarvard (2013), ein von Knut Lundby (2014) herausgegebenes Handbuch, einen Sammelband von Frank Esser und Jesper Strömbäck (2014), ein von mir selbst verfasstes Buch (HEPP 2013) und die Publikationen der Mediatization Section der European Communication Research and Education Association (DRIESSENS et al. 2017; THIMM/ANASTASIADIS/EINSPÄNNER-PFLOCK 2018). Diese Titel sind wichtige Ergänzungen zu diesem Buch, um einen übersichtlichen und dennoch gründlichen Einstieg in die *allgemeine* Diskussion über Mediatisierung zu finden.

Wie bereits erwähnt, hat dieses Buch aber den Anspruch, viel spezifischer und zugleich breiter zu sein, indem es einen Zugang zur Idee der *tiefgreifenden* Mediatisierung im Hinblick auf die digitale Gesellschaft bietet. Da es in dieser Diskussion um ein fortgeschrittenes Stadium der Mediatisierung geht, bei dem Fragen von Algorithmen, Daten und digitalen Infrastrukturen relevant sind, werden neue interdisziplinäre Beziehungen wichtig. Ich versuche deshalb, die Medien- und Kommunikationswissenschaft mit einer Reihe von weiteren Feldern und Teildisziplinen wie Software Studies, Medien- und Techniksoziologie sowie Science and Technology Studies in Dialog zu bringen. Dieser Dialog ist jedoch kein Selbstzweck, sondern er zielt darauf, das für ein besseres Verständnis der entstehenden digitalen Gesellschaft notwendige Wissen zusammenzutragen. Wenn eines durch die tiefgreifende Mediatisierung und die Verschränkung der digitalen Medien mit so vielen Facetten der sozialen Welt deutlich wird, dann ist es die Dringlichkeit, dass die Kommunikations- und Medienwissenschaft die Kluft zwischen ihren eigenen Traditionen und einer immer größer werdenden Anzahl akademischer Disziplinen, die sich ebenfalls mit digitalen Medien befassen, überbrücken sollte.

Im Kern sind meine Argumente eng mit einer Reihe anderer Publikationen verbunden, die ich mit verschiedenen Kollegen verfasst habe. In *The Mediated Construction of Reality* (COULDRY/HEPP 2017) entwickelten Nick Couldry und ich das Konzept der tiefgreifenden Mediatisierung und die Grundlage für einen *figurationsanalytischen* Ansatz zu deren Analyse. Aus dem Forschungsverbund ›Kommunikative Figurationen‹ sind eine Reihe weiterer Publikationen hervorgegangen, die weitere Bausteine für einen figurationsanalytischen Zugang sind, namentlich der Sammelband *Communicative Figurations: Transforming Communications in Times of Deep Mediatization* (HEPP/BREITER/HASEBRINK 2018), ein Themenheft zu digitalen Spuren im Kontext (HEPP/BREITER/FRIEMEL 2018), ein weiteres Themenheft zum sozialen Konstruktivismus in der Kommunikationswissenschaft (HEPP et al. 2017) sowie jüngst ein Themenheft zu Forschungssoftware und einer Medien- und Kommunikationsforschung jenseits des Computational Turn (HEPP/LOOSEN/HASEBRINK 2021). Unser Ziel in diesen Publikationen ist es, die Forschung zur tiefgreifenden Mediatisierung zu operationalisieren, und ich werde mich häufig auf sie beziehen.

2. DAS ZUSTANDEKOMMEN DER TIEFGREIFENDEN MEDIATISIERUNG

Wie in der Einleitung in dieses Buches dargelegt, besteht eines meiner Hauptziele darin, die tiefgreifende Mediatisierung aus der Sicht der Akteur:innen zu betrachten, um besser zu verstehen, wie unser Weg hin zur digitalen Gesellschaft in menschlichen Praktiken verwurzelt ist, die zunehmend mit digitalen Medien und den damit verbundenen Infrastrukturen verschränkt sind. Diese Perspektive einzunehmen bedeutet zu reflektieren, dass tiefgreifende Mediatisierung nicht einfach ein eigenständig ablaufender, ›natürlicher‹ Prozess ist. Die tiefgreifende Mediatisierung ist im Gegenteil ein gesellschaftlich verorteter »Metaprozess« (KROTZ 2007b: 256). Ähnlich wie die Individualisierung, Kommerzialisierung und Globalisierung ist sie eine übergreifende soziale Transformation, die sich in zahlreichen anderen Teilprozessen konkretisiert. Als Metaprozess bleibt die tiefgreifende Mediatisierung jedoch – unter Berücksichtigung ihrer Eigendynamiken – in menschlichen Praktiken verankert und sollte entsprechend analysiert werden. Ein erster Schritt in einer solchen Analyse ist es, das ›Zustandekommen‹ der tiefgreifenden Mediatisierung zu betrachten. Ich verwende den Begriff ›Zustandekommen‹ in einem weitergehenden Sinne,[17] als ›Herstellung‹

17 Im englischen Original dieses Buches spreche in an dieser Stelle vom ›making‹ der tiefgreifenden Mediatisierung. Dieser Ausdruck lässt sich nur ungenügend ins Deutsche überset-

und zugleich auch ›Entstehung‹ der tiefgreifenden Mediatisierung, als Dynamik des ›Aufbaus‹ der digitalen Medien und ihrer Infrastrukturen, die die technologische Seite der tiefgreifenden Mediatisierung bilden.

Bei der Betrachtung des Zustandekommens der tiefgreifenden Mediatisierung aus Akteurssicht müssen wir verschiedene Arten von »überindividuellen Akteuren« (SCHIMANK 2010: 327-341) im Blick haben. Überindividuelle Akteure sind Figurationen von Individuen mit eigener Handlungsfähigkeit. Dazu gehören – wie bereits in der Einleitung gesagt – ›korporative Akteure‹ wie Unternehmen und staatliche Behörden sowie ›kollektive Akteure‹ wie soziale Bewegungen und Pioniergemeinschaften.

In Bezug auf das Zustandekommen der tiefgreifenden Mediatisierung sind *korporative Akteure* wie Medien- und Technologieunternehmen vielleicht die ersten überindividuellen Akteure, die einem in den Sinn kommen. Wenn wir die westliche Welt betrachten, können wir uns eine tiefgreifende Mediatisierung nur schwer vorstellen, ohne die Aktivitäten von Unternehmen wie Alphabet (Google), Amazon, Apple, Facebook und anderen im Blick zu haben. Erweitern wir den Blick auf den Rest der Welt, so spielen weitere große Unternehmen wie die Alibaba Group in China und ihre Tochterunternehmen wie Taobao (ein Online-Auktionshaus) oder Alipay (ein Online-Bezahlsystem) eine ebenso wichtige Rolle beim Zustandekommen der tiefgreifenden Mediatisierung wie ihre westlichen Pendants. Und es gibt Unternehmen, die bestimmte sektoriale Dienstleistungsplattformen anbieten, wie Airbnb für Unterkünfte oder Didi Chuxing und Uber für den Transport. Darüber hinaus können wir den Erfolg von Medien- und Technologieunternehmen wie diese nicht verstehen, ohne andere korporative Akteure zu berücksichtigen: Regierungen und staatliche Stellen, die bestimmte Märkte und wirtschaftliche Aktivitäten unterstützen (oder behindern). All dies bringt uns an einen Punkt, an dem wir über die Rolle der politischen Ökonomie nachden-

zen, schwingt hier doch sowohl die aktive Herstellung als auch allgemeiner der Prozess des Entstehens mit. Indem es mir in diesem Kapitel um eine Akteurssicht auf die tiefgreifende Mediatisierung geht, habe ich mich für eine Übersetzung mit ›Zustandekommen‹ entschieden, wichtig ist mir aber, dabei die verschiedenen Bedeutungskomponenten im Blick zu haben.

ken müssen, um die gegenwärtigen Dynamiken und Teilprozesse der tiefgreifenden Mediatisierung umfassend zu verstehen.

Sich ausschließlich auf die politische Ökonomie zu konzentrieren, hätte aber einen eindimensionalen Blick auf das Zustandekommen der tiefgreifenden Mediatisierung zur Folge. Neben korporativen Akteuren müssen wir nämlich *kollektive Akteure* berücksichtigen. Die wichtigsten Akteure in diesem Zusammenhang sind das, was ich als Pioniergemeinschaften bezeichne. Dies sind Gruppen von Vorreiter:innen, die versuchen, medien- und technologiebezogene Entwicklungen in der Gesellschaft voranzutreiben. Eine historische Betrachtung zeigt, dass diese Pioniergemeinschaften eine bedeutende Rolle bei dem Zustandekommen der tiefgreifenden Mediatisierung gespielt haben – und weiterhin spielen. Ein weiter zurückliegendes Beispiel ist das Whole Earth Network, während in der Gegenwart Pioniergemeinschaften wie die Quantified-Self-, Maker- und Hacks/Hackers-Bewegung dieses Erbe fortsetzen. Viele heutige soziale Bewegungen »agieren in Bezug auf Medien« (KANNENGIESSER/KUBITSCHKO 2017: 1), das heißt, sie verstehen Medien nicht nur als ›Werkzeug‹, um ihre politischen Botschaften an ein breites Publikum zu kommunizieren oder sich selbst zu organisieren, sondern sie halten Medien für so zentral in unserer entstehenden digitalen Gesellschaft, dass sie sich als soziale Bewegung für bestimmte Formen von Medienorganisationen, Medieninfrastrukturen und Medientechnologien einsetzen. Dabei geht es ihnen eher darum, sich für Mediengerechtigkeit und eine angemessene Regulierung von (digitalen) Medien und Infrastrukturen zu engagieren, und weniger darum, den Prozess der tiefgreifenden Mediatisierung selbst voranzutreiben. Nichtsdestotrotz sind sie durch solche Aktivitäten entscheidend für das Zustandekommen der tiefgreifenden Mediatisierung: Indem gerade auch solche Bewegungen Medientechnologien zu ihrem Fokus machen, treiben sie die Imagination einer tiefgreifend mediatisierten und damit digitalen Gesellschaft voran.

Was korporative und kollektive Akteure unterscheidet, ist der Charakter ihrer überindividuellen Handlungsfähigkeit: Die Handlungsfähigkeit von korporativen Akteuren wie Technologieunternehmen und staatlichen Behörden stützt sich auf verbindliche Vereinbarungen, die in laufenden Praktiken (re-)artikuliert werden. Die Handlungsfähigkeit kollektiver Akteure wie Pioniergemeinschaften oder sozialer Bewegungen wurzelt in gemeinsamen Wahrnehmungs-, Bewertungs- und Vorstellungsmustern, die von ihren Mitgliedern in ähnlich dauerhaften Praktiken zum Ausdruck gebracht werden. Kollektive Akteure sind viel fluider als korporative Akteure.

In den ersten beiden Abschnitten dieses Kapitels möchte ich mich mit den überindividuellen Akteuren beschäftigen, die die Entstehung der tiefgreifenden Mediatisierung am stärksten vorangetrieben haben: auf der einen Seite korporative Akteure und staatliche Behörden sowie ihre Einbindung in eine entstehende politische Ökonomie digitaler Infrastrukturen, auf der anderen Seite Pioniergemeinschaften und ihre experimentellen Praktiken und Imaginationen. Während Unternehmen und staatliche Behörden auf den ersten Blick sicherlich die größere Macht haben, werden wir sehen, dass die experimentellen Praktiken und Imaginationen der Pioniergemeinschaften eine nicht zu unterschätzende treibende Kraft auf dem Weg hin zur digitalen Gesellschaft darstellen. Dennoch wäre es zu vereinfachend, die tiefgreifende Mediatisierung allein als das direkte Ergebnis der Strategien dieser überindividuellen Akteure zu verstehen. Vielmehr sollten wir uns bewusst sein, dass sich das Engagement dieser Akteure in bestimmten allgemeineren, quantitativen Trends kumuliert. Diese Trends manifestieren sich aktuell insbesondere im Wandel der Medienumgebung des Globalen Nordens, verbreiten sich aber zunehmend auch in anderen Teilen der Welt.

2.1 EINE POLITISCHE ÖKONOMIE DER DIGITALEN INFRASTRUKTUREN

Der Mediatisierungsforschung wird oft vorgeworfen, dass sie die politische Ökonomie der aktuellen medienbezogenen Veränderungen ignoriert. Das Hauptargument dieser Kritik ist, dass »die Mediatisierungsforschung bisher keine umfassende Analyse entwickelt hat, um zu erfassen, welche zentrale Rolle das Wiederaufleben marktfundamentalistischer Modelle des Kapitalismus bei der Reorganisation der Beziehungen zwischen Medien und sozialem und kulturellem Leben spielt« (MURDOCK

2017: 119). Kern dieses Arguments ist, dass viele der mit der Mediatisierung verbundenen Transformationen ihren Ursprung im Vordringen von Marktmodellen in Bezug auf Medien und Kommunikation haben, wodurch Medienprodukte verstärkt ausschließlich als Waren verstanden werden. Solche Prozesse der Kommerzialisierung sind sicherlich eng mit der tiefgreifenden Mediatisierung verwoben, ebenso wie mit der Individualisierung und Globalisierung. Gleichzeitig muss man sich aber vor Augen führen, dass die tiefgreifende Mediatisierung nicht auf Fragen der Ökonomie und des Marktes reduziert werden kann. Die Dynamiken, mit denen wir es zu tun haben, sind wesentlich vielfältiger.

KAPITALISMUS UND DAS AUFKOMMEN DES INTERNETS

Die Auffassung, dass Medieninhalte reproduzierbare Waren sind, wird spätestens seit der Frankfurter Schule und den Arbeiten von Walter Benjamin (1991, orig. 1936) diskutiert. Mit der Deregulierung der 1980er-Jahre haben solche Argumente jedoch eine neue Bedeutung erlangt. Die Ansicht, dass Medien als reine Waren zu betrachten sind, wurde in dieser Ära zur verbreiteten Standardposition (HALL 1997: 229-230): Radio, (Satelliten-)Fernsehen und Telekommunikation wurden privatisiert und mehr und mehr nach Marktmodellen statt nach öffentlich-rechtlichen Modellen organisiert. Das Aufkommen des Internets und der digitalen Medien fiel in diese Zeit, in der die Perspektive dominierte, dass Medien als kommerzielle Ware anzusehen seien. Nach einer frühen Phase als Militär- und Forschungsnetzwerk wurde die weltweite Etablierung des Internets zu einem kommerziellen Unterfangen. Die Idee, etwa einzelne Plattformen oder die Infrastruktur des Internets öffentlich-rechtlich zu organisieren, wurde jenseits kleiner Expertenkreise gar nicht erst in Erwägung gezogen.[18]

18 Vgl. insbesondere die folgenden Publikationen zur Geschichte des Internets: Abbate (1999), Bunz (2009) und Naughton (1999). Betrachtet man die 1960er- und 1970er-Jahre – die Zeit vor der ›Deregulierung‹ – und stellt sich vor, dass eine Plattform wie Facebook in dieser Zeit entwickelt worden wäre, wäre ein solches Angebot in den meisten europäischen Ländern wahrscheinlich nur als öffentlich-rechtliches Angebot akzeptiert worden. Der Grund dafür wäre vermutlich gewesen, dass eine solche Plattform als viel zu mächtig angesehen

Dies ist nicht nur für den Globalen Norden der Fall. Überall auf der Welt sind Medien- und Kommunikationsdienste mehr oder weniger nach den Prinzipien des ›Marktkapitalismus‹ und des ›digitalen Kapitalismus‹ organisiert (MCCHESNEY 2013; HERMAN/MCCHESNEY 1997), insbesondere im Fall der bereits erwähnten Medien- und Technologie-Unternehmen wie Alibaba, Apple und Facebook. Diese Unternehmen und die von ihnen angebotenen Dienstleistungen stellen einige der Hauptkräfte dar, die das Entstehen der digitalen Gesellschaft prägen, indem sie datenbasierte Wertschöpfungsmodelle vorantreiben. Anknüpfend an diesen Gedanken ist aus Sicht der politischen Ökonomie die primäre Herausforderung der Medien- und Kommunikationsforschung weniger eine Auseinandersetzung mit der tiefgreifenden Mediatisierung, als vielmehr die Auseinandersetzung mit einem »tiefgreifenden Kapitalismus« (MURDOCK 2017: 130). Mit digitalen Medien und ihren Infrastrukturen ist – so die Überlegung – eine viel ›tiefere‹ Durchdringung der sozialen Welt mit kapitalistischen Praktiken und Werten möglich denn je zuvor. Digitale Plattformen wie Foodora, Amazons Mechanical Turk oder Uber ermöglichen z. B. die genaue Überwachung derjenigen, die ihre Arbeitskraft anbieten. In der Folge ist der Druck auf die Menschen, die auf solchen Plattformen ihre Arbeit anbieten, sich kapitalistischen Prinzipien unterzuordnen, wesentlich umfassender als bei Arbeiter:innen in klassischen Arbeitsverhältnissen. Darüber hinaus kann jede Alltagspraxis zu einer Ressource der Wertschöpfung werden, so sie digitale Spuren hinterlässt: Die Verarbeitung von Online-Aktivitäten beispielsweise ermöglicht es einer Reihe von korporativen Akteuren, personalisierte Profile von Menschen zu erstellen, sodass deren Daten zu einer relevanten Einnahmequelle für hochgradig personalisierte Werbung werden können. Nick Couldry und Ulises Mejias (2019a) haben eine solche Nutzbarmachung der digitalen Spuren der Nutzer:innen als eine Art von ›Datenkolonialismus‹ beschrieben. Der Begriff des Kolonialismus bezieht sich dabei sowohl auf die von Staaten und Unternehmen praktizierten globalen Ausbeutungsverhältnisse als

worden wäre, um sie in die Hände eines privaten Unternehmens zu legen. Ich werde auf solche Überlegungen in Kapitel 7 zurückkommen.

auch auf die »Kolonisierung der Lebenswelt« (HABERMAS 1988b: 471), also die zunehmende Durchdringung der Lebenswelt durch das kapitalistische Wirtschaftssystem.[19]

Es ist für unser Verständnis des Zustandekommens der tiefgreifenden Mediatisierung wichtig, solche Entwicklungen im Blick zu haben. Aus Sicht der Akteure war für dieses Zustandekommen großer Medien- und Technologieunternehmen das Zusammenspiel mit breiteren politischen Kräften und staatlichen Behörden entscheidend. Besonders grundlegend für die tiefgreifende Mediatisierung ist die Kommerzialisierung des Internets: Es war die Bereitstellung großer Mengen an privatem und öffentlichem Kapital notwendig, um das Internet und die wichtigsten Infrastrukturen der tiefgreifenden Mediatisierung zu schaffen.

Gleichzeitig ist allerdings ein breiterer Blick auf *digitale Infrastrukturen* notwendig, um die Transformation hin zur digitalen Gesellschaft zu verstehen – ein Blick, der diese Transformation nicht auf Fragen der politischen Ökonomie reduziert, sondern detaillierter auch die Praktiken und Dynamiken verschiedener sozialer und kultureller Kontexte einschließt. Während in historischen Studien eine solche holistischere Sichtweise bereits verbreitet ist und dort ihre Notwendigkeit für ein umfassenderes Verständnis von Wandlungsprozessen betont wird,[20] ist sie in jüngerer Zeit auch zu einem entscheidenden Punkt für die Untersuchung aktueller Entwicklungen digitaler Infrastrukturen geworden, insbesondere bei der Analyse der Zunahme einer globalen Konnektivität.[21] Terminologisch gesehen ist ›Infrastruktur‹ ein ›kaleidoskopischer‹ Begriff mit vielen Implikationen. Das hat damit zu tun, dass jede Definition von Infrastruktur von der Perspektive des Betrachtenden abhängt. Eisenbahnnetzwerke z. B., die für den Reisenden eine Infrastruktur seiner Mobilität darstellen, sind für Eisenbahningenieur:innen der Fokus und das Ergebnis der eigenen Arbeit, für die wiederum eine ganz andere Infrastruktur vonnöten ist. Wir können aus solchen Beispielen folgern, dass »Infrastruktur analytisch nur als relationale Eigenschaft greifbar

19 Dies sind Aspekte der digitalen Wirtschaft, auf die ich in Kapitel 5 näher eingehen werde.
20 Siehe beispielsweise Hughes (1983), aber wir können diese Argumentationslinie bis zu Harold Innis (1951) zurückverfolgen.
21 Parks und Starosielski (2015) sowie Larkin (2008) haben dies eindrücklich vor Augen geführt.

wird« (STAR/RUHLEDER 1996: 113) und nicht ein feststehendes Ding ist. Wir sollten also eher danach fragen, »wann« etwas als eine Infrastruktur gilt, nicht, »was« eine Infrastruktur ist. Dies berücksichtigend und die Definition von Lisa Parks und Nicole Starosielski (2015: 4) erweiternd, können wir digitale Infrastrukturen als situierte soziotechnische Anordnungen begreifen, die entworfen und aufgebaut werden, um eine digitale Datenübertragung und Distribution zu ermöglichen.

Blickt man auf die Geschichte des Internets zurück, wird deutlich, in welchem Ausmaß Regierungen und staatliche Behörden eine Rolle bei der Entwicklung dieser digitalen Infrastruktur gespielt haben. In der Phase vor seiner Kommerzialisierung wurde das Internet vom »militärisch-wissenschaftlichen Komplex« (CURRAN 2016: 50) der USA getragen. Das ARPANET, der Vorläufer des Internets, wurde von der Advanced Research Projects Agency (ARPA) des Pentagons entwickelt und später durch verschiedene Programme der National Science Foundation (NSF) unterstützt (GREENSTEIN 2015: 27-30). In Europa waren in dieser Zeit öffentliche Einrichtungen für die Etablierung des Internets zentral, wie beispielsweise die Europäische Organisation für Kernforschung (CERN), in der das bis heute prägende World Wide Web – das über das Internet abrufbare System von auf HTML basierenden Webseiten – entwickelt wurde.[22] Im Jahr 1993 tauchte der endgültige Plan der NSF für die Privatisierung des Internets auf, und dieser Moment kann als Wendepunkt hin zur Umwandlung des Internets in eine kommerzielle digitale Infrastruktur angesehen werden. In diesem Prozess dominierte ein wechselndes Oligopol von Unternehmen die Entwicklung des Internets: In der ersten Phase seiner Kommerzialisierung beeinflussten vor allem WorldCom und AOL die Geschehnisse, während in jüngerer Zeit Alphabet (Google), Amazon, Apple, Facebook und Microsoft im Globalen Norden die wichtigsten Akteure sind. In anderen Regionen der Welt haben Unternehmen wie Alibaba, Baidu und Tencent aus China eine dominante Position in Bezug auf Internetdienste inne. Die sich ständig

22 Die historisch erste Seite des World Wide Web (www) ist nach wie vor unter info.cern.ch zu finden. Sie ging am 6. August 1991 online. Es ist eine schmucklose Website mit schwarzer Schrift auf weißem Hintergrund, ohne Bilder und Animationen.

verändernde Dominanz einzelner überindividueller Akteure – ihr Auf- und Abstieg – steht für den sich wandelnden Charakter des Internets.

An dieser Stelle ist es entscheidend zu betonen, dass die Transformation des Internets in eine kommerzielle Infrastruktur nicht zufällig geschah, sondern größtenteils durch politische Strategien und Regierungspolitik angetrieben wurde. Es war eine *politische Strategie* der US-Regierung, die ARPA mit der Idee aufzubauen, interdisziplinäre Forschung zu fördern, um so die Position der USA während des Kalten Krieges zu stärken. Es war auch eine *politische Entscheidung* – im Falle der Clinton-Administration –, die Aufsichtsinstitutionen des Internets, nämlich die Internet Assigned Number Authority (IANA), zu privatisieren. Die IANA wurde zu einer Abteilung der Internet Corporation for Assigned Names (ICAN), die bis heute für die globale Verwaltung von Domänennamen, die Vergabe von IP-Adressen und die Koordination des Root-Server-Systems zuständig ist. Dies sind nur einige Beispiele dafür, dass hinter den einzelnen Entscheidungen der Entwicklungsgeschichte des Internets – einschließlich seiner Privatisierung und Kommerzialisierung – umfassendere politische Überlegungen standen und dass es sich keineswegs um einen ›natürlichen‹ Prozess handelte. Es war, wie Mariana Mazzucato (2013) es formuliert, ein »unternehmerischer Staat«, der an der Schnittstelle von Militär, akademischer Forschung und Wirtschaftsinstitutionen ein »Innovationssystem« aufbaute, das die Entwicklung der Computerindustrien und des Internets ermöglichte. Solche weitreichenden staatlichen Interventionen sind nur vordergründig ein Widerspruch zur kommerziellen Geschichte des Internets, in der das Narrativ der Leistung von Unternehmungsgeist und Start-ups betont wird: Einerseits werden vom »unternehmerischen Staat« an den Rändern »freie Märkte und Innovationen« gefördert, andererseits wird gleichzeitig von ihm das Entstehen großer (und global dominierender) Medien- und Technologieunternehmen unterstützt.

Es ist also offensichtlich, dass der Zugang der politischen Ökonomie als eine Teilperspektive wichtig ist, wenn wir das Zustandekommen der tiefgreifenden Mediatisierung verstehen wollen. Aber aufgrund der weitreichenden Veränderungen, die mit ihr verbunden sind, müssen wir uns von einer politischen Ökonomie der Medieninhalte hin zu einer *politischen Ökonomie der digitalen Infrastrukturen* bewegen, die als globales Phänomen wiederum lokal, regional und national kontextualisiert werden muss. Wenn wir uns genauer mit der klassischen politisch-ökonomischen Sichtweise auf Medien auseinandersetzen, fällt auf, dass sie um das Argument herum entwickelt wurde, dass Massenmedien aus ökonomischen und ideologischen Gründen grundlegende Organisationen der Gesellschaft sind. Strukturiert durch die Ökonomie einer Gesellschaft (Basis), produzieren diese Medienorganisationen nach einer klassischen politisch-ökonomischen Perspektive Inhalte zur kommunikativen Selbstverständigung in der Gesellschaft (Überbau). Fragen des Eigentums spielen deshalb eine Rolle, weil es mit dem Zugang zu Medien auch um die Möglichkeiten der Beeinflussung von gesellschaftlicher Kommunikation geht. Große Medienorganisationen verfügen über weitreichende Möglichkeiten, über gesamte Gesellschaften hinweg zu kommunizieren, was bedeutet, dass über sie ein großer Einfluss auf den öffentlichen Diskurs und die herrschenden Ideologien besteht. Die Kritik der politischen Ökonomie an der Veränderung von Besitzverhältnissen über Medien – also der Verschiebung des öffentlichen Eigentums an Medien hin zu privaten Eigentumsverhältnissen –, die mit der globalen Durchsetzung der Idee privater Märkte und der Kommerzialisierung einherging, war so eigentlich eine Kritik daran, wer in welcher Gesellschaft welche Ideologie kommunizieren konnte.

Mit der Digitalisierung hat sich dieses Szenario in vielerlei Hinsicht verändert, wofür es vier Gründe gibt (vgl. zum Folgenden WITTEL 2012: 317f.): Erstens hat sich die Zahl der Medienproduzent:innen drastisch erhöht. Durch die Nutzung digitaler Medien – Internetplattformen, Webseiten, in Mobiltelefone integrierte Kameras etc. – wurden viele Menschen zumindest prinzipiell in die Lage versetzt, als Produzent:innen von Medieninhalten zu agieren.[23] Zweitens bieten digitale Medien neue soziale Distributionsformen, die das Monopol großer Medienorganisationen auf die Verbreitung von Medieninhalten bis zu einem gewis-

23 Diese Veränderungen werden in der Medien- und Kommunikationsforschung insbesondere anhand des Konzepts des ›Produsers‹ diskutiert, siehe z.B. Bird (2011) sowie Bruns und Schmidt (2011).

sen Grad geschwächt haben. Auch kleinere Organisationen und sogar Einzelpersonen sind nun in der Lage, bestimmte Publika zu erreichen, miteinander zu kollaborieren und Teil einer neuen Praxis des ›Sharing‹ (JOHN 2017) zu werden. Drittens gewannen mit der Durchdringung des Alltags mit digitalen Medien neue Formen der Produktion und Distribution an Bedeutung. Viertens schließlich sind digitale Technologien nicht nur Medientechnologien, sie sind nun in alle produktiven Prozesse eingebaut. Angesichts der tiefgreifenden Mediatisierung ist die digitale Ökonomie damit keine abgegrenzte Sphäre, wie es einst die Ökonomie der Massenmedien war, sondern umfasst faktisch die gesamte Wirtschaft. Immer mehr Geschäftsmodelle der Produktion, des Vertriebs und des Verkaufs von ›Dingen‹ stützen sich in der einen oder anderen Weise auf digitale Medien und deren Infrastrukturen.

Aufgrund dieser Transformationen gewinnt statt einer politischen Ökonomie der Medien eine politische Ökonomie der digitalen Infrastrukturen an Bedeutung. Im Kern handelt es sich dabei um eine politische Ökonomie, die sich damit beschäftigt, wie große Medien- und Technologieunternehmen »globale Netzwerke und digitale Informationsflüsse sowie deren Konsum« (MANSELL 2004: 99) strukturieren und wie staatliche Behörden in diese Prozesse eingebunden sind. Eigentum, Kommerzialisierung und Marktmodelle der Distribution bleiben wichtig, aber nicht nur in Bezug auf Medieninhalte (FREEDMAN 2009). Sie gewinnen sogar an Bedeutung, weil digitale Infrastrukturen *zur gleichen Zeit* der Produktion, Distribution und Aneignung von Medieninhalten *wie auch* von anderen Produkten dienen. Dies erklärt die sich erweiternde Perspektive der politischen Ökonomie der Medien, in deren gegenwärtigen Diskussion es beispielsweise auch um die generelle Frage geht, wie sich Arbeit insgesamt mit den digitalen Infrastrukturen des 21. Jahrhunderts verändert.[24]

Darüber hinaus sind Fragen von Eigentumsverhältnissen, Kommerzialisierung und Marktmodellen von Bedeutung, weil neue, auf automatisierter Datenanalyse basierende Geschäftsmodelle entstan-

24 Siehe beispielsweise Burston, Dyer-Witheford und Hearn (2010), Fuchs (2014) und Scholz (2013).

den sind. Große Technologie-Unternehmen haben durch den Zugang zu und den Verkauf von Daten ihrer Nutzer:innen engmaschige Modelle der datenbasierten Kommerzialisierung entwickelt. Infolgedessen können sie hochgradig individualisierte Online-Werbung schalten und damit hohe Einnahmen erzielen.[25] Die Folgen dieses einzigartigen Zugangs zu Daten gehen allerdings wiederum über die Medien hinaus, wenn diese Daten zu einer Quelle für Entscheidungen innerhalb von Gesellschaften werden.[26] In einem solchen Szenario befasst sich eine politische Ökonomie digitaler Infrastrukturen »nicht mehr nur mit der Ideologie und Manipulation von Nachrichten (also Fragen von Basis und Überbau), sondern auch mit dem Eigentum an Infrastrukturen, an Netzwerken und Plattformen, die es Nutzer:innen ermöglichen, sich zu vergemeinschaften, zu kommunizieren und zusammenzuarbeiten« (WITTEL 2012: 318).

DIGITALE INFRASTRUKTUREN HEUTE

Wir können die heutigen digitalen Medien also nur verstehen, wenn wir sie in Bezug auf ihre digitalen Infrastrukturen betrachten, wobei Letztere eine besondere Materialität aufweisen. Deutlich wird dies anhand der mobilen Kommunikationstechnologien wie Mobiltelefonen, Tablets, Smartwatches und vieler anderer Geräte, die das sogenannte »Internet der Dinge« (BUNZ/MEIKLE 2018; GREENGARD 2015) ausmachen. Um die Materialität dieser Medien angemessen zu erfassen, sind es nicht nur die in Städten und auf dem Land installierten Mobilfunkmasten, die wir berücksichtigen müssen, sondern auch die transatlantischen (Unterwasser-)Kabelnetze, die die wichtigsten ›Trassen‹ der digitalen Kommunikationsflüsse darstellen.[27]

25 Joseph Turow hat dies eingehend untersucht (vgl. COULDRY/TUROW 2014; TUROW 2011, 2017).

26 Siehe für diese Diskussion insbesondere Amoore und Piotukuh (2016), Elmer, Langlois und Redden (2015) sowie Schäfer und van Es (2017).

27 Es sind insbesondere die Seekabel, die das Internet zu einem ›globalen Phänomen‹ machen, indem »fast 100 Prozent des transozeanischen Internetverkehrs über Glasfaser-Seekabel übertragen wird« (STAROSIELSKI 2015: 54).

Als ein Teil dieser Materialität sind die technischen Protokolle zu verstehen, die dem Internet zugrunde liegen (GALLOWAY 2004; MUELLER 2010). Während wir uns typischerweise auf ›das Internet‹ als ein einheitliches Ganzes beziehen, basiert es auf einer Vielzahl verschiedener Protokolle, die den Datentransfer technisch regeln.[28] Hinzu kommen Rechenzentren, die die Grundlage der ›Cloud‹ bilden, der Infrastruktur zur »Speicherung, Verarbeitung und Verteilung von Daten, Anwendungen und Diensten für Einzelpersonen und Organisationen« (MOSCO 2014: 17). Wir können hier den grundlegenden Einfluss sehen, den Infrastrukturen auf die Art und Weise haben, wie medienvermittelte Kommunikation stattfindet.

Wie sieht dann das Gesamtbild aus, mit dem wir heute konfrontiert sind? Um diese Frage zu beantworten, lohnt es sich, einen genaueren Blick auf die bereits erwähnten Technologieunternehmen zu werfen. Dabei wird deutlich, dass es sich bei diesen Unternehmen nicht einfach um Content-Anbieter handelt, wie man sie in der Tradition der politischen Ökonomie typischerweise mit dem Begriff ›Medienunternehmen‹ assoziiert. Vielmehr sind diese Unternehmen Anbieter digitaler Infrastruktur *für* Medieninhalte sowie andere Dienstleistungen und Produkte (siehe Tabelle 1).[29]

28 Neben dem TCP/IP-Protokoll sind das WiFi-Protokoll, das Routing Information Protocol (RIP) und das Exterior Gateway Protocol (EGP) nur einige Beispiele. In einer sorgfältigen Analyse der Funktionsweise des EGP hat Paul Dourish (2015) gezeigt, wie trotz der Tatsache, dass das Internet gemeinhin als offene dezentrale Struktur wahrgenommen wird, dieses Protokoll im Einzelfall durchaus zentralisierend sein kann.

29 Für eine detailliertere Diskussion des Zusammenkommens von inhaltsliefernden Unternehmen der Medienindustrie und Technologieunternehmen siehe Bolin (2011: 45-66).

TABELLE 1

Westliche Technologiekonglomerate als Anbieter von digitaler Infrastruktur

	Hauptsitz	Marktwert	Wichtigste Produkte und Dienstleistungen
Alphabet (Google)	Mountain View, Kalifornien, USA	$ 863.2B	Websuche, Online-Werbung, Videoportale, Kommunikationsdienste, Betriebssysteme, Cloud-Dienste, Netzwerkinfrastruktur, Gentechnik, Sicherheitstechnologie, Anwendungen für künstliche Intelligenz, Finanzdienstleistungen und Zahlungssysteme
Amazon	Seattle, Washington, USA	$ 916.1B	Online-Handel (Neu- und Gebrauchtwaren), Web- und Cloud-Services, Lagerautomatisierung, digitale Bücher, digitaler Videoverleih, digitale Musik, Zahlungssysteme, Bio-Lebensmittel
Apple	Cupertino, Kalifornien, USA	$ 961.3B	Betriebssysteme, Software, Computer, Laptops, Tablets, Smartphones, Smartwatches, Cloud-Dienste, Kommunikationsdienste, digitale Musik, digitales Video
Facebook	Menlo Park, Kalifornien, USA	$ 512B	Soziale Netzwerkplattformen, Online-Werbung, Online-Messaging
Microsoft	Redmond, Washington, USA	$ 946.5B	Betriebssysteme, Serveranwendungen, Produktivitätsanwendungen, Anwendungen für Geschäftslösungen, Desktop- und Servermanagement-Tools, Softwareentwicklungs-Tools, Computerspiele und Online-Werbung

Quellen: Websites der Unternehmen, Forbes Global 2000 (Stand: 10.7.2019).

Diese führenden Technologieunternehmen – typischerweise die Big Five genannt – ergänzen sich in dem Sinne, dass sich ihre Hauptgeschäftsfelder weitgehend unterscheiden. Während wir in Bereichen wie Betriebssystemen, Online-Werbung und Cloud-Diensten Überschneidungen sehen, ist der Wettbewerb in anderen Bereichen begrenzt. Dies erklärt zum Teil, warum wir es eher mit oligopolistischen als mit wettbewerblichen Strukturen zu tun haben. Viele Kund:innen dieser Dienste haben nur sehr wenige Anbieter zur Auswahl, und da die angebotenen Güter nur bedingt substituierbar sind, haben wir es mit einem heterogenen Oligopol zu tun. Im Großen und Ganzen ist der ›oligopolistische Medienkapitalismus‹ also trotz wiederholter Krisen der ›New Digital Economy‹ zwischen 2001 und 2004 heute relativ stabil. Unter diesen

Umständen erscheint es nur logisch, dass Medien- und Technologieunternehmen »gemeinsam gewinnbringende Märkte [...] erschließen, teils konkurrierend, teils koalierend« (PROKOP 2001: 421). Wettbewerb gibt es eher zwischen dem westlichen Oligopol der Big Five und dem asiatischen Oligopol, angeführt von der Alibaba-Gruppe. Letztere hat einen Marktwert von 499,4 Mrd. Dollar und ihre wichtigsten Produkte und Dienstleistungen sind Handels- und Kommunikationsplattformen für Business to Business und Business to Customer, ein Online-Auktionshaus, Finanzdienstleistungen und Zahlungssysteme, Cloud Computing und Datenmanagement, Online-Shopping und Filmproduktion.

In diesen Oligopolen haben insbesondere digitale Plattformen eine zentrale Position inne (GILLESPIE 2010: 352). Diese bringen Anbieter:innen, Werbetreibende und Kund:innen zusammen, um entweder bestehende Infrastrukturen zu ersetzen oder ihre eigenen Plattformen mit diesen derart zu verzahnen, dass sie selbst wirtschaftliche Vorteile erlangen (PLANTIN/PUNATHAMBEKAR 2019: 164). Man spricht an dieser Stelle auch von einem *Plattform-Ökosystem* (VAN DIJCK/POELL/DE WAAL 2018: 11). In Amerika bzw. Europa wird dieses Plattform-Ökosystem von den fünf oben genannten Technologieunternehmen dominiert: Alphabet (Google), Amazon, Apple, Facebook und Microsoft. Sie stellen »infrastrukturelle Plattformen« (VAN DIJCK/POELL/DE WAAL 2018: 11) wie die App-Stores von Google und Apple und die Login-API oder den Messenger von Facebook zur Verfügung,[30] auf deren Basis dann weitere digitale Medien entwickelt und verbreitet werden können. »Sektorale Plattformen« (VAN DIJCK/POELL/DE WAAL 2018: 12) bedienen auf der Basis dieser infrastrukturellen Plattformen einen bestimmten Bereich wie Nachrichten, Transport, Essen, Unterkunft und so weiter. Hier sind Unternehmen wie Airbnb, Lieferando oder Uber tätig.

Während dieses Ökosystem prinzipiell jedem die Möglichkeit bietet, eigene Entwicklungen einzubringen, liegt seine Dynamik darin, dass durch die Einführung zusätzlicher Apps und Dienste die das Ökosystem tragende infrastrukturelle Plattform weiter gestärkt wird: Je mehr Ange-

30 Siehe die exemplarischen Analysen von Grenz und Kirschner (2016) sowie Nieborg und Helmond (2018).

bote auf einer infrastrukturellen Plattform verfügbar sind, desto wichtiger wird sie. Auch sogenannte ›disruptive Innovatoren‹ wie Netflix oder Spotify bleiben auf die Infrastruktur der Big Five angewiesen, wobei die Spotify-Dienste auf die Cloud-Server von Google zugreifen und Netflix die Amazon Web Services nutzt (vgl. VAN DIJCK/POELL/DE WAAL 2018: 12).

Wir müssen uns jedoch davor hüten, eine zu eingeschränkte Sicht auf die politische Ökonomie digitaler Infrastrukturen zu entwickeln. Zum Beispiel können wir das, was wir digitale Infrastruktur nennen, nicht mit den Produkten und Dienstleistungen gleichsetzen, die diese Unternehmen anbieten. Digitale Infrastrukturen sind wesentlich umfassender. Sie schließen Satellitennetze, Unterwasserkabel und Mobilfunkmasten ein, ohne die ein (mobiler) Internetzugang nicht möglich wäre. Hier spielen ganz andere Unternehmen eine Rolle, z.B. wenn es um Netzwerk-Router geht, wo Unternehmen wie Cisco wichtig sind, oder wenn es um den Besitz von (Unterwasser-)Kommunikationskabeln geht, wo nationale Telekommunikationsanbieter immer noch eine große Bedeutung haben (DAVENPORT 2012: 202f.). Während also Unternehmen wie Alphabet, Amazon, Facebook und Microsoft wichtige Investoren in *neue* Kabel sind, basiert die *bestehende* Infrastruktur immer noch auf der Arbeit anderer Unternehmen und Institutionen. Darüber hinaus sollten wir neben den bekannteren infrastrukturellen Plattformen auch andere Arten von Software im Blick haben, wenn wir Fragen der Infrastruktur diskutieren. Ein Beispiel dafür sind Softwaresysteme, die in der Data-Analytics-Branche eingesetzt werden. In dieser wurde das Softwareprojekt Hadoop zur Grundlage vieler Datenanalyselösungen und damit zu mehr als nur einer einfachen Anwendung. Heute ist im Bereich der Datenanalyse Hadoop ein wichtiges Infrastruktursystem, das beispielsweise die gemeinsame Nutzung von Daten und Rechenressourcen gestattet (BEER 2019: 57). Die gegenwärtigen digitalen Infrastrukturen sind also ein hochkomplexes, vielschichtiges Phänomen.

Aus globaler Sicht ist es wichtig, nicht aus dem Blick zu verlieren, dass nicht alle Infrastrukturen von großen Unternehmen unterhalten werden. Insbesondere wenn wir an die Sicherung der digitalen Infrastrukturen im Globalen Süden denken, spielen kleine lokale Anbieter, Start-ups oder soziale Bewegungen als überindividuelle Akteure oft eine zentrale Rolle.[31] Auf dem afrikanischen Kontinent gibt es hierfür einige bemerkenswerte Beispiele: kleine lokale Unternehmen und Start-ups in städtischen Gebieten wie Kigali in Ruanda, Kumasi in Ghana und in der kenianischen Hauptstadt Nairobi, die sich mit dem Aufbau digitaler Infrastrukturen im ländlichen Afrika beschäftigen und sich der Bereitstellung von Dienstleistungen für Stadtbewohner widmen.[32] In Kigali wurde ARED 2013 gegründet, das Ladekioske für mobile Endgeräte und Internetzugang über WLAN anbietet. Diese Kioske wurden speziell für die ländlichen Gebiete Afrikas entwickelt, weswegen sie robust sind und mit Solarenergie betrieben werden. Da Elektrizität eine der grundlegenden Voraussetzungen für die Nutzung von Mobiltelefonen in ländlichen Gebieten ist, wurden die Kioske zu einem wichtigen Bestandteil der gesamten digitalen Infrastruktur in der Region. BRCK in Nairobi ist ein anderes Beispiel. Dieses Unternehmen ist darauf spezialisiert, Hardware (Tische, Computer, WLAN-Router etc.) zu liefern, die robust genug ist, um den Bedingungen in ländlichen Gebieten standzuhalten.

Diese Beispiele zeigen, dass die Big Five in der westlichen Welt zwar oligopolistische Strukturen etabliert haben und in Asien mit chinesischen Unternehmen um Alibaba vergleichbare Muster zu finden sind, die digitalen Infrastrukturen insgesamt aber von vielfältigeren korporativen und kollektiven Akteuren getragen werden. Wir müssen also aufpassen, dass wir unseren Blick nicht auf die großen Medien- und Technologie-Unternehmen im Globalen Norden beschränken.

Es wird damit deutlich, dass ein multiperspektivischer Blick auf die korporativen Akteure, die die heutigen digitalen Infrastrukturen bereitstellen, nicht nur wichtig, sondern unerlässlich ist. Einerseits geht es darum, das Oligopol einflussreicher Medien- und Technologiekonzerne im Auge zu behalten, die viele der Produkte und Dienstleistun-

31 Siehe für eine allgemeine Diskussion über Datafizierung und den Globalen Süden Milan und ten Oever (2017) sowie Taylor (2017). Detaillierte Beispiele wie LAN-Häuser in Brasilien diskutiert Payal Arora (2019: 30-37). Sie argumentiert auch für die Notwendigkeit von Innovationen und Gründungen im Globalen Süden, die deutlich von denen des Silicon Valley abweichen (ARORA 2019: 127-151).

32 Die Bedeutung solcher lokalen sozialen Bewegungen, Anbieter und Start-ups wird anschaulich in dem Film *Digital Africa – Ein Kontinent erfindet sich neu* (ZDF/ARTE 2018) dargestellt. Siehe auch Nwankwo und Ogbu (2018).

gen anbieten, die unsere heutigen digitalen Infrastrukturen ausmachen. Diese Unternehmen verfügen über eine beträchtliche globale Macht, da viele Einzelpersonen, Organisationen und Gemeinschaften bereits auf die von ihnen angebotenen Dienste und Einrichtungen angewiesen sind, wenn sie in einer tiefgreifend mediatisierten Welt produktiv arbeiten wollen. Darüber hinaus haben diese Konzerne die Finanzkraft, kleinere Technologieunternehmen zu übernehmen und zu integrieren, die Möglichkeit, umfangreiche eigene Forschung und Entwicklung zu betreiben, sowie die Chance, mit ihrer vorhandenen Marktmacht eigene Produkte und Dienstleistungen einzuführen und womöglich durchzusetzen. Andererseits ist es ebenso wichtig, weitere Akteure in die Betrachtung einzubeziehen. Das sind staatliche Akteure und ihre ambivalente Rolle als Regulierer und Förderer neuer Technologien, kleinere lokale Unternehmen, Start-ups, soziale Bewegungen und ihre Bemühungen zur Sicherung digitaler Infrastrukturen für benachteiligte Regionen. Es gilt demnach, einen ökonomischen Reduktionismus bei der Analyse digitaler Infrastrukturen zu vermeiden, wenn man das Entstehen der digitalen Gesellschaft in ihrer Komplexität erfassen möchte.

2.2 DIE ROLLE VON PIONIERGEMEINSCHAFTEN

Wie ich zu Beginn dieses Kapitels betont habe, ist es für eine Betrachtung des Zustandekommens der tiefgreifenden Mediatisierung unerlässlich, neben korporativen Akteuren eine zweite Art von überindividuellen Akteuren zu berücksichtigen, die vor allem bei der Einführung neuer Technologien eine Rolle spielen: die kollektiven Akteure der sogenannten ›Pioniergemeinschaften‹.[33] Im Folgenden möchte ich mich weiter mit diesen auseinandersetzen. Dieser Fokus heißt nicht, dass ich andere kollektive Akteure wie beispielsweise soziale Bewegungen als weniger relevant für die tiefgreifende Mediatisierung ansehen würde, weswegen

33 Wie Robin Mansell (2004: 99) argumentiert, würde die Forschung zur politischen Ökonomie von einem Aufgreifen der Forschung zu Innovationsprozessen profitieren, ein Brückenschlag, den ich an dieser Stelle in gewissem Sinne versuchen möchte.

diese auch im weiteren Verlauf des Buches immer wieder Gegenstand der Betrachtung sind. Aber wenn es um das *Zustandekommen* der tiefgreifenden Mediatisierung geht, sind Pioniergemeinschaften aufgrund ihrer Orientierung auf zukünftige, technologiebezogene Entwicklungen von besonderer Relevanz.

VON FRÜHEN PIONIER:INNEN ZU PIONIERGEMEINSCHAFTEN

Inwieweit Vordenker:innen und Pionier:innen eine besondere Rolle bei der Entstehung der tiefgreifenden Mediatisierung spielen, belegen historische Studien. Wie Fred Turner gezeigt hat, können wir die Entwicklung des Internets und der daraus entstandenen ›New Economy‹ nicht verstehen, ohne das Whole Earth Network als eine »außerordentlich einflussreiche Gruppe von Journalist:innen und Unternehmer:innen aus der San Francisco Bay Area« zu berücksichtigen (TURNER 2006a: 3). Dieses Netzwerk stellte sich eine Welt vor, die von Computern und Computernetzwerken geprägt ist, lange bevor dies für andere zur Normalität wurde. Der Name dieses Netzwerks bezieht sich auf den *Whole Earth Catalog*, eine buchartige Publikation, die zwischen 1968 und 1972 von Stewart Brand herausgegeben wurde. Ursprüngliches Ziel des Katalogs war es, den Aussteiger:innen[34] der US-Gegenkultur in den 1960er- und 1970er-Jahren die ›Werkzeuge‹ an die Hand zu geben, die hilfreich für das Leben in einer ländlichen Gemeinschaft sein konnten. Im Laufe der Jahre wurde der Katalog zu einer immer umfangreicheren Publikation, die das Lebensgefühl der Gegenkultur breiteren Publika nahebrachte. Der Katalog präsentierte wissenschaftliche Forschung, Hippie-Produkte, militärische Überlebensausrüstung, Ökologie und Mainstream-Konsumkultur und schuf so etwas wie ein »Netzwerkforum« (TURNER 2006a: 5) des Austauschs und der Begegnung.

34 Die damaligen ›new communalists‹ der amerikanischen Gegenkultur unterscheiden sich von der Neuen Linken dadurch, dass sie nicht auf politische Institutionen setzen, um die Gesellschaft zu verändern, sondern auf Gemeinschaften des Zusammenlebens, über deren Wandel sie auf eine Veränderung hoffen (TURNER 2006a: 33-39).

Mit dem schrittweisen Zusammenbruch der gegenkulturellen Kommunen in den frühen 1970er-Jahren wandte sich das Whole Earth Network dann der Computertechnologie als einer weiteren Möglichkeit zu, Vorstellungen von einer neuen Gemeinschaft zu verwirklichen. Es gibt beispielsweise Verbindungen zum Homebrew Computer Club, in dem Mitte der 1970er-Jahre Visionen des Personal Computers entwickelt wurden,[35] zur Hacker-Bewegung[36] und später zum MIT Media Lab als idealisierter Institution einer Veränderung der Gesellschaft durch Medientechnologien[37]. In den 1980er- und 1990er-Jahren wurde dann nach der Einstellung des *Whole Earth Catalogs* das WELL (Whole Earth 'Lectronic Link), ein Online-Netzwerk mit Sitz in der San Francisco Bay Area,[38] zu einer der ältesten Online-Communitys – und damit ein wichtiges Medium des Netzwerks. Später kam das 1993 gestartete *Wired*-Magazin hinzu, in dem die Vorstellung eines deregulierten, sich selbst organisierenden Internets dominierte und das mit ungebremstem Enthusiasmus Visionen einer digitalen ›New Economy‹ voranbrachte.[39] Schließlich wurden aus dem Umfeld des Netzwerks fortlaufend Konferenzen zu verschiedenen Themen von neuen und möglicherweise ›disruptiven‹ Technologien abgehalten. Teil dieser enthusiastischen Atmosphäre war auch eine enge Beziehung zu Politik und politischer Beratung.

An dieser Stelle müssen wir uns davor hüten, die Entwicklung der Technologie im Silicon Valley allein dem Erfolg der »kalifornischen Ideologie« (BARBROOK/CAMERON 1996) zuzuschreiben, in der amerikanische

35 Der Homebrew Computer Club wurde von Gordon French und Frederick Moore gegründet, wobei Letzterer dem Whole Earth Network angehörte, und es gibt Hinweise darauf, dass Gelder aus dem Verkauf des *Whole Earth Catalogs* in den Homebrew Computer Club geflossen sein könnten (TURNER 2006a: 102).

36 Das erste Buch, das über Hacker:innen geschrieben wurde, war von Steven Levy (1984), der auch Rezensionen für den *Whole Earth Catalog* schrieb. Inspiriert von diesem Buch wurde dann die erste Hackerkonferenz von Mitgliedern des Whole Earth Network organisiert, darunter Stewart Brand (TURNER 2006a: 132-140), was sich als ein Schritt in Richtung des Kuratierens der Hackerbewegung verstehen lässt.

37 Neben den Publikationen von Nicholas Negroponte (1995), dem Gründungsdirektor des MIT Media Lab, trug auch Stewart Brands Buch zur Geschichte des Media Lab (BRAND 1987) dazu bei, dass das MIT Media Lab als Modell für gesellschaftlichen Wandel wahrgenommen wurde.

38 Howard Rheingold, selbst an WELL beteiligt, entwickelte seine Idee der ›virtuellen Gemeinschaft‹ mit Bezug auf dieses Online-Netzwerk (siehe RHEINGOLD 1994).

39 Für eine Analyse des Diskurses von *Wired* siehe Frau-Meigs (2000).

Gegenkultur und marktradikales Unternehmertum zusammenfanden. Wie ich bereits oben argumentiert habe, ist es wichtig, andere Akteure zu berücksichtigen, einschließlich des Staates und seiner (militärischen) Investitionen in Hochtechnologie. Gleichwohl müssen wir die sich schnell verbreitenden Ideen des Whole Earth Network als einen wichtigen Teil der Geschichte der digitalen Medien und ihrer Infrastrukturen im Blick haben. Die Einzigartigkeit dieses Netzwerks liegt einerseits in dem Glauben seiner Pionier:innen an die Veränderbarkeit der Gesellschaft durch Technologie und andererseits in ihrer Position als Vermittler:innen zwischen verschiedenen Welten der Technologieentwicklung, der Politik, der Wirtschaft, der Gegenkultur und der alltäglichen Mediennutzung. Wie Manuel Castells (2001b) betont hat, kamen in einer besonderen historischen Situation Wissenschaft, Kommunitarismus, Hacker- und Unternehmertum in der Kultur derjenigen, die das Internet schufen, zusammen.[40]

Ein interessanter Aspekt dieser Dynamik ist, dass die neuen Gemeinschaften, über die Mitglieder des Whole Earth Network ›berichteten‹, nicht einfach ›da‹ waren und daher nicht Gegenstand einer ›investigativen‹ journalistischen Berichterstattung sein konnten. Immer wieder *entstanden* sie erst als Produkt der ›Berichterstattung‹ über sie, aber auch durch die Konferenzen, die ihre imaginären Mitglieder versammelten. Insofern handelt es sich beim Engagement des Whole Earth Network nicht einfach um Technologiejournalismus im klassischen Sinne des Wortes. Vielmehr ging es bereits hier um ein *Kuratieren* von technologieorientierten Gemeinschaften: um die ›Definition‹ der Relevanzrahmen dieser Gemeinschaften, um die ›Auswahl‹ potenzieller Mitglieder als Teil ihrer Akteurskonstellationen, um das ›Arrangieren‹ einzelner Statements und deren ›Präsentation‹ gegenüber verschiedenen Publika (sowie der entstehenden Pioniergemeinschaft selbst).

Welchen Einfluss diese Pioniergemeinschaften auf das Zustandekommen der tiefgreifenden Mediatisierung hatten, wird an den expliziten Verweisen von Vertreter:innen führender Technologieunternehmen etwa auf den *Whole Earth Catalog* oder die Homebrew Computer Club-

40 Siehe hierzu aktuell auch Daub (2020, insb. S. 71).

Treffen deutlich.[41] Aber auch heute gibt es derartige Pioniergemeinschaften. Dazu gehören z.B. die Maker-Bewegung (eine Gemeinschaft, deren Mitglieder auf die Herstellung neuer und das Basteln mit bestehenden (Medien-)Technologien orientiert sind), die Quantified-Self-Bewegung (eine Gemeinschaft, deren Mitglieder auf die technologiebasierte Selbstvermessung und Selbstoptimierung orientiert sind) oder die Hacks/Hackers-Bewegung (eine Gemeinschaft, deren Mitglieder auf öffentliche Kommunikation und innovativen Journalismus orientiert sind). Es lässt sich eine Entwicklungslinie zwischen diesen und anderen heutigen Pioniergemeinschaften zurück zum Whole Earth Network ausmachen.[42]

Pionier:innen sind in dieser Hinsicht weniger außergewöhnliche Erfinder:innen bestimmter Technologien, die in Innovationsdiskursen als ›disruptiv‹ verhandelt werden, sondern bewegen sich eher auf einer alltagsweltlichen Ebene des technologischen Wandels.[43] Ebenso wichtig ist es, dass wir uns diesen Akteur:innen reflexiv und kritisch annähern und es vermeiden, ihre Transformationsvorstellungen und Ideologien einfach zu akzeptieren und zu übernehmen. Pionier:innen in dem hier umrissenen Sinne können Professionelle sein (z.B. Journalist:innen, die in einer bestimmten beruflichen Sparte arbeiten) oder Amateur:innen (Menschen, die z.B. als Maker in ihrer Freizeit basteln).[44] Eine solche Unterscheidung von ›Professionellen‹ und ›Amateur:innen‹ ist insofern relativ, als ›amateurhafte Pionier:innen‹ in ihrer jeweiligen Domäne ein

41 Ein prominentes Beispiel dafür liefert Steve Jobs, der in einer Rede an der Stanford University am 12. Juni 2005 den *Whole Earth Catalog* als »eine der Bibeln meiner Generation« und ein »Google in Taschenbuchform, 35 Jahre bevor Google aufkam«, bezeichnete (siehe https://youtu.be/UF8uR6Z6KLC [01.05.2019]).

42 Dale Dougherty, eine zentrale Figur der Maker-Bewegung, ist z.B. ein früherer Mitarbeiter von O'Reilly Media, oder Kevin Kelly, der mit Gary Wolf die Quantified-Self-Bewegung gegründet hat, ist ein früherer Redakteur von *Wired*. Für die Maker-Bewegung zeigt Fred Turner (2018) weitere Bezüge anhand einer detaillierten Analyse von Schlüsseltexten auf.

43 Siehe auch Sven Kesselrings und Gerlinde Vogls (2004: 47) Forschung über ›Mobilitätspioniere‹: Individuen, die das Internet und digitale Medien nutzen, um einen hochmobilen Lebensstil zu führen und zwischen weit verstreuten Orten zu pendeln. Ein weiteres erwähnenswertes Beispiel sind elektronische Künstler, die Pioniere in der Aneignung experimenteller Technologien sind: »explorers, investigating the cutting edge of new technologies« (GAVED/MULHOLLAND 2008: 19; siehe auch 2011).

44 Allerdings müssen wir uns davor hüten, die Rolle des Amateurs zu ›zelebrieren‹ (für eine solche Kritik siehe KEEN 2007). Entscheidend erscheint mir, dass diese Pionier:innen nicht unbedingt in ihren *professionellen* Kontexten agieren, wenn es um die Domäne der Pioniergemeinschaft geht.

solches Wissen und solche Kompetenzen erwerben können, dass diese zum Bereich ihres beruflichen Engagements wird. Ein Beispiel hierfür wäre ein Maker, der sich so ›professionalisiert‹, dass er mit seinen Pionierideen seinen Lebensunterhalt verdienen kann. Darüber hinaus sind ›amateurhafte Pionier:innen‹ nicht unbedingt Amateur:innen im Hinblick auf ihre Ausbildung: Sie sind oft als Ingenieur:innen, Programmierer:innen oder in anderen verwandten Bereichen professionell ausgebildet. Aber wenn sie als Teil der Pioniergemeinschaft agieren, geschieht dies nicht ausgehend von ihrer beruflichen Rolle und sie sind nicht auf eine entsprechende Wertschöpfung ausgerichtet. Im hier verwendeten Sinne können wir den Begriff ›Pionier:in‹ anhand von folgenden vier Punkten festmachen:

1. Pionier:innen konstruieren ihre Identität auf der Basis der Idee, dass sie eine *Vorreiterrolle* innerhalb einer bestimmten Domäne einnehmen und in dieser von anderen Mitgliedern der Domäne (aber nicht unbedingt von allen) akzeptiert werden.

2. Innerhalb ihrer Domäne agieren Pionier:innen als *Intermediäre* (BOURDIEU 2010: 151),[45] die in ihren Praktiken verschiedene Handlungsfelder (Technologientwicklung, alltagsweltliche Mediennutzung, Politik etc.) miteinander verbinden – und dabei oft explizit für die Notwendigkeit plädieren, über das eigene Feld hinauszugehen.

3. Pionier:innen spielen aufgrund ihrer *experimentellen Praktiken* eine besondere Rolle für die Entwicklung ihrer Domäne (z.B. in dem Sinne, dass sie auch als Trainer:in oder Berater:in fungieren).

4. Pionier:innen verfügen über *Vorstellungen möglicher Zukünfte*, die sich als »soziotechnische Imaginationen« (JASANOFF/SANG-HYUN 2015) medienbezogener Entwicklungen beschreiben lassen. Im Hinblick auf ihre Imaginationen werden diese Pionier:innen oft zu einem Thema des allgemeineren Mediendiskurses über den medien- und technologiebezogenen Wandel.

Solche Pionier:innen sind typischerweise in Pioniergemeinschaften als »communities of practice« (WENGER 1999) engagiert. Diese Gemein-

45 Für weitere Beispiele von Intermediären im Medienbereich siehe Negus (2002), Nixon und du Gay (2002) sowie O'Connor (2013).

schaften sind auf die Zukunft und den Wandel ausgerichtet und konstituieren sich typischerweise um bestimmte experimentelle Praktiken. Im Hinblick auf diese Gemeinschaften teilen ihre Mitglieder ein »Wir-Gefühl« und haben »Strukturen« (KNOBLAUCH 2008: 75-77) jenseits situativer Zusammenkünfte etabliert. Innerhalb von Pioniergemeinschaften nehmen professionelle Pionier:innen oft die Rolle einer »organisatorischen Elite« (HITZLER/NIEDERBACHER 2010: 22) ein: Sie sind umfassend in diesen Gemeinschaften engagiert, haben ein detailliertes Wissen über den thematischen Kern dieser Gemeinschaften ausgebildet und sind typischerweise verantwortlich für die Organisation der Aktivitäten dieser Gemeinschaften.

DIE PIONIERGEMEINSCHAFTEN VON HEUTE

Wie oben erwähnt, können wir heute drei bedeutende Pioniergemeinschaften ausmachen, die für das Zustandekommen der tiefgreifenden Mediatisierung von Relevanz sind: die Quantified-Self-Bewegung, die Maker-Bewegung und die Hacks/Hackers-Bewegung (siehe Tabelle 2). Während es verschiedene Bezüge zwischen diesen verschiedenen Pioniergemeinschaften gibt, unterscheiden sie sich durch die Orientierung ihrer Praktiken (auf das Selbst, die Herstellung, die Veröffentlichung), ihre Visionen von medienbezogener Kollektivität und gesellschaftlicher Transformation, ihre Events und die Art und Reichweite ihrer Publikationen (z.B. Websites, Zeitschriften, Berichte).

Die *Quantified-Self-Bewegung* (QS) hat in der akademischen Forschung viel Aufmerksamkeit erregt,[46] vor allem im Hinblick auf individuelle Praktiken der Selbstvermessung.[47] Was heute allgemein als ›Self-Tracking‹ bekannt ist, wurde früher ›Life-Logging‹ genannt,[48] ein Protokollieren verschiedener Aspekte des alltäglichen Lebens, das als künstlerische und selbstexperimentelle Praxis begann. Der Begriff

46 Für einen Überblick siehe Lupton (2016) sowie Neff und Nafus (2016).

47 Siehe die entsprechenden Kapitel in Abend und Fuchs (2016), Strübing et al. (2016) sowie Ajana (2017).

48 Siehe Crawford, Lingel und Karppi (2015) sowie O'Hara, Tuffield und Shadbolt (2008).

TABELLE 2

Beispiele für heutige Pioniergemeinschaften

	Handlungs-orientierung	Imaginationen von Kollektivität und gesellschaftlicher Transformation	Wichtige Events und Orte	Beispiele für prominente Websites und identitätsstiftende Publikationen
Quantified-Self-Bewegung	Praktiken des Selbst	• Kollektivität und gesellschaftliche Transformation auf der Basis von Technologien der Selbstvermessung • Transformation hin zur Datafizierung und Omnipräsenz der Medien	• Quantified-Self-Konferenzen • Meet-ups	• Wolf (2009): Know Thyself. In: *Wired*, 22. Juni 2009. • Quantified-Self-Webseite (http://quantifiedself.com), seit 2007
Maker-Bewegung	Praktiken der Herstellung	• Kollektivität und gesellschaftliche Transformation auf der Basis von Technologien des Herstellens und Teilens • Transformation hin zur beschleunigten Innovation und gesteigerten Konnektivität	• Maker Faires • Maker Spaces, Hack Spaces, Fab Labs	• Anderson (2012): *Makers: The New Industrial Revolution*. New York, London: Random House • *Make: Magazine*/ Website (http://makezine.com), seit 2005
Hacks/Hacker-Bewegung	Praktiken der Veröffentlichung	• Kollektivität und gesellschaftliche Transformation basierend auf neuen Formen der Berichterstattung • Transformation hin zur Differenzierung von Medien und Datafizierung	• Hacks/Hacker-Konferenzen • Meet-ups	• Gray/Chambers/ Bounegru (2012): *The Data Journalism Handbook*. Beijing, Cambridge: O'Reilly Media • Hacks/Hacker Webseite (http://hackshackers.com), seit 2009

des ›quantifizierten Selbst‹ bezieht sich jedoch auf eine spezifische und klar definierte Gemeinschaft. Im Anschluss an ein persönliches Treffen von etwa fünfzig interessierten Personen im Jahr 2007 gründeten Gary Wolf und Kevin Kelly – die beiden bereits erwähnten *Wired*-Journalisten, die dem Whole Earth Network nahestehen – quantifiedself.com. Ihre Website bringt sowohl Produzent:innen als auch Nutzer:innen der entsprechenden Technologien zusammen. Ausgehend von dieser Webseite organisierten sie Konferenzen und Treffen, die sich mit den Möglichkeiten der Selbstvermessung und Erfahrungen mit den verschiedenen damit verbundenen Technologien beschäftigen. Lokale Gruppen sind hauptsächlich als Meet-ups (meetup.com) organisiert, verbunden durch QS-(Online-)Publikationen, die den Diskurs über die Identität dieser Pioniergemeinschaft kuratieren. Seit 2011 hat sich die QS-Bewegung auf Europa ausgeweitet und zunehmend Kontakte zur technologiebasierten Gesundheitsbranche aufgebaut.[49] Parallel zu diesen Aktivitäten haben verschiedene Industrien Endgeräte entwickelt, produziert und vermarktet, die sich speziell auf das gesundheitsbezogene Self-Tracking beziehen.

Die QS-Bewegung ist eine Pioniergemeinschaft, deren Mitglieder ein Interesse an (Medien-)Technologien für Praktiken des Selbst teilen. Wenn es um ihre Imaginationen von gesellschaftlicher Transformation geht, rückt eine datenbasierte Herstellung des Selbst in den Vordergrund – eines Selbst, das sich einem »neuen Individualismus« verschrieben hat, in dessen Zentrum eine dominante Ausrichtung auf das eigene Ich steht (LUPTON 2015: 183). Wir sind hier mit einem Paradoxon konfrontiert: Einerseits ist die QS-Bewegung auf das Individuum fokussiert. Dies kommt in dem schillernden Begriff des »n = 1« (GREENFIELD 2016: 123) zum Ausdruck, dem Sammeln großer Mengen quantifizierter Daten mit Bezug auf *eine* Person, um *deren* Leben zu verbessern. Andererseits geht es dieser Pioniergemeinschaft darum, die Kollektivitätsbildung und Gesellschaft insgesamt durch die Etablierung individueller Selbstvermessung zu verändern. Als solche war diese Pioniergemeinschaft insofern ›erfolgreich‹, als sie dazu beigetragen hat, dass in vielen Ländern des Globalen Nordens die Vorstellung einer kontinuierlichen Selbstvermessung – des fortlaufenden Sammelns von Daten über sich selbst, um das eigene Ich zu ›verbessern‹ – zu einem allgemein akzeptierten Diskurs und einer weit verbreiteten Alltagspraxis geworden ist.

Es ist keine einfache Aufgabe, die Anfänge der *Pioniergemeinschaft der Maker* zu erfassen. Wenn wir Hack Spaces und Fab Labs[50] – und nicht nur Maker Spaces – als wichtige Orte betrachten, an denen sich deren Mitglieder zum Austausch von Ideen und zum (technologiebasierten) ›Basteln‹ und ›Machen‹ treffen, sind die Hackerkulturen und ihre Hacker

49 Siehe Nafus (2016) und Selke (2016).

50 Der Begriff ›fab lab‹ wurde von Neil Gershenfeld (2005) als Abkürzung für ›fabrication laboratory‹ geprägt: eine kleine Werkstatt, die eine (persönliche) digitale Fabrikation ermöglicht.

Spaces wichtige Vorläufer der Maker.[51] Eine Verbindung zwischen der Hacker- und der Open-Source-Bewegung besteht bis heute.[52] Darüber hinaus ist die Do-It-Yourself-Bewegung (DIY) mit ihrer langen Tradition als Community of Practice in Europa und den USA ein wichtiger Kontextfaktor der Geschichte der Maker.[53] Der Unterschied zwischen beiden besteht darin, dass die Maker einen besonderen Fokus auf die Veränderung durch technologische Entwicklungen legen. Im engeren Sinne entstanden die Maker als Pioniergemeinschaft um 2005, als Neil Gershenfelds (2005) Buch über Fab Labs und 3D-Druck veröffentlicht wurde, von Dale Dougherty bei O'Reilly Media das *Make: Magazine* herausgegeben wurde und die ersten Maker Faires im Silicon Valley stattfanden. Entscheidend für die weitere Ausbreitung dieser Gemeinschaft war die Einführung des Arduino-Boards im Jahr 2005, des RepRap-Open-Source-3D-Druckers im Jahr 2007, des ersten MakerBot-3D-Druckers im Jahr 2009, die Verfügbarkeit des Mikrocomputers Raspberry Pi im Jahr 2012 und – als rahmender Diskurs – die Veröffentlichung des Buches *Makers: The New Industrial Revolution*, verfasst vom ehemaligen *Wired*-Chefredakteur Chris Anderson (2012).

Andersons Buch bot eine verdichtete Ideologie für die Pioniergemeinschaft der Maker und ihre Imaginationen von Kollektivität und Veränderung. Von ihm wurden sie als eine »Gemeinschaft Gleichgesinnter aus aller Welt« (ANDERSON 2012: 15, 73-77, 92-95; siehe auch HATCH 2014) dargestellt, deren Mitglieder die Imagination teilen, dass das Internet der Dinge und die damit verbundenen Produktionstechnologien eine ›neue industrielle Revolution‹ herbeiführen würden, die DIY, Handwerk und selbstgemachte technologische Innovationen zusammenführt. Ein wesentlicher Faktor für die Ausbreitung der Maker-Bewegung war das in San Francisco ansässige Unternehmen Maker Media, das von Dale Dougherty gegründet wurde und 2012 von O'Reilly Media das *Make: Magazine* und die Maker Faire übernahm (DOUGHERTY/CONRAD 2016). Kern

51 Für eine Diskussion von Hackerkulturen siehe das Originalbuch von Levy (1984) sowie Hunsinger und Schrock (2016) sowie Lange (2015). Für eine Analyse von ›Hacker Spaces‹ siehe Kostakis, Niaros und Giotitsas (2015) sowie Maxigas (2012).

52 Näheres dazu findet sich bei Krebs (2014: 20) und Coleman (2013).

53 Siehe dazu Atkinson (2006), Hemphill und Leskowitz (2012) sowie Ratto und Boler (2014).

der Verbreitung der Maker-Bewegung ist eine Art ›Franchise-Modell‹ (HEPP 2020b) für das Kuratieren des Diskurses um diese Pioniergemeinschaft, wobei das *Make: Magazine* und insbesondere die Marke Maker Faire von Maker Media global verbreitet wurden, was zusammenkam mit einem (semi-)professionellen Engagement in und für Hacker- und Maker-Spaces, das von einer breiteren Gruppe von Menschen getragen wurde (DAVIES 2017). Im Juni 2019 stellte Maker Media jedoch aufgrund finanzieller Probleme den Betrieb ein und Dale Dougherty gründete die Make: Community zum Kuratieren der Pioniergemeinschaft.

In einer Phase des radikalen Wandels von Journalismus hat die *Hacks/Hackers-Bewegung* als ein Netzwerk von Journalist:innen und Tech-Enthusiast:innen bei der globalen Verbreitung von Vorstellungen des Datenjournalismus eine nicht unerhebliche Bedeutung. Diese Pioniergemeinschaft hat ihre Wurzeln in einer Vielzahl von Bewegungen, unter denen technologieorientierte Imaginationen von der Zukunft der journalistischen Arbeit verbreitet sind (USHER 2016: 71-100). Einer ihrer Ursprünge liegt in der Open-Data-Bewegung, die enge Verbindungen zur eher computerorientierten Open-Source-Bewegung hat.[54] Die Open-Data-Bewegung ist wiederum mit Imaginationen einer neuen Form von offenem Datenjournalismus verbunden, um den es im Kern auch bei der Hacks/Hacker-Bewegung geht. Letztere wurde 2009 in der San Francisco Bay Area als Netzwerk von Journalist:innen (›Hacks‹) und Progammierer:innen (›Hackers‹) gegründet mit dem Ziel, neue Konzepte der Zukunft von Nachrichtenproduktion und Journalismus zu entwickeln.[55] Die Pioniergemeinschaft wuchs in den USA schnell und breitete sich international aus, indem lokale Gruppen (›Chapters‹) zuerst in Lateinamerika, dann in Europa und in Australien gegründet wurden. Bis Mai 2019 gab es weltweit 116 lokale Gruppen, die auf der Website der Bewegung präsentiert sowie über eine Mailingliste und Social-Media-Plattformen kuratiert werden. Damit haben sich die Hacks/Hackers schnell »zur größten Organisation ihrer Art entwickelt« (LEWIS/USHER 2014: 384). Die Pioniergemeinschaft hat eine gewisse Nähe zur digitalen

54 Siehe Baack (2015) sowie Lewis und Usher (2013).
55 Für nähere Informationen zu diesem Netzwerk siehe http://hackshackers.com [04.01.2020].

Medien- und Technologieindustrie, was sich nicht zuletzt im Mai 2015 mit der Einführung einer Veranstaltungsreihe des Namens ›Connect‹ in Partnerschaft mit Google zeigte.

In einem weiteren Sinne können wir die Hacks/Hackers als eine wichtige Gemeinschaft im weiterreichenden Feld des »Pionierjournalismus« (HEPP/LOOSEN 2021: 577) verstehen. Einerseits ist sie eine Reaktion auf die neuen Möglichkeiten von Journalismus, die der aktuelle Medienwandel eröffnet.[56] Andererseits hat der Pionierjournalismus entsprechende Veränderungen durch seine Imaginationen möglicher Zukünfte des Journalismus selbst mit hervorgebracht. Beispiele dafür sind der Datenjournalismus (der digitale Spuren als Nachrichtenquelle nutzt), ein Journalismus datenbasierter Geschäftsmodelle (der auf neue Formen der Wertschöpfung durch Daten setzt), der Non-Profit-Journalismus (der auf Spenden für investigative Berichterstattung basiert), der Chatbot-Journalismus (bei dem ein Chatbot journalistische Inhalte präsentiert) und der Sensorjournalismus (eine automatisierte Form des Journalismus, die auf Sensordaten basiert).[57]

Unabhängig davon, ob Ideen wie diese zu nachhaltigen Modellen von Journalismus führen werden oder nicht, treibt die Hacks/Hackers-Bewegung aktuelle Veränderungen voran, indem sie neue Medientechnologien als Möglichkeiten für einen produktiveren öffentlichen Diskurs sieht. Die Ermöglichung neuer Arten eines öffentlichen Diskurses durch frei zugängliche Daten ist beispielsweise eine der Imaginationen, die in lokalen Hacks/Hackers-Gruppen als »informelle Handelszonen« zwischen Journalist:innen und Hacker:innen diskutiert werden (LEWIS/USHER 2014: 388). Dies wird vielleicht am besten durch den Begriff ›Hacker-Journalist:in‹ ausgedrückt: Von ihrem eigenen subjektiven Standpunkt aus helfen die ›Hacker-Journalist:innen‹ den Menschen, etwas über ihre Welt zu lernen, und engagieren sich, damit Bürgermedien zu einer besser funktionierenden Demokratie und Gesellschaft

56 Ein Großteil der Forschung beschäftigt sich mit der Frage, wie Journalist:innen diese Technologien nutzen und welche organisatorische Veränderung diese nach sich ziehen; vgl. insbesondere: Anderson (2013), Broussard (2015), Creech und Mendelson (2015), Knight (2015), De Maeyer et al. (2015) und Flew et al. (2012).

57 Für eine detaillierte Analyse siehe Hepp und Loosen (2021).

beitragen und so die Welt insgesamt zu einem besseren Ort machen.[58] Damit verbunden ist die Vorstellung, dass die experimentelle Nutzung von Daten eine neue Art von öffentlichem Engagement unterstützt und als Ergebnis neue Wege beim Aufbau und bei der Aufrechterhaltung von Kollektiven fördern kann.

Anhand einer Betrachtung von Pioniergemeinschaften wie den oben beschriebenen wird deutlich, inwieweit diese als kollektive Akteure eine wichtige Antriebskraft für das Zustandekommen der tiefgreifenden Mediatisierung sind. In ihrer Selbstwahrnehmung sind die Mitglieder dieser Pioniergemeinschaften Vorreiter:innen in ihren jeweiligen Feldern und treiben aktuelle medienbezogene Entwicklungen voran, indem sie ständig auf der Suche nach den neuesten technologischen Innovationen sind. Typischerweise sind ihre Imaginationen zukünftiger Möglichkeiten ihrer Zeit voraus, was oft dazu führt, dass ihre Ideen nicht verwirklicht werden, im Einzelfall aber zu radikalen Lösungen führen können. Wichtiger als die Frage, ob sich eine bestimmte Idee durchsetzt, ist allerdings, dass solche Pioniergemeinschaften durch ihre Imaginationen Möglichkeitsräume für technologiebasierte Veränderungen eröffnen. Die Relevanz von Pioniergemeinschaften ergibt sich dabei insbesondere indirekt: Indem diese Imaginationen in der allgemeinen Medienberichterstattung aufgegriffen werden, entwickeln Pioniergemeinschaften Einfluss in ihren jeweiligen Domänen. Die QS-Bewegung z.B. experimentierte mit Praktiken der Selbstvermessung und entsprechenden Technologien, lange bevor diese im Mainstream Einzug hielten. Die ›Übersetzung‹ dieser experimentellen Praktiken in die allgemeine Medienberichterstattung über Self-Tracking und Selbstvermessung war oft kritisch und abwertend als Dystopie einer ›Überwachungsgesellschaft‹, besonders in linken und bürgerlichen Medien (HEPP/ALPEN/SIMON 2021). Auf einer tieferen Ebene wurde jedoch die Annahme der Pioniergemeinschaft von der einfachen Veränderbarkeit der Gesellschaft durch solche Technologien im öffentlichen Diskurs übernommen. In ähnlicher Weise entwickeln viele Mitglieder der Ma-

58 Siehe Stray (2011) sowie Lewis und Usher (2013: 603).

ker-Bewegung neuartige Produkte, die vielleicht nie einen Markt finden werden, aber sie spielen und experimentieren trotzdem weiter mit ihren Ideen. Auch hier ist es die Medienberichterstattung über diese neuen Formen des Machens, das Engagement in lokalen Maker-Spaces und ihre Integration in Bildungsnetzwerke, durch die sich die Imaginationen der Maker-Bewegung verbreiten (HEPP/BENZ/SIMON 2021). Gleichermaßen haben Pionierjournalist:innen die Grenzen verschoben. Zum Beispiel ist der Sensorjournalismus – der Sensoren zur Generierung von Daten für einen automatisierten Journalismus verwendet – zwar keine weit verbreitete journalistische Praxis, gleichwohl durch Publikationen wie das Buch *Journalismus der Dinge* (VICARI 2019) und durch Tagungen in der Lage, Räume für die Reflexion über die Zukunft des Journalismus zu eröffnen. Mit diesen Beispielen im Hinterkopf können wir Pioniergemeinschaften *als Laboratorien des Zustandekommens der tiefgreifenden Mediatisierung* verstehen: Oft scheitern ihre Versuche, gelegentlich entwickeln sie erfolgreiche Lösungen und Produkte. Entscheidend ist jedoch, dass sie mit Möglichkeiten experimentieren und so Vorstellungen einer tiefgreifend mediatisierten Zukunft und damit entstehenden digitalen Gesellschaft entwickeln.

Auf diese Weise agieren Pioniergemeinschaften als Intermediäre. Sie sind eine Mischung aus sozialer Bewegung und Thinktank und bringen typischerweise Produzent:innen und Entwickler:innen mit Nutzer:innen zusammen, verbinden Forschung, Politik, Journalismus und Industrie. Sie stellen eine ›verbindende Schicht‹ zwischen verschiedenen korporativen Akteuren wie etablierten Medien- und Technologieunternehmen und staatlichen Behörden dar. Dies zeigt sich im Fall der QS-Bewegung (in der Gründer:innen von Start-ups ebenso aktiv und engagiert sind wie reguläre Nutzer:innen und bei der Veranstaltungen sowohl im akademischen als auch im politischen Kontext stattfinden), der Maker-Bewegung (deren offenes Konzept der Maker-Spaces zu einem weit verbreiteten Ansatz in privaten Unternehmen, Bibliotheken und Schulen geworden ist) und der Hacks/Hackers-Bewegung (die Pionier:innen aus etablierten Medien- und Tech-Unternehmen, Start-ups und Journalismus zusammenbringt). Als *Intermediäre* sind Pioniergemeinschaften grundlegend für das laufende Kuratieren von Ideen für heutige digitale Medientechnologien und Infrastrukturen, oft lange bevor sie als etablierte Produkte oder Dienstleistungen verfügbar sind.

Gerade wegen ihrer verbreiteten Selbstdarstellung, ›eine Bewegung von unten‹ zu sein, sollten wir uns jedoch davor hüten, diese kollektiven Akteure nicht auch kritisch zu sehen. Dies hat verschiedene Gründe. So haben Pioniergemeinschaften in den von ihnen imaginierten technologischen Zukünften eine nur geringe Skepsis gegenüber möglichen negativen Folgen des Einsatzes von Technologie. Die typische Lösung für ein medienbezogenes Problem wie Datenverlust oder -missbrauch besteht darin, eine technische Lösung zu finden, die gegenüber der aktuellen ›überlegen‹ ist. Der unerschütterliche Glaube der Pioniergemeinschaften an die Technologie ist tendenziell kurzsichtig, was deren nichtintendierte Nebenfolgen angeht. Hier sehen wir wiederum Anklänge der »kalifornischen Ideologie« (BARBROOK/CAMERON 1996: 44), die den freiheitlichen Geist der Gegenkultur und den unternehmerischen Eifer der Medien- und Technologie-Industrien zu einer Imagination technologischer Machbarkeit und zu einer »Rhetorik der Disruption« (DAUB 2020: 129) verbindet. Als kollektive Akteure sind Pioniergemeinschaften in ihrer Zusammensetzung sehr fluide und es fehlt ihnen weitgehend an demokratischen Strukturen. Typischerweise bleibt ihre Beratungstätigkeit für staatliche Behörden von der breiten Öffentlichkeit unbemerkt und es ist meist ein hohes Maß an Insiderwissen notwendig, um ihren Einfluss zu erfassen. Pioniergemeinschaften sind entsprechend kollektive Akteure, die die tiefgreifende Mediatisierung eher verdeckt vorantreiben.

2.3 DIE QUANTITATIVEN TRENDS DER TIEFGREIFENDEN MEDIATISIERUNG

Die beiden vorangegangenen Abschnitte sollten deutlich gemacht haben, welche Rolle korporative und kollektive Akteure beim Zustandekommen der tiefgreifenden Mediatisierung spielen. Das Verständnis dieses Entstehungsprozesses ist jedoch etwas viel Komplexeres als die einfache Analyse der politischen Ökonomie mächtiger Unternehmen und staatlicher Behörden oder des Einflusses von Pioniergemeinschaften. Um die unterschiedlichen Ausprägungen der tiefgreifenden Mediatisierung wirklich zu begreifen, ist es wichtig zu verstehen, wie die verschiedenen Strategien und Praktiken korporativer und kollektiver Akteure in diesem Metaprozess kumulierten. In einer ersten Annäherung können wir hier mindestens fünf quantitative Trends ausmachen (HEPP/HASEBRINK 2018): erstens die *Differenzierung* einer großen Zahl digitaler Medien; zweitens eine zunehmende *Konnektivität* von und durch diese Medien, was die Möglichkeit bietet, sich individuell und kollektiv über Raum und Zeit hinweg zu ›verbinden‹; drittens eine zunehmende *Omnipräsenz* dieser Medien, wodurch Menschen permanent und an verschiedenen Orten kommunikativ in Beziehung stehen können; viertens ein zunehmendes *Innovationstempo*, d.h. das Aufkommen ›neuer‹ Medien und Dienste in immer kürzeren Zeiträumen; und fünftens die *Datafizierung*, also die Repräsentation des sozialen Lebens in computerisierten Daten.

Diese Trends lassen sich weder auf das Handeln eines einzelnen korporativen oder kollektiven Akteurs reduzieren, noch können sie ausschließlich als eigenständige, mediale Phänomene gedacht werden. Vielmehr konstituieren sich diese Trends im Handeln der verschiedenen Akteure und konkretisieren sich über die verschiedenen Medien hinweg. Sie sind *insgesamt* charakteristisch für die quantitativen Verschiebungen der tiefgreifenden Mediatisierung. Wir müssen uns ebenfalls darüber im Klaren sein, dass diese Trends nicht linear verlaufen und es keineswegs sicher ist, ob sie sich fortsetzen. Auch ist offen, welche anderen Trends sich abzeichnen werden. Trotz dieser Vorläufigkeit ihrer Bestimmung gibt uns die Unterscheidung dieser Trends insgesamt ein erstes Verständnis für die medienbedingten Veränderungen, mit denen wir in verschiedenen gesellschaftlichen Domänen konfrontiert sind.

EINIGE DATEN

Die *Ausdifferenzierung* der Medien hat in den letzten Jahrzehnten sowohl in ihrer Vielfalt als auch in ihren unterschiedlichen Funktionalitäten stetig zugenommen. In den Anfängen der Digitalisierung drehte sich eine der Hauptdiskussionen um eine entstehende ›Konvergenz‹. Mit diesem Begriff wurde die Vorstellung des ›Zusammengehens‹ verschiedener Medien in einem Endgerät verbunden: dem ›Multimedia-Computer‹. Der Diskurs um Konvergenz weitete sich bald aus. Henry Jenkins (2006) z. B. verwendet den Begriff ›Konvergenzkultur‹, um die von ihm ausgemachten medienbezogenen Veränderungen zu beschreiben. In seiner Definition bezieht sich Konvergenz nicht auf die ursprüngliche lateinische Bedeutung im Sinne von ›sich annähern‹ oder ›zusammenlaufen‹ – wie es die Verschmelzung verschiedener Technologien, Industrien oder Endgeräte in dem einheitlichen Gerät des Personal Computers als einer Art »Hybridmedium« (HÖFLICH 2003: 65) impliziert. Vielmehr versteht Jenkins unter Konvergenz »den Fluss von Inhalten über mehrere Medienplattformen, die Zusammenarbeit von mehreren Medienindustrien und das Wanderungsverhalten des Medienpublikums, das auf der Suche nach der Art von Unterhaltung und Erfahrungen, die es haben möchte, fast überall hingeht« (JENKINS 2006: 2). Die Bedeutung von ›Konvergenz‹ ist bei ihm also weniger eine Verschmelzung aller Mediengeräte zu einer Art Supergerät, sondern eher eine Konvergenz auf der Ebene der Inhalte, die, da sie digital sind, über mehrere Endgeräte kommunizierbar werden, manche neuer, manche älter.[59]

Die Digitalisierung brachte eine Vielzahl sehr unterschiedlicher Medien mit sich, Medien, die ausnahmslos auf Software basieren und in der Art und Weise, wie sie die Kommunikation verschiedener Arten von Inhalten über sie alle hinweg ermöglichen, grundlegend digital sind (MANOVICH 2013). Diese Idee verweist auf die frühen Imaginationen von Pioniergemeinschaften, die sich das Leben als etwas vollständig digital Durchdrungenes vorstellten.[60] »Digital zu sein«, so die Zukunftsvision des Mitbegründers des MIT Media Lab, Nicholas Negroponte, beinhaltete

59 Für eine detaillierte Diskussion des Konzepts der Konvergenz siehe Jensen (2010) und die Kapitel in Storsul und Stuedahl (2007).

60 Die Vorstellung des ›Ubiquitous Computing‹ wurde Ende der 1980er-Jahre von Mark Weiser geprägt, der bei Xerox PARC in Palo Alto arbeitete. Im Zentrum seiner Idee steht die Imagination der Integration von Berechnung und Vernetzung in eine Vielzahl von Alltagsgegenständen; dies wird heute meist mit dem Internet der Dinge assoziiert.

bereits im Jahr 1995 die Idee, alle Dinge »digital aktiv« (NEGROPONTE 1995: 209) zu machen. Er sprach davon, dass Teetassen, Kleidung, Spielzeug und Autos in die digitale Welt übergehen würden, viele Jahre bevor die Vorstellung des Internets der Dinge in aller Munde, geschweige denn realisierbar war. Dies schwingt heute in den Strategien der großen Technologiekonzerne mit, die versuchen, die Felder, in denen sie Geschäfte machen, zu erweitern. Entweder erweitern sie ihre Produktpalette um zusätzliche ›smarte‹ digitale Endgeräte oder sie bieten die Infrastruktur und Software an, die notwendig ist, um die verschiedenen Endgeräte des entstehenden Internets der Dinge zu verbinden.

Das Internet der Dinge veranschaulicht die fortschreitende Differenzierung der digitalen Medien sehr gut. Im Kern ist das Internet der Dinge ein Überbegriff für Technologien der heutigen digitalen Infrastrukturen, die physische und virtuelle Objekte vernetzen und deren Zusammenwirken durch Informations- und Kommunikationstechnologien ermöglichen.[61] Wir haben es hier mit einer Vielzahl von vernetzten ›Dingen‹ zu tun, die von Kommunikationsmedien im engeren Sinne bis hin zu Endgeräten reichen, die wir bisher nicht als Kommunikationsmedien verstanden haben, die aber so in internetbasierte Kommunikationsprozesse eingebunden werden. Letztere können z.B. Sensoren sein, die automatisch Wetterdaten übermitteln, oder die Sensoren in unseren vernetzten Autos. Als ›smarte Autos‹ lassen sie sich anders steuern als bisher, und die Datensätze ihrer Bewegung können – wie andere Daten auch – in viele andere Prozesse der datenbasierten Kommunikation integriert werden.[62] Des Weiteren können industrielle Produktionsanlagen über Technologien des Internets der Dinge gesteuert und überwacht werden, wie es mit Bezug auf die ›Industrie 4.0‹ diskutiert wird. In diesem Sinne steht das Internet der Dinge exemplarisch dafür, dass die Grenzen dessen, was wir als digitale Medien bezeichnen, infolge ihrer Differenzierung verschwimmen.

61 Für eine detaillierte Analyse des Internets der Dinge als einem Kernaspekt digitaler Infrastrukturen vgl. Grisot, Parmiggiani und Geirbo (2018).

62 Vgl. Miller (2017) sowie Sumantran, Fine und Gonsalzez (2017). In einem allgemeinen Überblick zu der Thematik betont Miller (2019) die Notwendigkeit einer stärkeren Fokussierung der Mediatisierungsforschung auf das Internet der Dinge.

Das Ausmaß dieser Entwicklung ist schwer zu messen, da es keine verlässlichen Zahlen zum Internet der Dinge gibt. Während IBM für 2015 eine Billion vernetzter Endgeräte prognostizierte, gehen konservativere Industriequellen von deutlich niedrigeren Zahlen aus. Diese schwanken 2016 zwischen der Schätzung von Gartner von 6,4 Milliarden (eine Zahl, die Smartphones, Tablets und Computer nicht einschließt), der Schätzung der International Data Corporation von neun Milliarden (die diese Geräte ebenfalls ausschließt) und der Schätzung des Technologiemarktanalysten IHS Markit von 17,6 Milliarden (die gängige Endgeräte einschließt).[63] Diese Zahlen sind jedoch nicht so entscheidend, wenn man den Trend zur Differenzierung verstehen will. Wichtiger ist, dass das Internet der Dinge zeigt, dass die Digitalisierung nicht mit der Konvergenz aller digitalen Medien zu einem Endgerät verbunden war. Die entscheidende Veränderung ist, dass immer mehr Endgeräte *auch* zu digitalen Medien – sprich: Mitteln der Kommunikation und Generierung von Daten – werden, sobald sie in die digitale Infrastruktur des Internets eingebunden sind.

Statistisch gesehen können wir den quantitativen Trend der Differenzierung mit der Vergabe von Internetprotokolladressen (IP) veranschaulichen. Die eindeutigen IPv4-Adressen stiegen kontinuierlich von 329,1 Millionen Adressen weltweit im Jahr 2008 auf 814,4 Millionen im Jahr 2017, was einem Wachstum von rund 247 Prozent entspricht (siehe Abbildung 1). Da diese Adressen typischerweise dynamisch vergeben werden, können wir davon ausgehen, dass das Wachstum auf der Ebene der digitalen Endgeräte noch größer war. Eine viel größere Verschiebung ist jedoch die Umstellung des Internetprotokolls von IPv4, das 4,3 Milliarden eindeutige Adressen zuwies, auf IPv6, das statisch 3,4x1038 Adressen bereitstellen konnte, also 340.282.366.920.938.463.463.374.607.431.768.211.456 eindeutige IPs (siehe GREENFIELD 2010: These 27).[64] Betrachtet man das tatsächliche und prognostizierte Wachstum der angeschlossenen IPv6-fähigen Endgeräte (siehe Abbildung 1), so sind die

63 Siehe https://spectrum.ieee.org/tech-talk/telecom/internet/popular-internet-of-things-forecast-of-50-billion-devices-by-2020-is-outdated [30.08.2018].

64 Vielen Dank an Marc Kushin, der mich auf diesen Umstand hinwies, und an Jeanette Asmuss, die die Daten überprüft hat.

Zahlen bemerkenswert: 2014 waren 2,01 Milliarden Endgeräte weltweit angeschlossen, 2017 hat sich diese Zahl auf 4,32 Milliarden mehr als verdoppelt und für 2021 wird eine Zahl von 8,4 Milliarden Endgeräten prognostiziert. Alles in allem zeigt dies gut, was mit dem Trend der Differenzierung der digitalen Medien gemeint ist.

ABBILDUNG 1

Anzahl der eindeutigen IPv4-Adressen und IPv6-fähigen Endgeräte

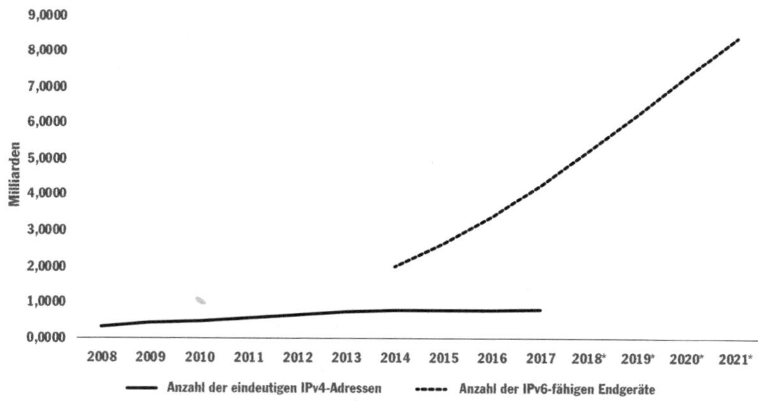

Quelle: Cisco Visual Networking Index: Global Mobile 2017, S. 34 und https://www.akamai.com/de/de/resources/our-thinking/state-of-the-internet-report/archives/state-of-the-internet-connectivity-reports-2012.jsp [10.07.2019]

Ein zweiter quantitativer Trend ist der der zunehmenden *Konnektivität*. Mit Konnektivität beziehe ich mich auf die Vernetzung verschiedener Medien als Folge ihrer Digitalisierung sowie der Infrastruktur des Internets. Dies gilt für ›alte‹ Medien wie das Fernsehen und die Presse, deren Digitalisierung später einsetzte, ist aber doppelt relevant für eine ›neue‹ Generation von persönlichen Kommunikationstechnologien, digitalen Plattformen und mobilen Apps. Die heutige umfassende Konnektivität wiederum bezieht sich auf pionierhafte Imaginationen der Vernetzung allen menschlichen Wissens durch technische Systeme. Bekannte Beispiele sind das Memex (Memory Extender), ein einfach zu bedienendes System zur Wissenserschließung und -verwertung, das von Vannevar Bush (1945) hypothetisch erdacht wurde, oder Ted Nelsons

Hypertext-Projekt Xanadu, das 1960 gegründet worden ist und die Schaffung einer Universalbibliothek mit unzähligen miteinander verbundenen Dokumenten zum Ziel hatte. Wie wir gesehen haben, geht es bei der heutigen Internet-Konnektivität nicht mehr nur um das World Wide Web (www), also um Hyperlinkstrukturen zwischen einzelnen Webseiten. Konnektivität findet auf vielen Ebenen statt, nicht zuletzt im Hinblick auf die fortlaufende Verarbeitung von Daten.

Wenn man bedenkt, dass das Internet die Hauptinfrastruktur dieser mehrschichtigen Konnektivität ist, können wir seine Unterwasserkabelverbindungen als Ausdruck dafür verstehen, wie sich die Konnektivität in den letzten Jahrzehnten entwickelt hat. Die unten stehende Karte visualisiert, welche Regionen der Welt durch Unterwasserkabel in die Internet-Infrastruktur eingebunden sind (siehe Abbildung 2). Mittlerweile sind diese Unterwasserkabel nicht mehr nur die primären Verbindungen zwischen Nordamerika und Europa, sondern erstrecken sich über die ganze Welt. Afrika und Südamerika sind heute wesentlich besser eingebunden als noch vor wenigen Jahren. Allerdings sind diese materiellen Kabelnetze immer noch nicht gleichmäßig über die Welt verteilt, sondern privilegieren einen Teil des Globus mit schnellerer transatlantischer Online-Kommunikation gegenüber anderen (STAROSIELSKI 2015: 65-66). Während Menschen, die im Globalen Norden leben, durch ihren Zugang zu einer Breitband-Infrastruktur sofortige Konnektivität erhalten, führt dieselbe Infrastruktur bei Menschen in Afrika oder Asien zu einer in der Übertragungsrate und -geschwindigkeit beschränkten Kommunikation über Kontinente hinweg.

Dem Aufbau dieser Unterwasserkabelinfrastruktur entspricht der Anstieg der Zahl der Internetnutzer:innen weltweit von 2010 bis 2016: Folgt man den Statistiken der International Telecommunications Union (ITU), so stieg die weltweite Zahl der Internetnutzer:innen von 1,991 Milliarden im Jahr 2010 auf 3,896 Milliarden im Jahr 2018.[65] Im Jahr 2005 lag der Anteil der Weltbevölkerung, der auf das Internet zugriff, bei 15,8 Prozent, wobei eine klare Abgrenzung zwischen der Nutzung im Glo-

65 Siehe für diese Statistik https://www.itu.int/en/ITU-D/Statistics/Pages/stat/default.aspx [01.05.2019].

ABBILDUNG 2

Transkontinentale Internet-Unterwasserkabelverbindungen

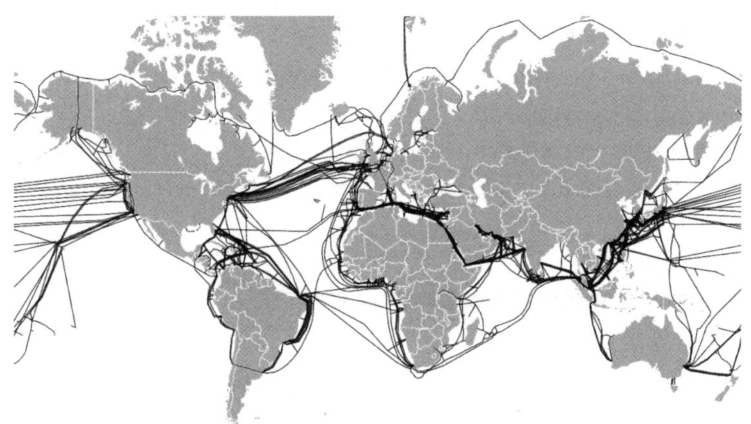

Quelle: Open Street Map Abbildung, basierend auf https://www.submarinecablemap.com [01.05.2019]

balen Norden mit 51,3 Prozent und im Globalen Süden mit 7,7 Prozent zu erkennen war. Im Jahr 2018 sind diese Zahlen auf 51,2 Prozent der Weltbevölkerung gestiegen, wobei es im Globalen Norden 80,9 Prozent und im Globalen Süden 48,3 Prozent sind. Das Problem bei diesen Zahlen ist sicherlich, dass sie sehr allgemein gehalten sind und im Grunde genommen abstrakt bleiben. Unterschiede und Ungleichheiten in der Konnektivität gibt es hingegen vor allem auf lokaler Ebene, nicht nur beim weltweiten Vergleich verschiedener Regionen, sondern insbesondere bei der Betrachtung des Unterschieds zwischen städtischen und ländlichen Gebieten auch innerhalb eines Landes bzw. einer Region. Nichtsdestotrotz zeigen solche Zahlen insgesamt, inwieweit die Konnektivität der Medien weltweit in den letzten Jahrzehnten zugenommen hat.[66]

Neben ihrer Differenzierung und Konnektivität ist die zunehmende *Omnipräsenz* der Medien ein klarer Ausdruck der quantitativen Verän-

66 Besonders deutlich wird diese Dynamik in Payal Aroras (2019) Analyse des »digitalen Lebens jenseits des Westens«.

derungen der Medienumgebung. Bei Face-to-Face-Treffen, Gesprächen und Vorträgen, Spaziergängen und anderen sozialen Situationen, die lange Zeit unabhängig von Medien bestanden, greifen wir nun in der einen oder anderen Weise auf Medien zurück. Ein besonderes Momentum hat diese Entwicklung durch die Verbreitung mobiler Kommunikationstechnologien erfahren.[67] In Weltregionen mit entsprechender Infrastruktur ist es nun möglich, »always on« (CHEN 2011: 63) und »constantly in touch« (AGAR 2003: 22), also zu jedem Zeitpunkt erreichbar zu sein.

ABBILDUNG 3

Mobilfunkteilnehmer pro 100 Einwohner im Jahr 2017

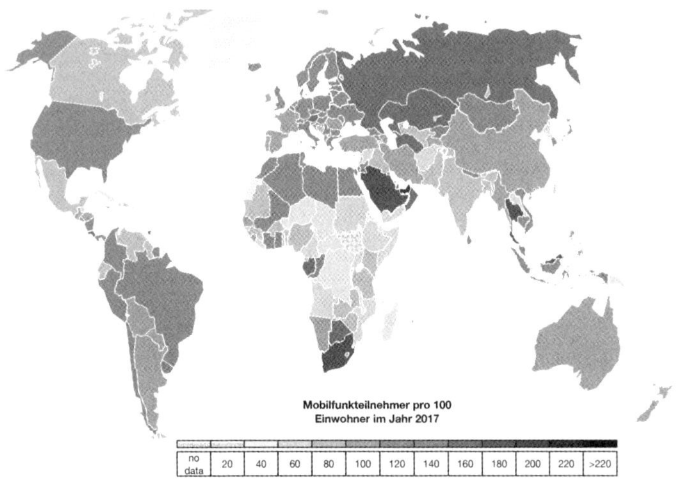

Quelle: International Telecommunication Union (ITU) (2017): Measuring the Information Society Report (2017). Volume 2. ICT country profiles. Genf: International Telecommunication Union[68]

So wie das Internet für die steigende globale Konnektivität steht, repräsentiert die Mobilkommunikation demnach die zunehmende Omnipräsenz der Medien. Letztlich manifestiert sich diese in der Möglichkeit, zu-

67 Für weitere Hintergründe zu diesem Trend siehe Goggin (2011) sowie Ling und Donner (2009).

68 Die Zahlen für einige Länder beruhen auf Schätzungen, nicht auf Messungen der ITU. Dazu gehören die folgenden Länder: Antigua und Barbuda, Republik Kongo, Nauru, Philippinen, Sierra Leone, Somalia, Südsudan, Swasiland, Tadschikistan, Tonga, Turkmenistan, Tuvalu.

mindest prinzipiell in den unterschiedlichsten Situationen und an den unterschiedlichsten Orten auf Medien zugreifen zu können. Die Etablierung der Mobilkommunikation vollzog sich dabei wiederum nicht nur exklusiv im Globalen Norden. Vielmehr zeigt sie sich auch im Globalen Süden. Dies wird an einer aktuellen Weltkarte der Mobilfunkteilnehmer:innen pro 100 Einwohner deutlich (siehe Abbildung 3).

Die Karte basiert auf Zahlen der International Telecommunication Union (ITU), wobei zwei Dinge auffallen: Erstens ist die Verbreitung von Mobiltelefonen nicht nur ein Phänomen im Globalen Norden. In kaum einem Land lag der Anteil der Mobilfunkanschlüsse 2017 unter 40 Prozent. Zweitens gibt es dennoch auch hier deutliche Ungleichheiten: Während die Abdeckung im Globalen Norden über 100 Prozent liegt – d.h., auf 100 Besitzer:innen kommen mehr als 100 Verträge, einzelne Menschen haben also mehr als einen Mobiltelefonvertrag –, erreichen beispielsweise afrikanische Länder etwa 40 Prozent. Diese niedrigeren Zahlen dürfen aber nicht darüber hinwegtäuschen, dass auch dort die Verbreitung der Mobilkommunikation mit einer deutlichen Veränderung einhergeht. In der Alltagspraxis betrifft dies neue Möglichkeiten, mit der Familie in Kontakt zu bleiben. In Afrika sind insbesondere auf Mobiltelefonie basierende Bezahldienste und Content-Angebote verbreitet (NWANKWO/OGBU 2018: 6-8). Gerade in afrikanischen Gesellschaften nimmt die Omnipräsenz von Medien durch mobile Kommunikation zu.

Ein weiterer quantitativer Trend ist das zunehmende *Innovationstempo*. Damit ist gemeint, dass sich die zeitliche Abfolge grundlegender Medieninnovationen – zumindest in der Wahrnehmung vieler Mediennutzer:innen – in den letzten Jahrzehnten deutlich verkürzt hat (ROSA 2005: 124-129). Diese Innovationszyklen werden sowohl durch die Imaginationen getrieben, die sich innerhalb von Pioniergemeinschaften entwickeln und zu neuartigen Start-ups führen können, als auch durch die breiten Investitionen von großen Technologieunternehmen und staatlichen Institutionen in die Entwicklung bestimmter Technologien.

Auch hier können wir statistische Daten verwenden, um diesen Trend zu untermauern. Abbildung 4 visualisiert den Anteil der Smartphone-Betriebssysteme weltweit (für jedes Jahr in seinem ersten Quartal) und deren grundlegende Systemupdates. Wenn es um das Innovationstempo geht, ist diese Abbildung in mindestens dreierlei Hinsicht von Interesse: Erstens verdeutlicht sie die wichtige Rolle, die die Entwicklung des Touchscreen-basierten Smartphones spielt. Im Zeitraum zwischen 2009 und 2012 verdrängte der Touchscreen die damals führenden Endgeräte und deren Betriebssysteme BlackBerry und Symbian, was zu einer Marktdominanz von iOS und Android führte.

ABBILDUNG 4

Anteile und Updates von Smartphone-Betriebssystemen weltweit

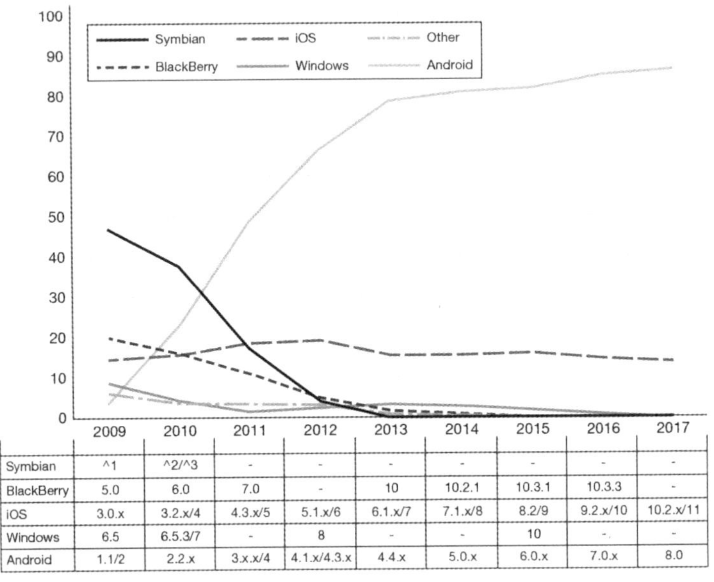

	2009	2010	2011	2012	2013	2014	2015	2016	2017
Symbian	^1	^2/^3	-	-	-	-	-	-	-
BlackBerry	5.0	6.0	7.0	-	10	10.2.1	10.3.1	10.3.3	-
iOS	3.0.x	3.2.x/4	4.3.x/5	5.1.x/6	6.1.x/7	7.1.x/8	8.2/9	9.2.x/10	10.2.x/11
Windows	6.5	6.5.3/7	-	8	-	-	10	-	-
Android	1.1/2	2.2.x	3.x.x/4	4.1.x/4.3.x	4.4.x	5.0.x	6.0.x	7.0.x	8.0

Anmerkungen: Anteile der Smartphone-Betriebssysteme weltweit bis 2017 (in Prozent des Einzelhandelsumsatzes). Die Daten für 2011 wurden auf der Basis von Berichten von Gartner (Q1 für das jeweilige Jahr) berechnet (www.gartner.com).

Zweitens visualisiert die Grafik die Tatsache, dass weder Android noch iOS statisch geblieben sind. Diese Betriebssysteme werden regelmäßig aktualisiert, sodass die Endgeräte alle zwei bis vier Jahre veraltet erscheinen. Die Benutzer:innen müssen sich entweder mit weniger leistungsfähigen und weniger sicheren Endgeräten abfinden oder sie sind gezwungen, auf die nächste Generation von Endgeräten und die dazugehörige Version des Betriebssystems ›upzugraden‹. Drittens sind Smartphone-Betriebssysteme außergewöhnliche Beispiele für Produkte, die sich in einem »ständigen Wandel« (CHENEY-LIPPOLD 2017: 90) befinden: Daten, die Menschen durch ihre Nutzung von Smartphones generieren, werden kontinuierlich zur Weiterentwicklung der verschiedenen Betriebssysteme und Apps verwendet, zur Erweiterung der Funktionalität von Anwendungen (wie bei Karten-Apps oder plattformbasierten Apps) sowie zur Weiterentwicklung der Endgeräte selbst. Gerade der letzte Punkt zeigt, wie die Datenanalytik generell zur Beschleunigung der technologischen Entwicklung beigetragen hat. Damit verbunden ist die mit der automatisierten Datenverarbeitung einhergehende »Vorstellung der Beschleunigung menschlicher Praxis« (BEER 2019: 46) insgesamt, die letztlich zu einem kontinuierlichen Anpassungsdruck auf softwarebasierte Medien führt.

Der fünfte und letzte bedeutende Trend, den wir im Blick haben müssen, ist die *Datafizierung*. Datafizierung entsteht dadurch, dass immer mehr unserer Medien softwarebasiert sind, wodurch wir als Menschen exponentiell immer größere Mengen an »digitalen Spuren« (KARANASIOS et al. 2013) hinterlassen – Daten, die, wenn sie algorithmisch verarbeitet werden, aggregiert werden können. Solche Daten entstehen insbesondere in den verschiedenen Plattform-Medien.[69] Im dominanten öffentlichen Diskurs wird dies vor allem unter dem Begriff Big Data verhandelt, also den Möglichkeiten der automatisierten Verarbeitung großer Datenmengen aus digitalen Spuren.[70] Die allgemeine Verbreitung von Vorstellungen, gesellschaftliche Probleme durch große Datenmengen besser lösen zu können, steht dafür, dass die Repräsentation sozialer Phänomene durch quantifizierte Daten eine immer prominentere Rolle im gesellschaftlichen Selbstverständnis und Selbstbild spielt.

69 Siehe van Dijck, Poell und de Waal (2018), Gillespie (2018) und meine Argumentation in den Kapiteln 3 und 4.

70 Für einen eher utopischen Ansatz zu Big Data siehe Mayer-Schönberger und Cukier (2013), für eine kritische akademische Reflexion dieses Diskurses siehe boyd und Crawford (2012) sowie Lohmeier (2014). In Kapitel 5.1 gehe ich auf den damit verbundenen Mythos ein.

Aus der Perspektive der digitalen Infrastruktur bezieht sich Datafizierung in erster Linie auf das Vorhandensein entsprechender Rechenzentren, die die zentrale Sammlung und Verarbeitung von Daten ›in der Cloud‹ ermöglichen. Beispiele hierfür sind die Rechenzentren der großen Akteure des Internets: Alphabet (Google), Amazon, Apple und Facebook. Betrachtet man die Lokalisierung dieser Rechenzentren auf globaler Ebene (siehe Abbildung 5), so fallen zwei Dinge auf: Zum einen hat sich eine breite digitale Infrastruktur für Cloud-Speicher etabliert. Zum anderen sind die westlichen Unternehmen hauptsächlich auf den Globalen Norden ausgerichtet. Selbst wenn man bedenkt, dass andere Unternehmen wie Alibaba in Asien entscheidend sind, wird deutlich, dass das Ausmaß der Datafizierung, wie wir es im Globalen Norden wahrnehmen, in anderen Regionen wie Südamerika oder Afrika weniger dominant sein dürfte. Die Investitionen in diesem Bereich lassen jedoch vermuten, dass sich dieser Trend global weiter ausbreiten wird.

Eine weitere Möglichkeit, den Trend der Datafizierung zu beschreiben, ist die Betrachtung des ›Cloud-Traffics‹ (MOSCO 2014: 15-76). Dieser Begriff bezieht sich auf die Exabytes an Daten, die zu und von Cloud-Servern übertragen werden. Nach den vorliegenden statistischen Daten gab es zwischen 2014 und 2015 einen massiven Anstieg des Cloud-Verkehrs in Nordamerika und Europa, also in einem Zeitraum, in dem cloudbasierte Online-Systeme in großem Umfang zu boomen begannen. Cisco Systems, ein Unternehmen, das Router und Switches herstellt und von der weit verbreiteten Nutzung von Cloud Computing profitiert, hat interessante Statistiken zu diesem Wachstum veröffentlicht.[71] Der Cloud-Verkehr in Nordamerika betrug 2015 1.891 Exabyte pro Jahr, im asiatisch-pazifischen Raum 908 Exabyte pro Jahr, in Westeuropa 718 Exabyte pro Jahr, in Mittel- und Osteuropa 124 Exabyte pro Jahr, in Lateinamerika 140 Exabyte pro Jahr und im Nahen Osten und Afrika 69 Exabyte pro Jahr. Das geschätzte Wachstum in ihren Prognosen für 2020 war enorm: Der nordamerikanische Cloud-Verkehr sollte im Jahr 2020 6.844 Exabyte pro Jahr erreichen, im asiatisch-pazifischen Raum

71 Siehe https://www.cisco.com/c/en/us/solutions/collateral/service-provider/globalcloud-index-gci/white-paper-c11-738085.pdf [01.05.2019).

3.469 Exabyte pro Jahr, in Westeuropa 2.528 Exabyte pro Jahr, in Mittel- und Osteuropa 485 Exabyte pro Jahr, in Lateinamerika 448 Exabyte pro Jahr und im Nahen Osten und Afrika 304 Exabyte pro Jahr.

ABBILDUNG 5

Rechenzentrumsstandorte der großen Technologieunternehmen (2018)

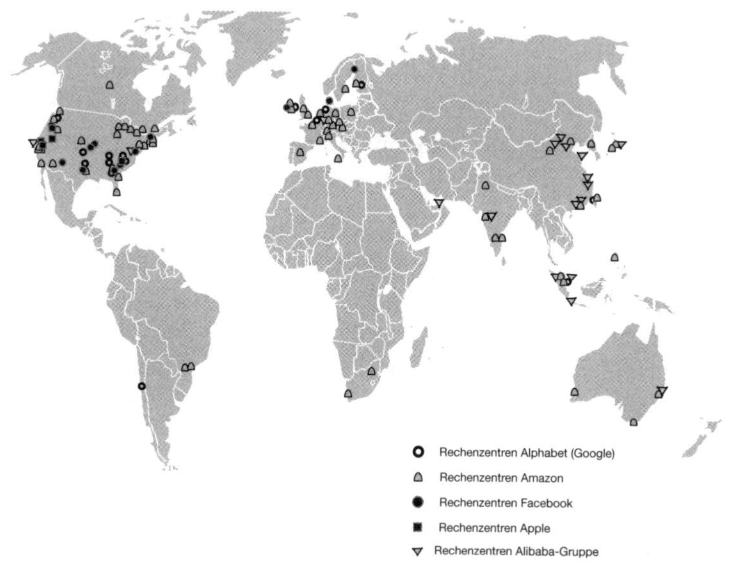

Quelle: Webseiten der Unternehmen (Zugriff August 2018)[72]

Wir sollten mit solchen Prognosen vorsichtig sein, da sie Teil eines Prozesses sind, der die Notwendigkeit von Investitionen in diesen Bereich kommunikativ konstruiert. Trotz der Eigeninteressen von

72 Die Darstellung basiert für die verschiedenen Unternehmen auf den folgenden Webseiten [01.05.2019]: Alibaba Group, Alibaba Cloud (2018): Document Center. Regions and zones. URL: https://www.alibabacloud.com/help/doc-detail/40654.htm; Alphabet Inc. (Google) (n.d.): Google Rechenzentren. Standorte von Rechenzentren. URL: https://www.google.com/about/datacenters/inside/locations/?hl=de; Amazon web Services (AwS) (2018): Globale AwS-Infrastruktur. URL: https://aws.amazon.com/de/about-aws/global-infrastructure/; Datacenters.comSM (2018): Data Centers, Apple Inc. Complete List of Colocation, Cloud Services & Disaster Recovery Locations. URL: https://www.datacenters.com/locations?selected_provider=200203&selected_specialty=cloud+node; Facebook, Inc. (2018): Company Info. Stats. URL: https://newsroom.fb.com/company-info/.

Unternehmen, die in solchen Zahlen zum Ausdruck kommen, wird allerdings anhand der Datenspeicherung in der Cloud der Trend der Datafizierung sowohl in seiner gegenwärtigen Ausprägung als auch in den Projektionen seiner Zukunft deutlich: Auf der einen Seite können wir ein bemerkenswertes, aber dennoch geringeres Maß an tatsächlicher Zunahme des Datenverkehrs feststellen; auf der anderen Seite werden insbesondere von den Unternehmen hohe Erwartungen an ein zukünftiges Wachstum geäußert. Datafizierung hat also einen doppelten Charakter – eine Dualität, die wir auch bei den anderen in diesem Abschnitt besprochenen Trends ausmachen können: Der Begriff erfasst nicht nur einen Trend im Sinne von bereits *eingetretenen* Veränderungen, sondern er fasst auch die Erwartungen an dessen Stabilität und Wachstum. Solche *zukünftigen* Erwartungen sind ein entscheidender Faktor im öffentlichen Diskurs um alle fünf Trends. Dies erinnert uns daran, dass die tiefgreifende Mediatisierung auch von Vorstellungen einer möglichen Zukunft getragen wird – geboren in den Imaginationen nicht nur von Pioniergemeinschaften und korporativen Akteuren, sondern auch in der Medienberichterstattung, die solche Imaginationen unter den Normalbürger:innen verbreitet.

BESTEHENDE UNGLEICHHEITEN

Wie ich bereits erwähnt habe, ist bei der Untersuchung und Einschätzung dominanter Trends Vorsicht geboten: Es handelt sich um vorläufige Interpretationen, die auf aktuellen Tendenzen der Medien- und Kommunikationsforschung basieren. Wir müssen auch vorsichtig sein, wenn wir Aussagen über den globalen Charakter dieser Trends machen. Die obigen Zahlen zu den fünf Trends zeigen bereits, dass es allein auf der Aggregationsebene der Länder Unterschiede zwischen dem Globalen Norden und dem Globalen Süden gibt. Aber es gibt noch weitere Unterschiede, die eine ›digitale Kluft‹ ausmachen. So lassen sich, wie bereits angemerkt, in einigen Ländern erhebliche Differenzen zwischen städtischen und ländlichen Regionen feststellen. Während in städtischen Regionen – auch im Globalen Süden – der Ausbau der digitalen Infrastruktur vergleichsweise weit fortgeschritten ist, sieht dies in ländlichen Regionen – auch im Globalen Norden – zum Teil deutlich anders aus.[73] Die Bewohner:innen dieser Gebiete haben unter Umständen nicht einmal Zugang zu Breitband-Internet oder zu schnellen Mobilfunknetzen. Wir müssen also aufpassen, dass wir diese weiterreichenden räumlichen Unterschiede zwischen städtischen und ländlichen Gebieten nicht aus den Augen verlieren.

Darüber hinaus gibt es Unterschiede zwischen Bevölkerungsgruppen in Bezug auf deren Ethnie, Geschlecht und Klasse – und diese Kriterien der Ungleichheit überschneiden sich oft in einer intersektionalen Weise. Nicht alle Individuen und Gruppen haben den gleichen Zugang zu den hier beschriebenen Medien und Kommunikationstechnologien und sind daher in unterschiedlicher Weise an diesen quantitativen Trends beteiligt. Das hat zum Teil mit ökonomischen Bedingungen zu tun, z. B. mit den Ressourcen, die Menschen in die Nutzung solcher Technologien investieren wollen. Einige empirische Fakten sind aber auch kontraintuitiv. So haben in vielen Ländern beispielsweise Migrant:innen im Vergleich zur restlichen Bevölkerung eine bessere Ausstattung mit Medienendgeräten, obwohl deren finanzielle Ressourcen oft wesentlich beschränkter sind.[74] Ein Grund für diese vergleichsweise gute Ausstattung mag sein, dass für Migrant:innen die kommunikative Vernetzung mit ihren verstreut lebenden Familien und ihrer Diaspora einen großen Stellenwert hat und sie deshalb bereit sind, erhebliche Teile ihres finanziellen Budgets in solche Technologien zu investieren. Aber auch solche erst einmal nicht intuitiven Zusammenhänge sind doch ein Hinweis darauf, dass es Unterschiede zwischen verschiedenen gesellschaftlichen Gruppen gibt, was durch den hohen Aggregationsgrad und die damit verbundene Abstraktion der bisher diskutierten Zahlen nicht deutlich wird.

Alle fünf Trends sind also keinesfalls global homogen und unterscheiden sich in ihrer Intensität und ihren Ausprägungen von Gesell-

73 Siehe z.B. den EU-Bericht »Broadband coverage in Europe 2017«, https:// publications.europa.eu/en/publication-detail/-/publication/0f079a7b-6ac8-11e8 -9483-01aa75ed71a1/language-de [01.05.2019].

74 Siehe für Deutschland unsere Analysen in Hepp, Bozdag und Suna (2011), wo wir auch andere Beispiele diskutieren.

schaft zu Gesellschaft, von Region zu Region und von Domäne zu Domäne. Den global einheitlichen Weg hin zur digitalen Gesellschaft gibt es nicht. Dies kann als weiteres Indiz dafür gewertet werden, dass der Prozess der tiefgreifenden Mediatisierung immer kontextspezifisch betrachtet werden muss. Das Fehlen einer solchen Homogenität kann aber umgekehrt nicht damit gleichgesetzt werden, dass diese Trends ein höchst partikulares Phänomen wären. Sie sind global in dem Sinne, dass sie als Trends die verschiedenen Regionen und sozialen Kontexte der Welt durchlaufen, wenn auch mit unterschiedlichen Ausprägungen.

Zusammenfassend zeigen die fünf quantitativen Trends, dass ein Verstehen des Zustandekommens der tiefgreifenden Mediatisierung mehr voraussetzt, als nur eine politische Ökonomie digitaler Infrastrukturen zu betreiben oder die Strategien und Praktiken korporativer und kollektiver Akteure zu beschreiben. An den Trends wird greifbar, wie verschiedene Formen der Handlungsfähigkeit in der Entstehung von etwas viel Umfassenderem und Transformativerem kumulieren. Die Differenzierung der Medien, ihre zunehmende Konnektivität und Omnipräsenz, das sich steigernde Innovationstempo und der rasante Fortschritt der Datafizierung können uns als Trends bei einer detaillierten Analyse der tiefgreifenden Mediatisierung insofern helfen, als sie einen orientierenden Rahmen bieten. Dabei bleibt allerdings die empirische Herausforderung, dass wir die spezifische kontextuelle Konkretisierung dieser Trends im Blick haben müssen.

3. MEDIEN ALS PROZESS

Während Kapitel 2 dem Zustandekommen der tiefgreifenden Mediatisierung gewidmet war – also der Frage, wie deren aktuelle quantitative Trends sich aus den Strategien und Praktiken korporativer und kollektiver Akteure konstituieren –, möchte ich mich in diesem Kapitel auf die Medien selbst konzentrieren. Betrachtet man die tiefgreifende Mediatisierung aus einer Perspektive der Alltagswelt, so wird deutlich, dass es einen Unterschied macht, ob man ›etwas mit Medien macht‹ oder ob Praktiken nicht mit digitalen Medien verschränkt sind. Aber was genau ist dieser Unterschied? Wie kann man das Potenzial der Medien, die soziale Welt zu prägen, adäquat fassen?

Bei der Beantwortung dieser Fragen ist es wichtig, sich nochmals bewusst zu machen, dass das Konzept der Mediatisierung auf die Rolle der Medien bei der Transformation von Kultur und Gesellschaft abzielt – ohne diese Rolle jedoch als Ergebnis von ›Medienwirkungen‹ im klassischen Sinne zu theoretisieren. Die Medienwirkungsforschung untersucht die Effekte bestimmter ›Medieninhalte‹ (Nachrichten, Fiktionales etc.) eher auf der Ebene des Individuums (oder einzelner Gruppen) und weniger auf der Ebene der weitergehenden Gesellschaft und ihrer Dynamiken (NEUMAN/GUGGENHEIM 2011). Im Gegensatz dazu hat die Mediatisierungsforschung eine breitere Perspektive, bei der es eine gewisse Parallele zur Mediumstheorie gibt. Wie in der Mediumstheorie verstehen die Mediatisierungsforscher:innen ihren Ansatz als

»eine Alternative zum dominanten Paradigma der Medienwirkungsforschung« (MEYROWITZ 2009: 517). Verbunden mit Namen wie Harold Innis, Marshall McLuhan und Joshua Meyrowitz verschiebt die Mediumstheorie den Blick »vom Inhalt der Medien als Hauptquelle ihres Einflusses [...] auf die Beschaffenheit und Fähigkeiten des jeweiligen Mediums selbst« (MEYROWITZ 2009: 517). Die Hauptfrage lautet folglich *nicht* mehr: ›Welche Wirkungen haben bestimmte Medieninhalte?‹, sondern: ›Wie prägen die Eigenschaften eines Mediums die Kommunikation und Wahrnehmung?‹ Eine solche Orientierung kennzeichnet auch die Mediatisierungsforschung. Aber sie eröffnet eine noch weitreichendere Perspektive als die Mediumstheorie, indem die Mediatisierungsforschung viel stärker den Kontext, die Vielfalt und die Dynamik der verschiedenen Medien in ihrer Relationalität untereinander in den Blick nimmt. Darüber hinaus vernachlässigt sie nicht die Frage nach den Inhalten, versucht aber gleichzeitig, eine Verengung auf diese zu vermeiden, wie sie in der Medienwirkungsforschung üblich ist.

Mediatisierungsforscher:innen fragen allgemeiner danach, welche Bedeutung Medien als Mittel der Kommunikation und als Einflussfaktor auf die soziale Konstruktion von Wirklichkeit haben. Diese soziale Konstruktion wird als ein fortlaufender, vielschichtiger Prozess verstanden. Folglich ist die Perspektive der Mediatisierungsforschung eine, die auf Dynamik und Wechselbeziehungen setzt, sie bewegt sich »jenseits einer einfachen Kausallogik, die die Welt in abhängige und unabhängige Variablen aufteilt« (SCHULZ 2004: 90). Für die Mediatisierungsforschung ist unabdingbar, ein adäquates Verständnis der Wirklichkeitsformung durch Medien – ihrer Prägkräfte – als ein Mehrebenenphänomen zu entwickeln.

Um diesen Schritt zu gehen, ist es zunächst notwendig, eine angemessene Vorstellung von Medien zu haben. Wie ich in diesem Kapitel argumentieren möchte, ist es besonders hilfreich, Medien selbst als einen Prozess zu verstehen, wenn man aktuelle Veränderungen durch die Mediatisierung begreifen will. Diese Idee hat eine gewisse Nähe zu der von Mark Deuze (2007: 30-33) entwickelten Konzeption der ›flüssigen Medien‹ (engl.: ›liquid media‹). Deuzes Ausgangspunkt ist eine Bezugnahme auf Zygmunt Baumans (2000) Analyse der ›Liquid Modernity‹.[75] Bauman argumentiert, dass für die Postmoderne eine »Verflüssigung« der Institutionen kennzeichnend ist, die zuvor mit dem verbunden waren, was er als die Ära der »festen« Moderne bezeichnet. Die traditionellen Institutionen existieren immer noch, aber sie sind flexibler, weniger hierarchisch und stärker konsumorientiert geworden – während gleichzeitig (bestehende) soziale Ungleichheiten reartikuliert werden. Diese Liquidität wird durch wirtschaftliche Deregulierung oder konkreter durch eine neue Art von Regulierung vorangetrieben, bei der privaten Märkten Vorrang eingeräumt wird. Wir haben dies mit Bezug auf digitale Medien im letzten Kapitel gesehen. Aus der Perspektive des Individuums konkretisiert sich die »flüssige Moderne« in einem »flüssigen Leben« (›liquid life‹): ein prekäres Leben als Konsument:in, für das eine anhaltende, desorientierende Schnelllebigkeit unter den Bedingungen konstanter Unsicherheit kennzeichnend ist (BAUMAN 2005: 1-10). Medien wurden nicht nur zu einem allgegenwärtigen Bestandteil dieses ›flüssigen Lebens‹; sie wurden – gerade als digitale Medien – ebenso ›flüssig‹ wie die anderen Institutionen der Moderne. Und aufgrund dieser Verflüssigung können digitale Medien alle Bereiche der sozialen Welt durchdringen; wie Deuze es ausdrückt, wurden Medien »durchdringend und allgegenwärtig und bilden so die Bausteine für unseren ständigen Remix der Kategorien des Alltagslebens (das Öffentliche und das Private, das Lokale und das Globale, das Individuelle und das Kollektive)« (DEUZE 2011: 137). Im Zentrum dieser Durchdringung und Allgegenwärtigkeit stehe ein Paradoxon, da Medien aufgrund ihrer Verbreitung und der zentralen Rolle, die sie in unserem Leben spielen, unsichtbar geworden sind, was ihre sozialen Funktionen betrifft: Gerade weil sie überall sind, verlieren wir die Objekte, die unser Leben am meisten prägen, aus den Augen.

Die Idee der tiefgreifenden Mediatisierung ist mit einer ähnlichen Perspektive auf die Allgegenwärtigkeit digitaler Medien verbunden. Diese Allgegenwärtigkeit trägt zur Bedeutung von Medien bei, zu ih-

75 Auf Deutsch wurde der Titel des Buches etwas irreführend mit ›Flüchtige Moderne‹ übersetzt.

rer Wichtigkeit in der heutigen sozialen Welt. Wenn ich den Ausdruck ›Medien als Prozess‹ verwende, geht es mir allerdings um mehr als solche Überlegungen zur ›Verflüssigung‹ der Medien, nämlich um eine *Erklärung* ihrer Allgegenwärtigkeit und Unsichtbarkeit. Digitale Medien und die ihnen zugrunde liegenden Infrastrukturen können deshalb so allgegenwärtig und unsichtbar sein, weil sie nicht ›statisch‹ sind (was auch frühere Medien nie waren); Medien sind ein fortlaufender Prozess. Wie meine Ausführungen in Kapitel 2 zu digitalen Infrastrukturen deutlich gemacht haben, bedeutet ein solches Denken in Prozessen nicht, die Materialität der Medien aus den Augen zu verlieren. Im Gegenteil: Wir können digitale Medien – wie Medien im Allgemeinen – *in ihrer Materialität* nur dann adäquat erfassen, wenn wir auch sie als einen Prozess denken.

Medien als Prozess zu sehen, ist ein geeigneter Ausgangspunkt, um ihre prägenden Eigenschaften bei der sich ständig verändernden Konstruktion der sozialen Welt zu erfassen. Medien waren noch nie statisch, aber mit der tiefgreifenden Mediatisierung wird ihr Prozesscharakter noch offensichtlicher, was damit zu tun hat, dass sich die Prozesshaftigkeit von Medien mit der Digitalisierung weiter verstärkt hat. Dies hängt auch mit dem bereits erwähnten »permanenten Beta-Zustand« (NEFF/STARK 2003: 173) digitaler Medien zusammen. Wie ich bereits bei der Diskussion des Trends eines zunehmenden Innovationstempos betont habe, lassen sich digitale Medien wie Online-Plattformen oder Smartphone-Apps aufgrund ihrer Software- und Algorithmusbasiertheit viel leichter an sich verändernde Situationen anpassen, und dies, während sie im Gebrauch sind. Algorithmen bringen eine zusätzliche prozessuale Dynamik mit sich, insbesondere wenn sie in der Lage sind, ›selbst zu lernen‹, wie beispielsweise beim maschinellen Lernen auf der Basis von Nutzungsdaten. Die automatisierte Verarbeitung von Daten ist so Teil dessen geworden, was Medien sind.

Ausgehend von solchen Überlegungen entwickle ich in diesem Kapitel die folgende Argumentation: Zunächst werde ich das Konzept der Medienlogiken näher betrachten, das eine wichtige und etablierte Metapher in der Mediatisierungsforschung ist. Mein Argument in diesem Abschnitt ist, dass die Metapher der Medienlogik für die Mediatisierungsforschung wichtig war, um ein Verständnis der Komplexität des Einflusses von Medien zu entwickeln. Für eine Analyse der aktuellen Phase der tiefgreifenden Mediatisierung wird diese Metapher jedoch problematisch, weil sie mehrdeutig bleibt und den prozessualen Charakter der Medien unzureichend berücksichtigt. Dies wirft die Frage auf, wie wir Medien und ihre Prägkräfte dann aus einer prozessualen Perspektive adäquat konzeptualisieren können. Um diese Frage zu beantworten, fasse ich Medien anhand von zwei fortlaufenden Prozessen: dem der Institutionalisierung und dem der Materialisierung. Während diese Prozesse beim Entstehen eines Mediums recht variabel sind, verfestigen sie sich mit seiner Etablierung zunehmend. Dies zeigt sich auch bei den heutigen digitalen Medien, insbesondere wenn wir Algorithmen, Automatisierung und kommunikative Roboter in unsere Überlegungen einbeziehen. Deren Diskussion führt direkt zum dritten Abschnitt dieses Kapitels, nämlich den prozessualen Dynamiken *zwischen* verschiedenen Medien. In Zeiten tiefgreifender Mediatisierung treten Medien – wie bereits mehrfach betont – nicht mehr als Einzelmedien auf, sondern wir sind ständig mit der Mannigfaltigkeit der Medien konfrontiert. Für die empirische Forschung und kritische Analyse ist es notwendig, diese Mannigfaltigkeit der Medien auf unterschiedlichen Ebenen zu sehen. Dies ist erstens die Ebene der Medienumgebung, also die der Gesamtheit der Medien, die zu einem bestimmten Zeitpunkt in einer Gesellschaft prinzipiell verfügbar sind. Zweitens lässt sich die Ebene des Medienensembles ausmachen. Das sind die Medien, die innerhalb einer bestimmten sozialen Domäne genutzt werden. Drittens gibt es die Ebene des Medienrepertoires. Das sind die Medien, die sich ein Individuum über seine Alltagspraktiken aneignet. Die Prägkräfte der Medien – ihre Institutionalisierung und Materialisierung – müssen in Bezug auf diese verschiedenen Ebenen gesehen werden.

3.1 ZUR FRAGE DER MEDIENLOGIKEN

In der Mediatisierungsforschung hat es immer eine gewisse Ambivalenz gegenüber dem Begriff der Medienlogik gegeben. Einerseits hatte das

Konzept eine große Anziehungskraft, weil es zu einer bestimmten Art des Denkens darüber anregte, wie der Medienwandel einen langfristigen Einfluss entfalten kann.[76] Andererseits – und vielleicht gerade wegen dieser Anziehungskraft – ist es vage geblieben. Dies ist der Grund, warum Medienlogik in der Mediatisierungsforschung oft als »Sammelbegriff« (ASP 1990: 48) oder als »Metapher« (HJARVARD 2017: 1221) bezeichnet wird.

Wir können vieles, was über Medienlogiken geschrieben wurde, als den Versuch verstehen, etwas Klarheit in diese Vagheit zu bringen. Ein wichtiger Schritt war, von der ›Medienlogik‹ im Singular (die immer das Problem hatte, *eine* Logik für *alle* Medien anzunehmen) zu ›Medienlogiken‹ im Plural überzugehen (was die Möglichkeit einer Reflexion der verschiedenen medienbezogenen Dynamiken eröffnet). Diese Verschiebung hängt mit dem sich wandelnden Charakter der Medien zusammen: Während anfangs die größte Aufmerksamkeit den Massenmedien und vor allem dem Fernsehen galt, hat sich das Interesse der Mediatisierungsforschung auf alle Arten von Medien ausgeweitet, insbesondere auf die Vielfalt der unterschiedlichen digitalen Medien (und damit zusammenhängend: auf das Digital-Werden der klassischen Massenmedien).

Ein weiterer Grund, warum die Metapher der Medienlogik einen so großen Anklang findet, ist, dass sie ihre Entsprechung in der allgemeineren Diskussion in den Sozial- und Geisteswissenschaften über die ›Logik der Praxis‹, die ›Logik des Handelns‹, die ›institutionelle Logik‹ oder die ›kulturelle Logik‹ hat.[77] Oft wird der Ausdruck ›Logik‹ gebraucht, um darauf hinzuweisen, dass es eine zugrunde liegende Struktur oder ein Muster gibt, das Gegenstand der Analyse werden sollte. Aber die Idee der Logik kann noch weiter gefasst werden. Bourdieu z. B. argumentierte, dass es eine *allgemeine* »Logik der Praxis« gibt. In Bezug auf jede Praxis ist diese Logik »in der Lage, alle Gedanken, Wahrnehmun-

76 Wie anregend dieses Konzept für unterschiedliche Wissenschaftler:innen ist, lässt sich vielleicht am besten dadurch veranschaulichen, dass man sich die Breite der sich darauf beziehenden Publikationen verdeutlicht. Diese reicht von frühen Publikationen zur Mediatisierung (ASP 1990) über ganze Bücher (ALTHEIDE/SNOW 1979) und Lexikonartikel (MAZZOLENI 2008) zu der Thematik bis hin zu einem jüngeren Sammelband zur Idee der Medienlogik (THIMM/ANASTASIADIS/EINSPÄNNER-PFLOCK 2018).

77 In diesem Sinne wird der Begriff ›Logik‹ z.B. von Bennett und Segerberg (2013), Jameson (1991) oder Thornton, Ocasio und Lounsbury (2012) verwendet.

gen und Handlungen mittels einiger weniger generativer Prinzipien zu organisieren, die wiederum eng miteinander verbunden sind und ein praktisch integriertes Ganzes bilden« (Bourdieu 1992: 86). Auf einer sehr allgemeinen Ebene argumentierend, funktioniert ›Logik‹ für Bourdieu als eine Kategorie, um ein grundlegendes Organisationsprinzip der sozialen Welt zu benennen.

Systematisiert man die aktuelle Diskussion in der Mediatisierungsforschung, so lassen sich mindestens drei Betrachtungsweisen von Medienlogiken ausmachen (siehe Tabelle 3):[78]

TABELLE 3

Drei Betrachtungsweisen von Medienlogiken

Betrachtungsweise	Konzept der Logiken	Konzept des Einflusses
Interaktion	Formen der Interaktion	Anpassung an mediale Formen
Organisation	Organisatorische Regeln	Anpassung an die Regeln von Medienorganisationen
Technologie	Materielle Affordanzen	Anpassung an die materiellen Affordanzen der Medien

Eine erste Betrachtungsweise von Medienlogiken bezieht sich auf die *Interaktion*. Die Idee an dieser Stelle ist, dass jedes Medium – im Gegensatz zur Vielfalt seiner Inhalte – bestimmte Formen der Interaktion eröffnet: seine Darstellungsweisen, seine Genres und seine Ästhetik, die in ihrer Gesamtheit als Logiken des Mediums verstanden werden. Der Einfluss eines Mediums wird dann als die Art und Weise

78 Neben dieser Unterscheidung von Medienlogiken gibt es in der Mediatisierungsforschung auch weitere. So differenziert beispielsweise Stig Hjarvard (2018: 71) drei Dimensionen der Medienlogik: »Technik«, »Ästhetik« und »Institution«. Oder Jesper Strömbäck und Frank Esser sehen drei Konstituenten der »Nachrichtenmedienlogik«: »Professionalität«, »Kommerzialität« und »Medientechnologie« (STRÖMBÄCK/ESSER 2014b: 19). Andere unterscheiden »kulturelle«, »institutionelle« und »technologische« Dimensionen der Medienlogik (ESKJÆR 2018: 88; LIVINGSTONE/LUNT 2014; LUNDBY 2014). Die hier eingeführte Unterscheidung versucht, diese Argumente im Gesamtrahmen der Mediensoziologie weiterzuführen, in der der Begriff ›Institution‹ oder ›Institutionalisierung‹ in einem breiteren, Technologie und Interaktion übergreifenden Sinne verwendet wird: Technologien implizieren bestimmte Formen der Institutionalisierung, während Interaktion sich auf bestimmte institutionalisierte Formen der Praxis und Kommunikation bezieht.

konzeptualisiert, in der sich Interaktionen im Allgemeinen an solche medialen Formen anpassen. Zweitens gibt es die Betrachtungsweise aus Sicht der *Organisationen*. Hier liegt der Schwerpunkt darauf, Medien als Organisationen mit spezifischen organisatorischen Regeln zu betrachten, und diese Regeln der Medienorganisationen werden als Medienlogiken verstanden. Der damit verbundene Begriff des Einflusses ist der einer Anpassung von Nicht-Medien-Organisationen (in der Politik, der Kultur, der Religion etc.) an die Regeln der Medienorganisationen. Davon können wir drittens die Betrachtungsweise von Medienlogiken im Hinblick auf *Technologie* unterscheiden. Bei dieser werden Medienlogiken als materielle Affordanzen verstanden. Das damit verbundene Konzept des Einflusses ist die Anpassung der in verschiedenen sozialen Domänen dominierenden Praktiken an die Affordanzen der Medien.

Bei der Unterscheidung dieser drei Betrachtungsweisen von Medienlogiken ist es wichtig, sich bewusst zu machen, dass sie nicht gegeneinandergestellt werden können. Während bei der Analyse der Medienlogik(en) ursprünglich Formen der Interaktion im Vordergrund standen, überschneiden sich gegenwärtig alle drei Ansätze, weil Medien gleichzeitig Kommunikationsmittel (was die Betrachtungsweise der Interaktion betrifft), Institutionen (was die Betrachtungsweise der Organisation betrifft) und Materialitäten (was die Betrachtungsweise der Technologie betrifft) sind. Wie wir im Weiteren sehen werden, haben wir es also mit unterschiedlichen Perspektiven zu tun, die sich in Teilen ergänzen, in Teilen aber auch widersprechen und insgesamt die Unschärfe des Begriffs der Medienlogik(en) vor Augen führen.

FORMEN DER INTERAKTION

Es ist sinnvoll, unsere Überlegungen zu den verschiedenen Betrachtungsweisen von Medienlogiken mit der Interaktion zu beginnen, denn hier hat die Metapher der Medienlogik ihren Ursprung. Der dabei gebrauchte Begriff der Interaktion hat seinen Ursprung in der Theorie des symbolischen Interaktionismus, einem soziologischen Ansatz, der sich auf die Analyse von Handlungen zwischen Personen und die Produktion von

Bedeutung fokussiert. Der symbolische Interaktionismus basiert auf der Grundidee, dass die Bedeutung von sozialen Objekten, Situationen und Beziehungen im durch Zeichen vermittelten Prozess der Kommunikation konstruiert wird. Der zugrunde liegende Begriff der Interaktion ist entsprechend weit gefasst. Interaktion bezieht sich auf den sinnstiftenden Prozess des gemeinsamen Handelns von Menschen, sowohl in der direkten als auch in der medial vermittelten Kommunikation.

In Anlehnung an die allgemeinere Soziologie von Georg Simmel (1908) geht es darum, den ›Inhalt‹ einer Interaktion und ihre ›Form‹ zu unterscheiden. In der Medien- und Kommunikationsforschung gibt es verschiedene Konzepte, um diese Formen der Interaktion zu benennen: Genres, ästhetische Muster oder Formate sind die gängigsten. Die grundlegende Idee, die mit dem Begriff der Form verbunden wird, ist, dass die Art und Weise, wie wir als Menschen – mit oder ohne Medien – kommunizieren, auf Mustern beruht, die unabhängig vom Inhalt einer einzelnen Interaktion sind. David Altheide und Robert Snow führten ursprünglich die Idee der »*Medienlogik* [...] [als] eine Form der Kommunikation« ein (1979: 10, Hervorhebung im Original).[79] In ihrer Definition ist eine mediale Form die Art und Weise, wie »Dinge organisiert werden, der Stil, in dem sie präsentiert werden, das Fokussieren oder Betonen von bestimmten Merkmalen des Verhaltens und die Grammatik der medialen Kommunikation« (ALTHEIDE/SNOW 1979: 10). Medienlogik wird somit zu einer Kodifizierung dessen, wie Medien als Form funktionieren: was ihre »zugrunde liegende interaktive Ordnung« (LUNDBY 2009: 108) ist.

Diese Betrachtung von Medienlogiken als Formen der Interaktion bietet uns die Möglichkeit, den allgemein ›sensibilisierenden Begriff‹ der Mediatisierung mit bereits etablierten, analytisch spezifischeren ›definitorischen‹ Konzepten der Medien- und Kommunikationsfor-

79 Siehe auch Altheide (2018: 12). Für eine detaillierte Diskussion darüber, wie Altheide und Snow ihre ursprüngliche Idee im Laufe der Zeit entwickelt haben, siehe Lundby (2009: 101-108), Krotz (2018: 41-44) und Thimm, Anastasiadis und Einspänner-Pflock (2018: 1-2). Lundbys Hauptargument ist, dass deren Verständnis als Form ein Schlüssel zum allgemeinen Verständnis des Konzepts Medienlogik ist, dass wir aber in der Analyse eher spezifischere konzeptionelle Werkzeuge anwenden sollten (LUNDBY 2009: 105).

schung zu verbinden – um an dieser Stelle auf die bereits erwähnte Unterscheidung von Herbert Blumer (1954) zurückzugreifen. So können wir beispielsweise Nachrichtenwerte – also das, was ein Ereignis für die professionellen Medien berichterstattenswert macht – so verstehen, dass sie auf spezifischen medialen Formen wie dem Format einer Nachrichtensendung beruhen (HJARVARD 2018: 64). Die Mediatisierungsforschung analysiert dann, wie sich diese Formate und die damit verbundenen Nachrichtenwerte im Laufe der Zeit verändert haben und sich dadurch der Einfluss der Medien verschoben hat. Gleiches gilt beispielsweise für die Forschung zu den sich verändernden Formen der Darstellung von Prominenten in den Medien (DRIESSENS 2014) oder die Forschung zu den sich verändernden Formen der visuellen Selbstdarstellung in den sozialen Medien (NEUMANN-BRAUN/AUTENRIETH 2011). Aus der Perspektive der Mediatisierungsforschung sind die medialen Formen der Interaktion nicht an sich interessant. Es geht vielmehr darum, sie im Hinblick darauf zu analysieren, wie andere Domänen der Gesellschaft durch sie geprägt werden und wie sich dies auf die Transformation von Kultur und Gesellschaft insgesamt bezieht.

ORGANISATORISCHE REGELN

Eine zweite Betrachtungsweise von Medienlogiken besteht darin, sie aus der Perspektive der Organisation zu betrachten. Jenseits der Medien- und Kommunikationsforschung ist die Idee der Organisationslogik sehr stark mit der Diskussion um die Theorie des ›neuen Institutionalismus‹ verbunden.[80] In dieser Argumentationslinie bedeutet eine »Perspektive der institutionellen Logik«, die »sozial konstruierten, historischen Muster kultureller Symbole und materieller Praktiken« (THORNTON/OCASIO/LOUNSBURY 2012: 2) zu untersuchen. Dazu gehören

80 Vgl. für diesen Ansatz Powell und DiMaggio (1991) und innerhalb dieses Bandes insbesondere Friedland und Alford (1991).

die Annahmen, Werte und Überzeugungen, durch die Individuen und Organisationen ihrem alltagsweltlichen Handeln Bedeutung verleihen.[81]

Während die Perspektive der institutionellen Logik bestimmte Ansätze zur Analyse organisationaler Einflüsse anbietet,[82] sind in der Mediatisierungsforschung eher andere Theorien über organisationale Bedingungen und Ordnungen verbreitet. So werden Medienorganisationen wie Rundfunkanstalten, Redaktionen oder Social-Media-Unternehmen – in der Tradition von Niklas Luhmann (1997) – als ›Systeme‹ theoretisiert, denen eigene, autopoietische organisatorische Regeln zugrunde liegen.[83] Solche organisatorischen Regeln beziehen sich auch auf bestimmte Formen der Interaktion (›Darstellungsprogramme‹ in dieser Tradition), wie z.B. journalistische Genres (Nachrichten, Kommentare) produziert werden. Die Vorstellung von organisatorischen Regeln geht aber noch viel weiter, indem sie auch Entscheidungen darüber einschließt, was z.B. überhaupt als Nachricht erscheint, nach welchen Prinzipien die Arbeitsteilung erfolgt oder wie der zeitliche Ablauf der Nachrichtenproduktion aussieht. Medienlogiken werden dann als der »modus operandi« (HJARVARD 2013: 17) von Medien als Organisationssystemen verstanden. Aus dieser Sicht determinieren Medienlogiken nie die Operationen anderer sozialer Systeme wie Politik oder Wirtschaft, sondern lösen Reaktionen bei diesen aus. Diese Reaktionen werden dann wiederum als selbstreguliert begriffen, weil auch diese Systeme über eigene autopoietische Organisationsregeln verfügen, auf deren Grundlage sie operieren. Folglich führt die Irritation anderer Systeme durch das System der Medien nicht zu einer Wirkung, sondern zur »Selbsterhaltung und Selbsttransformation« (ESKJÆR 2018: 94).

In Anlehnung an W. Richard Scott (2001) können vier verschiedene Arten von organisatorischen Regeln unterschieden werden: normative Regeln in Bezug auf die Erwartungen an das Verhalten von Akteuren

81 Beispiele für einige der Hauptforschungsbereiche dieser Perspektive der institutionellen Logik sind Untersuchungen zu Bildungsorganisationen (TOWNLEY 1997), zum Gesundheitswesen (SCOTT et al. 2000) und zur Gastronomie (RAO/MONIN/DURAND 2003).

82 Siehe z.B. den Ansatz von Thornton et al. (2012), die ihre Analyse auf drei Ebenen sozialer Systeme aufbauen: Organisationen, institutionelle Felder und Gesellschaften.

83 Siehe Rühl (1969) und Blöbaum (1994); für eine breitere Perspektive auf Medien als Organisationen und für meine folgenden Überlegungen vgl. Donges und Jarren (2014: 187-191).

in bestimmten Organisationen; repräsentative Regeln, die dazu beitragen, ein gemeinsames Verständnis von Organisationen zu konstruieren; konstitutive Regeln, die dazu beitragen, Organisationen als soziale Phänomene zu schaffen; und regulatorische Regeln der Durchsetzung. Aus einem organisationstheoretischen Blickwinkel einer Annäherung an Medienlogiken sind Letztere also die Gesamtheit dieser Regeln, die in einer spezifischen Medienorganisation am Werk sind; der Einfluss von Medienlogiken ist die Reaktion auf diese organisatorischen Regeln (DONGES/JARREN 2014: 188).

Als Teil dieser Regeln können organisatorische Medienlogiken auch andere Metaprozesse des Wandels implizieren, wie z.B. den der Kommerzialisierung, wenn die Nachrichtenproduktion »nach ökonomisch motivierten Rationalitäten« (STRÖMBÄCK/ESSER 2014b: 19) erfolgt.[84] Kommerzialisierung ist also nicht notwendigerweise *gegen* Medienlogiken gerichtet, sondern kann Teil von ihnen sein, weil die meisten Medienorganisationen kommerziell arbeiten, was wiederum erhebliche Implikationen für alle Produktionsprozesse hat.

MATERIELLE AFFORDANZEN

Eine dritte Betrachtungsweise von Medienlogiken betrifft die Technologie. Mit zunehmender Digitalisierung ist diese materielle Dimension von Medien in der Medien- und Kommunikationsforschung im Allgemeinen (u.a. KATZENBACH 2012: 125-126) und in der Mediatisierungsforschung im Besonderen (THIMM 2018: 113) in den Fokus gerückt. Die übliche Art, Medienlogiken auf diese Weise zu konzeptualisieren, ist die Theoretisierung von Technologien als materiellen Affordanzen von Medien.[85]

Auch hier sehen wir eine Theoretisierung von Medienlogiken, die das allgemein sensibilisierende Konzept der Mediatisierung mit einem

84 Vgl. zu dieser Sichtweise Landerer (2013), der allerdings eine kritische Position gegenüber der Idee der ›Medienlogiken‹ einnimmt und zwischen ›normativer Logik‹ und ›Marktlogik‹ unterscheidet.

85 Siehe z.B. Hjarvard (2013: 27-33) und Thimm (2018: 119).

definitorischen Konzept der Medien- und Kommunikationsforschung verbindet. Ursprünglich stammt die Idee der Affordanzen aus der Psychologie, wo das Konzept verwendet wird, um die Wahrnehmung von Tieren und Menschen hinsichtlich der spezifischen ›Angebote‹ ihrer natürlichen oder kulturellen Umgebung zu erfassen: eine Höhle, die als Unterschlupf genutzt werden kann, zum Beispiel (GIBSON 1967). Diese Idee wurde in der Soziologie aufgegriffen, um den gestaltenden Charakter technologischer Artefakte zu beschreiben, wobei Affordanzen als »funktionale und relationale Aspekte verstanden werden, die die Möglichkeiten des Handelns von verschiedenen Akteur:innen in Bezug auf ein Objekt rahmen, aber nicht determinieren« (HUTCHBY 2001: 444).

In der Medien- und Kommunikationsforschung wurde der Begriff der Affordanz weiterentwickelt,[86] um die Materialität von Medientechnologien zu beschreiben – eine Materialität, die die Praktiken der Mediennutzer:innen prägt und gleichzeitig von diesen geprägt wird. Materialität bezieht sich an dieser Stelle auf »die physischen Eigenschaften oder Merkmale von Objekten und Settings, die Akteur:innen ›einladen‹, sie auf bestimmte Weise zu nutzen« (LIEVROUW 2014: 23). Es ist diese Dialektik – einen Ansatz zu bieten, um einerseits zu analysieren, was Nutzer:innen mit einer Technologie gewinnen, und andererseits, wie ihre Praktiken durch sie geprägt werden –, die das Konzepts der Affordanz interessant für die Medien- und Kommunikationsforschung gemacht hat, weswegen es sich schnell in dieser verbreitete.[87]

Der Grundgedanke der Affordanz besteht darin, zu untersuchen, wie (digitale) Medien als Technologien »das Potenzial haben, die Form und Funktion von Kommunikation zu verändern« (SCHROCK 2015: 1230). Ein zentraler Ansatz an dieser Stelle ist es, dies nicht als Einbahnstraße zu verstehen, in dem Sinne, dass Medien als direktes Ergebnis ihrer Materialität etwas mit menschlichen Kommunikationspraktiken ›machen‹.

86 Ein wesentlicher Faktor für das Aufgreifen des Konzepts der Affordanz in die Medien- und Kommunikationsforschung war dessen verbreitete Verwendung in Studien zur Mensch-Computer-Interaktion; siehe zur Diskussion dort McGrenere und Ho (2000) sowie Turner (2005).

87 Siehe z.B. Bucher und Helmond (2018), Crawford und Robinson (2013), Graves (2007), Postigo (2016), Wellman et al. (2003) und Zillien (2008).

Vielmehr eröffnen sie *Möglichkeiten*, wie sie von den Designer:innen und Nutzer:innen der Technologie gesehen werden (BUCHER/HELMOND 2018: 236). Ein gutes Beispiel, um dies zu erklären, ist Facebook. Facebook bietet den Nutzer:innen die Möglichkeit, verschiedene Entscheidungen zu treffen, um ihren Newsfeed zu beeinflussen, was dann ihre Erfahrung bei der Nutzung dieser Plattform prägt (NAGY/NEFF 2015: 4). Diese Erfahrung bleibt einerseits eingebettet in ihre Alltagspraktiken, z. B. in die Praktiken, Freunde zu finden, sich zu informieren oder mit anderen in Kontakt zu treten (BUCHER 2012). Andererseits sind es die Entscheidungen der Facebook-Designer:innen, welche Interaktionsmöglichkeiten sie in ihre Plattform einbauen – Entscheidungen, die ständig anhand der beobachteten Nutzungspraktiken evaluiert werden. Mögliche Affordanzen sind sogar noch komplizierter, da das Wissen der Nutzer:innen über die für sie unsichtbaren Algorithmen einer digitalen Plattform meist nur auf Alltagserfahrungen beruht und die individuellen Ergebnisse der Algorithmen für sie unvorhersehbar bleiben.[88] Die Nutzer:innen orientieren sich in ihrem eigenen Handeln also möglicherweise weit mehr an ihrer Imagination dessen, wie die Plattform funktionieren würde, als an der eigentlichen Funktionsweise der Plattform. Dementsprechend geht es bei der Analyse von Affordanzen immer auch um die Frage nach den Erwartungen an die Technologie oder um das Fehlen dieser Erwartungen.

DAS PROBLEM DER MEDIENLOGIKEN

Bis zu diesem Punkt habe ich die Verwendung des Ausdrucks ›Medienlogiken‹ in seiner Vielfältigkeit rekonstruiert. Es gibt allerdings ein verbindendes Element zwischen den Betrachtungsweisen der Interaktion, Organisation und Technologie, nämlich dass – wie vielschichtig es auch immer sein mag – jedes Medium bestimmte Eigenschaften hat, durch die es sowohl individuelle Praktiken als auch soziale Domänen prägt.

88 Dies diskutieren Eslami et al. (2015: 1) sowie Nagy und Neff (2015: 1, 4).

Dieser Formungsprozess wird nicht als einfache Wirkung verstanden, sondern findet in einer vielschichtigen Interaktion statt. Entscheidend bleibt jedoch, dass Medienlogik als Begriff auf die *Eigenschaften eines Mediums* abhebt, die diesem zugeschrieben werden.

Mein Argument hier ist, dass diese statische Zuschreibung ein Problem bedeutet. Dies wird deutlich, wenn wir uns die Frage der Wahrnehmung, wie sie in der Diskussion um materielle Affordanzen verbreitet ist, genauer ansehen. Wie wir gesehen haben, bezieht sich der Begriff ›Affordanz‹ auf die Wechselbeziehung von Wahrnehmungen einer Technologie durch Akteur:innen und den Eigenschaften dieser Technologie, die Potenziale für bestimmte Praktiken bieten (siehe BOASE 2008: 4; boyd 2010: 39; MAJCHRZAK et al. 2013: 39).[89] Affordanzen konstituieren sich in der Wechselbeziehung zwischen der Wahrnehmung eines Mediums durch ein Individuum und seinen Eigenschaften als Technologie.[90] Affordanzen zu erforschen bedeutet demnach auch, sich mit »imaginierten Affordanzen« (NAGY/NEFF 2015: 5, 7) zu befassen: den Vorstellungen der Nutzer:innen darüber, was die Eigenschaften von einzelnen Medientechnologien seien und was sie ihnen bieten könnten.

Generell und auch im Fall von Formen der Interaktion und organisatorischen Regeln kann man sagen, dass Medienlogiken ihren Einfluss zum Teil durch Wahrnehmung entfalten, also nicht nur durch die materiellen Eigenschaften von Medien, sondern durch ihnen zugeschriebene – und damit imaginierte – Funktionalitäten. Aus dieser Perspektive bezieht sich die Idee der Medienlogiken über alle drei Betrachtungsweisen hinweg *auch* auf die Erwartungen gegenüber bestimmten Medien. Typischerweise wird dies als »wahrgenommene Medienlogik« (NÖLLEKE/SCHEU 2018: 197) oder »Medienlogik als Orientierungsrahmen« (SCHROTT 2009: 49) bezeichnet, was zu Instanzen der »Selbstmediatisierung« (STRÖMBÄCK/ESSER 2014b: 21) führt.[91] In

89 Siehe Boase (2008: 4), boyd (2010: 39) und Majchrzak et al. (2013: 39).

90 Aus diesem Grund ist es wichtig, den weiteren Kontext der verwendeten Technologien zu reflektieren (OUDSHOORN/PINCH 2003) sowie die Wahrnehmungen der Designer:innen und Nutzer:innen dieser Technologien anhand ihrer Handlungen (GAVER 1996); siehe auch Schrock (2015: 1230).

91 Altheide und Snow verstanden die Medienlogik bereits teilweise als »eine Art des ›Sehens‹ und der Interpretation sozialer Angelegenheiten« (ALTHEIDE/SNOW 1979: 9).

diesem Sinne lassen sich Medienlogiken als Reaktion auf das erklären, was Akteur:innen als Prägkraft von Medien wahrnehmen, und nicht notwendigerweise darauf, wie diese Medien funktionieren.[92] Folglich fokussiert die Mediatisierungsforschung zumindest in Teilen eher auf die Wahrnehmung des Einflusses von Medien durch individuelle oder überindividuelle Akteure, anstatt die ›tatsächlichen‹ Medieneigenschaften in den Mittelpunkt zu stellen.

Bei einer solchen Denkweise rücken wir bereits Fragen des Prozesses in den Vordergrund, denn Wahrnehmung ist ein hochdynamisches Phänomen. Allerdings ist eine noch weitergehende Prozessperspektive auf Medien notwendig, wenn wir die tiefgreifende Mediatisierung angemessen erfassen wollen. Dies wird deutlich, sobald wir Plattformen wie Facebook und Twitter genauer betrachten. Diesen wird typischerweise eine »Social-Media-Logik« (VAN DIJCK/POELL 2013: 2) oder eine »Netzwerk-Medien-Logik« (KLINGER/SVENSSON 2015: 1241; KLINGER/SVENSSON 2018: 1) zugesprochen. Diese Begriffsverschiebung soll die im Vergleich zu früheren Medien abweichenden Eigenschaften solcher Plattformen fassen, die in ihrer neuen »Programmierbarkeit« (VAN DIJCK/POELL 2013: 5) gesehen werden: Ihre *materiellen Affordanzen* beruhen vor allem auf Software. Die den Social-Media-Plattformen zugrunde liegenden Algorithmen definieren damit beispielsweise »Popularität« (VAN DIJCK/POELL 2013: 6) auf neue Weise. Die Popularität bestimmter Nutzer:innen und der von ihnen produzierten Inhalte wird durch algorithmische Filter konstruiert. Auf diese Weise entstehen neue *Formen* der Selbstdarstellung, angefangen bei der Art und Weise, wie Fotos für Facebook aufgenommen werden, bis hin zu der Art und Weise, wie ›erfolgreiche‹ Posts geschrieben werden.[93] Dies hängt mit bestimmten *organisatorischen Regeln* zusammen: Die Geschäftsmodelle der Plattformunternehmen basieren auf der Monetarisierung von Nutzungsdaten, da sie ihre Einnahmen durch den »Verkauf« von detailliertem Wissen über Nutzer:innen für Online-Werbung erzielen (VAN DIJCK/POELL

92 Siehe für diese Position Esser und Matthes (2013: 199), Marcinkowski (2014) sowie Nölleke und Scheu (2018: 199).

93 Siehe Astheimer, Neumann-Braun und Schmidt (2011), Frosh (2015) sowie Tifentale und Manovich (2016).

2013: 9). Darüber hinaus ist es nicht möglich, Social-Media-Plattformen isoliert von anderen Mediengattungen zu betrachten. Teilweise können wir die Dynamik von Plattformen nur analysieren, wenn wir auch berücksichtigen, dass sich ihre Inhalte mithilfe elektronischer Medien wie Fernsehen oder Radio verbreiten, die auf ›wichtige Ereignisse‹ hinweisen, die auf Social-Media-Plattformen stattfinden:[94] Soziale Interaktion wird hier durch eine Dynamik von Massenmedien, Social-Media-Plattformen und institutionellen Offline-Prozessen vermittelt.

Daher sind weder das, was eine Plattform wie Facebook ausmacht, noch ihre Wahrnehmung, Nutzung und Wechselbeziehungen mit anderen Medien ein statisches Phänomen. Wir haben es mit fortwährenden Prozessen der Artikulation und Re-Artikulation dessen zu tun, was wir Medien nennen. Erst durch Prozesse entsteht und entfaltet sich die Fähigkeit der Medien, die soziale Welt zu prägen. An dieser Stelle gelangt man bei einem generellen Problem der Metapher der Medienlogiken an, nämlich dass sie dazu neigt, die *Dynamik* dieser laufenden Prozesse zu verdinglichen. Die Metapher der Medienlogik impliziert, dass Medien an und für sich bestimmte Eigenschaften hätten und so die menschliche Praxis auf eine bestimmte Weise strukturieren – eben nach Logiken der Form, der organisatorischen Regeln oder der Affordanz. Die beteiligten menschlichen Akteur:innen – sowohl diejenigen, die die Medien kontinuierlich produzieren, als auch diejenigen, die sie sich aneignen – werden in der Tendenz aus dem Blick verloren, ebenso wie der prozessuale Charakter von Medien. Medien werden zu einem ›statischen Objekt‹, das als solches mächtig ist. Das greift aber zu kurz. Wenn wir Medien und deren Einfluss beim Entstehen der digitalen Gesellschaft erfassen möchten, müssen wir diese viel stärker als Prozess denken.

94 Für den internationalen Nachrichtenverkehr zeigen Bloom, Cleary und North (2016), dass soziale Medien derzeit eher zu Werbezwecken und zur Verfolgung des Publikums genutzt werden als zur Nachrichtenerfassung. Und für Fälle, in denen Tweets eine Quelle der Berichterstattung in traditionellen elektronischen Medien sind, sind es deren Geschichten, die den Fokus bilden, und nicht so sehr die ursprünglichen Tweets oder einzelne Nutzer:innen, die die Ereignisse thematisierten (MURTHY 2011: 787).

3.2 MEDIEN ALS PROZESSE DENKEN

Die Betonung des prozessualen Charakters von Medien ist für das Verständnis digitaler Medien von entscheidender Bedeutung: Basierend auf Software haben ihre Veränderbarkeit und Anpassungsgeschwindigkeit erheblich zugenommen. Der rasante Wandel dessen, was wir digitale Medien nennen, macht uns ihre Prozessualität täglich bewusst. Während digitale Medien auch der Schwerpunkt meiner folgenden Argumentation sind, lohnt sich aber als Hinführung ein medienhistorischer Blick auf die Frage ihres Prozesscharakters. Ein Blick auf die Vergangenheit schärft unser Verständnis der Gegenwart. Oder anders ausgedrückt: Medien haben *immer schon* einen prozessualen Charakter gehabt. Insofern steht ›Medien als Prozesse denken‹ für einen allgemeinen Zugang auf Medien. Mit der zunehmenden Digitalisierung ist dieser Prozesscharakter jedoch *noch dominanter* geworden. Insofern betont die Formulierung ›Medien als Prozess‹ zugleich eine gegenwärtige Besonderheit von Medien.

Es gibt viele Standardwerke zur Mediengeschichte, die sich typischerweise mit frühen ›Medien-Netzwerken‹ wie Post- oder Rundfunkdiensten, der Briefpost oder dem Radio und Fernsehen befassen.[95] Im Gegensatz zu diesen allgemeinen Darstellungen möchte ich ein spezifischeres, relativ unbekanntes und ungewöhnliches historisches Beispiel nehmen, das aber aufgrund seiner historischen Dauer den prozessualen Charakter der Medien sehr gut veranschaulicht: Grimeton, ein schwedischer Sender, der in den 1920er-Jahren aufgebaut wurde und bis 1995 aktiv war. Ursprünglich war dieser Sender Teil eines Netzwerks von Langwellen-Sendestationen zur Telegrammübertragung, das »als das drahtlose ›Internet‹ der 1920er-Jahre bezeichnet werden könnte« (JOHANSSON 2013: 3152).[96] Dieses Netzwerk bestand aus neun Stationen

95 Siehe z.B. Briggs und Burke (2009) oder Chapman (2005).

96 Auf diesen Sender hat mich Göran Bolin während eines Aufenthalts in Schweden aufmerksam gemacht, wofür ich ihm danken möchte. Für weitere Informationen über den Radiosender Grimeton, siehe Johansson (2013) und Walde (2006) sowie die offizielle Website http://grimeton.org [01.05.2019].

in den USA, Hawaii, Wales, Polen und Schweden. Es befand sich im Besitz der Radio Corporation of America (RCA).

Die Funkstation Grimeton wurde am 1. Dezember 1924 in Betrieb genommen. Sie ist die einzige erhaltene, voll funktionsfähige elektromechanische Funkstation weltweit und wurde 2004 in die Liste des UNESCO-Welterbes aufgenommen. In den Anfängen der Funktechnik mussten die Schwingungen mithilfe eines Motors, also elektromechanisch durch eine ›Maschine‹, erzeugt werden. Dazu waren schnelllaufende Generatoren, sogenannte Alternatoren, erforderlich, die das Herzstück des Maschinensenders bildeten. Der im RCA-Netz verwendete Generator wurde von Ernst Fredrik Werner Alexanderson entwickelt, einem schwedisch-amerikanischen Ingenieur, der zu einer Gruppe von Pionieren der Rundfunktechnik gehörte. Die Funkstation Grimeton besteht aus dem Sendehaus, Häusern für Arbeiter:innen sowie der Sendeantenne, die an sechs Stützen aufgehängt ist, die wie riesige Hochspannungsmasten aussehen (siehe Abbildung 6). Der Standort Grimeton wurde gewählt, weil von dort aus eine barrierefreie Funkverbindung von Schweden über das Meer nach Long Island, USA, möglich war.

In der Praxis wurde eine Nachricht wie folgt kommuniziert: Ein privates Telegramm wurde bei der schwedischen Post aufgegeben. Von dort wurde der Text per Kabel als Morsecode-Signal über die Zentrale in Göteborg nach Grimeton gesendet. Von Grimeton aus wiederum wurde die Nachricht drahtlos an die Station von Radio Central of America in Long Island übertragen. Die Telegramme wurden anschließend per Drahtverbindung weitergeleitet oder mithilfe von Botenjungen zu ihren Empfängern gebracht. Die gesamten Nachrichten, die 1936 von Grimeton aus übertragen wurden, betrugen 1,8 Millionen Wörter, was etwa 10 Megabyte an digitalen Daten entspricht (JOHANSSON 2013: 3152).

Nach dem Zweiten Weltkrieg, als interkontinentale Funkverbindungen über Kurzwelle aufgebaut wurden, nutzte das schwedische Militär Grimeton zur Kommunikation mit seinen U-Booten, da der Frequenzbereich der von der Station erzeugten elektromagnetischen Wellen mehrere Meter tief ins Salzwasser eindringen konnte. Damit änderte sich der Charakter des Mediums: Aus einer Station in einem Telegrafennetz zur terrestrischen Übermittlung von Nachrichten an

ABBILDUNG 6
Übertragungsmasten der Funkstation von Grimeton

Foto: Beate C. Köhler

Einzelpersonen wurde eine Sendestation zur Übertragung von Langwellensignalen durch das Meer zu U-Booten.

Die Funkstation Grimeton ist ein perfektes Beispiel für den prozessualen Charakter der Medien. Zunächst einmal haben wir den Prozess der ›Erschaffung‹ dieses Mediums. Es beginnt mit einer Pioniergemeinschaft, die das Konzept der Radiowellenübertragung erdenkt, und den Technikern, die diese Ideen praktisch umsetzen. Während das Medium in der Entwicklungsphase sehr fluide ist, tritt eine Stabilisierung in dem Moment ein, in dem seine Infrastruktur aufgebaut wird. Dazu gehören materielle Komponenten (der Generator, das Sendegebäude, die Sendemasten, die Häuser für die Arbeiter:innen, die Kabelverbindung nach Göteborg), aber auch institutionelle Komponenten (der Aufbau des Teams von Arbeiter:innen in Grimeton, die Einrichtung einer Telegrammabteilung bei der schwedischen Post, die Verwendung des bereits institutionalisierten Morsekodes zur Übermittlung von Telegrammen, die Organisation des Netzes kooperierender Radiostationen).

Die ›entstehende Stabilität‹ des Mediums resultiert aus einem Ineinandergreifen der Prozesse der *Materialisierung* (der Konstruktion der zugehörigen Medientechnolgie und Infrastruktur) und der *Institutionalisierung* (der Konstruktion der zugehörigen Institutionen und Arbeitspraktiken). Diese Stabilität ist jedoch immer temporär: Das Medium der transkontinentalen Langwellentelegrafie bleibt im Laufe der Zeit nicht dasselbe, sondern entwickelt sich weiter. Dabei kann es geradezu ›disruptive Entwicklungen‹ geben, wie im Fall von Grimeton, wo das Medium der drahtlosen Telegrammkommunikation zum Medium der subaquatischen Militärkommunikation wurde. Die Stabilisierung des Mediums durch seine Materialität und seine Institutionen darf also nicht mit Unveränderlichkeit gleichgesetzt werden. Ein Medium entwickelt sich weiterhin dynamisch.

Die Funkstation Grimeton verdeutlicht, was ich mit ›Medien als Prozess‹ meine: Ein Medium wie im Fall der transkontinentalen Telegrammübertragung prägt die Kommunikation, die über das Medium stattfindet. Der Grund ist aber nicht, dass das Medium auf statische Weise bestimmte ›Logiken‹ hätte (was wären denn diese dauerhaften ›Logiken‹ von Grimeton?). Der Grund ist, dass komplexe Prozesse der Institutionalisierung und Materialisierung ineinandergreifen, über die sich eine ständig verändernde Spezifik des Mediums konstituiert.

INSTITUTIONALISIERUNG UND MATERIALISIERUNG

Doch was genau meinen wir, wenn wir von Institutionalisierung und Materialisierung sprechen? Und wie können wir ihre Interdependenz begreifen? Um diese Fragen zu beantworten, ist es sinnvoll, beide Begriffe zunächst allgemein zu definieren, um sie dann im Hinblick auf digitale Medien näher zu betrachten.[97]

97 Im Gegensatz zu einer früheren Publikation, in der ich den Begriff ›Verdinglichung‹ verwendete (HEPP 2013: 53), habe ich hier den Begriff ›Materialisierung‹ gewählt, um zu betonen, dass es sich um den Prozess des Werdens ›materieller Artefakte‹ handelt. Dies kann Verdinglichung im ursprünglichen soziologischen Sinne des Wortes umfassen (HONNETH 2005, 2008), muss es aber nicht. Ein solches Fokussieren auf Materialität ist auch der Grund,

Wenn es um den Prozess der *Institutionalisierung* geht, setze ich den Begriff nicht mit umfassenden Organisationen wie z.B. Medienunternehmen, Sendeanstalten und Plattformanbietern gleich. Diese Organisationen sind als Institutionen Teil dessen, was Medien ausmacht. Aber der Prozess der Institutionalisierung beginnt schon vor dieser Art der Formalisierung. Allgemein gesprochen ist Institutionalisierung ein viel umfassenderer Prozess, der nicht nur die Gewohnheiten einzelner Akteur:innen betrifft, sondern auf subtilere Weise auch die Art und Weise, wie die Akteur:innen ihre Erwartungen wechselseitig aufeinander beziehen: das, was Berger und Luckmann in Anlehnung an Schütz die wechselseitige Typisierung von habitualisierten Handlungen durch Typen von Handelnden bezeichnet haben (BERGER/LUCKMANN 1977: 58). Auch die Familie ist in diesem Sinne eine Institution, die bestimmte Formen und erwartete Muster der Praxis in Bezug auf die Typen oder Rollen von beteiligten Akteur:innen (›Vater‹, ›Mutter‹, ›aktueller Partner‹, ›Kind‹, ›Tante‹ etc.) typisiert.

Die Verwendung des Begriffs ›Institutionalisierung‹ bei der Betrachtung von Medien bedeutet daher nicht, dass wir ausschließlich an Medienorganisationen denken. Es geht um Prozesse der alltagsweltlichen Institutionalisierung in einem viel breiteren Sinne, wie z.B. bei der Mobiltelefonie, die eine triadische Kommunikationsbeziehung institutionalisiert: ›Anrufende‹, ›Angerufene‹ und ›Mithörende‹ (siehe für eine Diskussion hierzu HÖFLICH 2016: 167).[98] Das bedeutet nicht, dass man bei der Analyse der tiefgreifenden Mediatisierung nicht auch Medienorganisationen als mächtige korporative Akteure betrachten sollte. Konkret können wir die prägenden Kräfte des Mobilfunks kaum erfassen, ohne die Mobilfunkanbieter in unsere Überlegungen einzubeziehen. Sie definieren bestimmte Standards, schaffen und unterhalten die

warum der Begriff ›Objektivierung‹, wie er im Sozialkonstruktivismus verwendet wird, wegen seiner Mehrdeutigkeit zu kurz greift (BERGER/LUCKMANN 1977: 63-65; KNOBLAUCH 2013: 302-307): Er wird sowohl für das verwendet, was ich als Materialisierung bezeichne, als auch für Prozesse der symbolischen Objektivierung, wie z.B. in der Sprache. An dieser Stelle eine weitere Unterscheidung zwischen ›Objektivierung‹ und ›Objektivation‹ (KNOBLAUCH 2017: 165-166) aufzumachen, scheint mir verwirrend zu sein, deutet aber auf dasselbe Problem hin.

98 Siehe für eine Diskussion hierzu Höflich (2016: 167).

notwendigen Infrastrukturen (die wiederum Einfluss auf die Empfangsqualität sowohl in städtischen als auch in ländlichen Regionen haben) etc. Wir müssen aber noch einen Schritt weiter gehen und andere medienbezogene Institutionalisierungsprozesse im Auge behalten, wie z.B. die bereits erwähnte Triadenbeziehung von Anrufenden, Angerufenen und Mithörenden. Diese Beziehung wird anhand der Praktiken der Mobiltelefonie greifbar, wenn z.B. zu Beginn eines Telefongesprächs über vertrauliche Themen Anrufende und Angerufene kommunikativ sicherstellen, dass niemand das Telefongespräch mithört, oder wenn eine Mithörende sich offensichtlich abwendet und so von sich aus signalisiert, bei dem vertraulichen Telefongespräch nicht zuzuhören. Medien institutionalisieren unsere kommunikativen Praktiken auf verschiedenen Ebenen: dadurch, wie wir uns in einer Mediennutzungssituation positionieren, durch unsere Formen der Kommunikation, d.h. der Interaktion über Medien, und durch die Organisation der Technologie und Infrastruktur, um nur einige zu nennen.

Eng verbunden mit diesen Prozessen der Institutionalisierung ist die *Materialisierung* der Medien. Ich verwende den Begriff ›Materialisierung‹ in einem umfassenden Sinne und beziehe mich hier sowohl auf die materielle Existenz eines jeden Mediums als auch gleichzeitig auf die Normen und Überzeugungen, die das ›Wie die Dinge sind‹ in Bezug auf dieses Medium betreffen. Jedes Medium hat eine charakteristische Materialität, die sich in einem fortwährenden Prozess konstituiert. Dabei handelt es sich nicht nur um die Materialität des Endgeräts als solchem (das Fernsehgerät, das Mobiltelefon, der Computer etc.), sondern auch um die Materialität der zugrunde liegenden (digitalen) Infrastrukturen: die Kabelnetze, die Satelliten, die Rundfunkstationen und so weiter. Diese Materialität ist ein Prozess, da sie ›am Laufen gehalten‹ werden muss. Das bedeutet, dass nicht nur die digitalen Infrastrukturen und Technologien als fortwährender Materialisierungsprozess verstanden werden müssen, sondern auch die Institutionen, die sie aufrechterhalten.

An diesem Punkt sind Materialisierung und Institutionalisierung in ihrer Wechselbeziehung zu sehen, während beide unabhängige Prozesse bleiben: In dem Moment, in dem die Institutionen verschwinden, die die Infrastrukturen aufrechterhalten – die Teams von Arbeiter:innen und Telegrammbüros im Fall von Grimeton –, bleiben als Materialität nur noch ›Denkmäler‹ übrig. Diese erinnern an eine vergangene Funktionalität, sind aber keine Kommunikationsmedien mehr, die Kultur und Gesellschaft prägen können, wie es bei der Sendestation von Grimeton der Fall war.

Sobald ein Medium entsteht, erscheint es uns als ein ›natürliches‹ Phänomen. ›Natürlich‹ bedeutet hier, dass bestimmte institutionelle und materielle Aspekte von Medien im Laufe der Zeit so grundlegend für die alltägliche Praxis geworden sind, dass sie ›selbstverständlich‹ erscheinen (siehe hierzu COULDRY/HEPP 2017: 33). Zum Beispiel fühlt es sich ›natürlich‹ an, das Radio als ein auf ein bestimmtes kommunikatives ›Zentrum‹ gerichtetes Sendemedium zu nutzen, weil die bestehende Infrastruktur und die institutionalisierten Formen der Kommunikation dies nahelegen. In demselben Sinne erscheint es ›natürlich‹, Internetplattformen für den kuratierten Austausch zu nutzen, weil sie als solche programmiert sind und dies die Plattformen anbietenden Technologieunternehmen durch ihre Art der Institutionalisierung der Moderation fördern.[99] Naturalisierung kann sich bis zur Verdinglichung steigern. An diesem Punkt wird ein Medium ›als Ding an sich‹ betrachtet, als etwas, dem »alle menschlichen Eigenschaften und Fähigkeiten fehlen« (HONNETH 2008: 148), und nicht mehr als etwas, das sich durch fortlaufende menschliche Praxis artikuliert. Zum Beispiel findet eine solche Verdinglichung statt, wenn statische Medienlogiken angenommen werden, d. h., wenn einem Medium Logiken als feste Eigenschaften zugeschrieben werden. Dass diese Eigenschaften in fortlaufenden Prozessen der Institutionalisierung und Materialisierung menschlicher Praxis produziert werden, wird dabei übersehen. Diesen Prozessen Nachdruck zu verleihen, bedeutet, Medien als »Durchgangspunkte sozialer

99 Wie Tarleton Gillespie (2018: 111-140) in seiner sorgfältigen Analyse zeigt, ist ›Moderation‹ als eine Form des Kuratierens auf Plattformen in erheblichen Teilen ›menschliche Arbeit‹. Wir können daher Moderation nicht als einen rein algorithmischen Prozess und damit als Materialisierung betrachten, sondern müssen die verschiedenen Formen der Institutionalisierung und Materialisierung in ihrem Wechselverhältnis sehen.

Praxis« (GÖTTLICH 1996: 254) zu verstehen, eine Formulierung, die auf die Schriften von Raymond Williams zurückgeht.[100]

Um die Verschränkung von Institutionalisierung und Materialisierung bei der Konstitution von Medien zu erfassen, ist es hilfreich, die drei Betrachtungsweisen von Medienlogiken – Formen der Interaktion, organisatorische Regeln und materielle Affordanzen – noch einmal aufzugreifen. Dabei wird deutlich, dass Institutionalisierung und Materialisierung im Kontext aller drei Ansätze voneinander abhängig sind.

Wenn es um Formen der Interaktion geht, habe ich bereits einige Beispiele dafür gegeben, wie Institutionalisierung verstanden werden kann, nämlich als Institutionalisierung bestimmter Praktiken der Kommunikation: Muster, nach denen wir Briefe oder E-Mails schreiben, telefonieren oder online chatten. Darüber hinaus sind die kommunikativen Rollen, die wir einnehmen, institutionalisiert, sowohl in Bezug auf die Rollen der Interaktion (Sprecher:innen, Zuhörer:innen, Diskutant:innen etc.) als auch in Bezug auf die organisatorischen Rollen (Redakteur:innen, Produzent:innen, Reporter:innen, Nutzer:innen etc.).

Eine prozessuale Perspektive einzunehmen bedeutet, sich bewusst zu machen, wie bestimmte Formen für ein bestimmtes Medium spezifisch werden und dabei ständig neu artikuliert werden müssen. Dies wird besonders deutlich, wenn wir die Entstehung bestimmter Medien genauer betrachten. So gab es z.B. Seifenopern als narrative Gattung des Radios schon lange vor dem Aufkommen des Fernsehens. Diese bestehende Gattung des Hörfunks wurde vom Fernsehen aufgegriffen und als das visuelle Genre weiterentwickelt, wie es heute als eine Form des populären Erzählens charakteristisch für das Medium Fernsehen ist. Die institutionalisierten Formen der Interaktion des WELL-Netzwerks als einer der ersten Online-Plattformen – das Erstellen von Inhalten in einer Arbeitsteilung durch viele beitragende ›Amateur:innen‹ – gehen auf die Art und Weise zurück, wie die Content-Produktion des *Whole Earth Catalog* organisiert war: seine Prinzipien des Einbezugs vieler Autor:innen und die von seinen Herausgeber:innen entwickelte Rolle der Verantwortlichen für das

100 Udo Göttlich (1996) entwickelte diese Formulierung in Anlehnung an Raymond Williams' (1983) Überlegungen zur ›mobilen Privatisierung‹.

Kuratieren dieser Inhalte. Die Institutionalisierung einzelner Medien entsteht also nicht aus dem Nichts, sondern aus bereits zuvor institutionalisierten Formen der Interaktion, die gewissermaßen von einem Medium zum nächsten wandern – ein Prozess, durch den bestehende institutionalisierte Formen in neue ›übersetzt‹ werden.

Diese Institutionalisierungsprozesse gehen Hand in Hand mit der Materialisierung: Medien, als Technologien und Infrastrukturen, werden gemäß einer Institutionalisierung der Praxis gebaut. Das Fernsehen wurde erst durch den Aufbau eines großen Netzes an Sendemasten und -stationen funktionsfähig gemacht und so zu einem *zentralisierten* Medium für das Erzählen von Geschichten. Dies ist der Grund, warum es möglich war, dass »das Drama als Erfahrung [...] ein fester Bestandteil des alltäglichen Lebens [wurde], und zwar auf einem quantitativen Niveau, das so sehr viel größer ist als jedes vorhergehende, wodurch dies wie eine grundlegende qualitative Veränderung erscheint« (WILLIAMS 1990: 59). Dasselbe lässt sich von digitalen Plattformen sagen: Die Art und Weise, wie Nutzer:innen kuratiert und wie Informationen über sie strukturiert werden, wie Timelines organisiert und wie Liken und Kommentieren möglich sind – all das sind Materialisierungen bereits institutionalisierter Praktiken im Software-Code.

Institutionalisierung und Materialisierung betreffen auch die Medien als Organisation. So ist eine Dimension eines jeden Mediums, dass es Medienorganisationen gibt – Sendeanstalten, Plattformbetreiber etc. –, die das Medium tragen. Diese Medienorganisationen sind komplexe formalisierte Institutionalisierungen, nicht nur von Formen individueller Praxis, sondern auch von Kooperation, Arbeitsorganisation, Entscheidungsfindung und Implementierung. Aus einer prozessualen Perspektive sind Organisationen vielschichtige Figurationen des »Organisierens« (WEICK/SUTCLIFFE/OBSTFELD 2005: 409). Und Organisationen sind auf ihre Materialisierungen angewiesen: die bereits erwähnten Gebäude und andere ›Dinge‹, die ihnen ›gehören‹, die deren Kontinuität, aber zugleich auch Handlungsfähigkeit sichern.

Immer wieder werden die materiellen Affordanzen digitaler Medien auf ihre technologischen Eigenschaften reduziert, weil die ›Neuheit‹, die zuerst ins Auge fällt, oft eine technologische ist (siehe z.B. die Kapitel in JONES 1998). Bei der Diskussion über die Technologie eines Mediums wird in der Regel seine Materialität als Objekt oder Artefakt fokussiert. Entscheidend ist jedoch auch hier, dass wir diese Materialisierungen nicht unabhängig von den damit verbundenen Institutionalisierungsprozessen betrachten.[101] Es geht um die Institutionalisierung menschlicher Praktiken, die zur Konstituierung und Aufrechterhaltung medialer Artefakte und Infrastrukturen notwendig sind, z.B. die institutionalisierte Praxis der Softwareprogrammierung, der (Weiter-)Entwicklung von Endgeräten, der Verfeinerung von Sendestandards und so weiter. Hier sind Figurationen von Menschen in unterschiedlichen Organisationsgraden aktiv: Entwicklungsteams, Innovationsgruppen, Werkstätten und mobile Projektgruppen. Wir können die Materialitäten eines Mediums nicht jenseits der institutionalisierten Figurationen von Menschen verstehen, weder in ihrer Entstehung noch in ihrer Aufrechterhaltung.

ALGORITHMEN ALS PROZESSVERSTÄRKER

Die bisher diskutierten Beispiele sollten deutlich gemacht haben, was es bedeutet, von Medien als Prozess zu sprechen: Es ist ein hilfreicher Ausgangspunkt, Medien als artikuliert in der Verschränkung von Institutionalisierung und Materialisierung zu verstehen. Während dies auch historisch ein angemessener Ansatz zu sein scheint, wird er heute noch wichtiger, da digitale Medien auf Software und damit Algorithmen beruhen.

Wenn wir Algorithmen als eine Reihe von Schritten zur Bewältigung einer Aufgabe verstehen, oder genauer gesagt als ein Schema, das die exakte Abfolge der zur Lösung eines Problems erforderlichen Schritte vorgibt, ist der Begriff umfassender als der der bloßen ›Software‹.[102] Software basiert also auf Algorithmen, was grundlegend ist, um die

101 In diesem Sinne plädiert Christian Katzenbach (2012) für die Notwendigkeit, Technologien als Institutionen zu denken.

102 Siehe z.B. Cormen (2013: 1) und MacCormick (2012: 2), die beide aus der Perspektive der Informatik argumentieren.

Besonderheit von digitalen Medien zu verstehen. Aus diesem Grund wird in der Medien- und Kommunikationsforschung in letzter Zeit vermehrt über Algorithmen diskutiert. Eine zunehmende Anzahl von Forschungen widmet sich der »algorithmischen Kultur« (STRIPHAS 2015) und dem »algorithmischen Leben« (AMOORE/PIOTUKUH 2016). In Bezug auf digitale Medien bedeutet der Ausdruck ›Algorithmus‹, dass diese Medien auf »kodierten Prozeduren zur Transformation von Eingabedaten« (GILLESPIE 2014: 167) beruhen. Allerdings haben sich die Algorithmen digitaler Medien verändert: Während diese anfangs »einen gewünschten Output, basierend auf spezifischen Berechnungen« (GILLESPIE 2014: 167), lieferten, wurde das Verhältnis von Input und Output mit selbstlernenden Algorithmen und künstlicher Intelligenz in dem Sinne komplexer, dass der Output nun viel dynamischer generiert wird als zuvor (vgl. LOOSEN 2018b).

Wir sollten auch bei Algorithmen im Blick haben, dass sie sich durch eine Verschränkung von Institutionalisierung und Materialisierung artikulieren: Ein Algorithmus ist kein »Objekt, das außerhalb [...] sozialer Prozesse existiert« (BEER 2017: 4). Vielmehr sind sie in institutionalisierten sozialen Praktiken verwurzelt: Praktiken ihrer Definition und Programmierung sowie Praktiken ihrer Nutzung. Bei einer Bestimmung der möglichen Prägkraft von Algorithmen ist es daher notwendig, im Blick zu haben, dass die Organisationen – Unternehmen, staatliche Behörden, Verwaltungen etc. –, die die Programmierung von Software in Auftrag geben, bestimmte Zwecke und Interessen sowie explizite und implizite Modelle des Sozialen haben, die in die von ihnen entwickelten Algorithmen eingeschrieben werden.[103] Nähert man sich auf diese Weise Algorithmen an, so wird deutlich, dass sie den prozessualen Charakter von Medien weiter verstärkt haben. Dies betrifft sowohl die Entwicklung digitaler Medien als auch deren Aufrechterhaltung.

In den 1950er- und 1960er-Jahren wurden elektronische Medien hauptsächlich industriell ›hinter verschlossenen Türen‹ entwickelt, bevor sie einem breiteren Publikum zugänglich gemacht wurden. Eine

103 Es ist wichtig, die »machthabenden Institutionen« (BREITER/HEPP 2018: 33) zu reflektieren, die an der Konstruktion von Algorithmen beteiligt sind.

solche Herangehensweise war auch der Ausgangspunkt bei der Entwicklung digitaler Medien: Bis in die späten 1980er-Jahre erfolgte die Softwareentwicklung durch die Definition von Spezifikationen in »Anforderungsdokumenten« (TURNER 2016: 257). Diese bestimmten über mehrere Seiten die Ansprüche an die Software und wurden Schritt für Schritt abgearbeitet, bevor das ›fertige‹ Produkt auf den Markt kam.

Seit den 1990er-Jahren hat sich der Fokus bei der Softwareentwicklung verändert, vor allem wenn es um digitale Medien geht. Wichtige Stichworte sind hier ›partizipatives Design‹ und ›Co-Creation‹, also die schrittweise Entwicklung von Software gemeinsam mit den zukünftigen Nutzer:innen.[104] Dabei spielen ›Prototypen‹ eine wichtige Rolle, ebenso wie das (kooperative) ›Prototyping‹. Letzteres ist die Praxis eines schrittweisen Software-Designs, das auf der kontinuierlichen Entwicklung des Software-Konzepts durch aufeinanderfolgende Prototypen basiert. Prototypen sind ein komplexes Konstrukt.[105] Sie sind nicht nur Funktionsmodelle einer neuen Software oder neuer Endgeräte. Als »soziomaterielle Konfigurationen« (SUCHMAN/TRIGG/BLOMBERG 2002: 163) modellieren sie idealisierte Formen sozialer Praxis und neue institutionalisierte Formen der sozialen Organisation. Prototypen sind »entwicklungsbedürftig« und »fordern die Mitarbeit von Nutzer:innen und anderen beim Aufbau einer bestimmten Zukunft ein« (TURNER 2016: 266).

Durch die Etablierung partizipativer Ansätze und des Prototypings bei der Entwicklung digitaler Medien hat sich die Dynamik des ›Medienmachens‹ gegenüber den Zeiten der klassischen Massenmedien verstärkt.[106] Entsprechend ist es notwendig, den prozessualen Charakter der Entstehung eines Mediums noch genauer im Blick zu haben.

Digitale Medien sind bereits bei ihrer Entwicklung aufgrund ihrer Adaptationsfähigkeit viel prozesshafter als vorherige Medien: Es ist viel einfacher, Software zu verändern, als dies bei Hardware der Fall ist. Oft wird hervorgehoben, dass Algorithmen eine »Black Box« (PINCH/BIJKER 1984:

104 Für ›partizipative‹ Software-Design-Ansätze im Allgemeinen siehe Greenbaum und Kyng (1991), für den Ansatz der ›Co-Creation‹ im Besonderen siehe Kohler et al. (2011), Nambisan und Nambisan (2013), Piller, Ihl und Vossen (2010) sowie Sanders und Stappers (2008).

105 Siehe hierzu Suchman, Trigg und Blomberg (2002) sowie Turner (2016).

106 Ähnlich argumentieren zum Beispiel Bentley und O'Brien (2017).

404) sind, was bedeutet, dass ihre Operationen für die Endbenutzer:innen (und teilweise auch für die Designer:innen) undurchsichtig sind.[107] Dieses ›Blackboxing‹ ist Teil des Materialisierungsprozesses von Technologie: Eine Technologie als Blackbox wird selten infrage gestellt, sondern in der Alltagswelt als etwas ›Quasinatürliches‹, das ›einfach da ist‹ und ›einfach so funktioniert‹, kurz: als selbstverständlich angesehen. Mit Algorithmen hat sich die Beständigkeit dieser Blackbox-Technologie jedoch in dem Sinne relativiert, dass Veränderungen viel schneller umgesetzt werden können als bei nicht-digitalen Medien.

Im Vergleich zu reiner Hardware bieten Algorithmen eine einfache Möglichkeit, die Funktionalität eines digitalen Mediums wie beispielsweise einer Social-Media-Plattform zu verändern, und dies im fortlaufenden Prozess ihrer Nutzung, wie Facebook oder Twitter deutlich zeigen. Softwarebasierte Medien können »optimiert und neu codiert werden, wenn ihre Outcomes als anpassungsbedürftig angesehen werden« (BEER 2017: 4). Digitale Medien sind daher »fortlaufend im Beta-Stadium« (MANOVICH 2013: 1) und in einem »ständigen Fluss« (CHENEY-LIPPOLD 2017: 90).[108] Programmierte Algorithmen können »einfach, sofort, radikal und unsichtbar« (GILLESPIE 2014: 178) verändert werden, und das, während sie noch in Betrieb sind. Sogenannte ›selbstlernende Algorithmen‹ modifizieren dabei sogar ihre eigenen Datenverarbeitungsprinzipien basierend auf den Daten, die sie verarbeiten.

Algorithmen sind damit aus verschiedenen Gründen *Prozessverstärker*: Da die heutigen digitalen Medien primär durch Software definiert sind, ist ihre Entstehung zu einem iterativen Prozess geworden, an dem die Nutzer:innen viel stärker beteiligt sind, als dies bei mechanischen oder elektronischen Medien der Fall war. Aber auch nach der Entwicklung digitaler Medien sind sie viel leichter zu modifizieren, da die Software

107 Ein Aspekt dieses ›Blackboxing‹ ist, dass die Entstehung von Algorithmen in ihrer Gesamtheit für eine einzelne Person immer schwieriger zu verstehen ist (NAPOLI 2014: 344) und sie gewissermaßen ein Eigenleben entwickeln (ULLMAN 1997: 117).

108 Wie Lev Manovich es klar formulierte: »Dank der von Google eingeführten Praktiken ist die Welt heute daran gewöhnt, mit Webanwendungen und -diensten zu arbeiten, die nie offiziell fertiggestellt wurden, sondern immer im Beta-Stadium bleiben« (MANOVICH 2013: 1). Für eine weitere Diskussion dieses Themas aus organisatorischer Sicht siehe Neff und Stark (2003).

während der Nutzung angepasst und weiter verfeinert werden kann. Auch das Ineinandergreifen von Institutionalisierung und Materialisierung ist viel dynamischer geworden als im Zeitalter der klassischen Massenmedien, und dieser prozessuale Charakter wird mit dem Aufkommen der Automatisierung noch dynamischer.

AUTOMATISIERUNG UND KOMMUNIKATIVE ROBOTER

An mehreren Stellen im vorigen Abschnitt haben wir beiläufig über Automatisierung gesprochen. Automatisierung ist ein Schlüsselaspekt digitaler Medien, da Algorithmen so konzipiert sind, dass sie »funktional automatisch sind, um zu handeln, wenn sie ausgelöst werden, ohne dass ein reguläres menschliches Eingreifen oder eine Aufsicht stattfindet« (GILLESPIE 2014: 170).[109] Aus diesem Grund wird auch der Begriff »automatisierte Medien« (NAPOLI 2014: 340) verwendet, um die Besonderheit der heutigen digitalen Medien zu fassen. Automatisierung ist ein recht breites Phänomen, mit Bezügen sowohl zur Mediennutzung als auch zur Medienproduktion (siehe LOOSEN/SCHOLL 2017; NAPOLI 2014). Bei der Mediennutzung dienen Algorithmen dazu, den Nutzer:innen durch ›automatisierte Orientierungshilfen‹ wie Empfehlungs- und Aggregationssysteme die Navigation in einer komplexen, stark vernetzten Medienumgebung zu ermöglichen. Für die Medienproduktion – etwa in Redaktionen – bilden automatisch generierte Nutzungsdaten eine wichtige Entscheidungsgrundlage. Aber auch bestimmte Formen von Medieninhalten, wie z.B. Wettervorhersagen, werden automatisiert auf der Basis von Datenbankinformationen produziert.

Betrachtet man die neuesten Entwicklungen in der Medientechnologie und der künstlichen Intelligenz, so kommen die Möglichkeiten der Automatisierung in der Entstehung dessen zusammen, was wir als *kommunikative Roboter* bezeichnen können (HEPP 2020a). Aus

109 Diese Automatisierung durch Algorithmen kann als einer der Hauptgründe verstanden werden, warum die Annahme der Akteur-Netzwerk-Theorie von nicht-menschlicher, »materieller Handlungsfähigkeit« (LEONARDI 2012: 35) für die Medien- und Kommunikationsforschung so wichtig wurde (vgl. HOPKINS 2015).

Sicht der Nutzer:innen sind kommunikative Roboter kein isoliertes Phänomen, sondern müssen im breiteren Kontext der Ausbreitung von Robotern in der häuslichen und privaten Sphäre gesehen werden. Fortunati argumentiert, dass wir Zeugen einer beginnenden »Robotisierung« (FORTUNATI 2018: 3) des privaten und häuslichen Lebens sind. Serviceroboter wie automatisierte Staubsauger, Rasenmäher und Fensterputzer beginnen, sich sowohl in der populären Vorstellungswelt als auch in unseren Häusern zu verbreiten. Dies ist auch der Kontext der Diskussion um »soziale Roboter«, also autonome Systeme, die auf die Interaktion mit Menschen ausgelegt sind (BÖHLE/PFADENHAUER 2014: 3).[110] Eine Domäne, in der diese sozialen Roboter eine erste, wenn auch in vielen Fällen experimentelle Verbreitung gefunden haben, sind Pflegeheime, in denen z. B. Roboter mit dem Aussehen kleiner Robben bei der Betreuung von Demenzkranken eingesetzt werden (PFADENHAUER/DUKAT 2015).

Die Forschung zu sozialen Robotern wurde dafür kritisiert, dass sie dazu neigt, sich auf Artefakte zu fokussieren und die Relevanz von Kommunikation zu unterschätzen (BAKARDJIEVA 2015: 247; FORTUNATI 2018: 7). Aus diesem Grund ziehe ich es vor, den Begriff ›kommunikative Roboter‹ zu verwenden. Im weitesten Sinne sind kommunikative Roboter (teil-)automatisierte Kommunikationsmedien, die – oft, aber nicht immer auf der Basis künstlicher Intelligenz – autonom agieren mit dem Ziel der ›Quasikommunikation‹ mit Menschen, aber auch, um weitere algorithmusbasierte Funktionalitäten zu ermöglichen. Ich verwende den Begriff ›Quasikommunikation‹ ganz bewusst: Er betont die Tatsache, dass die Hauptfunktion kommunikativer Roboter in ihrer Beziehung zum Menschen nicht darin besteht, »dass die Maschine denken kann, sondern dass sie kommunizieren kann« (ESPOSITO 2017: 250). Außerdem macht diese Formulierung deutlich, dass es sich bei der Form der Kommunikation, die stattfindet, um eine Zuschreibung von Kommunikation durch den Menschen an eine Maschine handelt und

110 Für eine allgemeine Diskussion darüber, wie die ›Simulation des Sozialseins‹ stattfindet, siehe Böhlen und Karppi (2017), Böhle und Pfadenhauer (2014), Fink und Weyer (2014), Gentili et al. (2015), Kaerlein (2015), Meister (2014) und Pfadenhauer (2014).

nicht um Kommunikation im Sinne der wechselseitigen Sinn-Zuschreibung menschlicher symbolischer Interaktion, wie sie im symbolischen Interaktionismus theoretisiert wird. Und schließlich unterstreicht diese Formulierung, dass wir es auch hier mit einer rekursiven Schleife zu tun haben. So diente die menschliche Kommunikation als Vorbild für die Entwicklung von Mensch-Maschine-Schnittstellen, deren Analyse nun zeigt, dass Maschinen von Menschen in ähnlicher Weise wahrgenommen und behandelt werden wie Interaktionspartner:innen. Wie Andrea Guzman es treffend formuliert: »Die Technologien, die jetzt die Kommunikationswissenschaftler:innen dazu inspirieren, der Mensch-Maschine-Kommunikation Aufmerksamkeit zu schenken, sind das Ergebnis einer jahrzehntelangen Forschung, die von der Idee der Kommunikation außerhalb der Disziplin geleitet wurde« (GUZMAN 2018: 7, siehe auch GUZMAN/LEWIS 2019: 5). Entscheidend ist bei all dem der folgende Punkt: Insgesamt handelt es sich bei den meisten kommunikativen Robotern nicht um physische Artefakte, sondern sie sind rein softwarebasiert.[111]

Im heutigen Alltag können wir derzeit zumindest drei Arten von kommunikativen Robotern ausmachen: Artificial Companions, Social Bots und Workbots. Zu den *Artificial Companions*[112] gehören Amazons Alexa, Apples Siri, Googles Assistant und Microsofts Cortana. Nur selten nehmen Artificial Companions die Form eines physischen Artefakts an. Einer davon ist Vector von Anki, ein Roboter in Form einer kleinen, beweglichen Raupe, die befragt werden und Fotos machen kann. Was sie von anderen virtuellen Assistenten unterscheidet, ist, dass sie auch ihren »emotionalen Status« ausdrücken kann.[113] Dies ist auch ein Merkmal des Roboterhundes Aibo von Sony, der zwischen 1999 und 2006 produziert und 2017 aktualisiert und neu aufgelegt wurde.[114] Solche Be-

111 Diesbezüglich gibt es eine breite Diskussion, die darauf abzielt, das Konzept der sozialen Roboter zu erweitern, siehe z.B. Barile und Sugiyama (2015: 407), Böhle und Bopp (2014) sowie Esposito, Fortunati und Lugano (2014: 626).

112 Zum Begriff ›künstlicher Begleiter‹ siehe Turkle (2002) sowie Böhle und Bopp (2014).

113 Siehe www.anki.com/en-us/vector [01.05.2019].

114 Zur Geschichte dieses Roboters siehe folgende Fan-Seite: http://www.sony-aibo.com [01.05.2019].

gleiter präsentieren sich als »konversationelles Gegenüber, künstliche Spielkameraden und interdependente Akteure« (BÖHLE/BOPP 2014: 164).

Der typische Aufbau von softwarebasierten Artificial Companions folgt einem allgemeinen Schema: Sie haben eine Schnittstelle zwischen den Nutzer:innen und sich, über die Erstere mithilfe von (gesprochener) Sprache mit dem System kommunizieren können. Dies geschieht entweder über eine Smartphone-App, eine Anwendung auf dem Computer oder über Sprachbefehle, die an einen ›intelligenten‹ Lautsprecher gerichtet werden. Die gesprochenen Befehle oder Fragen werden dann nicht ›im‹ Endgerät verarbeitet, sondern über das Internet an Rechenzentren übertragen – sie werden gewissermaßen ›in die Cloud‹ geschickt. Sobald ein Befehl einen Server erreicht, findet eine durch künstliche Intelligenz – im Kern: durch maschinelles Lernen – ermöglichte Spracherkennung statt, die Fragen und Befehle verarbeitet und das Ergebnis zurück an das Endgerät überträgt. Die Ausgabe erfolgt dann entweder in Form einer bestimmten Aktivität (Ausführung eines Softwarebefehls) oder einer gesprochenen Antwort (Ausgabe relevanter Informationen).

Diese Artificial Companions sind nicht einfach Medien in dem Sinne, dass sie als Durchgangspunkte menschlicher Interaktion dienen. Da ihre Funktionalität auf Datafizierung, also dem Sammeln und Verarbeiten großer Datenmengen, basiert, sind sie Teil einer automatisierten, datenbasierten Konstruktion von Realität. Die 2017/18 von Apple übernommene Anwendung Shazam, eine Art spezialisierter Artificial Companion für die Musiknutzung, ist ein anschauliches Beispiel dafür, wie dies geschieht: Die App identifiziert Lieder über das Mikrofon des Smartphones, indem eine kurze Sequenz des Liedes aufgenommen wird, die daraus resultierende Audiodatei in die Cloud übertragen, so mit einer bestehenden Datenbank bereits digitalisierter Lieder verglichen und das Ergebnis bei Erkennung über die App an die Nutzer:innen zurückgemeldet wird (im Fall der Nichterkennung erscheint eine entsprechende Meldung). Shazam speichert diese Suchergebnisse in einer Nutzerdatenbank und erstellt auf dieser Basis persönliche Playlists, empfiehlt neue Musiktitel, hebt Neuerscheinungen hervor und schlägt neue Songs vor. Was hier geschieht, ist das, was Barile und Sugiyama als »Automatisierung des Geschmacks« (BARILE/SUGIYAMA 2015: 413) durch einen Artificial Companion bezeichnen. Auf der einen Seite bietet Shazam den Nutzer:innen eine erweiterte Kontrolle über ihren eigenen Musikkonsum. Das Suchen und Auswählen von Musik wird zu einem individuellen Akt, der durch technische Unterstützung ergänzt wird. Andererseits lenkt die damit verbundene automatisierte Verarbeitung und Geschmacksklassifizierung die Möglichkeiten der individuellen Nutzung, wodurch der kommunikative Roboter wesentlich für die Zusammenstellung des jeweiligen Musikrepertoires werden kann.

Neben Artificial Companions sind *Social Bots* eine weitere verbreitete Form von kommunikativen Robotern. Im Wesentlichen handelt es sich bei den meisten Social Bots um automatisierte Social-Media-Accounts, die so agieren, als ob ›echte‹ Menschen kommunizieren würden. Genauer gesagt sind Social Bots »softwarebasierte Prozesse, die so programmiert sind, dass sie im Kontext von sozialen Netzwerken wie Facebook und Twitter den Anschein erwecken, von Menschen zu stammen« (GEHL/BAKARDJIEVA 2016: 2). Die Geschichte der Social Bots geht mindestens bis ins Jahr 2008 zurück, als die ersten experimentellen Skripte, die Twitter-Nutzer:innen imitieren, entwickelt wurden. Diese Skripte twitterten Textelemente, die aus anderen Tweets von menschlichen Nutzer:innen synthetisiert wurden. Im Jahr 2017 wurde dann bereits diskutiert, dass zwischen 9 Prozent und 15 Prozent der aktiven Twitter-Accounts nicht von Menschen, sondern von Bots sein könnten.[115] Bei Instagram wurde zum gleichen Zeitpunkt von ähnlichen Zahlen ausgegangen.[116] Gemäß Facebook waren im selben Jahr rund 10 Prozent seiner Nutzer:innen ›Fake‹-Accounts, was nicht bedeutet, dass jeder dieser Accounts auch ein Social Bot ist (einige sind von Menschen unter einer ›falschen‹ Identität betriebene).[117] Solche Zahlen sind jedoch höchst spekulativ, da es bisher keine valide Möglichkeit gibt, Bots eindeutig zu identifizieren (LAZER et al. 2018). Nichtsdestotrotz gewinnt dieses Phänomen an Relevanz und kann mit dem in Verbin-

115 Siehe Varol et al. (2017), die zu diesen Zahlen mithilfe eines von ihnen entwickelten Tools zur Bot-Erkennung kommen; ähnlich auch Ferrara et al. (2016).

116 Siehe www.theinformation.com/articles/instagrams-growing-bot-problem [01.05.2019].

117 Siehe den Börsenbericht des Unternehmens: http://d18rnop25nwr6d.cloudfront.net/CIK-0001326801/06205619-7ced-42ed-b8c8-4621b5a121e9.pdf [01.05.2019].

dung gebracht werden, was Sherry Turkle den »robotischen Moment« genannt hat. Turkle meint damit, dass »wir als Menschen – noch vor der Entwicklung entsprechender Roboter – bereit sind, uns selbst so zu verändern, dass wir die Gefährten dieser Roboter sein können« (TURKLE 2015: 338). Im Fall von Bots bedeutet dies, dass auf Plattformen wie Facebook, Twitter oder Instagram die Nutzer:innen selbst ebenso wie ihre Interaktionen – Hashtags und andere Elemente ihrer kommunikativen Praktiken – dermaßen stark durch die Plattformarchitektur vorstrukturiert werden, dass die Replikation von menschlicher Kommunikation durch Maschinen vergleichsweise einfach möglich ist. Daher stellen diese Plattformen ein »nivellierendes Mittelding« dar, auf dem Menschen und Roboter als »bemerkenswert gleichberechtigt« erscheinen und Social Bots so »gute Chancen haben, sich erfolgreich als Menschen zu präsentieren« (BAKARDJIEVA 2015: 248).

Darüber hinaus gibt es *Work Bots*: Bots, die für automatisierte Arbeit eingesetzt werden. Die Beispiele dafür sind vielfältig, auch im Journalismus: Der Quake Bot der *LA Times* ist ein automatisiertes Programm zur Artikelgenerierung, das E-Mail-Warnungen des US Geological Survey (USGS) mithilfe von Algorithmen in Nachrichten umwandelt (OREMUS 2014).[118] Das in San Francisco ansässige Unternehmen Hoodline generiert mithilfe von Work Bots hyperlokale Nachrichtenartikel aus gescrapten öffentlichen Datenbanken (WANG 2018). Quill ist eine von Narrative Science entwickelte Anwendung, die Daten aus Datenbanken in kontextualisierte Texte überführt.[119] Sie kann sowohl für die Produktion journalistischer Inhalte als auch für andere Inhalte wie Produktinformationen von Online-Katalogen eingesetzt werden. Im Bereich von Medien und Kommunikation werden diese Work Bots typischerweise unter dem Begriff »Roboterjournalismus« (THURMAN/DÖRR/KUNERT 2017: 1251; CLERWALL 2014: 519) oder »automatisierter Journalismus« (LOOSEN 2018b: 11) diskutiert. Bei dieser Art der automatisierten Bericht-

118 Im Jahr 2017 gab es eine öffentliche Diskussion über Quake Bot als dieser durch einen Softwarefehler die Informationen über ein Erdbeben aus dem Jahr 1925 veröffentlichte; siehe, www.theregister.co.uk/2017/06/22/la_times_bot_spreads_fake_n ews/ [01.05.2019].

119 Siehe https://narrativescience.com/DesktopModules/EasyDNNNews/DocumentDownload.ashx?portalid=0&moduleid=2058&articleid=1853&documentid=235 [01.05.2019].

erstattung geht es vor allem um »algorithmische Prozesse, die Daten in narrative Nachrichtentexte umwandeln, was – über die anfängliche Programmierung hinaus – nur mit begrenztem oder keinerlei menschlichem Eingriff« (CARLSON 2015: 417) geschieht. Oder anders ausgedrückt: Algorithmen ordnen Daten und Informationen aus verschiedenen Quellen so an, dass das Ergebnis ein Text, ein Video oder eine andere Art von Medienprodukt ist (DÖRR 2016).

Das Beispiel der Work Bots zeigt, dass wir es wohl weniger mit einem einfachen Ersatz von Menschen durch kommunikative Roboter zu tun haben. Vielmehr sind diese Work Bots so etwas wie ›Kollegen‹ – Begleiter bei der Content-Produktion, was allerdings mit einer Transformation des journalistischen Arbeitsprozesses einhergeht. Dies betrifft die (Arbeits-) Rolle der Journalist:innen, die beim Einsatz z.B. von Narrative-Science-Technologien eher zu so etwas wie »Meta-Schreiber:innen« oder »Meta-Journalist:innen« (CARLSON 2015: 423) werden, die die automatisierten Geschichten vorbereiten und kuratieren. Bei der Anwendung solcher Technologien müssen die Journalist:innen die Skripte ihrer Geschichten (bei einem Sportereignis beispielsweise die Aufstellung der Spieler:innen, das Spielergebnis und so weiter) allgemein vorprogrammieren. Dabei sind die ›Meta-Journalist:innen‹ gezwungen, die kompositorischen Formen zu verwenden, wie sie von der Software angeboten werden. Wenn die von diesen Skripten verarbeiteten Daten dann zusätzlich auf bestimmte Datenbanken zurückgreifen, haben deren Datenmodelle einen weiteren Einfluss darauf, welche Geschichten wie erzählt werden können.[120]

An dem Phänomen der kommunikativen Roboter zeigt sich, wie eine fortgeschrittene Automatisierung die prozessuale Dynamik der Medien nochmals erhöht. Erstens betrifft dies die Datenverarbeitung. In den bisher diskutierten Beispielen ist ein Kernaspekt der Automatisierung die Verarbeitung von Daten (Texte, Bilder etc.) mittels Datenbanken.[121] Wir können dies als eine neue Form der Institutionalisierung und Mate-

120 Vielfältige Beispiele dazu finden sich bei Carlson (2015: 423) sowie Caswell und Dörr (2018: 492).

121 Die herausragende Rolle von Datenbanken ist auch der Grund, warum sie zu einem wichtigen Thema in der Debatte um tiefgreifende Mediatisierung geworden sind. Siehe dazu insbesondere Andersen (2018).

rialisierung begreifen, die in diesem Fall auf Prozessen der datenbankbasierten Kategorisierung gründet. Die verwendeten Datenbanken sind in ihrer relationalen Struktur oft sehr flexibel und ihre Datenbestände nur lose miteinander verbundene Objekte, die potenziell auf eine unbegrenzte Anzahl von Arten geordnet werden können (siehe RIEDER 2012; BURKHARDT 2015: 121-148). Aufgrund dieser Flexibilität der Struktur relationaler Datenbanken ist eine Kategorisierung der Datenbestände wichtig, wobei selbst Metadaten nicht einfaches »Rohmaterial« sind, sondern bereits angeordnet und damit strukturiert (GITELMAN/JACKSON 2013). Kategorisierungen sind folgenreiche semantische und politische Intervention, denn »was die Kategorien sind, was zu einer Kategorie gehört und wer entschieden hat, wie diese Kategorien in der Praxis umgesetzt werden, sind alles machtgeprägte Behauptungen darüber, wie die Dinge sind und sein sollen« (GILLESPIE 2014: 171). Insgesamt ist die Kategorisierung ein Prozess, der eine eigene Dynamik hat, da fortlaufend entlang der vorgenommenen Kategorisierungen neue Daten hinzukommen. Wir sind also mit Prozessen einer automatisierten, datenbasierten Konstruktion der sozialen Welt konfrontiert: eine Art fortlaufende »Strukturierung von Daten« (FLYVERBOM/MURRAY 2018: 1), die auf den Eigenschaften der Datenbanken beruht.

Zweitens wird deutlich, dass eine automatisierte Datenverarbeitung auf Verfahren der kontinuierlichen Rückmeldung beruht. Eine besondere Qualität kommunikativer Roboter besteht demnach darin, dass sie darauf ausgelegt sind, Daten gezielt und entlang vordefinierter Skripte an den Menschen zu kommunizieren. Diese gezielte Kommunikation kann verschiedene Formen annehmen: Sie kann die präzise Antwort auf eine an einen Artificial Companion gerichtete Frage sein, es ist aber auch möglich, dass ein Bot Informationen über ein Ereignis – ein Erdbeben, ein Tor beim Fußballspiel, eine Grenzwertüberschreitung bei der Luftverschmutzung – nahezu in Echtzeit kommuniziert. Darüber hinaus kann es bedeuten, dass laufend Informationen über die eigene Person (Vorlieben, Gewohnheiten etc.) gesammelt und auf der Basis der automatisierten Verarbeitung solcher Daten Vorschläge für den Besuch von Veranstaltungen, den Kauf neuer Bücher oder das Lesen zusätzlicher Informationen gemacht werden. Mit kommunikativen Robotern sind wir als Menschen mit einem Prozess des dynamischen Feedbacks durch Maschinen konfrontiert.

WAS ZEICHNET MEDIEN ALS PROZESS AUS?

Wie können wir die bisherigen Überlegungen zusammenfassen? Was charakterisiert Medien als Prozess? Das Beispiel der Radiostation Grimeton zeigt, dass ein Prozessdenken in Bezug auf Medien nicht nur für die heutigen digitalen Medien zielführend ist. Die Einrichtung dieser Radiostation als Teil eines drahtlosen Telegrammnetzes war mit dem Aufbau verschiedener Institutionen und materieller Voraussetzungen verbunden. Diese mussten kontinuierlich aufrechterhalten werden, ein Prozess, der auch eine einschneidende Veränderung von einem Medium der terrestrischen hin zu einem der subaquatischen Funkkommunikation einschloss. Rückblickend können wir also feststellen, dass eine Betrachtung von Medien als Prozess auch historisch viel angemessener erscheint, als mehr oder weniger feste Logiken zu unterstellen. Ein solcher Zugang ermöglicht es nämlich, den Aufbau und die Veränderung von Medien genauer als ein Ineinandergreifen von Institutionalisierung und Materialisierung zu untersuchen – Prozesse, an denen verschiedene individuelle und überindividuelle Akteure beteiligt sind und die die Spezifika der Medien ausmachen, durch die sie die verschiedenen Domänen der Gesellschaft auf je unterschiedliche Weise prägen. Der Ausdruck ›Medien als Prozess‹ soll damit darauf hinweisen, dass Medien generell weniger als ein statisches Phänomen, sondern vielmehr als etwas, das sich kontinuierlich reartikuliert und damit auch verändert, betrachtet werden sollten.

Mit der Digitalisierung und damit dem Basieren der Medien auf Software nahm die Dynamik von Institutionalisierung und Materialisierung weiter zu. Aus diesem Grund ist ein Verständnis von Medien als Prozess noch hilfreicher, wenn man die tiefgreifende Mediatisierung untersuchen möchte. Letztlich können Algorithmen als Prozessverstärker verstanden werden. Dies wird bereits an der Entstehung von Medien greifbar, die durch Prototyping und kooperative Formen der Programmierung fluider geworden sind. Die Sichtbarkeit des Entstehungs*prozesses* hat bei den heutigen digitalen Medien zugenommen. Und da Letztere auf Software basieren, bleibt die Prozessdynamik erhalten, wenn sie einmal etabliert ist. Im Vergleich zu der Hardware, auf der mechanische und elektronische Medien basieren, kann Software leicht modifiziert werden, ohne ihre Funktionalität einzuschränken. Dabei sind kontinuierlich gesammelte Nutzungsdaten eine wichtige Informationsquelle für Modifikationen. Plattformen wie z.B. Facebook, Twitter oder Instagram verändern ständig ihre Eigenschaften, es entstehen neue Kommunikationsmöglichkeiten und bestehende werden verfeinert oder eingeschränkt. Ebenso sind das fortlaufende Sammeln und die fortlaufende Verarbeitung von Daten der Ausgangspunkt der Automatisierung von Kommunikation und hier konkret von kommunikativen Robotern. An dieser Stelle wird eine weitere Prozesshaftigkeit greifbar, nämlich die der automatisierten Rückkommunikation von Datenanalysen an die Nutzer:innen, wodurch sich eine weitere Dynamik der Prozessualität von Medien ergibt.

Der Ausdruck ›Medien als Prozess‹ lenkt unseren Blick auf diese Prozessdynamik. Gerade in Zeiten der tiefgreifenden Mediatisierung ist es wichtig, diese ernst zu nehmen, wenn man die Prägkräfte digitaler Medien und Infrastrukturen begreifen will.

3.3 DIE MANNIGFALTIGKEIT DER MEDIEN

Betrachtet man Medien unter dem Aspekt ihrer Prozesshaftigkeit, ist es notwendig, eine weitere Dynamik einzubeziehen, nämlich die der Wechselbeziehung der Medien untereinander: In Zeiten tiefgreifender Mediatisierung stehen Medien nicht allein, isoliert und relationslos nebeneinander, sondern sind umfassend miteinander verbunden. Über diese Relationalität konstituiert sich ihre Spezifik. In der Forschung gibt es verschiedene Begriffe, um eine solche Wechselbeziehung der Medien zu fassen. Der Ausdruck ›crossmedial‹ (BJUR et al. 2014) wird beispielsweise in der Journalismus- und Publikumsforschung verwendet, um zu beschreiben, wie sich Praktiken der Medienproduktion und Mediennutzung typischerweise über verschiedene Medien hinweg entfalten. ›Transmedial‹ (EVANS 2011, 2018) wird verwendet, um beispielsweise das Storytelling über mehrere Medien hinweg zu beschreiben oder die Aneignung von Medieninhalten, die auf verschiedenen Plattformen verfügbar sind (BERG/HEPP 2018). Der Begriff ›polymedial‹ (MADIANOU/MILLER 2013) bezieht sich darauf, wie sich mit der Differenzierung der Medien die Orientierung der Mediennutzer:innen von Fragen der Beschränkungen durch ein einzelnes Medium hin zu Fragen der sozialen, emotionalen und moralischen Folgen der Wahl zwischen den verschiedenen Medien verschoben hat.

Es gibt eine verbindende Linie zwischen diesen unterschiedlichen Begriffen: Alle betonen die dynamischen Wechselbeziehungen von Medien. Mit der tiefgreifenden Mediatisierung nehmen solche Dynamiken der wechselseitigen Bedingtheit weiter zu. Wir können damit eine neue Komplexität des Wechselverhältnisses von Medien ausmachen, die auch als *Mannigfaltigkeit der Medien* bezeichnet wird.[122] Wie die obigen Begriffe betont auch der Ausdruck ›Mannigfaltigkeit‹ die Vielfalt der verschiedenen Medien, mit denen wir in Zeiten tiefgreifender Mediatisierung konfrontiert sind. Mit ihm ist aber eine noch weitergehende Überlegung verbunden, nämlich dass ein *Gesamtzusammenhang* verschiedener, vielfach miteinander *konnektierter* digitaler Medien entstanden ist, durch den wir – in verschiedenen Figurationen – unsere sozialen Beziehungen realisieren (COULDRY/HEPP 2017: 34-35). Wie wir gesehen haben, bringt die Digitalisierung eine weitere Vertiefung dieser Konnektivität mit sich, die sich durch die Infrastrukturen der digitalen Medien ergibt, die insgesamt die verschiedenen Medienpraktiken der Individuen, Kollektive und Organisationen überlagern.

Die Dynamik der Mannigfaltigkeit der Medien wird greifbar, sobald wir sie unter dem Gesichtspunkt der individuellen Erfahrung betrachten. Folgt man der Argumentation von Mirca Madianou und Daniel Miller (2013: 175f.), so setzt die Erfahrung von Polymedialität drei Dinge voraus: Zugang zu Medien (›access‹), deren Erschwinglichkeit (›affordability‹)

122 Meine folgende Argumentation bezieht sich auf das Kapitel 3.3 unseres Buches *The Mediated Construction of Reality*, in dem Nick Couldry und ich die Idee der Mannigfaltigkeit der Medien ausgehend von seinen ursprünglichen Überlegungen (COULDRY 2012: 43-46) weiterentwickelt haben (COULDRY/HEPP 2017: 53-56).

und eine entsprechende Kompetenz (›literacy‹) bei den Nutzer:innen. Es muss ein allgemeiner Zugang zur Vielfalt der verschiedenen Medien bestehen, d.h., ihre Verfügbarkeit darf nicht auf bestimmte Personengruppen beschränkt sein. Gleichzeitig muss der Zugang zu diesen Medien erschwinglich sein, d.h., die ökonomischen Ressourcen der Menschen müssen ausreichend sein, dass sie die entsprechenden Technologien anschaffen und nutzen können. Schließlich sollte ein angemessenes Maß an Medienkompetenz bestehen, d.h. hinreichende Fähigkeiten, um digitale Medien nutzen zu können. Aus Sicht des Individuums ergibt sich so ein »integriertes Gefüge« (MADIANOU/MILLER 2013: 174), das die Mannigfaltigkeit der Medien in einer subjektiven Perspektive ausmacht. Für einzelne Menschen geht es dabei nicht nur darum, aus der Vielfalt verfügbarer Medien ein bestimmtes auszuwählen. Darüber hinaus erhält das einzelne Medium durch seine Position in diesem ›integrierten Gefüge‹ eine spezifische Bedeutung. Als der geschriebene Brief das einzige Medium war, um entfernte Verwandte zu erreichen, hatte seine Wahl als Medium keine weitere Bedeutung als der Wunsch, geliebte Menschen oder Kolleg:innen zu erreichen. Mit einer umfassenden Differenzierung unterschiedlicher Medien für dieselben oder sehr ähnliche Zwecke erfährt die Entscheidung für ein bestimmtes Medien nun aber eine Bedeutung: Wenn man sich entscheidet, einen Brief zu schreiben, anstatt eine Messenger-App, E-Mail, Internet-Videotelefonie oder ein Mobiltelefon zu nutzen, bekommt dieses Schreiben eines Briefes eine besondere Bedeutung. Man drückt damit beispielsweise eine Wertschätzung gegenüber dem oder der Anderen aus, betont die Wichtigkeit des Themas, die Feierlichkeit des Anlasses etc. Dasselbe lässt sich für jedes andere Medium sagen: Mit der heutigen Mannigfaltigkeit der Medien müssen diese Medien in ihrer Relationalität zueinander verstanden werden, eine Relationalität, die sich fortlaufend dynamisch bewegt und verändert.

Das hier umrissene Verständnis der Mannigfaltigkeit der Medien bezieht sich daneben auf Fragen der Medieninhalte. Mit digitalen Medien können Inhalte über verschiedene Endgeräte oder Technologien hinweg ›reisen‹, und wir sind mit einem *fortwährenden* Prozess dessen konfrontiert, was Bolter und Grusin (2000) aus einer historischen Perspektive als ›Remediation‹ bezeichnen. Dies gilt nicht nur für professionell produzierte Inhalte, auf die sich dieses Konzept ursprünglich bezog, sondern auch für die alltagsweltliche zwischenmenschliche Kommunikation: Jede und jeder Einzelne kann Fotos, Texte, Scans von Dokumenten, Audio- und Videodateien über verschiedene Medien verbreiten. Dies ist in der alltagsweltlichen Medienaneignung durchaus üblich: Bilder und Nachrichten werden über verschiedene Social-Media-Plattformen und Messenger-Anwendungen kommuniziert, um möglichst viele Familienmitglieder, Freund:innen und Bekannte zu erreichen. Diese digitalen Inhalte können dann mittels verschiedener Online-Plattformen einfach weiterkommuniziert werden – eine Praxis, für die die Plattformen auch konzipiert worden sind. All dies regt Dynamiken in der zeitgleichen Ko-Konstruktion von medialen Repräsentationen durch verschiedene Akteur:innen an.

Solche Beispiele zeigen sehr deutlich, was mit der prozessualen Wechselbeziehung in Bezug auf die Mannigfaltigkeit der Medien gemeint ist, nämlich die Notwendigkeit, einerseits Medien in der Dynamik ihres Bezugs aufeinander zu betrachten, andererseits die Dynamik der medienübergreifenden Ko-Konstruktion von Repräsentationen in die Analyse einzubeziehen. Eine solche Überlegung ist abstrakt gesprochen sicherlich schlüssig – die komplexere Frage ist, wie sich dies empirisch dann auch fassen lässt. Eine Antwort hierauf ist, sich die verschiedenen Skalierungen der Mannigfaltigkeit der Medien zu vergegenwärtigen. Dies ist erstens die Skalierung der Gesamtheit aller in einer Gesellschaft prinzipiell zugänglichen Medien, also die der ›Medienumgebung‹. Zweitens ist dies die Skalierung der sozialen Domänen von Kollektiven und Organisationen, bei denen die Mannigfaltigkeit der Medien als für sie charakteristische ›Medienensembles‹ greifbar wird. Und drittens ist dies die Skalierung des Individuums, wo die Mannigfaltigkeit der Medien auf das persönliche ›Medienrepertoire‹ verweist.

MEDIENUMGEBUNG

Wir können die Medienumgebung als die Gesamtheit der zu einem bestimmten Zeitpunkt in einer Gesellschaft verfügbaren Medien verstehen.[123] Letztlich ist dies die Skalierungsebene, auf der wir im vorherigen Kapitel die fünf quantitativen Trends der tiefgreifenden Mediatisierung diskutiert haben: die Differenzierung einer zunehmenden Zahl digitaler Medien; deren zunehmende Konnektivität; ihre steigende Omnipräsenz mit der verbundenen Möglichkeit, überall erreichbar zu sein; die zunehmende Innovationsgeschwindigkeit der Medien, d.h. das Entstehen immer mehr ›neuer‹ Medien und Dienste in immer kürzeren Zeiträumen; und die zunehmende Datafizierung, also die verstärkte Repräsentation des sozialen Lebens in computerisierten Daten mittels digitaler Endgeräte und der ihnen zugrunde liegenden digitalen Infrastrukturen. Diese Trends sind – wie wir gesehen haben – nicht als voneinander separierte Phänomene zu betrachten, sondern als eng miteinander verbunden: Sie kommen in der Mannigfaltigkeit der Medienumgebung zusammen.

Für die Medienumgebung lassen sich zwei Arten von »gestaltgebenden Strukturen« (BOLIN 2017: 45) unterscheiden, nämlich die sich über die Wechselbeziehungen von Medien als Technologien ergebenden und die sich über Medien als Repräsentationen oder Inhalte ergebenden. Bei den Wechselbeziehungen der Medientechnologien geht es um das gesamte materielle Gefüge der digitalen Medien und ihrer Infrastrukturen sowie um damit zusammenhängende Prozesse der Institutionalisierung. Entscheidend dabei ist, dass in dem Moment, in dem wir einzelne Medientechnologien in einer solchen gesamten Medienumgebung kontextualisieren, ihre Dynamik greifbar wird. Es ist also nicht ein einzelnes Medium, das die Veränderung einer Medienumgebung ausmacht, sondern dieses Medium in seiner Wechselbeziehung zu anderen. Empirisch gesehen ist es sicherlich unmöglich, solche Wechselbeziehungen in einer Medienumgebung in ihrer Gesamtheit zu erfassen. Man muss hier immer bei einzelnen, für eine bestimmte Fragestellung

123 Für eine ausführlichere Diskussion des Begriffs siehe Hasebrink und Hölig (2014: 16), Jensen und Helles (2015: 292) sowie Livingstone (2001: 307). Das oben skizzierte Verständnis von Medienumgebung entspricht nicht dem der Medienökologie, bei der Medium und Umwelt weitgehend gleichgesetzt werden (siehe STRATE 2017: 112, 194). Ein weiteres verbreitetes Konzept ist das der ›Medienlandschaft‹, wobei diesem eine eher räumliche Metapher zugrunde liegt (zu Parallelen und Differenzen siehe BOLIN/HEPP 2017: 321).

spezifischen Medien ansetzen. Gleichwohl ist es auch für eine solche Analyse ein wichtiger erster Schritt anzuerkennen, dass dem Prinzip nach eine solche Gesamtrelationalität besteht. Dies bewahrt vor voreiligen Schlüssen im Hinblick auf die Relevanz eines einzelnen Mediums.

Darüber hinaus ist jede Medienumgebung durch eine Gesamtheit von Repräsentationen gekennzeichnet, wobei es hier nicht um die Summierung einzelner Medieninhalte geht. Wir haben es in dem Sinne mit einem institutionalisierten Gesamtzusammenhang von Repräsentationen zu tun, dass einzelne Äußerungen z.B. im Rahmen einer Berichterstattung über ein bestimmtes Ereignis sich entlang der Dynamik bestimmter Diskurse entfalten. Diese Diskurse sind institutionalisierte Muster der Kommunikation über ›etwas‹: die Art und Weise, wie man über Kernkraft, sexuelle Praktiken, kulturelle Unterschiede und so weiter in einer bestimmten Gesellschaft ›reden‹ kann, welche Äußerungen also als legitim und illegitim gelten. Wir können davon sprechen, dass solche Diskurse ein »semiotisches Netz« bilden, das jede Medienumgebung charakterisiert, worüber sich im Hinblick auf die Repräsentationen einer Medienumgebung so etwas wie »eine Landkarte [ergibt], in der wir als Individuen handeln, die aber auch Grenzen setzt, bestimmte Arten des Handelns vor anderen privilegiert und uns in unserem Alltag leitet« (BOLIN 2017: 46). Es ist demnach wichtig zu bedenken, dass sich in einer bestimmten Medienumgebung Muster der medialen Repräsentation fest etablieren und sich die medialen Diskurse durch die aktuelle Konnektivität der Medien dynamisch über diese hinweg entfalten.

Jedes Individuum wird in eine spezifische Medienumgebung hineingeboren. Dies weist auf die besondere Bedeutung des Begriffs der *Umgebung* in unserer Diskussion hin: So wie die Sozialphänomenologie argumentiert, dass die »Mitwelt« (SCHÜTZ 1974: 41) das ist, was wir als soziale Umgebung von Geburt an erleben, ist die Medienumgebung die vermittelte Welt, in die wir hineingeboren werden, wobei jede und jeder Einzelne mit dem Handeln in der Medienumgebung zu der durch sie gegebenen Prägung des weiteren Alltagslebens beiträgt. Insofern erscheint die menschengemachte Medienumgebung aus der Sicht des Individuums als ›bereits vorhanden‹ und entsprechend ›verdinglicht‹: Sie existiert zunächst einmal so, wie *sie vorgefunden wurde*. Allerdings sollte man auch hier nicht den Fehler machen, die Medienumgebung als ›natürlich‹ zu betrachten. Sie basiert auf einer Vielzahl von Praktiken individueller und überindividueller Akteure und ist – so dauerhaft sie auch erscheinen mag – stets auch anfällig für Veränderungen durch menschliche Akteur:innen.

Letztlich ist es auch die Medienumgebung, die politische Akteur:innen durch ihre Regulierungen adressieren, und diese Regulierungen betreffen sowohl deren medientechnologische Aspekte (z. B. die Regulierung der digitalen Infrastruktur) als auch ihre repräsentativen Aspekte (z. B. das Verbot bestimmter Inhalte). In Bezug auf die Vielfalt der Medien und ihren hohen Grad an Konnektivität beschreibt Andrew Chadwick (2017) die Medienumgebung als ein ›hybrides Mediensystem‹. Sein Argument ist, dass das hybride Mediensystem auf dem Konflikt von und der Konkurrenz zwischen ›alten‹ und ›neuen‹ Medien basiert, die gleichzeitig voneinander abhängig sind. In diesem hybriden Mediensystem verschieben sich Macht und Einfluss: Auf der einen Seite ist eine Kommunikation ›von unten‹ dank der Infrastruktur des Internets einfacher möglich geworden. Auf der anderen Seite gibt es eine erhebliche Machtkonzentration bei einzelnen korporativen Akteuren, wie wir sie im vorangegangenen Kapitel betrachtet haben, wodurch auch die staatliche Regulierung erheblich herausgefordert ist. Diese Verschiebung der Machtverhältnisse verdeutlicht, inwieweit die tiefgreifende Mediatisierung mit dem Entstehen einer hochgradig dynamischen Medienumgebung einhergeht, was es notwendig macht, Fragen der Regulierung von Medien auf neue Weise zu stellen.

Nähert man sich der Medienumgebung in einem solch umfassenden Blickwinkel, wird es notwendig, die Materialität der Medien auch in anderer Hinsicht zu reflektieren, nämlich in Bezug auf Ökologie und Nachhaltigkeit. Letztlich lassen sich die für eine Medienumgebung charakteristischen Medientechnologien in ihrer Gesamtheit kaum analysieren, ohne auch Fragen der natürlichen Ressourcen zu berücksichtigen. Die Produktion von digitalen Medientechnologien – Smartphones, Computern etc. – setzt einen weitreichenden Abbau natürlicher Ressourcen wie Mineralien voraus, sie benötigt eine beträchtliche Menge an Energie, und auch menschliche Arbeitskraft wird ausgebeutet.[124] Für den Breitband-Internetzugang müssen Glasfaserkabel verlegt werden. Die Art und Weise, wie die Kabel verlegt werden, und die damit verbundenen Umweltfolgen unterscheiden sich von Region zu Region deutlich, ob sie nun durch verdichtete städtische Regionen, zersiedelte Vorstädte, bergiges Ackerland oder den Ozean verlaufen (STAROSIELSKI 2017: 41). Dabei entstehen neue Infrastrukturen häufig entlang von bestehenden, wenn beispielsweise Kabel entlang von Pipelines verlegt werden. Bei jedem Zugriff auf Daten in der Cloud wird Energie verbraucht, ebenso wie beim automatisierten Datenaustausch vernetzter digitaler Medien. Mit dem Internet der Dinge erhöht sich dieser Energieverbrauch weiter – mit jedem Objekt des täglichen Lebens, das mit der tiefgreifenden Mediatisierung an unsere digitalen Infrastrukturen angebunden wird (MOSCO 2017: 148-156).

Befassen wird uns mit einer Medienumgebung, haben wir es mit einer Reihe von unterschiedlichen Prozessdynamiken zu tun. Zunächst haben wir die Dynamiken, die Medien untereinander erzeugen, durch die erst die Gesamtheit der Medienumgebung entsteht. Wie dargelegt, haben diese Dynamiken sowohl medientechnologische Aspekte (Medien als Endgeräte und die Infrastrukturen, von denen sie abhängen) als auch repräsentative (die Diskurse, die sich über verschiedene Medien hinweg entfalten). Wir haben es aber auch mit Machtdynamiken zu tun, bei denen die Medienumgebung nicht nur Gegenstand politischer Debatten ist, sondern auch Gegenstand von Regulierung. Andere Dynamiken betreffen die Ökologie und die Nachhaltigkeit der Medienumgebung, d. h. ihre Beziehung zur weiteren menschlichen Umwelt.

Vergegenwärtigt man sich diese unterschiedlichen Prozessdynamiken, wird sofort klar, dass eine vollständige und ganzheitliche Analyse der Medienumgebung ein kaum zu realisierendes Unterfangen ist. Empirisch gesehen geht es vielmehr darum, einzelne Dynamiken herauszugreifen und diese jeweils konkret zu untersuchen. Verschiedene detaillierte Analysen im Vergleich erlauben es dann wiederum, allgemeinere Aussagen über die Medienumgebung zu machen sowie über

124 Zu der Diskussion solcher Fragen siehe Cubitt (2017: 164), Kannengießer (2020), Maxwell und Miller (2012: 86-108) sowie Qiu (2016: 53-118).

die Art und Weise, wie sie sich in der Wechselbeziehung der einzelnen Momente verändern könnte. Die spezifischere Frage ist jedoch, wie sich solche Dynamiken in einzelnen sozialen Domänen konkretisieren. Dies verweist auf eine weitere Skalierungsebene der Mannigfaltigkeit der Medien, nämlich das Medienensemble.

MEDIENENSEMBLE

Das Medienensemble ist eine Teilmenge einer Medienumgebung, nämlich die derjenigen Medien, die innerhalb einer bestimmten sozialen Domäne einer Kollektivität oder Organisation genutzt werden.[125] Aus mediensoziologischer Sicht wird die prinzipiell verfügbare Gesamtheit der Medien nicht überall in derselben Weise konkret, sondern tendenziell von den sozialen Domänen, in denen Menschen interagieren, vorselektiert. Das Medienensemble einer Domäne ist etwas anderes als die persönliche Medienauswahl eines Individuums. So kann das Medienensemble einer bestimmten sozialen Domäne sehr viel eingeschränkter sein als die Medien, die von einem Individuum im Allgemeinen genutzt werden. Während ein Individuum z.B. – neben dem Mobiltelefon – verschiedene Online-Medien für die persönliche Kommunikation nutzen mag, können die Medien, die er oder sie in einem bestimmten Freundeskreis nutzt, auf SMS und Mobiltelefonanrufe beschränkt sein, da dies die Medien sind, die auch von allen anderen in der Gruppe genutzt werden. Da jede soziale Domäne verschiedene Individuen umfasst, die unterschiedliche Medien nutzen, kann das Medienensemble aber auch Medien enthalten, die bestimmte Individuen aus der Gruppe nicht nutzen (selbst mit dem Risiko, so aus Teilen der gemeinsamen Kommunikation ausgeschlossen zu sein). Folglich kann das charakteristische Medienensemble einer sozialen Domäne auch umfangreicher sein als die Medien, die von einem Individuum, das Teil derselben ist,

125 Siehe Hasebrink und Hepp (2017: 371-374). Ein ähnliches Verständnis von Medienensemble wurde bereits von Hermann Bausinger (1984: 349) mit Blick auf die familiäre Mediennutzung entwickelt. Im Folgenden beziehe ich mich auf seine Überlegungen, erweitere aber seine ursprünglichen Argumente. Siehe zu dieser Thematik auch Morley (2007: 200).

genutzt werden. Dies ist der Fall, wenn wir Organisationen betrachten, in denen bestimmte Medien nur von einzelnen der beteiligten Individuen genutzt werden (z.B. von denen, die am Empfang oder in einer eher administrativen Position arbeiten) und in denen Unterschiede von einer Abteilung zur anderen bestehen.

Auch bei einem solchen Fokus auf das Medienensemble bestimmter sozialer Domänen kommen wir wieder zu unserer Unterscheidung von Aspekten der Technologie und der Repräsentation, wenn wir die Wechselbeziehungen der Medien erfassen wollen. Deutlich wird dies am Beispiel von Organisationen, konkret denen des Journalismus. Verschiedene Studien haben gezeigt, wie sich der Newsroom parallel zur technologischen Entwicklung von Medienensembles transformiert hat. Die Arbeitspraktiken verändern sich, wenn Computer, Digitalkameras und E-Mail Einzug in eine Organisation halten. Einige Wissenschaftler:innen argumentieren z. B., dass mit einem sich verändernden Medienensemble sich auch die Organisationsform der Nachrichtenredaktion verändern kann und sie nur so in der Lage ist, gleichzeitig Inhalte für Radio, Fernsehen und Online zu produzieren (LOOSEN 2005). Mit einem sich verändernden Medienensemble entstehen neue Berufsrollen, z. B. die der Datenjournalist:innen, die auf der Basis von Online-Daten und digitalen Spuren Nachrichten generieren oder visuell aufbereiten (ANDERSON 2013; APPELGREN/NYGREN 2014; BORGES-REY 2016; LEWIS/WESTLUND 2014). Damit verbunden ist das Argument, dass das Ensemble verschiedener digitaler Medientechnologien den Newsroom entgrenzt, indem durch Plattformen freie Mitarbeiter auf neue Weise in den Produktionsprozess einbezogen werden können (DEUZE 2008; DEUZE/WITSCHGE 2018). Andere Argumente betreffen die sich verändernde Beziehung zwischen Journalist:innen und ihren Publika (LOOSEN/SCHMIDT 2012; LOOSEN/SCHMIDT 2017). Diese Beziehung verändert sich durch die ständige Kommunikation von Journalist:innen mit den Menschen über verschiedene Plattformen wie Facebook, Twitter, Instagram etc. Studien wie die bisher genannten befassen sich im Kern damit, wie die sich verändernden Wechselbeziehungen der Medien in den Medienensembles bestimmter Organisationen Teil eines komplexeren Prozesses der Transformation sind.

Wir können diese Transformation von Organisationen aber nicht verstehen, ohne auch Fragen der Repräsentation zu berücksichtigen, insbesondere die Repräsentationen von Ideen, die mit einer organisatorischen Aneignung von Medienensembles verbunden sind. Wichtig sind hier Forschungsergebnisse zur Dynamik der »Übersetzung von Ideen« im Prozess der organisatorischen Transformation. An diesem Punkt wird »Übersetzung« als ein »fortwährender Prozess verstanden, durch den institutionelle Ideen und Praktiken geschaffen, legitimiert, ausgewählt und mit Bedeutung versehen werden, während sie durch Organisationen und organisatorische Felder wandern« (FREDRIKSSON/PALLAS 2017: 128). Mit anderen Worten: Die Veränderung des Medienensembles einer Organisation ist immer auch mit der Aneignung der Repräsentationen von Ideen darüber verbunden, wie dieses sich verändernde Medienensemble eine Organisation prägen *soll*. Zum Beispiel *soll* es eine Social-Media-Strategie den Zeitungen ermöglichen, ihr Publikum besser zu erreichen, oder die crossmediale Produktion *soll* es ermöglichen, mehr Kanäle zu bedienen, oder ein neues Redaktionssystem *soll* für eine flachere Organisationsstruktur sorgen etc. Die Übersetzung solcher Ideen in die Alltagspraxis der Organisationen ist nie eine Eins-zu-eins-Übertragung, vielmehr handelt es sich um komplexe Prozesse der Ko-Konstruktion bzw. Ko-Artikulation, bei denen »lokal übersetzte Ideen dekontextualisiert werden und als Inspirationsquelle dienen« (FREDRIKSSON/PALLAS 2017: 131). Das, was sie dann inspirieren, kann sich dabei aber auch deutlich von den mit den Medientechnologien ursprünglich verbundenen Ideen wegbewegen.

Ähnliches lässt sich – als ein Beispiel für Kollektivitäten – für Gemeinschaften und ihre Medienensembles sagen.[126] Auch hier sind die Wechselbeziehungen zwischen den Medien auffällig: Für jede Gemeinschaft ist ein bestimmtes Medienensemble charakteristisch, und der Wunsch des bzw. der Einzelnen, Mitglied dieser Gemeinschaft zu werden, bedeutet auch, dass er bzw. sie sich auf deren Medien ›einlassen‹ muss. Dabei handelt es sich zumeist nicht um Medien, die exklusiv für die je-

126 Vgl. zu den folgenden Argumenten unsere eigene Forschung zur Mediatisierung der Vergemeinschaftung, insbesondere Hepp, Berg und Roitsch (2014a, 2014b, 2017a, 2017b)..

weilige Gemeinschaft sind. Für Gemeinschaften wie Freundeskreise, Cliquen oder Peergroups besteht das Medienensemble typischerweise aus weiter verbreiteten Plattformen oder Messenger-Diensten wie Facebook und WhatsApp. Entscheidend ist jedoch, dass die Teilnahme an vielen Gemeinschaften heute mit dem Druck auf die Einzelnen einhergeht, sich mit den Medien dieser Gemeinschaften und den damit verbundenen Regeln der Mediennutzung auseinanderzusetzen: die Häufigkeit, mit der man bestimmte Nachrichten liest, die Art und Weise, wie man YouTube-Inhalte kommentiert, die Form, in der man mit anderen interagiert und so weiter. Die Regeln für die Mediennutzung sind oft solche, die sich auf die Wechselbeziehungen im Medienensemble insgesamt beziehen: z B., was man in einem Telefonat ›sagen‹ kann, aber in einer E-Mail ›vermeiden‹ sollte, was in einem Instagram-Kommentar ›erwartet‹ wird, aber auf Facebook als ›unschicklich‹ gilt etc. Das menschliche Bedürfnis nach Vergemeinschaftung ist oft eine entscheidende Triebkraft dafür, dass Menschen sich auf bestimmte ›neue‹ Medien ›einlassen‹ – weil diese nämlich zum Bestandteil des Medienensembles einer Kollektivität werden, die für diese Menschen wichtig sind. Wir können dies als ein Moment des individuellen Drucks der tiefgreifenden Mediatisierung ansehen: Es gibt vielleicht keine andere Möglichkeit, Teil einer bestimmten Gemeinschaft zu werden und in ihr zu interagieren, als sich auf deren Medien einzulassen.

Repräsentationen in ihrer Wechselbeziehung zueinander sind ebenfalls grundlegend für die Herstellung von Gemeinschaft. In gewissem Sinne sind Gemeinschaften immer »Interpretationsgemeinschaften« (LINDLOF 1988; SCHRØDER 1994). Auch wenn sie sich nicht um einzelne Genres oder Formate herum konstituieren – wie z.B. Fan-Gemeinschaften (RADWAY 1984) –, wird Vergemeinschaftung zum Teil durch Praktiken der Aneignung medialer Repräsentationen hergestellt. Der Grund dafür ist, dass solche Repräsentationen wichtige Bezugspunkte für die Konstruktion von kollektiver Identität sind. So werden z.B. bestimmte YouTube-Kanäle oder Instagram-Accounts, denen Jugendliche folgen und über die in ihren Peer-Groups wichtige Modestile verhandelt werden, zur Aushandlung der gemeinsamen Identität genutzt. Mit der zunehmenden Differenzierung und gleichzeitigen Konnektivität der digitalen Medien entfalten sich diese Repräsentationen medienübergreifend und wandern von einem Medium zum anderen.

MEDIENREPERTOIRE

Schließlich können wir die Wechselbeziehungen der Medien auf der Ebene des Medienrepertoires betrachten, also der Gesamtheit der Medien, die ein Individuum als Teil seiner bzw. ihrer Alltagspraktiken gewohnheitsmäßig nutzt und sich aneignet.[127] Im Gegensatz zu einer medienzentrierten Sichtweise, die danach fragt, welche Publika ein bestimmtes Medium erreicht, wird mit dem Konzept des Medienrepertoires der Fokus auf eine bestimmte Person und die von ihr genutzten Medien gelegt. Das Konzept des Medienrepertoires betont dabei die Notwendigkeit, die gesamte Vielfalt der von einer Person regelmäßig genutzten Medien zu berücksichtigen. Dies hilft, Fehlinterpretationen von empirischen Daten zu vermeiden, die aus Ansätzen resultieren, die von der Nutzung eines einzelnen Mediums ausgehen und dabei die Interrelationalität der Medien untereinander aus dem Blick verlieren.

Medienrepertoires beziehen sich auf »relativ stabile transmediale Muster der Mediennutzung« (HASEBRINK/DOMEYER 2012: 759). In Zeiten der tiefgreifenden Mediatisierung wird eine zunehmende Zahl von Praktiken (auch) zu Medienpraktiken – und dabei medienübergreifend realisiert. Dies lässt sich am Beispiel der Praxis des Kochens veranschaulichen. Kochen umfasst eine Vielzahl von Einzelhandlungen wie Rezeptauswahl, Einkaufen, Zutaten schneiden etc. Heutzutage werden diese Handlungen von vielen Menschen auch mit Bezug auf digitale Medien realisiert: Man sammelt Rezepte aus Koch-Apps oder Internetforen, Einkaufslisten werden in einer Notizen-App erstellt oder direkt aus der Koch-App exportiert, und die Zubereitung und das gekochte Gericht werden mithilfe des Mobiltelefons fotografisch dokumentiert. Diese Bilder werden dann auf Online-Plattformen als Teil der Doku-

127 Für eine ausführliche Diskussion der Idee des Medienrepertoire siehe Hasebrink und Domeyer (2012), Hasebrink und Hepp (2017) sowie Hasebrink und Popp (2006).

mentation einer Familienfeier oder als ›Food Porn‹ verbreitet, um sie mit Freunden und vielleicht auch einem größeren Publikum zu teilen.

Mit der Vielfalt der Verschränkungsmöglichkeiten unterschiedlicher Praktiken mit digitalen Medien geht eine Varianz von Repertoirebegriffen einher. So wird beispielsweise neben ›Medienrepertoires‹ von ›Kommunikationsrepertoires‹ (HASEBRINK 2015) gesprochen. Dies geschieht, um zu verdeutlichen, dass bei der Analyse des interessierenden Phänomens die direkte Kommunikation ebenso bedeutsam ist wie die medienvermittelte. An anderer Stelle wird der Begriff ›Repertoires der Öffentlichkeitsanbindung‹ (HASEBRINK 2019) verwendet,[128] um die Gesamtheit der Medien zu bezeichnen, mit denen Menschen ihre kommunikative Verbindung zur Öffentlichkeit – ihre ›public connection‹ (COULDRY/LIVINGSTONE/MARKHAM 2007) – realisieren. ›Informationsrepertoires‹ (HASEBRINK/DOMEYER 2010) verweisen auf die Komplexität der medienübergreifenden Praktiken, sich über bestimmte Themen zu informieren. Und wenn es um politische Informationen geht, ist auch der Begriff ›Nachrichtenrepertoires‹ (KOBBERNAGEL/SCHRØDER 2016) verbreitet.

Diese Terminologie hat eine gewisse innere Struktur, wenn wir ›Medienrepertoire‹ und ›Kommunikationsrepertoire‹ als zwei allgemeine Begriffe verstehen, die jeweils einen unterschiedlichen Akzent setzen: einerseits in Bezug auf Medienpraktiken (alle Praktiken, die sich auf Medien beziehen), andererseits in Bezug auf Kommunikationspraktiken (alle Praktiken, die der direkten und medienvermittelten Kommunikation dienen). Ausgehend hiervon lassen sich dann eine Reihe von Teilrepertoires unterscheiden. Diese beziehen sich dann typischerweise auf eine bestimmte soziale Domäne und damit auf einen Ausschnitt des gesamten Medien- oder Kommunikationsrepertoires eines Individuums.

In all diesen Fällen müssen wir die Wechselbeziehung der einzelnen Repertoires sowohl im Hinblick auf die Medientechnologien als auch im Hinblick auf die Repräsentationen berücksichtigen, um die innere

128 Dieser Begriff wurde jüngst von Uwe Hasebrink vorgeschlagen, um den Einbezug von Individuen in die Öffentlichkeit zu untersuchen. Jan Fredrik Hovden und Hallvard Moe (2017) argumentieren ähnlich, allerdings ohne den Begriff explizit zu verwenden.

Struktur der Repertoires zu erfassen. Dies kann anhand von Informationsrepertoires veranschaulicht werden.

Ein Informationsrepertoire ist entlang von vier Ebenen von Informationsbedürfnissen in sich differenziert (siehe zu dieser Unterscheidung HASEBRINK/DOMEYER 2010: 54-55). Dies ist erstens die Ebene der kontinuierlichen Beobachtung der individuellen Umwelt im Hinblick auf mögliche Chancen und Risiken, also die der *ungerichteten Informationsbedürfnisse*. Diese Ebene ist gewissermaßen der allgemeine Ausgangspunkt eines solchen Repertoires. Daneben lassen sich als zweite Ebene *thematische Interessen* ausmachen, d.h. aktive Orientierungen auf bestimmte Gegenstandsbereiche, auf die sich Menschen spezialisieren, um sich besondere Kompetenzen anzueignen (z.B. im Beruf, im Hinblick auf einzelne Populärkulturen oder bestimmte Hobbys). Des Weiteren gibt es als dritte Ebene *gruppenbezogene Bedürfnisse*, die sich auf Informationen von und über die für ein Individuum relevanten Bezugsgruppen beziehen, sei es die Paarbeziehung, die Peer-Group, die Familie, der Kolleg:innen- oder Freundeskreis. Und schließlich gibt es als vierte Ebene die konkreten *Problemlösungsbedürfnisse*, die im Zentrum des Information-Seeking-Ansatzes stehen. Diese ergeben sich aus den Anforderungen konkreter Situationen, zu deren Lösung bestimmte Informationen auf individueller Ebene benötigt werden.

Wenn wir die Wechselbeziehungen der Medientechnologien in diesen Informationsrepertoires betrachten, fällt Verschiedenes auf (wie es auch bei anderen Arten von Medien- und Kommunikationsrepertoires der Fall wäre).[129] Aus der Sicht eines Individuums stellt sich die Frage nach dem ›Anteil der Nutzung‹, d.h., wie viel Zeit für bestimmte Medien und für welche Zwecke aufgewendet wird. Ein weiterer Aspekt ist der der ›Relevanz der Komponenten‹: Betrachtet man die Vielfalt der (digitalen) Medien, die das Informationsrepertoire einer Person ausmachen, sind einige Medien für sie relevanter als andere. Hier spielen die verschiedenen Komponenten eines Informationsrepertoires insofern eine Rolle, als sich die Relevanz von einem Medium zum anderen unterscheiden lässt:

129 Siehe zur folgenden Darstellung und begrifflichen Unterscheidung Hasebrink und Domeyer (2012) sowie Hasebrink et al. (2015).

Die Medien, die für die Befriedigung des allgemeinen Informationsbedarfs einer Person von Bedeutung sind, unterscheiden sich von denen, die sie für thematische Interessen, gruppenbezogene Bedürfnisse oder die Informationssuche nutzen könnte. Dann ist da noch die Frage der ›Vielfalt‹: Wie vielfältig sind die Medien, die das Informationsrepertoire eines Individuums ausmachen? Ist es nur das www oder umfasst es eine Vielzahl unterschiedlicher Medien, von Büchern und Zeitungen bis hin zu auf künstlicher Intelligenz basierenden Apps? Schließlich können wir uns auf die ›funktionale Komplementarität‹ beziehen, d.h. das Ausmaß, in dem sich (digitale) Medien aus Sicht des Individuums ergänzen. Empirische Untersuchungen deuten darauf hin, dass Individuen bestimmten Medien »hochspezifische Funktionen« zuschreiben und »damit einen hohen Grad an funktionaler Komplementarität innerhalb ihres Repertoires betonen« (HASEBRINK/DOMEYER 2012: 770).

Es ist offensichtlich, dass Medien- und Kommunikationsrepertoires im Allgemeinen und Informationsrepertoires im Besonderen im Hinblick auf die Wechselbeziehungen zwischen den Repräsentationen, die über sie hergestellt werden, betrachtet werden sollten: Diese Repräsentationen können in »Genres, Themen, konkrete Produkte, Marken« (HASEBRINK/DOMEYER 2012: 760) kategorisiert werden. Für Informationsrepertoires lässt sich sagen, dass die Themen, die eine Person interessieren, als unterschiedliche mediale Repräsentationen greifbar werden. Dies betrifft sowohl ungerichtete Informationsbedürfnisse als auch thematische Interessen, gruppenbezogene Bedürfnisse und die Informationssuche: Die Informationen, die für ein Individuum zur Orientierung wichtig sind, können sowohl aus der Lektüre von Online-Zeitungen als auch aus Gesprächen und Filmen stammen. Die Informationen zum Thema des eigenen Hobbys können aus Foren, Büchern und www-Seiten gewonnen werden. Bilder von gemeinsamen Erlebnissen können für die Gruppenkommunikation ebenso wichtig sein wie der Austausch von Memes (sei es in Form von Cartoons oder Katzenbildern). Auch die Suche nach bestimmten Informationen kann zur Aneignung unterschiedlicher Inhalte führen. Was wir als ›Information‹ bezeichnen, wird nur über verschiedene Repräsentationen hinweg greifbar. Damit wird deutlich, dass wir die innere Dynamik von Informationsrepertoires nur dann adäquat erfassen können, wenn wir auch die Wechselbeziehung ihrer Repräsentationen beachten. Dies gilt ebenfalls für alle anderen Medien- und Kommunikationsrepertoires: Die Dynamik ihrer Repräsentationen ist medienübergreifend.

Die Unterscheidung der drei Skalierungen – Medienumgebung, Medienensembles und Medienrepertoires – bietet uns somit eine Grundlage, die gegenwärtige Mannigfaltigkeit der Medien konkret zu analysieren. Die Institutionalisierung und Materialisierung von Medien entfalten sich als fortwährende, sich verschränkende Prozesse. Es wäre analytisch unmöglich, diese Prozesse in ihrer medienübergreifenden Dynamik in Bezug auf die gesamte Medienumgebung zu beschreiben. Der Grund dafür ist, dass sie für die Medienumgebung einer gesamten Gesellschaft viel zu widersprüchlich und komplex sind. Aber fundierte Analysen ausgewählter Dynamiken der Medienumgebung, bestimmter sozialer Domänen und ihrer Medienensembles oder der Medienrepertoires einzelner Gruppen von Individuen sind durchaus möglich. Setzt man solche Analysen wiederum in Beziehung zueinander, lassen sie Rückschlüsse auf den Wandel der Medienumgebung insgesamt zu. Die Idee der hier vorgeschlagenen konzeptionellen Unterscheidung ist es, solche Einzelstudien und eine darauf basierende, gewissermaßen sekundäranalytische Gesamtbetrachtung zu ermöglichen.

4. EIN FIGURATIONSANALYTISCHER ANSATZ

Das letzte Kapitel endete mit dem Argument, dass eine prozessuale Perspektive auf Medien notwendig ist, wenn wir die tiefgreifende Mediatisierung und somit das Entstehen der digitalen Gesellschaft wirklich verstehen wollen. Diese Perspektive ist wichtig, weil wir, statt nur einzelne Medien zu betrachten, die Dynamik zwischen ihnen untersuchen müssen. Gerade dies erscheint notwendig: Ein besonderes Kennzeichen der tiefgreifenden Mediatisierung ist, dass wir in einer Medienumgebung leben, die durch eine *Mannigfaltigkeit* der Medien gekennzeichnet ist und in der wir dementsprechend die Rolle von Medien bei der Wirklichkeitskonstruktion nur verstehen können, wenn wir sie in ihrer Wechselbeziehung zueinander betrachten. Sobald wir diese Dynamik ernst nehmen, ist es in der logischen Konsequenz auch weniger sinnvoll, die Forschung bei der Untersuchung eines einzelnen Mediums anzusetzen, als die Perspektive grundlegend zu ändern: Der sinnvolle Ausgangspunkt für die Erforschung der tiefgreifenden Mediatisierung sind paradoxerweise *nicht* die Medien selbst, sondern die verschiedenen sozialen Domänen und erst *in einem zweiten Schritt* die Rolle der Medien in diesen.

Das Verständnis der Gesellschaft als aus verschiedenen Domänen bestehend hat in den Sozialwissenschaften eine lange Tradition. Allgemein wird argumentiert, dass unsere gegenwärtigen Gesellschaften durch eine fortlaufende soziale und kulturelle Differenzierung gekennzeichnet sind.[130] Klassische Theoretiker der Sozialwissenschaften verwenden verschiedene Begriffe, um die unterschiedlichen Domänen einer Gesellschaft zu fassen. Max Weber z. B. verwendete den Begriff der »Wertsphären« (WEBER 1988 [1919]: 611). Pierre Bourdieu (2011) beschrieb Prozesse der Differenzierung anhand der Unterschiede innerhalb und zwischen »sozialen Feldern«. In der Systemtheorie haben wir den Begriff des »(Sub-) Systems«, mittels dessen Niklas Luhmann (1997; 595-608) Differenzierung als »funktionale Differenzierung« beschreibt, aber auch Jürgen Habermas (1988a) verwendet diesen Begriff zur Beschreibung sozialer Differenzierung. Die Phänomenologie legt den Schwerpunkt auf unterschiedliche (kleine) »Lebenswelten« (LUCKMANN 1970: 587; SCHÜTZ/LUCKMANN 1979), mit einer gewissen Verwandtschaft zu den »sozialen Welten« des Symbolischen Interaktionismus (SHIBUTANI 1955: 566; STRAUSS 1978). In jüngerer Zeit haben Luc Boltanski und Laurent Thévenot (2014) für unterschiedliche »Rechtfertigungsordnungen« argumentiert. Unabhängig davon, welchen theoretischen Zugang man wählt, gemeinsam ist ihnen der Gedanke der Differenzierung (spät)moderner Gesellschaften in verschiedene und in Teilen durchaus konfliktär zueinander stehende ›Sub-Sphären‹. Es ist dieser Gedanke, der in der Mediatisierungsforschung aufgegriffen wird, wenn von einer Domänenspezifik der Mediatisierung gesprochen wird. Wie wir in diesem Kapitel sehen werden, sind solche Fragen für eine Betrachtung der entstehenden digitalen Gesellschaft noch wichtiger als zuvor. Eines ihrer Kennzeichen ist nämlich einerseits eine weitere soziale und kulturelle Differenzierung, andererseits und in gleichem Moment vielfache neue Relationalitäten zwischen ihren verschiedenen sozialen Domänen, u.a. durch die digitalen Infrastrukturen.

Die Mediatisierungsforschung untersucht die Domänenspezifik mit unterschiedlichen theoretischen Konzepten und verschiedenen Ansätzen ihrer Skalierung. Beispiele dafür sind die Erforschung der Mediatisierung verschiedener sozialer Felder, die Bourdieus Verständnis von gesellschaftlicher Differenzierung aufgreift (COULDRY 2012: 144-153), Vergleiche auf der Basis des Konzepts verschiedener (Sub-)

130 Vgl. Giddens (1995: 235-248), Hahn (2000: 14-24), Schimank (2013: 37-50, 131-149) sowie Winter und Eckert (1990: 142-151).

Systeme im Sinne Luhmanns (KUNELIUS/REUNANEN 2016: 8-12) oder die vergleichende Erforschung der Mediatisierung anhand verschiedener sozialer Welten, die sich auf Überlegungen der Phänomenologie und des symbolischen Interaktionismus stützt (HEPP/KROTZ 2014: 6-9; KROTZ 2017a). Mit meiner Verwendung des Begriffs ›soziale Domäne‹ möchte ich hier nicht suggerieren, dass solche unterschiedlichen theoretischen Konzeptualisierungen gleichzusetzen wären. Vielmehr geht es mir darum, durch die Verwendung des theoretisch weniger aufgeladenen Ausdrucks der Domäne das übergreifende Argument zu betonen, nämlich dass die Mediatisierung von einem sozialen Bereich zum anderen unterschiedlich verläuft und verschiedene Ausprägungen hat.

An diesem Punkt nähern wir uns Überlegungen zu einer sogenannten ›nicht-medienzentrierten Kommunikationsforschung‹ an.[131] Deren Kernüberlegung ist es, »die Medien in unserem analytischen Rahmen zu ›dezentrieren‹, um besser zu verstehen, wie Medienprozesse und Alltagsleben miteinander verwoben sind« (MORLEY 2007: 200). Während dieser Ansatz bereits in Bezug auf elektronische Medien wie Fernsehen und Radio entwickelt wurde, hat er eine zusätzliche Relevanz für digitale Medien und ihre Infrastrukturen: In einem Moment, in dem digitale Medien ›überall‹ sind, hindert uns der Fokus auf *eines* von ihnen daran zu verstehen, welchen Einfluss sie insgesamt sowohl in Bezug auf einzelne soziale Domänen als auch auf einzelne Menschen entfalten. Nur wenn wir bestimmte soziale Domänen und Individuen in diesen als Ausgangspunkt nehmen, können wir begreifen, was Medien ›tun‹. Erst auf diese Weise können wir über die prozessuale Dynamik von Medien als Teil von sinnstiftenden Einheiten der Alltagswelt nachdenken.

Aus dieser Perspektive möchte ich im Folgenden einen figurationsanalytischen Ansatz zur Beschreibung der tiefgreifenden Mediatisierung entwickeln. Die ursprünglichen Argumente von Nick Couldry und mir (COULDRY/HEPP 2017) aufgreifend, werde ich zunächst deutlich machen, warum der Begriff der Figuration für eine Beschäftigung mit Medien

131 Zu der Diskussion über eine nicht-medienzentrierte Medien- und Kommunikationsforschung siehe u.a. Couldry (2006), Hepp, Hjavard und Lundby (2015), Krajina, Moores und Morley (2014), Moores (2016) sowie Morley (2009).

und Kommunikation hilfreich ist. Von dort aus werde ich die Betrachtung auf die entstehende digitale Gesellschaft insgesamt erweitern und erklären, wie sich diese in einer figurationsanalytischen Perspektive fassen lässt. Abschließend werde ich die medienbedingte Transformation von (digitalen) Gesellschaften als Prozess ihrer Refiguration beschreiben.

4.1 FIGURATIONEN, KOMMUNIKATION UND MEDIEN

In den Sozialwissenschaften gab es lange Zeit die Tendenz, jede soziale Domäne als ein ›Objekt‹ zu konzeptualisieren, das den einzelnen Menschen umgibt (ELIAS 1993: 9). Die Gesellschaft wurde als aus Entitäten wie der Familie, der Schule, dem Arbeitsplatz und dem Staat bestehend gedacht, die sich jeweils ›um‹ das Individuum herum anordnen und den Mitgliedern der Gesellschaft unterschiedliche Grade von Reglementierung und Gouvernementalität auferlegen. Im Gegensatz zu diesen Kategorisierungen vertrat Norbert Elias einen figurationsanalytischen Ansatz. Ein figurationsanalytischer Ansatz begreift das Individuum und die Gesellschaft nicht als getrennte Entitäten, sondern als grundlegend miteinander verschränkt (ELIAS 1993: 139). Die verschiedenen Institutionen, die eine Gesellschaft ausmachen, existieren nur in und durch die sozialen Praktiken der Individuen, und das Individuum existiert nur im Lichte der sozialen Beziehungen, in die es eingebunden ist. Die Gesellschaft besteht also nicht aus Entitäten jenseits und unabhängig vom Individuum. Alle sozialen Institutionen sind aus Individuen ›gemacht‹, die auf unterschiedliche Weise aufeinander ausgerichtet und miteinander verbunden sind. Dies können wir als ›Netze‹ von Interdependenzen oder, wie Elias es ausdrückt, als »Figurationen« verstehen (ELIAS 1993: 12). Wenn wir Elias' Gedankengang folgen, sind die traditionellen Institutionen Familie, Schule und Arbeitsplatz nicht ›um‹ die Individuen herum positioniert, sondern konstituieren sich als Figurationen *von* Individuen. Jedes Individuum lebt im Schnittpunkt der verschiedenen Figurationen, deren Teil es ist, und entwickelt eine Identität durch die subjektive Narration des Selbst auf der Basis seiner Verstrickungen und Erfahrungen in Figurationen.

Figurationen werden durch eine gemeinsame Orientierung der Praxis derer, die Teil von ihnen sind, konstituiert. Ein Individuum kann ein Familienmitglied, ein Schulmitglied oder ein Mitglied verschiedener Organisationen sein; wie er oder sie handelt, wird durch das gesamte ›Tun‹ innerhalb der jeweiligen Figuration vermittelt. Die Beziehungen in diesen Figurationen sind immer zugleich auch Machtbeziehungen, die typischerweise eine Stabilität in dem Sinne herstellen, dass die Rollen der Mächtigen mit denen der weniger Mächtigen korrespondieren. Die Rolle der Chefin setzt die Rolle der Mitarbeiterin voraus, der Offizier den Soldaten, die Krankenhausleitung das Pflegepersonal und so weiter. Es gibt eine »Machtbalance« (ELIAS 1993: 11) in Figurationen, die bei deren Betrachtung zu berücksichtigen ist.

Insgesamt ist der Begriff der Figuration ein »einfaches begriffliches Werkzeug [...], mit dessen Hilfe man den gesellschaftlichen Zwang, so zu sprechen und zu denken, als ob ›Individuum‹ und ›Gesellschaft‹ zwei verschiedene und überdies auch antagonistische Figuren seien, [...] lockern« (ELIAS 1993: 141) kann. Statt Individuum und Gesellschaft gegeneinander zu setzen, geht es darum, beide als eins zu denken. Figurationen konstituieren sich in Prozessen der »Verflechtung« (ELIAS 1993: 141), in denen die Praktiken der Beteiligten voneinander abhängig und aufeinander ausgerichtet sind. Mit dem Begriff der Figurationen lenkt man entsprechend »die Aufmerksamkeit auf die Interdependenzen der Menschen« (ELIAS 1993: 144). Eine Figuration konstituiert sich in dem sich ständig verändernden Interaktionsmuster aller Beteiligten.

Ein spezifischer Anspruch des Konzepts der Figurationen ist, dass es als analytisches Werkzeug die Unterscheidung zwischen den Ebenen Mikro, Meso und Makro überschreitet.[132] Die Idee der Figurationen ist, *ein* analytisches Konzept zu haben, das sowohl auf die Beschreibung von dyadischen oder triadischen sozialen Beziehungen als auch auf größere Einheiten wie Gemeinschaften und Organisationen oder sogar ganze Gesellschaften angewendet werden kann. Eine Figuration kann z.B. eine Schulklasse sein, die von Schüler:innen und Lehrer:innen gebildet

132 Zu der Diskussion über die Mikro-/Mero-/Makro-Ebene der Gesellschaft vgl. Alexander et al. (1987), Ryan (2005) und Turner (2006b).

wird; sie kann das Serviceteam in einem Bistro sein, eine Firma, eine Stadt oder ein ganzer Staat. Verschiedene Figurationen überschneiden sich miteinander, sind aber jeweils verschieden durch die Handlungsorientierungen ihrer Mitglieder und den damit verbundenen Relevanzrahmen. Um Figurationen analytisch zu rekonstruieren, können wir bei diesen Handlungsorientierungen ansetzen, um dann die zwischen den Individuen bestehenden »Interdependenzketten« (ELIAS 1993: 143) zu analysieren.

Heute werden viele Figurationen auch durch Medienpraktiken konstituiert. Die Figurationen von Kollektivitäten (Familien, Peergroups, Gemeinschaften etc.) und Organisationen (Medienunternehmen, Kirchen, Schulen etc.) sind mit spezifischen Medienensembles verschränkt, die die Figurationen verändern können. Mit der tiefgreifenden Mediatisierung kamen gänzlich neue Figurationen auf, wie z.B. Online-Gruppen, die um Chat-Threads, auf verschiedenen Plattformen oder durch die gemeinsame Nutzung bestimmter Apps entstehen. Einige Figurationen sind sogar vollständig um Medientechnologien herum konstruiert. Zum Beispiel lassen sich ›Kollektivitäten des Geschmacks‹ ausmachen, die über die automatisierte Verarbeitung von Nutzungsdaten durch Online-Shops wie dem von Amazon oder Online-Musikdiensten wie dem von Apple konstruiert werden, also durch »numerische Inklusion« (PASSOTH/SUTTER/WEHNER 2014: 282). Dies sind keine ›natürlichen‹ Gruppen von Menschen, die sich kennen und wechselseitig miteinander interagieren, sondern auf Daten basierende Repräsentationen von Menschen, die bestimmte Geschmäcker teilen. Insgesamt ist das Aufkommen solcher Kollektivitäten eine der Besonderheiten der entstehenden digitalen Gesellschaft.

Aus Sicht der Medien- und Kommunikationsforschung können wir jede Figuration als eine *kommunikative* betrachten: Figurationen sind für die an ihnen beteiligten Menschen *sinnstiftend* und Kommunikationspraktiken für die Konstruktion dieses Sinns grundlegend. Die Bedeutung von Figurationen wird typischerweise durch Praktiken der Kommunikation artikuliert, die in Zeiten tiefgreifender Mediatisierung verstärkt mittels Medien stattfinden. Familienmitglieder können beispielsweise räumlich getrennt sein, aber durch multimodale Kommunikation über (Handy-)Telefonate, E-Mail und den Austausch auf digitalen Plattformen miteinander verbunden sein, was die alltagsweltliche Dynamik familiärer Beziehungen aufrechterhält.[133] Organisationen werden als Figurationen durch die Nutzung von Datenbanken, die Kommunikation über ein Intranet sowie gedruckte Flyer und andere Medien für die interne und externe Kommunikation zusammengehalten.[134] Individuen sind über die Rolle und Position, die sie in ihren jeweiligen Akteurskonstellationen einnehmen, in diese Figurationen eingebunden. Medien- und Kommunikationsforschung aus einem figurationsanalytischen Ansatz heraus zu betreiben, macht es damit auf produktive Weise möglich, nicht nur die Perspektiven von Individuen und sozialen Domänen zu verbinden, sondern dabei einzubeziehen, dass die Praktiken ihrer Konstruktion eng mit Medien verschränkt sind.

Es gibt drei grundlegende Merkmale, die eine Figuration ausmachen (vgl. COULDRY/HEPP 2017: 66f.; HEPP/HASEBRINK 2017):

- Strukturelle Basis jeder kommunikativen Figuration ist erstens eine *Akteurskonstellation*, ein Netzwerk von Akteur:innen, die in einer bestimmten Machtbalance und durch aufeinander bezogene kommunikative Praktiken wechselseitig miteinander verbunden sind.
- Jede kommunikative Figuration ist zweitens gekennzeichnet durch einen *Relevanzrahmen*, der handlungsleitend für die Praktiken ihrer Akteur:innen und deren wechselseitige Ausrichtung aufeinander ist. Dieser Relevanzrahmen definiert die Handlungsorientierung der beteiligten Akteur:innen und damit die Spezifik der Figuration.
- Drittens werden Figurationen in *kommunikativen Praktiken* ständig neu artikuliert, die mit anderen *sozialen Praktiken* verwoben sind. Diese Praktiken sind typischerweise zunehmend eng mit einem *Medienensemble* verschränkt.

133 Das zeigen Greschke, Dressler und Hierasimowicz (2017), Hasebrink (2014), Hepp, Lunt und Hartmann (2015) sowie Lohmeier und Böhling (2017).

134 Siehe Fredriksson, Schillemans und Pallas (2015) sowie Fredriksson und Pallas (2017).

Einem solchen figurationsanalytischen Ansatz liegt ein praxistheoretisches Verständnis von Praktiken als ›verkörpertem Tun‹ zugrunde.[135] Dieses ›Tun‹ basiert auf dem, was Giddens als »praktisches Bewusstsein« (GIDDENS 1995: 91-95) bezeichnet hat, das als Teil unserer Sozialisation, also unseres ›Hineinwachsens in die Gesellschaft‹, auf stark kontextualisierte Weise erworben wird. Auf eine solche Weise internalisiert, können Praktiken sinnvoll vollzogen werden, *ohne* dass sie den beteiligten Individuen ›diskursiv‹ zugänglich sind, d. h., sie können nicht erklären, was sie warum und wie tun, obwohl sie entsprechend handeln. Dies gilt für die Kommunikation ebenso wie für jede andere menschliche Praxis.[136] Praktisches Bewusstsein als verkörperte Fähigkeit wird allgemein als Know-how, Fertigkeit, stillschweigendes Wissen und Disposition verstanden und in den Gewohnheiten eines Individuums konkret. Menschliche Praktiken sind in diesem praktischen Wissen verwurzelt, das sein eigenes Potenzial für situative Kreativität hat: Sobald ein ›Tun‹ nicht die volle mentale Kapazität eines Menschen erfordert, eröffnet dies Raum für Kreativität.[137] Praktiken sind im Körper verankert und können nicht als mechanisches Abarbeiten von Regeln beschrieben werden. In diesem Sinne sind auch Praktiken der Kommunikation – medienvermittelt oder nicht – verkörpert und sollten in ihrer Wechselbeziehung zu anderen Praktiken betrachtet werden.[138] Mit der tiefgreifenden Mediatisierung und damit in der entstehenden digitalen Gesellschaft sind immer mehr soziale Praktiken mit Medien

135 Zur Diskussion um die Praxistheorie im Allgemeinen bzw. in der Medien- und Kommunikationsforschung im Besonderen siehe Reckwitz (2003), Schatzki, Knorr und Savigny (2001) sowie Couldry (2012).

136 Methodisch teile ich jedoch nicht die Position, dass wir über Interviews keinen Zugang zu Praktiken und deren Bedeutung gewinnen könnten. Je nach Interviewstrategie können wir auf indirekte Weise Zugang zu nur ›praktisch bewussten‹ (medienbezogenen) Praktiken (der Kommunikation) erhalten, indem wir z.B. Fragen zu bestimmten Gewohnheiten und Alltagserfahrungen stellen (KLEIN/SCHIMANK/WALTER 2018).

137 Ein gutes Beispiel dafür ist das Autofahren: Solange sich Fahranfänger:innen ganz auf das Schalten und Kuppeln konzentrieren müssen, ist das Fahren eine große Anstrengung und kaum Teil einer kreativen Reisepraxis.

138 Dies diskutieren u.a. Bourdieu (1977: 16-22) und Reichertz (2009: 118-120).

verschränkt und so auch objektbezogen. Medien prägen Figurationen, indem sich mit ihnen menschliche Praktiken wandeln.[139]

Dieser Argumentation folgend, können wir *Kommunikationspraktiken* als komplexe und hochgradig kontextualisierte Muster des menschlichen Handelns verstehen. Oder anders ausgedrückt: Einzelne Formen des kommunikativen Handelns bilden umfassendere und komplexere Praktiken der Kommunikation, wie sie in unserer heutigen, mannigfaltigen Medienumgebung realisiert werden. Kommunikation stützt sich dabei immer auf die Verwendung von Zeichen, die der Mensch im Laufe der Sozialisation erlernt und habitualisiert. Zum größten Teil sind diese Zeichen als Symbole arbiträr, d.h. willkürlich. Das heißt, dass die Bedeutung kommunikativer Praktiken weitgehend von sozialen Konventionen abhängt. Kommunikative Praktiken sind grundlegend für die menschliche Wirklichkeitskonstruktion: Wir ›erschaffen‹ die Bedeutung unserer sozialen Welt durch vielfältige kommunikative Prozesse. Dabei werden wir in eine Welt hineingeboren, in der es bereits Kommunikation gibt. Wir lernen die Merkmale dieser sozialen Welt (und ihrer Gesellschaft) durch den (kommunikativen) Prozess des Sprechenlernens. Und wenn wir in dieser sozialen Welt handeln, sind unsere Praktiken immer auch kommunikative Praktiken, die die soziale Welt in ihrer Sinnhaftigkeit aufrechterhalten.

4.2 DIE (DIGITALE) GESELLSCHAFT IN FIGURATIONSANALYTISCHER PERSPEKTIVE

Wenn wir einen figurationsanalytischen Ansatz für eine Analyse der Gesellschaft insgesamt wählen, wäre es unzureichend, nur einzelne Figurationen zu betrachten. Wir müssen also klären, wie sich verschiedene Figurationen zueinander verhalten und das aufbauen, was wir Gesellschaften nennen. Wie Nick Couldry und ich an anderer Stelle dargelegt haben (COULDRY/HEPP 2017: 72-76), gibt es zwei grundlegende

139 Wie der Praxistheoretiker Andreas Reckwitz formuliert, »prägen Schrift, Druck und elektronische Medien soziale (hier vor allem diskursive) Praktiken« (RECKWITZ 2002: 253).

Möglichkeiten, wie Figurationen in der Gesellschaft miteinander in Wechselbeziehung stehen können: erstens durch Beziehungen zwischen Figurationen und zweitens durch ihre sinnhaften Anordnungen.

Eine grundlegende Wechselbeziehung zwischen Figurationen entsteht durch die Überschneidung ihrer *Akteur:innen,* also durch den Umstand, dass ein und derselbe Akteur Teil der Akteurskonstellation verschiedener Figurationen ist. Wenn wir uns hier auf die Beispiele beziehen, die wir bereits diskutiert haben, lässt sich sagen, dass ein Individuum Teil einer Familie, eines Freundeskreises, einer Firma, in der er oder sie vielleicht arbeitet, oder der Nachbarschaft, in der er oder sie lebt, sein kann. Eine Art von Verbindung zwischen diesen verschiedenen Figurationen entsteht dadurch, dass einzelne Individuen gleichzeitig Teil von mehr als einer von ihnen sind. Die Netzwerkanalyse zeigt in Bezug auf solche Fragen, dass bestimmte Individuen aufgrund der Anzahl und Art der Figurationen, zwischen denen sie Verbindungen herstellen, Machtpositionen einnehmen. Manual Castells bezeichnete diese Akteur:innen als »switchers« (CASTELLS 2009: 45), also Personen, die leicht von der Akteurskonstellation einer Figuration zu einer anderen ›schalten‹ können. Dies zeigt sich in der Wirtschaft, wo z.B. Personen in Machtpositionen Teil der Figurationen verschiedener Aufsichtsräte sind. Aber wir finden dies auch in anderen Domänen, wie z.B. auf lokaler Ebene, wo Personen in Machtpositionen Teil des inneren Kreises verschiedener Vereine sind. Ein Ausgangspunkt, um Machtbeziehungen in einer Gesellschaft zu verstehen, ist damit, dass man solche Konnektivitäten zwischen Figurationen nachzeichnet. Ein figurationsanalytischer Ansatz bietet also die Möglichkeit, nicht nur die fragilen Machtverhältnisse innerhalb einer Figuration – ihre Machtbalance – zu rekonstruieren, sondern auch die Machtverhältnisse zwischen Figurationen.

Eine komplexere Wechselbeziehung zwischen Figurationen wird greifbar, wenn wir *Figurationen von Figurationen* betrachten (COULDRY/HEPP 2017: 73). Eine Figuration einer Figuration entsteht, wenn eine gesamte Figuration Teil der Akteurskonstellation einer anderen Figuration wird. In einer solchen Formulierung mag dies abstrakt klingen, aber es gibt offensichtliche Beispiele dafür, anhand derer solche Wechselbeziehungen greifbar werden. Aus der Perspektive der politischen Ökonomie können wir beispielsweise Unternehmen wie Alphabet (Google) als Figurationen von Figurationen betrachten: Dieses Unternehmen ist eine komplexe Figuration, in der Tochterunternehmen Teil der gesamten Akteurskonstellation sind, wobei jedes Tochterunternehmen wiederum eine Figuration verschiedener Abteilungen ist und so weiter.

Die Rede von Figurationen von Figurationen verweist noch einmal zurück auf die Idee der »überindividuellen Akteure« (SCHIMANK 2010: 327-341): Überindividuelle Akteure sind Figurationen wie Organisationen oder Gemeinschaften, die über eine eigene Handlungsfähigkeit verfügen. Bei näherer Betrachtung erweisen sie sich aber oft als Figurationen von Figurationen: Ein Unternehmen z.B. ist in den meisten Fällen eine Figuration verschiedener Abteilungen, die ihrerseits Figurationen verschiedener Teams sind. Dann besteht die Möglichkeit, dass diese Firma ein Tochterunternehmen eines Mutterunternehmens ist, was zu einer weiteren Ebene von verschachtelten Figurationen führt. Eine Figuration aus Individuen – oder aus anderen Figurationen – kann zur Figuration eines überindividuellen Akteurs werden, wenn die Praktiken der Beteiligten »ein konstruktiv geordnetes Ganzes ergeben, also nicht bloß, sondern systematisch so aufeinander aufbauen, dass eine *übergreifende Zielsetzung* verfolgt wird« (SCHIMANK 2010: 329; Herv. i.O.). Dazu gehören sowohl korporative Akteure wie Unternehmen und staatliche Behörden als auch kollektive Akteure wie soziale Bewegungen und Gemeinschaften.

Neben den Wechselbeziehungen durch sich überschneidende Akteurskonstellationen können sich Figurationen durch ihre *sinnhaften Anordnungen* aufeinander beziehen (COULDRY/HEPP 2017: 74-77). Damit ist gemeint, dass Figurationen und Figurationen von Figurationen nicht einfach – wie auch immer miteinander verknüpft – nebeneinander existieren, sondern diskursiv innerhalb der Gesellschaft positioniert werden. Auch dies lässt sich am besten mit einigen Beispielen erklären: Wir können z.B. die Macht einer Staatsregierung als eine bestimmte Figuration nicht allein dadurch verstehen, dass wir ihre Akteurskonstellationen, Praktiken und Relevanzrahmen sowie das Verhältnis ihrer Akteur:innen zu den Akteurskonstellationen anderer Figurationen analysieren. Genauso wichtig ist es, gesamtgesellschaftliche Diskurse über politische Entscheidungsfindung und rechtliche Rahmenbedingungen zu berücksichtigen, die beide die Regierung im Zentrum der staatlichen Exekutive *positionieren*. Es sind Diskurse wie diese, die Entscheidungen in der Regierung verbindlich machen und dadurch der Regierung als Figuration eine besondere Macht zusprechen. Aber auch andere Figurationen werden innerhalb einer Gesellschaft durch diese übergreifenden Diskurse positioniert: Diskurse über die Kernfamilie als grundlegende gesellschaftliche Einheit (im Gegensatz zu der Vielfalt anderer Formen des Zusammenlebens und der Kindererziehung); Diskurse über Schulen und Universitäten als wichtigste Bildungsinstitutionen (im Gegensatz zu Selbstlern- und Graswurzelgruppen in der Bildung); Diskurse über Unternehmen und Konzerne als Hauptinstitutionen der wirtschaftlichen Wertschöpfung (im Gegensatz zu Genossenschaften und staatlichen Behörden) und so weiter. Wenn wir bestimmte Gesellschaften betrachten, finden wir viele dieser Diskurse in gesetzliche Rahmenwerke eingeschrieben. In all diesen Fällen geht es nicht nur um die Bedeutung einer bestimmten Figuration als solcher; es geht um die Bedeutung der *normativen* Anordnung von Figurationen innerhalb der Gesellschaft als Ganzes.

Was die Medien betrifft, bezieht sich die sinnhafte Anordnung von Figurationen auch auf das, was Nick Couldry (2012: 22) den »Mythos des medienvermittelten Zentrums« genannt hat, also die allgemein geteilte Annahme, dass die Medien – hier verstanden als die Gesamtheit der Massenmedien – einen privilegierten Zugang zur Mitte der Gesellschaft bieten und diese damit definieren würden: Medien kommunizierten, was in der Gesellschaft und in der Welt ›los ist‹. Folgt man Roland Barthes, so wird der »Mythos nicht durch das Objekt seiner Botschaft definiert« (BARTHES 1964: 85), sondern er hat eine allgemeinere Form. In einem solchen Blickwinkel ist der Mythos ein »sekundäres semiologisches System« (BARTHES 1964: 92), das Zeichen wird also zum Zeichen für wiederum etwas anderes. Der Mythos des medienvermittelten Zentrums steht dabei für die Diskurse der mechanischen und elektronischen Massenmedien, die als Repräsentation der ›Mitte‹ der Gesellschaft gelten. Im Wesentlichen basiert dieser Mythos auf der Konstruktion, dass alles, was in einer Gesellschaft von Bedeutung ist, in den Massenmedien stattfindet bzw. von ihnen berichtet wird. Damit soll nicht gesagt werden, dass die Themen, Ereignisse und Angelegenheiten, die Gegenstand der Massenmedien sind, nicht wichtig wären. Der Punkt ist, dass dieser Mythos ein machtvolles Prinzip der diskursiven Konstruktion ist, über das Bereiche der Gesellschaft, die über keinen präferierten Zugang zur Repräsentation in den Massenmedien verfügen, ausgeschlossen werden. Mit den Vorstellungen von einer nationalen Öffentlichkeit und nationalen Mediensystemen ist dieser Mythos des medienvermittelten Zentrums nicht nur in Europa,[140] sondern auch in anderen Regionen der Welt fest etabliert.[141]

Massenmedien sind seit Langem der Raum, in dem Imaginationen über die sinnhafte Anordnung von Figurationen einer Gesellschaft konstruiert werden. Löst sich mit der tiefgreifenden Mediatisierung und der damit verbundenen Etablierung und Differenzierung digitaler Medien – insbesondere der verschiedenen Plattformmedien – dieser Raum auf? Zeichnet sich die entstehende digitale Gesellschaft dadurch aus, dass mediale Diskurse über die sinnhafte Anordnung von Figurationen zueinander nicht mehr existieren würden? Die Entwicklungen der letzten Jahre suggerieren eher das Gegenteil: Statt dass sich die verschiedenen Plattformmedien wie Facebook oder Instagram von zentral produzierten Medien abkoppeln und beispielsweise eine ›alternative gesellschaftliche Mitte‹ zu der der Massenmedien eröffnen würden, sind heutige Plattformen und die selbst digital werdenden Massenmedien immer enger miteinander verbunden (VAN DIJCK/POELL/DE WAAL 2018: 31-72). So wurde beispielsweise Wikipedia durch Artikel in regulären Zeitschriften oder Zeitungen bekannt, der Facebook-Feed wurde zum wichtigen Ausgangspunkt für einzelne Artikel aus Online-Zeitungen, oder Fernsehsendungen verweisen auf Online-Diskussionen und die Kanäle von YouTube-Influencern. Gleichzeitig kann es aber auch zu Polarisierungen kommen, wie exemplarisch die Diskussion um Fake

140 Benedict Anderson (1996) hat dies im Detail analysiert.

141 Es gibt verschiedene historische Analysen des Prozesses der Bildung von Nationalstaaten in Europa und anderen Regionen der Welt, der getragen wird durch die Entstehung der Institution von Massenmedien und wichtigen nationalen Medienereignissen. Siehe z.B. Martín-Barbero (1993), Scannell (1989) und Thompson (1995).

News während der Präsidentschaft von Donald Trump in den USA zeigte (MARGETTS 2018). Die tiefgreifende Mediatisierung setzt den Mythos der medienvermittelten Mitte also nicht außer Kraft. Vielmehr werden die verschiedenen Medien selbst zum »Ort eines Kampfes der konkurrierenden Kräfte« (COULDRY 2009: 447) bei der Konstruktion der medienvermittelten Mitte der Gesellschaft.

4.3 TRANSFORMATION ALS REFIGURATION

Insgesamt hilft das Konzept der Figurationen, die strukturschaffende Verflechtung von Menschen und die geteilte Sinnorientierung ihrer Praktiken zu verstehen. Mit der fortschreitenden tiefgreifenden Mediatisierung sind Figurationen mehr und mehr mit digitalen Medien und deren Infrastrukturen verschränkt. Der Punkt, um den es in der Mediatisierungsforschung geht, ist allerdings weniger eine Auseinandersetzung mit Figurationen und deren Wechselbeziehungen als solcher, sondern mit deren medienbezogenen Transformation im Zeitverlauf. Transformation bezeichnet an dieser Stelle die grundlegende, strukturelle Veränderung menschlicher Beziehungen und Praktiken, etwas, das mehr ist als bloßer ›Wandel‹ in dem Sinne, dass das Morgen irgendwie anders ist als das Heute. Von einem figurationsanalytischen Standpunkt aus gesehen, sprechen wir hier von *Refiguration*.[142] Allgemein gesprochen, bezeichnet Refiguration die Transformation von Figurationen und deren Wechselbeziehung zueinander als Grundmoment der Veränderung von Gesellschaft. Refiguration ist mehr als eine funktionale Anpassung, sie ist vielmehr ein Prozess, der mit Fragen der Macht, der Spannung und des Konflikts verbunden ist. Teil der Refiguration sind Einflussnahmen machtvoller individueller und überindividueller

142 Für eine weitere Reflexion der Idee der Refiguration siehe auch Knoblauch (2017: 381-398) sowie Knoblauch und Löw (2017). Während Knoblauch und Löw sich für die räumliche Refiguration der sozialen Welt interessieren und den Begriff ›Refiguration‹ auf die gesamte Gesellschaft beziehen, fokussiere ich die Beziehung zwischen Mediatisierung und der Transformation von spezifischen Figurationen, um so zu einer Gesamtbetrachtung der entstehenden digitalen Gesellschaft zu gelangen.

Akteure sowie machtgeprägte diskursive Konstruktionen, welche Form Figurationen in diesem Transformationsprozess annehmen *sollen*. Es geht nicht nur um die Frage, wie sich z.B. Organisationen durch die Einführung digitaler Medien verändern. Es geht auch um die Frage, wie sie sich verändern sollen – und wie sich deren Mitglieder bei der Nutzung digitaler Medien an solchen normativen Diskursen orientieren.

Wie meine bisherigen Überlegungen verdeutlichten, sind wir in Zeiten tiefgreifender Mediatisierung mit einer besonderen Form der Transformation konfrontiert, die wir als *rekursive Transformation* bezeichnen können. Rekursivität bedeutet, dass Regeln auf die Entität, die sie hervorgebracht hat, erneut angewandt werden (COULDRY/HEPP 2017: 217). In vielerlei Hinsicht ist die soziale Welt schon immer rekursiv gewesen, zumindest insofern, als sie auf Regeln und Normen beruht: Wir erhalten diese aufrecht und reparieren sie, wenn Probleme auftauchen, indem wir entlang der bestehenden Regeln und Normen handeln und sie so re-artikulieren.[143] Allerdings, wie bereits in der Einleitung dieses Buches argumentiert, intensiviert sich mit der tiefgreifenden Mediatisierung die Rekursivität durch ihre enge Kopplung an Technologie. Viele Praktiken sind nun mit digitalen Medien verschränkt und die Algorithmen, auf denen sie basieren, ermöglichen eine neue Art von Rekursivität. Ist menschliche Praxis mit digitalen Medien und deren Infrastrukturen verschränkt, geht menschliches Handeln mit der kontinuierlichen Produktion und Verarbeitung von Daten einher, die wiederum die Grundlage für die weitere Veränderung dieser Medien sind. Es findet eine kontinuierliche technologiebasierte Beobachtung sozialer Praktiken statt, deren Veränderung über die Weiterentwicklung dieser Technologien in dieselben eingeschrieben wird, was wiederum bestimmte Praktiken stabilisieren und andere infrage stellen kann, in jedem Fall aber eine neue rekursive Rückkopplungsschleife bedeutet. Wir können dies an der Funktionsweise von Plattformen wie Facebook sehen: Das Verhalten der Nutzer:innen auf diesen Plattformen wird kontinuierlich automatisiert beobachtet, was nicht nur zu neuen Freundschafts- und Vernet-

143 Dies ist eines der Hauptargumente der Ethnomethodologie; siehe Garfinkel (1967) und Giddens (1995).

zungsvorschlägen führt, sondern auch die Basis für die Generierung neuer Funktionen ist. Die gesteigerte Prozesshaftigkeit der digitalen Medien treibt diese Rekursivität an. Dabei spielen die Imaginationen des Sozialen aufseiten der Entwickler:innen eine wichtige Rolle: Wie in den Kapiteln 2 und 3 dargelegt, werden implizite Vorstellungen davon, wie die Gesellschaft sein *sollte*, in Algorithmen eingeschrieben, die dann wieder auf soziale Praktiken angewandt werden. Es sind solche Entwicklungsschleifen, durch die die Transformation hin zur digitalen Gesellschaft stattfindet.

Durch diese tiefgreifend rekursive Transformation gewinnen nichtlineare Ansätze der Beschäftigung mit medienbezogener Transformation an Relevanz, da sie in der Lage sind, solche Schleifen zu erfassen. Wichtige Beispiele dafür sind Ansätze zur ›Evolution‹[144] oder ›Domestizierung‹[145] der Medien, die in der Kommunikations- und Medienforschung weit verbreitet sind. Während ihre Entstehungskontexte sehr unterschiedlich sind, teilen diese Ansätze die Idee, medienbezogene Transformation nicht als »Diffusion von Innovationen« (ROGERS 2003) zu beschreiben, sondern als eine komplexe Abfolge verschiedener zirkulärer Transformationsschleifen, über die die Produktion und Gestaltung neuer Technologien mit deren Aneignung und Nutzung gekoppelt sind. Die Idee der Refiguration als rekursiver Transformation teilt mit solchen Ansätzen dieses Denken in Entwicklungszyklen, setzt aber einen ganz anderen Schwerpunkt: Ansätze der Evolution und Domestizierung fokussieren Transformation primär mit Bezug auf ein einzelnes Medium und dessen Wechselspiel von Produktion und Aneignung. Die Vorstellung der rekursiven Refiguration, wie ich sie hier darlege, betont den medienübergreifenden Charakter und die technologische Verankerung heutiger gesellschaftlicher Transformationen (siehe Abbildung 7).

144 Für solche Ansätze siehe Neuman (2010), Scolari (2013) sowie Just und Latzer (2017).
145 Zur Diskussion des Domestizierungsansatzes vgl. Berker et al. (2006), Hartmann (2013), Röser (2007) sowie Silverstone und Haddon (1998).

ABBILDUNG 7

Refiguration als Kreislauf der rekursiven Transformation

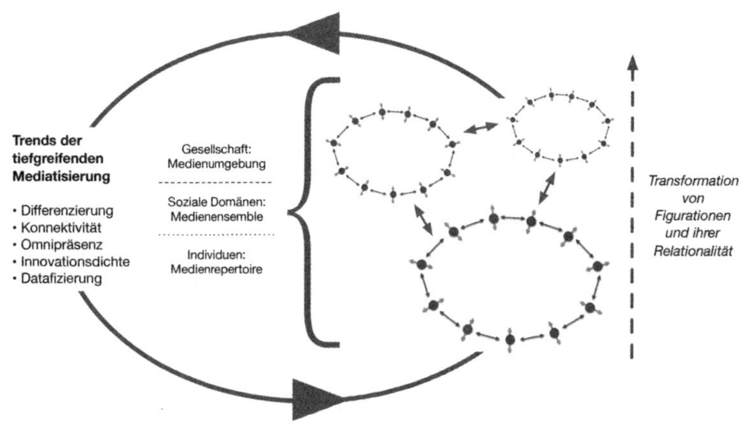

Die Abbildung 7 greift Überlegungen auf, wie sie in Kapitel 2 dargelegt wurden, nämlich das Argument, dass das zuerst einmal aus Akteurssicht beschriebene Engagement der großen Technologieunternehmen, staatlichen Behörden und Pioniergemeinschaften zu fünf Trends tiefgreifender Mediatisierung geführt hat: die Differenzierung digitaler Medien, ihre zunehmende Konnektivität, die wachsende Omnipräsenz der Medien durch mobile Kommunikationstechnologien, die Zunahme ihrer Innovationsgeschwindigkeit und die Verbreitung der Datafizierung. Wie in Kapitel 3 dargelegt, manifestieren sich diese Trends zunächst in der Mannigfaltigkeit der Medien, auf den Skalierungsebenen der Medienumgebung von Gesellschaften, in den Medienensembles bestimmter sozialer Domänen wie Organisationen und Kollektivitäten sowie in den Medienrepertoires von Individuen. Bei all dem müssen wir digitale Medien als einen Prozess denken, der menschliche Praktiken institutionalisiert und materialisiert und so das Paradoxon eines sich ständig verändernden Stabilitätsgefühls erzeugt.

Wie ich in diesem Kapitel argumentiert habe, kann man jedoch nicht von einer einheitlichen, linearen Transformation hin zur digitalen Gesellschaft ausgehen. Vielmehr geht es immer um die konkrete Frage, wie sich bestimmte Figurationen von Menschen mit dem Medienwandel verändern. Entscheidend ist – wie die rechte Seite der Abbildung 7 zeigt – die Art und Weise, wie sich die Figurationen transformieren. Figurationen sind hier als in Kreisen angeordnete Punkte dargestellt, wobei die Punkte Menschen als Teil von Figurationen visualisieren. Ihre Anordnung in Kreisen soll die gemeinsame Handlungsorientierung ihrer Mitglieder – ihre Relevanzrahmen – veranschaulichen und deutlich machen, dass die Akteurskonstellation der Figurationen mehr ist als eine Anordnung reiner Netzwerke. Die Pfeile zwischen den Akteur:innen, die den Kreis einer Figuration bilden, stehen für die für jede Figuration konstitutiven Praktiken, die zunehmend mit digitalen Medien und deren Infrastrukturen verschränkt sind. Die nach innen und außen gerichteten Pfeile visualisieren die Machtverhältnisse zwischen den jeweiligen Akteur:innen in Bezug auf die Figuration, aber auch in Bezug auf andere Figurationen, deren Teil diese Akteur:innen ebenfalls sind. Im Falle von Figurationen von Figurationen müssen wir die Punkte als überindividuelle Akteure denken.

Diese Visualisierung führt uns die Komplexität vor Augen, mit der wir es zu tun haben, wenn wir von Refiguration sprechen. Um diese Komplexität zu erfassen, ist eine Binnen- und eine Außenperspektive auf Figurationen notwendig: Die *Binnenperspektive* bezieht sich auf die Frage, wie einzelne Figurationen durch die tiefgreifende Mediatisierung transformiert werden. Wie verändern sich ihre Akteurskonstellationen? Wie verändern sich die zugrunde liegenden Praktiken? Verändern sich die Relevanzrahmen und die Handlungsorientierungen innerhalb der Figuration als Ganzes? Entstehen völlig neue Figurationen? Die *Außenperspektive* beschäftigt sich mit der Frage nach der Transformation des Verhältnisses von Figurationen untereinander. Welche neuen Relationen gibt es zwischen ihnen? Welche neuen Figurationen von Figurationen entstehen? Gibt es Verschiebungen in den sinnhaften Anordnungen von Figurationen?

Bei einer Analyse von Prozessen der Refiguration sind dies Fragen, die diskutiert und geklärt werden müssen. Unsere Sichtweise auf die entstehende digitale Gesellschaft wird damit zunehmend komplexer, weil wir uns bewusst werden, dass die Veränderungen nicht nur innerhalb einer Gesellschaft, sondern auch zwischen verschiedenen Gesellschaften stattfinden. Und wir müssen uns darüber im Klaren sein, dass die tiefgreifende Mediatisierung nur ein Aspekt des Prozesses der Refiguration ist. Andere Metaprozesse des Wandels – Globalisierung, Individualisierung und Kommerzialisierung sind die wichtigsten unter ihnen – laufen parallel zur tiefgreifenden Mediatisierung, stehen in Beziehung mit ihr und müssen ebenfalls berücksichtigt werden. Es ist also immer zu hinterfragen, inwieweit digitale Medien und ihre Infrastrukturen in Prozessen der Transformation die treibende Kraft sind und ob andere Triebkräfte im Einzelfall wichtiger sein können (und vielleicht sogar der Grund dafür, dass sich Medien und ihre Infrastrukturen selbst wandeln).

Die halbkreisförmigen Pfeile oben und unten in der Abbildung 7 verdeutlichen die allgemeine Rekursivität des Prozesses der Transformation. Wir können die Trends der Veränderung der Medienumgebung nicht losgelöst von der Veränderung der Figurationen und ihrer Beziehung zueinander sehen. Um dies zu verdeutlichen, genügt ein einfaches Beispiel. Wenn sich Individuen in ihren verschiedenen Figurationen das bereits ausdifferenzierte Angebot von Social-Media-Plattformen aneignen, unterstützen sie deren Konnektivität und Omnipräsenz, aber auch die Datafizierung, indem sie kontinuierlich Daten generieren, die automatisiert weiterverarbeitet werden. Diese Menge an kontinuierlich generierten Daten stimuliert die Innovationszyklen dieser Plattformen und hält sie weiter aufrecht. Daher kann der einfache Akt der Aneignung von Social-Media-Plattformen die Kerntrends der tiefgreifenden Mediatisierung stabilisieren. Aber auch das Gegenteil ist zumindest prinzipiell denkbar: Vielleicht verzichten die Individuen als Mitglieder verschiedener Figurationen auf bestimmte Social-Media-Plattformen, ohne einfach zur nächsten zu wechseln. In diesem Szenario könnten die Differenzierung der digitalen Medien, ihre Konnektivität, Omnipräsenz, Innovationsgeschwindigkeit und zunehmende Datafizierung nachlassen. Aktuell spricht aber wenig für dieses Szenario. Wir scheinen uns in einem sich beschleunigenden Prozess hin zur digitalen Gesellschaft zu befinden.

Aus dieser Perspektive kann die linke Seite von Abbildung 7 auch als die Kumulation der medienbezogenen Institutionalisierungen und

Materialisierungen verstanden werden: Neue Medien entstehen und werden in bestimmten Figurationen angeeignet, aber eine allgemeinere Stabilität kommt dann auf, wenn medienbezogene Institutionalisierungen und Materialisierungen über verschiedene Figurationen hinweg Bestand haben und in übergreifenden Trends zusammenkommen. Und, wie ich argumentiert habe, werden die Schleifen der Rekursivität aufgrund ihrer Verankerung in Algorithmen immer enger, wenn die tiefgreifende Mediatisierung fortschreitet.

Eine solche Abbildung ist selbstverständlich nur eine sehr grobe Veranschaulichung der Phänomene, mit denen wir es zu tun haben, wenn wir uns mit dem Entstehen der digitalen Gesellschaft auseinandersetzen. In den Kapiteln 5 und 6 werde ich mich daher konkreter mit Fragen der Refiguration beschäftigen, zunächst aus der Perspektive einer Betrachtung von Figurationen und deren Relationalität, dann aus der Perspektive des Individuums. Dabei soll Abbildung 7 dazu dienen, das im Weiteren Dargestellte in den Gesamtzusammenhang dieses Buches einzuordnen, nämlich in die Frage, was sich mit der tiefgreifenden Mediatisierung eigentlich verändert.

5. DIE REFIGURATION DER GESELLSCHAFT

Wie ich im letzten Kapitel argumentiert habe, ist es in hohem Maße hilfreich, soziale Domänen als Figurationen zu verstehen, wobei sich diese mit der tiefgreifenden Mediatisierung transformieren. Aber auch die Beziehung zwischen diesen Figurationen verändert sich und stellt einen weiteren Aspekt der Refiguration der Gesellschaft dar. Beide Arten der Transformation – die von Figurationen und die der Beziehungen zwischen ihnen – sind auf besondere Weise rekursiv, da sie eng mit der Entwicklung der digitalen Medien und ihrer Infrastrukturen verschränkt sind: Jede Refiguration, die durch digitale Medien institutionalisiert und materialisiert ist, unterstützt und beschleunigt oder schwächt und verlangsamt die bereits bestehenden Trends der tiefgreifenden Mediatisierung. Vor diesem Hintergrund hat Refiguration eine doppelte Bedeutung: Einerseits bedeutet Refiguration aus der Binnenperspektive von Figurationen deren strukturelle Transformation, also die dauerhafte Veränderung ihrer Akteurskonstellationen, Relevanzrahmen und Praktiken. Andererseits bezieht sich Refiguration in der Außenperspektive auf die Transformation der Relationalitäten zwischen Figurationen, was das Entstehen neuer Figurationen bzw. das Aufkommen neuer oder sich verschiebender sinnhafter Anordnungen von Figurationen einschließt.

Aufgrund der bisherigen Argumentation sollte deutlich geworden sein, dass Prozesse der Refiguration immer kontextuell untersucht werden sollten. Wir können Refiguration nur durch die Analyse konkreter Beispiele verstehen, wie ich sie im Weiteren diskutieren möchte. Die verbindende Linie zwischen diesen Beispielen sind drei grundlegende Muster der Refiguration, die wir als charakteristisch für das gegenwärtige Stadium der tiefgreifenden Mediatisierung und damit das Entstehen der digitalen Gesellschaft betrachten können. Es handelt sich erstens um Muster, die neue Relationalitäten von Figurationen betreffen, zweitens um Muster der Transformation bestehender Figurationen und drittens um Muster des Entstehens neuer Figurationen.

An manchen Stellen in diesem Kapitel werde ich einige Beispiele aufgreifen, auf die ich bereits an anderer Stelle in diesem Buch hingewiesen habe. Der Grund ist, dass es mit dem figurationsanalytischen Ansatz, wie er im vorherigen Kapitel entwickelt wurde, nun möglich wird, diese Beispiele weiter einzuordnen und besser im Hinblick auf die entstehende digitale Gesellschaft zu verstehen. Daneben kommt eine Vielzahl bisher nicht diskutierter Beispiele hinzu. Wir werden über die mit der tiefgreifenden Mediatisierung verbundenen mythischen Diskurse nachdenken, über figurationsübergreifende Prozesse der Datenverarbeitung, über die sich verändernden öffentlichen Debatten, die Transformation des Journalismus sowie der Familie. Bewusst entstammen die Beispiele unterschiedlichen sozialen Domänen: Nur durch deren *kontrastive Betrachtung* wird es möglich, ein Verständnis von Refiguration der Gesellschaft insgesamt zu entwickeln.

5.1 NEUE RELATIONALITÄTEN VON FIGURATIONEN

In Zeiten tiefgreifender Mediatisierung sind wir mit neuen, globalisierten Relationalitäten von Figurationen konfrontiert. Zum Teil entstehen diese Relationalitäten indirekt durch mythische Diskurse über die Möglichkeiten digitaler Medien und ihrer Infrastrukturen, Diskurse, die sich über Gesellschaften hinweg erstrecken. Aber wir haben es auch mit neuen Relationalitäten zu tun, die durch die digitalen Infrastrukturen und die Verarbeitung von Daten entstehen. Es sind solche übergreifenden Relationalitäten, die über verschiedene entstehende (digitale) Gesellschaften hinweg eine ordnende Kraft entfalten. Neuere Forschungen haben gezeigt, dass diese Ordnungsprozesse mit der Ausbreitung eines »Überwachungskapitalismus« (ZUBOFF 2018) und »Datenkolonialismus« (COULDRY/MEJIAS 2019a, b) verbunden sind. Diese mit der tiefgreifenden Mediatisierung eng verbundenen Muster der ökonomischen Transformation sind die offensichtlichsten übergreifenden gesellschaftlichen Veränderungen und ich werde in diesem Kapitel immer wieder auf sie zurückkommen. Dennoch sind die neuen Relationalitäten zwischen Figurationen analytisch gesehen ein weitaus allgemeineres und umfassenderes Phänomen, als dass man sie auf den Überwachungskapitalismus oder Datenkolonialismus reduzieren könnte. Das, was die Veränderungen hin zur digitalen Gesellschaft ausmacht, ist weit umfassender, als dass man es auf diese beiden Schlagworte reduzieren könnte.

MYTHISCHE DISKURSE

Es lässt sich eine Reihe von mythischen Diskursen um den Charakter der digitalen Medientechnologien ausmachen. Diese Diskurse sind mehr oder weniger global und erstaunlich einflussreich, unabhängig davon, ob diese Mythen mit der ›eigentlichen‹ Funktionsweise der digitalen Medien und ihrer Infrastrukturen übereinstimmen oder nicht. Letztlich gilt ein ähnlicher Zusammenhang, wie ihn Jesús Martín-Barbero (1993: 150-186) in den 1980er-Jahren über das Verhältnis von damals ›neuen Medien‹ und Projekten der ›sozialen Entwicklung‹ konstatierte: Während es eine offene empirische Frage bleibt, in welcher Weise diese Medientechnologien die ›soziale Entwicklung‹ auf der Ebene des Alltagslebens wirklich unterstützen, haben viele Staaten des Globalen Südens vor allem deshalb in diese investiert, weil ihre Verfügbarkeit selbst bereits den Fortschritt symbolisierte, an dem sie teilhaben wollten.

Als der elektronische Rundfunk die Medienumgebung dominierte, war der globale Mythos, der ihn umgab, dass er die nationalen Gesellschaften ›zusammenhalten‹ würde: der bereits erwähnte »Mythos des medienvermittelten Zentrums« (COULDRY 2012: 22-25). Während dieser

Mythos – also die Annahme, dass alles, was für eine Gesellschaft ›zentral‹ ist, in den (Massen-)Medien repräsentiert sei – immer noch viel Macht hat, sobald es um die Repräsentation von Politik geht, etablieren sich in Zeiten tiefgreifender Mediatisierung global andere Mythen: einer davon ist der *Mythos des Wir*.[146] Ein gutes Beispiel dafür, wie dieser Mythos in den Medien selbst repräsentiert wird, ist die Nominierung von ›uns allen‹ zur ›Person des Jahres‹ im TIME-Magazin des Jahres 2006 (siehe Abbildung 8). Die Idee, die Gesamtheit der einzelnen Internetnutzer:innen zur Person des Jahres zu erklären, wurde damit begründet, dass auf Social-Media-Plattformen »Individuen auf neue und dramatische Weise Macht ausüben« (WAXMAN 2016: 1). Diese Aussage drückt den Kern des Mythos des Wir aus: Es ist ein Mythos über die Kollektivität, die Menschen bilden, wenn sie digitale Plattformen nutzen, »ein Mythos von natürlicher Kollektivität, dessen paradigmatische Form darin besteht, wie wir uns als ein Wir auf Plattformen versammeln würden« (COULDRY 2014b: 620). In diesem Mythos werden ›wir‹ als eine Gesamtheit von Individuen zu den entscheidenden Akteuren der digitalen Gesellschaft. Wir hätten die eigentliche Macht und wären das Fundament jeglicher sozialer Prozesse. Als ›Wir‹ werden dabei all diejenigen dargestellt, die sich online vernetzen und neue Kollektivitäten bilden. Indem allerdings digitale Plattformen im Besitz großer Technologieunternehmen sind und auf Geschäftsmodellen zur Generierung von Einnahmen aus der Verwendung der Daten der Nutzer:innen basieren, verdeckt dieser Mythos des Wir genau dieses kapitalistische Unterfangen und rückt stattdessen das Bild der emanzipatorischen Kraft digitaler Technologie in den Vordergrund.

146 Siehe Couldry (2014a: 885, 2014b: 619). David Morley diskutiert das ›mythische Wir‹ der Medien allgemeiner (MORLEY 2000: 105-127).

ABBILDUNG 8

Mythen der tiefgreifenden Mediatisierung

Quelle: TIME Magazin Titelseite 2006

Mythos des Wir

Quelle: Anomaly Google G Suite Kampgane 2016

Mythos der digitalen Reinheit

Quelle: Wired vom 23. Juni 2008

Mythos von Big Data

Quelle: Kurzweil 2005

Mythos der Singularität

Ebenso verbreitet ist der *Mythos der digitalen Reinheit*. Seit langer Zeit werden bei Computer- und Smartphone-Betriebssystemen Bilder der Natur als Standardhintergründe genutzt: hügelige Wiesen, bergige Silhouetten, saubere Strände und sternenklare Himmel. Diese Bilder sind aber nur ein Teil eines größeren Sets von Visualisierungen. Sogar ›die Cloud‹ evoziert ein Bild der Reinheit anstelle der Realität riesiger Lager- und Fabrikhallen, die zu Datenzentren umgebaut werden, oder neu gebauter Rechenzentren. Googles Werbematerial für seine Cloud-Dienste verbindet den Mythos des Wir mit dem Mythos der digitalen Reinheit, wenn im Clipart-Stil eine Frau einen Ausschnitt eines

Kuchendiagramms aus einem wolkengefüllten Himmel greift (siehe Abbildung 8). Digitale Medien und ihre Infrastrukturen werden als sauber und rein, vergänglich und immateriell dargestellt.[147] Wie wir jedoch bereits gesehen haben, ist dies ganz sicher nicht der Fall. Der Aufbau und das Unterhalten von digitalen Medieninfrastrukturen ist alles andere als sauber. Nichtsdestotrotz bleibt der Mythos der digitalen Reinheit, unterstützt durch weit verbreitete Werbekampagnen, ein mächtiger Diskurs über sehr unterschiedliche Gesellschaften hinweg.

Der *Mythos von Big Data* verspricht, dass große Datenmengen einen neuartigen Zugang zur sozialen Welt ermöglichen würden – bis hin zu Vorhersagen der Zukunft – und deren Analyse ohne Rückgriff auf die Theorie machbar wäre. Ein prominenter Artikel, anhand dessen dieser Mythos exemplarisch greifbar wird, ist die Veröffentlichung »Das Ende der Theorie« von Chris Anderson (2008) in der bereits erwähnten Technologie-Zeitschrift *Wired*. Mit Verweis auf die großen Datenspeicherkapazitäten in der Cloud und die neuen Möglichkeiten, die so gespeicherten großen Datenmengen mittels Algorithmen automatisiert zu analysieren, postulierte Anderson das besagte Ende der Theorie: Die »massiven Datenmengen und die angewandte Mathematik ersetzen jedes andere Werkzeug, das zur Anwendung gebracht werden könnte«, womit »jede Theorie des menschlichen Verhaltens, von der Linguistik bis zur Soziologie« (ANDERSON 2008: 1) obsolet werden würde. Der Glaube an wissenschaftliche Modelle und Erklärungen stirbt damit, »Korrelation ist genug« (ANDERSON 2008: 1). Gemäß einem solchen Mythos von Big Data reichen Informationen über die Adresse und das Einkommen einer Person aus, um die Wahrscheinlichkeit, dass sie ein Verbrechen begeht, auf der Basis ihrer digitalen Spuren vorherzusagen. Die Idee ist, Korrelationen wie diese zu isolieren, um mögliche Zukünfte vorherzusagen und auf dieser Basis (politische, ökonomische und gesellschaftliche) Entscheidungen zu treffen. Es gibt reichlich wissenschaftliche Kritik an diesen naiven Aussagen über den Charakter von großen Datenmengen

147 In diesem Sinne bezieht sich der Mythos der digitalen Reinheit auch auf das, was Trebor Scholz den »Mythos der Immaterialität« genannt hat: ein Diskurs, der digitale Arbeit trotz aller notwendigen Infrastrukturen als »immaterielle Arbeit« rahmt (SCHOLZ 2017: 97-99).

und ihre angebliche Macht.[148] Als Diskurs hat der Mythos Big Data aber weitreichende Folgen: Es wird weithin geglaubt, dass große Datenmengen uns oben besagten neuartigen Zugang zur sozialen Welt und einen tieferen Einblick in die Abläufe sozialer Prozesse bieten würden.[149] Der Mythos von Big Data ermutigt Unternehmen und staatliche Behörden, große Investitionen in den Aufbau entsprechender Infrastrukturen und die Analyse solcher Daten zu tätigen.[150] Es gibt auch eine Fülle von Ratgeberliteratur, die den »Einsatz von intelligenten Big Data, Analytik und Metriken« als eine Möglichkeit darstellt, »bessere Entscheidungen zu treffen und die Leistung zu verbessern« (so der Untertitel von Marr 2015, einem praktischen Ratgeber zur Big-Data-Analyse).

In den vergangenen fünfzehn Jahren hat schließlich der *Mythos der Singularität* an Bedeutung gewonnen. Dieser postuliert einen Zeitpunkt in der (nahen) Zukunft, an dem die künstliche Intelligenz durch das exponentielle Wachstum der technologischen Möglichkeiten die Fähigkeiten aller menschlichen Intelligenz weit übertreffen würde (KURZWEIL 2014). Dieser mythische Diskurs findet seine Wurzeln in den Anfängen der Kybernetik und der Computertechnik: Folgt man dem Mathematiker Stanislaw Ulam, geht der Begriff der Singularität auf John von Neumann zurück, einem Pionier der Computertechnik. So schrieb Ulam in seinem wissenschaftlichen Nachruf auf Neumann von einem Gespräch mit ihm, das sich »um den immer schneller werdenden Fortschritt der Technologie und die Veränderungen in der menschlichen Lebensweise [drehte], die den Anschein erwecken, dass wir uns einer wesentlichen Singularität in der Geschichte der Menschheit nähern, jenseits derer die menschlichen Angelegenheiten, wie wir sie kennen, nicht wie zuvor fortgeführt weitergehen können« (ULAM 1958: 5). Seitdem hat sich der

148 Siehe z. B. boyd und Crawford (2012), Crawford, Gray und Miltner (2014), Elmer, Langlois und Redden (2015) oder Puschmann und Burgess (2014).

149 Ganz frei von einem solchen Mythos ist auch das Buch *Muster* von Armin Nassehi nicht, wenn er darauf hinweist, dass es bei der Digitalisierung um eine »Verdopplung der Welt durch Daten« (NASSEHI 2019: 78) ginge, wodurch es in der digitalen Moderne möglich würde, dass die Gesellschaft selbst die »Musterhaftigkeit jeglicher Praxis« (NASSEHI 2019: 52f.) erkennen könne.

150 Für eine detaillierte Analyse siehe Beer (2019), der in seiner ethnografischen Studie der Data-Analytics-Industrie zeigen kann, wie diese Industrie die Verbreitung und Intensivierung der Datafizierung ermöglicht, auch unter Inanspruchnahme solcher Mythen.

Begriff der Singularität über verschiedene Disziplinen verbreitet und ist beispielsweise in der Forschung zu künstlicher Intelligenz (GOOD 1965), in Trendanalysen (TOFFLER 1970) und in der Mathematik (VINGE 1993) gängig geworden. Es lohnt sich, einen Blick auf Vernor Vinges Ideen zur Singularität zu werfen, schon allein deshalb, weil eine Version seines Aufsatzes 1993 in der *Whole Earth Review* erschien, einem Ableger des *Whole Earth Catalog*, wobei das Review »für das Computing das tun sollte, was das Original für die Gegenkultur getan hatte« (TURNER 2006a: 129). Vinge (1993: 1) argumentiert, dass die »Beschleunigung des technologischen Fortschritts [...] das zentrale Merkmal dieses Jahrhunderts« sei und »wir uns am Rande eines Wandels befinden, der mit dem Aufstieg des menschlichen Lebens auf der Erde vergleichbar ist«. Dieser Moment der Singularität entsteht für ihn dadurch, dass aufgrund der technologischen Entwicklung die »Erschaffung von Entitäten mit höherer als menschlicher Intelligenz« kurz bevorstehen würde. Heute wird der Begriff der Singularität am ehesten mit Ray Kurzweils Buch (2014 [orig. 2005]) *Menschheit 2.0: Die Singularität naht* in Verbindung gebracht. Seine Hauptthese ist, dass das Mooresche Gesetz[151] – das besagt, dass sich die Anzahl der Transistoren in einem integrierten Schaltkreis etwa alle zwei Jahre verdoppelt – nur der Spezialfall eines allgemeineren Gesetzes ist, gemäß dem die gesamte technologische Evolution abläuft. Kurzweil glaubt, dass sich das durch das Mooresche Gesetz beschriebene exponentielle Wachstum in Technologien fortsetzen wird, die dann die heutigen Mikroprozessoren ersetzen würden, was uns alle zur sogenannten ›Singularität‹ bringen werde. Diese definiert er als den hypothetischen Punkt in der Zukunft, an dem die Menschheit vom technologischen Fortschritt überholt wird. In enger Beziehung zu diesem Mythos der Singularität steht auch der Transhumanismus, eine »lose definierte Bewegung« (BOSTROM 2005: 202), die die Gren-

151 Wie James Bridle (2018: 80) argumentiert, müssen wir mit der Selbstbeschreibung von Aussagen wie dem »Mooreschen Gesetz« und ihrer Betrachtung als »Gesetze« vorsichtig sein; im Kern sind sie stattdessen »sich selbst erfüllende technologische Prophezeiungen«: Als quasi-natürliche Aussagen dienen sie zur Orientierung für die technologische Entwicklung und stimulieren mitunter milliardenschwere (oft öffentliche) Investitionen, ein Prozess, durch den solche Aussagen erst Teil der gesellschaftlichen Realität werden.

zen der menschlichen Möglichkeiten – seien sie intellektuell, physisch oder psychisch – durch den Einsatz von Technologien zu erweitern sucht. Dem Transhumanismus geht es generell um die Reflexion des Menschseins unter den Bedingungen der Singularität. Frühere Ideen des Cyborgs – die in der Cyberpunk-Bewegung gut etabliert waren (FEATHERSTONE/BURROWS 1995; HAFNER/MARKOFF 1995; WINTER 2002) – werden im Utopismus des Mythos der Singularität aktualisiert.

Diese vier Mythen stehen exemplarisch für die globalisierten Diskurse um Medientechnologien und digitale Infrastrukturen. Verbunden werden sie durch ein Muster: Technologie wird als das Zentrum des gesellschaftlichen Wandels konstruiert. Durch Technologie – in Form von sauberer Infrastruktur (Mythos der digitalen Reinheit) und künstlicher Intelligenz (Mythos der Singularität) – wird sich die Gesellschaft als digitale Gesellschaft zum Besseren verändern, da alle menschlichen Bedürfnisse und Wünsche erfüllt (Mythos des Wir) und bessere Lösungen für unsere Probleme gefunden werden (Mythos von Big Data). Das Hauptproblem bei diesen Diskursen ist, dass sie verdinglichend und essenzialisierend sind. Die Sinnkonstrukte, die sie repräsentieren, werden typischerweise als selbstverständlich vorausgesetzt und selten hinterfragt. Vor allem aber stützen diese Mythen unhinterfragt »praktisch alles, wofür Big Tech steht« (MOSCO 2017: 122): Technologieunternehmen erscheinen in ihnen als die Ermöglicher der besseren Zukunft einer digitalen Gesellschaft – eine Zukunft, die durch die positiven Kräfte von künstlicher Intelligenz, dem Internet der Dinge und Big Data herbeigeführt wird.

Diese Mythen spielen eine erhebliche Rolle bei der tiefgreifenden Mediatisierung. Wenn wir sie auf die Argumente zu den sinnhaften Anordnungen von Figurationen in Kapitel 4 rückbeziehen, können wir diese Mythen als orientierende Diskurse über unterschiedliche Gesellschaften hinweg verstehen: Sie verstetigen den Mythos des medienvermittelten Zentrums auf unterschiedlichen Skalen und legen eine narrative Basis der digitalen Gesellschaft. Dies legitimiert einen gesellschaftsübergreifenden Konsens gegenüber Technologie-Unternehmen, die ihrerseits eine Reihe von staatlichen Unterstützungen u.a. in Form von Steuererleichterungen und Forschungsförderung erhalten. Solche Mythen schaffen eine sinnhafte diskursive Anordnung, wie sich verschiedene Figurationen zu neuen Technologien verhalten *sollen*, wodurch die Orientierung in unterschiedlichsten sozialen Figurationen über Gesellschaften hinweg transzendiert wird. Bis zu einem gewissen Grad konstruieren diese Mythen einen globalen Fluchtpunkt der technologischen Entwicklung, wodurch eine gesellschaftsübergreifende Orientierung auf eine bestimmte Art von medientechnologischen Veränderungen hergestellt wird.

DIGITALE INFRASTRUKTUREN

Neben den Mythen unserer ›strahlenden‹ technologischen Zukunft der digitalen Gesellschaft wird eine neue Relationalität von Figurationen auch durch die digitalen Infrastrukturen hergestellt. Ein grundlegendes Merkmal der tiefgreifenden Mediatisierung besteht darin, dass digitale Infrastrukturen nicht nur über die Figurationen *einer* Gesellschaft, sondern über viele Gesellschaften hinweg bestehen. Das Internet im Allgemeinen sowie das Internet der Dinge und die Cloud im Speziellen ›verbinden‹ das Medienensemble einer Vielzahl von Kollektivitäten und Organisationen – und das unabhängig von den Gesellschaften, deren Teil sie sind. Daraus ergibt sich eine neue Relationalität von Figurationen, bei der digitale Infrastrukturen und die ihnen zugrunde liegenden Algorithmen zu globalisierten Prägkräften werden, die institutionell und materiell mit sehr unterschiedlichen Figurationen sowohl kulturell als auch sozial in Wechselbeziehung stehen.

Die sogenannten ›disruptiven‹ Plattformen,[152] die am häufigsten mit dem Überwachungskapitalismus und Datenkolonialismus in Verbindung gebracht werden,[153] schaffen »Vorlagen« (Scholz 2017: 5) für eine gesellschaftsweite Reorganisation der Arbeit. In gewissem Sinne

152 Zum weiteren diskursiven Kontext des Konzepts der ›Disruption‹ siehe die Darlegungen von Adrian Daub, der herausarbeitet, dass im »Denken« des Silicon Valley die »Rhetorik der Disruption [...] oft dazu [dient], Solidarität, Stabilität und Uniformität zu suggerieren, wo sie nicht existiert« (DAUB 2020: 129).

153 Trebor Scholz (2017: 42) hebt hervor, dass der weit verbreitete Begriff ›Sharing Economy‹ (ZERVAS/PROSERPIO/BYERS 2014) in gewisser Weise irreführend ist, da »es bei diesen Unternehmen nicht wirklich um das Teilen geht: Sie widmen sich der Vermietung von Vermögenswerten wie Räumen, Arbeitskräften, Werkzeugen und vor allem von Zeit«.

besteht der figurationsübergreifende Einfluss solcher Plattformen darin, dass sie diese ›Vorlagen‹ unter Verwendung der bestehenden digitalen Infrastruktur institutionalisieren und materialisieren.

Die meisten digitalen Plattformen basieren auf der Idee, Angebot und Nachfrage direkt in Verbindung zu bringen, ohne die notwendigen Produktionsmittel (Arbeitsplätze, Fahrzeuge, Gebäude etc.) selbst bereitstellen zu müssen. Dies entspricht der kybernetischen Annahme des Whole Earth Network, dass die ›besten Lösungen‹ gefunden werden, wenn Menschen sich selbst organisieren und direkt miteinander interagieren.[154] Plattformen wie Airbnb, Uber, Amazon Mechanical Turk und UpWork sind Versuche, Prozesse der ›marktbasierten Selbstorganisation‹ in kulturell und sozial unterschiedlichen Figurationen zu etablieren. Dass solche Plattformen eine Prägkraft über verschiedenste Figurationen des menschlichen Zusammenlebens hinweg entfalten können, setzt jedoch eine digitale Infrastruktur voraus, die diese übergreifenden Institutionalisierungen und Materialisierungen überhaupt erst möglich macht. Alle diese Plattformen stützen sich in unterschiedlichem Maße auf das Internet und die Mobilkommunikation, das Smartphone als Endgerät, das den Zugang zu den jeweiligen Diensten durch omnipräsente Apps ermöglicht, sowie auf stark infrastrukturabhängige Technologien wie GPS, insbesondere im Fall von Uber. Die Existenz der Plattformen verweist somit einmal mehr auf die aktuellen Trends der tiefgreifenden Mediatisierung, wobei sie in gewissem Maße die damit verbundene Entwicklung dieser Infrastruktur unterstützt haben. Entscheidend aber ist, dass diese Plattformen die kommerziellen Nutznießer der tiefgreifenden Mediatisierung sind.[155]

Hier bekommt der Begriff ›disruptiv‹ eine völlig neue Bedeutung: Disruption ist weniger eine Marktinnovation; die gesellschaftlich tie-

154 Dies geht auf die Überlegungen der Kybernetik und der allgemeinen Systemtheorie der 1950er- und 1960er-Jahre zu Mensch-Maschine-Systemen zurück, die auf die menschlichen Beziehungen im Allgemeinen übertragen wurden (siehe TURNER 2006a: 41-68).

155 Trebor Scholz drückt dies in sehr klaren Worten aus, wenn er über das Plattform-Ökosystem schreibt: »Dieses Ökosystem wäre nicht möglich ohne die menschliche Anstrengung von Computeringenieuren und die Hardware – Satelliten, Kabel, WLAN-Router und Mobiltelefone –, die die Online-Kommunikation überhaupt erst gestatten. Arbeitsvermittelnde Unternehmen wie Mechanical Turk, Uber oder Upwork haben keinen Cent zu dieser Knochenarbeit beigetragen.« (SCHOLZ 2017: 31)

fere Disruption liegt in der grundlegenden Prägung ganz unterschiedlicher Figurationen, die sich aus der Nutzung digitaler Medien und übergreifender digitaler Infrastrukturen ergeben. Dies geschieht nicht nur durch diese Plattformen: Verschiedene andere Medien sind Teil des Zusammenhangs, wie die, die für das Marketing verwendet werden, oder die, die von verschiedenen Anbieter:innen verwendet werden, die auf diesen Plattformen aktiv sind (VAN DIJCK/POELL/DE WAAL 2018: 31-48). Wir können nicht unbedingt erwarten, dass die jeweilige Prägung bei allen Figurationen in gleicher Weise stattfindet: Es sind auch Widerstand leistende Kräfte am Werk, wie die verschiedenen Klagen, mit denen sich Airbnb und Uber konfrontiert sehen, oder wie die kritische Diskussion über Crowdwork zeigt. Nichtsdestotrotz erfahren viele lokale Figurationen Druck, der eine direkte Folge davon ist, dass die neue Generation digitaler Plattformen versucht, ihre ›Vorlagen‹ figurations- und gesellschaftsübergreifend zu realisieren.

DATEN

Ein weiterer grundlegender Aspekt der neuen Relationalitäten von Figurationen bezieht sich auf Daten. Digitale Daten werden in und über sehr unterschiedliche Kollektivitäten bzw. Organisationen gesammelt; die Sammlung und Verarbeitung aber erfolgt zentral. Dies betrifft nicht mehr nur die Daten, die auf digitale Spuren zurückgehen, die wir hinterlassen, wenn wir online sind oder über unsere digitalen Endgeräte kommunizieren. Mit dem Aufkommen des Internets der Dinge basiert die zentralisierte Datenerfassung und -verarbeitung zunehmend auf zunächst einmal nicht-kommunikativen Praktiken wie dem Fahren ›smarter‹ Autos (SUMANTRAN/FINE/GONSALZEZ 2017: 158-160) oder dem Sich-Bewegen durch Einkaufszentren und Einzelhandelsgeschäfte mit dem Mobiltelefon in der Tasche (TUROW 2017: 116-142).[156]

156 Andere Beispiele wären über WLAN mit dem Internet der Dinge verbundene digitale Waagen, die nicht nur verwendet werden, um persönliche Daten zu sammeln. Die Withings-Körperwaage beispielsweise misst neben dem Gewicht auch die Temperatur in jedem

Wir können hier eine neu entstehende Art der Überwachung sehen – eine Verschiebung von »panoptischer Überwachung« hin zu »Umgebungsüberwachung« (ANDREJEVIC 2017: 891). Die panoptische Überwachung, wie sie von Michel Foucault (1977) beschrieben wurde, basierte auf Anordnungen, durch die Menschen im Prinzip jederzeit beobachtbar waren und sich entsprechend so verhielten, wie es die impliziten Erwartungen waren. Das prominente Beispiel dafür ist das (früh-)moderne Gefängnis, das gemäß den Entwürfen des Philosophen Jeremy Bentham aus dem 18. Jahrhundert einen ausgeklügelten Aufbau hatte, bei dem ein Beobachtungsturm in der Mitte der Anlage und mit Blick auf die Zellen zur Verinnerlichung von Zwang diente. Im Gegensatz dazu bezieht sich die ›Umgebungsüberwachung‹ auf eine »totale Dauerüberwachung und laufende Intervention« (HINTZ/DENCIK/WAHL-JORGENSEN 2019: 53): Alle verfügbaren Daten aus allen greifbaren Quellen werden gesammelt, kontinuierlich verarbeitet und überwacht. Der Grundgedanke – und hier kann man an unsere Diskussion über den Mythos Big Data anknüpfen – ist es, mögliches Verhalten vorhersagen zu können, um sich auf diese Weise in die Lage zu versetzen, es zu verhindern oder zu beeinflussen.

In der Wirtschaft sind grundlegende Formen der Relationalität durch Daten insbesondere im Hinblick auf Nutzer:innen fest etabliert.[157] Google als Teil von Alphabet Inc. speichert beispielsweise jede Suchanfrage von Nutzer:innen (selbst wenn der Suchverlauf lokal gelöscht wird), verfolgt Websites mithilfe von Cookies und Google Ads wie auch den Standort der Nutzer:innen (sobald GPS auf deren Endgerät aktiviert ist) und hat Zugriff auf den YouTube-Verlauf einer Person sowie jede von Gmail gesendete und empfangene E-Mail. Die Menge der gespeicherten Daten erhöht sich, wenn zusätzliche Google-Software installiert ist. Wenn jemand z.B. Google Fit verwendet, speichert Alphabet Inc. Informationen über den Tagesablauf, Google Home speichert Daten aus allen gesprochenen Anfragen, die an es gerichtet werden (und

Raum, in dem sie sich befindet – und die Nutzer:innen werden nicht darüber informiert, warum diese Daten überhaupt gesammelt und wofür sie verwendet werden.

157 Ein gut recherchierter Zeitungsartikel hierzu wurde im *Guardian* veröffentlicht. Siehe: https://www.theguardian.com/commentisfree/2018/mar/28/all-the-data-facebook-google-has-on-you-privacy [01.05.2019].

möglicherweise andere Unterhaltungen, die in dem Raum stattfinden, in dem sich das Endgerät befindet). Facebook speichert alle Informationen, die Nutzer:innen auf einer seiner Plattformen veröffentlichen (einschließlich Posts, Fotos, Freundschaftsnetzwerke, Nachrichten und Likes) sowie die Zeit, den Standort und das Endgerät, das für jeden Login verwendet wird.[158] Je nachdem, wie das Betriebssystem konfiguriert ist, hat Facebook auch Zugriff auf die Webcam, das Mikrofon, die Kontakte und andere Apps der Nutzer:innen. In solchen Fällen werden diese Daten zu einem persönlichen Profil verdichtet, auf dessen Basis einzelne Nutzer:innen durch gezielte Werbung adressiert werden können.[159] Daraus resultiert die »tiefgreifende Personalisierung« (COULDRY/TUROW 2014: 1711) von Werbung auf der Basis von Daten, die im Laufe der individuellen Mediennutzung über verschiedene Figurationen hinweg gesammelt werden.

Die in zentralen Rechenzentren gespeicherten Daten führen zu einer Vielzahl neuer Dynamiken, da sie für verschiedene Zwecke genutzt werden können, die über einfache Werbung hinausgehen. Google Trends, ein Echtzeit-Index des Gesamtaufkommens von Suchanfragen von Nutzer:innen zu einem Thema, hat eine gewisse Aufmerksamkeit erhalten, weil es – so das Argument – das Potenzial habe, beispielsweise Grippewellen und Pandemien wie Covid-19 auf der Grundlage der Auswertung von Suchanfragen zu deren Symptomen zu registrieren oder gar vorherzusagen (CARNEIRO/MYLONAKIS 2009; CHOI/VARIAN 2012; MAVRAGANI/GKILLAS 2020). Ein weiteres Beispiel ist die stark kritisierte Nutzung von Facebook-Daten für politische Kampagnenwerbung, wie sie mit dem Fall Cambridge Analytica öffentlich wurde, der 2018 eine Empörung auslöste, als bekannt wurde, dass die Politikberatungsfirma die Daten von 50 bis 80 Millionen Facebook-Nutzer:innen ohne deren Zustimmung sammelte und für das Micro-Targeting von Wähler:innen während der EU-Referendumskampagne in Großbritannien und der

158 Zur Datensammlung von Alphabet/Google siehe Schmidt (2018) und https://www.bbc.com/news/technology-45952466 [01.05.2019].

159 Siehe die Analyse von Turow (2011) sowie Couldry und Turow (2014). Das Phänomen des Datendoubles wird aus einer individuellen Perspektive in Kapitel 6 diskutiert.

Trump-Präsidentschaftskampagne in den USA 2016 verwendet hatte.[160] Das Beispiel Cambridge Analytica veranschaulicht, ähnlich wie das von Google Trends, die schiere Menge an Daten, die von den dominanten Tech-Unternehmen gesammelt werden. Da sie in digitaler Form vorliegen und zentral gespeichert werden, können Daten, die aus ihren sozialen Figurationen herausgelöst und verarbeitet werden, zu höchst einflussreichen Werkzeugen für eine ganze Reihe unterschiedlicher Zwecke werden. Ein solcher Umgang mit Daten ist eines der herausragenden Kennzeichen der entstehenden digitalen Gesellschaft.

Während die zentralisierte Datensammlung von großen Technologieunternehmen initiiert wurde, waren auch staatliche Behörden am Prozess ihrer Durchsetzung beteiligt. Dies betrifft nicht nur die regulatorische und finanzielle Ermöglichung von Überwachungstechnologien, wie sie in Kapitel 2 beschrieben wurden. Die Leaks von Edward Snowden im Jahr 2013 haben sehr deutlich gemacht, dass staatliche Behörden zu den prominentesten überindividuellen Akteuren gehören, die Interesse an den Möglichkeiten der zentralen Datensammlung haben und aktiv an deren Realisierung beteiligt sind. Zumindest für informierte Beobachter:innen waren die Datensammlungsaktivitäten der US-Geheimdienste aber bereits vor den Snowden-Enthüllungen bekannt.[161] Die Snowden-Leaks »lieferten jedoch beispiellose Einblicke in die Art und Weise, wie die massenhafte Sammlung und Verarbeitung von Daten zu einem zentralen Bestandteil zeitgenössischer Formen des Regierens und des Wirtschaftslebens geworden sind« (HINTZ/DENCIK/WAHL-JORGENSEN 2019: 8). Es wurde aufgedeckt, dass die US-amerikanische National Security Agency (NSA) und das britische Government Communications Headquarters (GCHQ) seit vielen Jahren inländische und ausländische Bürger:innen durch die Analyse

160 Dieser Teil des Skandals ist in der Presse gut dokumentiert, siehe z.B. Halpern (2018) und Weissman (2018).

161 So berichtete die *New York Times* im Jahr 2005, dass die NSA nach 9/11 von Präsident George W. Bush umfangreiche geheime Befugnisse erhalten hatte, um im Rahmen eines Projekts namens Stellar Wind die US-Kommunikation auszuspionieren. Außerdem veröffentlichte das Magazin *Wired* 2012 einen Bericht über den Bau eines Datenzentrums der NSA in Utah, der nahelegte, dass Stellar Wind immer noch aktiv war (BRIDLE 2018: 176).

von (Meta-)Daten überwachten.[162] Möglich wurde dies, weil sie sich Zugang zu Rechenzentren von Unternehmen wie Apple, Facebook, Google (inklusive YouTube), Microsoft (inklusive Skype) und Yahoo verschafften – manchmal mit deren Einverständnis, manchmal ohne. Außerdem sicherten sich die staatlichen Behörden Zugriff auf entscheidende Knoten der Glasfaserkabel-Infrastruktur, über die der globale digitale Telefon- und Internetverkehr läuft. Diese riesigen Datenmengen wurden dann von Software analysiert, die die Suche nach bestimmten Mustern von Kommunikation und weiteren Online-Aktivitäten ermöglichte und es so gestattete, Profile von Zielpersonen zu erstellen. Darüber hinaus erzwangen staatliche Behörden aus ihrer Machtposition heraus den Einbau von Hintertüren in Verschlüsselungsdienste, sodass selbst diejenigen, die auf eine Verschlüsselung ihrer Kommunikation achteten, nicht sicher vor einem Datenzugriff waren und sind. Dies geschieht entweder durch die Verletzung von Sicherheitsprotokollen oder durch den Zugang zu Diensten auf den Endgeräten der Nutzer:innen.[163] An solchen Beispielen wird deutlich, was Umgebungsüberwachung tatsächlich bedeutet: Deren Ziel ist nicht mehr, »die Umgebung zu kartieren«, sondern sie »in Form eines Modells zu verdoppeln« (ANDREJEVIC 2017: 891). Und wieder geht es darum, Daten so weit zu modellieren, dass sie Vorhersagen der Zukunft ermöglichen (Terroranschläge, kriminelle Aktivitäten, Bedrohungen für den Staat etc.).

Die Snowden-Leaks demonstrieren damit einmal mehr, was mit den neuen Relationalitäten von Figurationen durch Daten gemeint ist: Figurationen, die bis vor wenigen Jahren noch als diskret oder nur über lange Ketten menschlichen Handelns aufeinander bezogen gedacht wurden, sind nun über die Datenverarbeitung eng verwoben. So wie der Mythos von Big Data eine wesentliche Triebkraft bei dem Versuch ist, Umgebungsüberwachung zu etablieren, so ermöglicht die technologische

162 Für einen (wissenschaftlichen) Überblick über die Snowden-Enthüllungen siehe Fidler (2015), Greenwald (2014) und Lyon (2014, 2017).

163 Die NSA hat Zugriff auf die GPS-Standortdaten, mit denen sie »versuchen kann, Personen bis zu ihren Privatwohnungen zu verfolgen und auch frühere Fahrten zurückzuverfolgen, wann immer das Telefon eingeschaltet ist« (LYON 2014: 3).

Konnektivität digitaler Infrastrukturen eine zentralisierte Verarbeitung gespeicherter Daten, was solche Formen der Überwachung gestattet.

Entscheidend ist dabei, dass sich im Zuge dieser neuen Relationalitäten auch umfassendere Muster der gesellschaftlichen Ordnung verschieben. Wie ich zu Beginn dieses Abschnitts argumentiert habe, werden diese Muster derzeit vor allem im Hinblick auf das Entstehen einer neuen Stufe des Kapitalismus diskutiert. Shoshana Zuboff (2018) spricht von einem ›Überwachungskapitalismus‹, den sie mit der Wertschöpfung rund um die massenhafte Auswertung von Daten in Verbindung bringt. Der Ausgangspunkt des Überwachungskapitalismus ist die einseitige Nutzung menschlicher Erfahrungen als Ressource und deren Transformation in Verhaltensdaten. Anfänglich argumentierten Unternehmen, dass sie diese Daten lediglich zur Verbesserung ihrer Produkte und Dienstleistungen nutzten,[164] doch die schiere Menge an Daten, die sie speichern konnten, hat zu neuen Produkten und Dienstleistungen geführt, nämlich solchen, die sich auf Verhaltensvorhersagen beziehen. Die auf diese Weise konstruierten Annahmen über zukünftige Entwicklungen werden in Finanzmärkten gehandelt. Nick Couldry und Ulises Mejias (2019a: 3-35) gehen in ihrer Diskussion des ›Datenkolonialismus‹ als einer Folge der zunehmenden Relationalitäten von Figurationen durch digitale Infrastrukturen und die Verarbeitung von Daten noch einen Schritt weiter. Sie sprechen deshalb von Datenkolonialismus, weil sie – ähnlich wie beim Kolonialismus im herkömmlichen Sinne – ein Ordnungsmuster identifizieren, das die gesamte Welt immer stärker strukturiert: Die neuen Relationalitäten von Figurationen führen zu einem kommerziellen Umgang mit Daten durch Unternehmen, bei dem deren Aneignung von Daten zu Bedingungen geschieht, die sich teilweise oder ganz der Kontrolle der Personen entziehen, die diese Daten in ihrer Alltagspraxis generieren. Solche Daten werden dann von den Technologie-Unternehmen genutzt, um einen Mehrwert zu schaffen (und gleichzeitig staatliche Überwachung zu ermöglichen). Da immer

164 Shoshana Zuboff (2018: Kapitel 3) sieht vor allem Google als Vorreiter, aber man muss aufpassen, nicht aus den Augen zu verlieren, dass der Aufbau entsprechender Infrastrukturen in China fast zeitgleich stattfand.

mehr Facetten der Alltagswelt mit digitalen Medien durchdrungen sind, könnte das Ergebnis die »grenzenlose Kapitalisierung des menschlichen Lebens« (COULDRY/MEJIAS 2019a: 5) sein: Durch Daten entwickelt der Kapitalismus neue Relationalitäten zu jedem Winkel unseres Lebens, und die menschliche Praxis wird so intensiver denn je zuvor entlang kapitalistischer Prinzipien strukturiert.

Diese neue Stufe des Kapitalismus ist nur ein Beispiel für die Transformationen, die mit den neuen Relationalitäten von Figurationen durch globalisierte Mythen, digitale Infrastrukturen und Daten einhergehen. Auch wenn wir vorsichtig sein müssen, die tiefgreifende Mediatisierung nicht darauf zu reduzieren: Solche Beispiele eignen sich sehr gut, um die rekursiven Schleifen zu erklären, die mit der tiefgreifenden Mediatisierung verbunden sind. Das Sammeln und Verarbeiten von Daten wurde – getrieben von den Mythen der digitalen Gesellschaft – durch die Technologie-Unternehmen zur Verbesserung der eigenen Dienstleistungen und Produkte entwickelt. Der daraus resultierende ›Überschuss‹ an Daten hat dazu geführt, dass neue Geschäftsmodelle entstanden sind, die auf diesen Daten basieren, was wiederum zu Investitionen in entsprechende digitale Infrastrukturen und Software zur Datenverarbeitung geführt hat. Es wurde eine Spirale in Gang gesetzt, durch die sich in nur wenigen Jahren die Wechselbeziehung der Figurationen in dem Maße intensivierte, mit dem wir heute konfrontiert sind. Hierauf gilt es den Blick zu lenken, wenn man verstehen möchte, welche Art von digitaler Gesellschaft im Entstehen ist.

5.2 DIE TRANSFORMATION VON BESTEHENDEN FIGURATIONEN

Neben dem Entstehen neuer Relationalitäten zwischen Figurationen ist die tiefgreifende Mediatisierung mit der Transformation von bestehenden Figurationen verbunden. Gruppen, Gemeinschaften, Betriebe etc. verändern sich mit dem Medien- und Kommunikationswandel. In den meisten Fällen ist es schwierig, einfache Kausalitäten auszumachen in dem Sinne, dass das Aufkommen eines bestimmten Mediums als Teil des Medienensembles einer Figuration eine bestimmte Folge nach sich ziehen würde. Gegen solche einfachen linearen Kausalitäten spricht vor allem die komplexe Dynamik der Aneignung von (digitalen) Medien und ihrer Infrastrukturen. Hinzu kommt, dass der Medienwandel nicht die einzige treibende Kraft der Transformation von Figurationen ist. Heutige Figurationen sind auch durch andere Metaprozesse wie Globalisierung, Individualisierung und Kommerzialisierung einem Wandel unterworfen. Die Möglichkeit und der Zwang, ein individualisiertes Leben zu führen, hat z. B. viel damit zu tun, dass ›posttraditionelle Gemeinschaften‹ wie Fankulturen und Szenen unter den Gemeinschaften, in denen wir leben, an Bedeutung gewinnen.[165]

Solche Komplexitäten im Blick habend, ist eine Folge der tiefgreifenden Mediatisierung eine umfassende Verschiebung der Medienensembles vieler Figurationen, nämlich eine Verschiebung hin zu einem (stärker) *aktivierten Medienensemble*. Mit aktiviertem Medienensemble meine ich jene Medienensembles, die kommunikative Roboter beinhalten, wie sie in Kapitel 3 diskutiert wurden. ›Aktiviert‹ nenne ich sie deshalb, weil kommunikative Roboter nicht nur menschliche Kommunikation vermitteln, sondern selbst zu ›Quasikommunikationspartnern‹ werden.

Es gibt viele generalisierende Aussagen darüber, welche Veränderungen durch künstliche Intelligenz und (kommunikative) Roboter eintreten würden. Große Teile des öffentlichen Diskurses zu diesem Thema werden von Science-Fiction-Narrationen und den Zukunftsvorstellungen von Pioniergemeinschaften angetrieben.[166] Solche Imaginationen werden durch die oben beschriebenen Mythen stabilisiert, insbesondere durch den Mythos von Big Data, nach dem die Verarbeitung von großen Datenmengen eine neue Form der künstlichen Intelligenz und das Kommen der Singularität hervorbringen würde. In der Populärkultur konkretisieren sich solche Narrationen in Filmen wie *Her* (2013), in dem sich ein Mann in seinen sprachbasierten Artificial Companion mit dem Namen Samantha verliebt.

165 Zum Verhältnis von Individualisierung und Mediatisierung bei der Transformation von Vergemeinschaftung siehe ausführlicher Hepp und Hitzler (2014).

166 Meredith Broussard (2018, insb. 67-86) hat sich sehr ausführlich damit auseinandergesetzt und dabei auch die Rolle des Whole Earth Network für die Entwicklung solcher Imaginationen diskutiert.

Bei einer näheren Betrachtung von kommunikativen Robotern als Teil von Medienensembles gilt es vor diesem Hintergrund zweierlei zu vermeiden: zum einen die Mystifizierung der künstlichen Intelligenz durch Imaginationen wie die oben beschriebenen. Zum anderen ist es analytisch sinnvoll, eine vereinfachende Annäherung nach dem Prinzip zu vermeiden, dass kommunikative Roboter lediglich Objektivierungen menschlichen Handelns seien, denen man keine eigenständige Handlungsfähigkeit zuschreiben könne. Das tatsächliche Potenzial von kommunikativen Robotern liegt zwischen den beiden Extremen. Wir verstehen diese am Besten im Rahmen von Vorstellungen *hybrider Agency* (GUNKEL 2020: 263-282; RAMMERT 2007: 79-124): Im Zusammenkommen von kommunikativen Robotern und Menschen entsteht eine neue Form von Handlungsfähigkeit mit einem sehr spezifischen Part aufseiten der kommunikativen Roboter. Es spricht viel dafür, dass ein Kennzeichen der digitalen Gesellschaft verschiedene Formen solcher hybrider Agency sein werden.

Um derartige Zusammenhänge adäquat zu erfassen, ist es notwendig, das Phänomen der kommunikativen Roboter weiter zu kontextualisieren. Kommunikative Roboter können nicht isoliert gesehen werden; wenn wir sie angemessen fassen wollen, müssen wir sie als Teil eines breiteren Medienensembles begreifen, mit dem die Praktiken verschiedener Figurationen verwoben sind. Aber dieses Medienensemble ist ein anderes, wenn kommunikative Roboter Teil desselben werden; es wird auf eine neue Weise aktiviert. Das bedeutet nicht, wie ich bereits argumentiert habe, dass kommunikative Roboter die gleiche Handlungsfähigkeit haben wie Menschen, aber wir müssen uns vor Augen führen, dass kommunikative Roboter neue hybride Formen der Handlungsfähigkeit in und über verschiedene Medienensembles hinweg entfalten.

Im Folgenden möchte ich drei Beispiele für die Transformation bestehender Figurationen diskutieren: Figurationen der öffentlichen Debatte, der journalistischen Nachrichtenproduktion und der Familie. Dies ist selbstverständlich nur eine sehr begrenzte Auswahl angesichts der Vielfalt möglicher Figurationen, aber die Auswahl spricht charakteristische Kontexte an, die für die Mediatisierungsforschung relevant sind: im ersten Fall die Veränderungsdynamik im Diskurs, im zweiten

Fall die Veränderungsdynamik in Organisationen und im dritten Fall die Veränderungsdynamik in Kollektivitäten.

ÖFFENTLICHE DEBATTE

Medienvermittelte öffentliche Debatten[167] entstehen innerhalb einer Akteurskonstellation, wobei die kommunikativen Praktiken dieser Akteure mit einem bestimmten Medienensemble verschränkt sind. Im Hinblick auf die hier relevanten Akteure waren die medienvermittelten öffentlichen Debatten bis in die 1990er-Jahre hinein vergleichsweise stabil, zumindest in den meisten westlichen Ländern. Die wichtigsten korporativen Akteure waren Nachrichten- und Medienorganisationen sowie der öffentlich-rechtliche Rundfunk, die als Gatekeeper externen Akteur:innen Zugang zu einer Debatte verschafften: Politiker:innen, Mitgliedern von Verbänden und Unternehmen, sozialen Bewegungen und in einigen Fällen auch Privatpersonen (die allerdings primär als Publikum verstanden wurden).

Mit der tiefgreifenden Mediatisierung hat sich das Medienensemble der öffentlichen Debatte grundlegend verändert. Online- und App-Ausgaben etablierter Nachrichtenanbieter entstanden ebenso wie Facebook und Twitter als neue Zugangsmöglichkeiten für die Aneignung von Nachrichten. Mit Blick auf die Rolle, die Plattformen in diesem Transformationsprozess spielen, sprechen José van Dijck, Thomas Poell und Martijn de Wall von der »Plattformisierung von Nachrichten« (VAN DIJCK/POELL/DE WAAL 2018: 51-56): Der erste Schritt hin zu dieser Plattformisierung erfolgte, als Suchmaschinen ein wichtiger Zugang zu Online-Nachrichten wurden. Bei einer solchen Zugangsweise werden einzelne Nachrichtenartikel aus ihren ursprünglichen Medienangeboten herausgelöst und so zu einem »separaten Produkt [...], [das] durch seinen eigenen ökonomischen Er-

167 Ich verwende hier den offeneren Begriff der »medienvermittelten Debatte« (HINTZ/DENCIK/WAHL-JORGENSEN 2019: 85), um den engeren und normativeren Begriff der ›Öffentlichkeit‹ (u.a. HABERMAS 1990) zu vermeiden. Im Gegensatz zu Habermas fasse ich ›medienvermittelte öffentliche Debatten‹ zunächst rein deskriptiv, d.h., es geht mir weniger um die Frage, wie eine deliberative Öffentlichkeit aussehen sollte, als vielmehr um die Beschreibung der Veränderungen öffentlicher Kommunikation, mit denen wir aktuell konfrontiert sind.

folg überlebt oder stirbt« (CARR 2009: 154). Diese Fokussierung auf die einzelne veröffentlichte Einheit wurde durch Nachrichtenaggregatoren wie Apple News, Google News oder Yahoo News – die Nachrichten aus verschiedenen Quellen auf einer Website oder in einer App zusammenführen – weiter verstärkt. In den USA sind Facebook und Google mittlerweile »mit Abstand die wichtigsten externen Verweisseiten für den Nachrichtenverkehr« (BELL et al. 2017: 25), und auch in Europa lassen sich vergleichbare Entwicklungen feststellen (NEWMAN et al. 2020).

Da sich die Werbung von den Webseiten der Nachrichtenanbieter hin zu digitalen Plattformen verlagert hat und eine jüngere Leserschaft begonnen hat, den Großteil ihrer Nachrichten online zu nutzen, gerieten in vielen Ländern vor allem lokale und regionale Nachrichtenanbieter unter großen finanziellen Druck und Verlage mussten schließen oder fusionieren (TUROW 2011). Mit dem Entstehen von Online-Plattformen wurde den Nachrichtenunternehmen zudem ihre Gatekeeper-Rolle genommen. Politiker:innen, Unternehmen, zivilgesellschaftliche Akteur:innen und einfache Bürger:innen können sich so auf direktere Weise in die Akteurskonstellation der öffentlichen Debatte einbringen (NEWMAN et al. 2020).

Diese Entwicklungen zeigen, dass das Aufkommen von kommunikativen Robotern in den Medienensembles der öffentlichen Debatte Teil einer viel breiteren Transformation ist. Wir können die Plattformisierung der öffentlichen Debatte als eine Entwicklung begreifen, mit der die Infrastruktur geschaffen wurde, in der Social Bots erst möglich geworden sind: Diese setzen als kommunikative Roboter auf solchen Plattformen auf und können nur deswegen wie Menschen ›agieren‹, weil auf diesen Plattformen menschliche Kommunikationspraktiken durch eine entsprechende Institutionalisierung und Materialisierung entsprechend vorstrukturiert sind. Die Programmierung von Bots für Social-Media-Plattformen ist deswegen auch vergleichsweise einfach und Anleitungen können schnell online gefunden werden.[168] Der *Bot*

168 Für Twitter-Bots siehe beispielsweise: https://readwrite.com/2014/06/20/random-non-sequitur-twitter-bot-instructions/ und http://www.pygaze.org/2016/03/how-to-code-twitter-bot/ [01.05.2019].

Traffic Report aus dem Jahr 2016 berichtete, dass insgesamt 51,8 Prozent des Online-Traffics von Bots generiert wurden, von denen 22,9 Prozent ›gute Bots‹ und 28,9 Prozent ›schlechte Bots‹ seien.[169] Nicht alle Bots sind aber kommunikative Roboter im oben umrissenen Sinne: Selbst wenn man sich im Rahmen solcher Statistiken bewegt, müssen die Zahlen relativiert werden, da ein großer Teil der Bots nicht für die direkte Interaktion mit Menschen konzipiert ist. So sind in dieser Statistik auch Bots enthalten, die Daten für Suchmaschinen sammeln (gemäß den zitierten Zahlen machen diese allein 6,6 Prozent des Online-Traffics aus). Die Anzahl der Social Bots, die in der öffentlichen Debatte als Kommunikatoren ›aktiv‹ sind, ist daher viel geringer.

In ihrer Analyse von über 20 Millionen Tweets, die zwischen dem 16. September und dem 21. Oktober 2016 von etwa 2,8 Millionen unterschiedlichen Nutzer:innen im Rahmen der Online-Debatte zu den US-Wahlen generiert wurden, kamen Alessandro Bessi und Emilio Ferrara (2016) zu dem Ergebnis, dass 15 Prozent der Gesamtpopulation ihrer Studie Bots waren, und »vor allem, dass sie für etwa 3,8 Millionen Tweets (fast 19 Prozent der gesamten Konversation) verantwortlich sind«.[170] Die wichtigsten Ergebnisse, zu denen sie kamen, waren, dass im Vergleich zu Menschen die »Bots systematisch mehr positive Inhalte zur Unterstützung eines Kandidaten produzieren« und dass »Bots in den Weiterverbreitungsnetzwerken [von Inhalten] immer zentraler werden« (BESSI/FERRARA 2016: 9-10). Die Interpretation von Bessi und Ferrara legt nahe, dass mit der Einbeziehung von Social Bots die öffentliche Debatte stärker polarisiert und die Verbreitung von Fehlinformationen erhöht wird.

Die Studie von Bessi und Ferrera ist nur eine von vielen, die sich mit der Rolle von Bots in der politischen Online-Debatte befassen.[171] Es lohnt sich jedoch, sie näher zu betrachten, da sie als hervorragendes

169 Siehe Zelfman (2017) und https://www.incapsula.com/blog/bot-traffic-report-2016.html [01.05.2019].

170 Ihr Tool zur Bestimmung von Bots findet sich auf folgender Webseite: https://botometer.iuni.iu.edu [01.05.2019].

171 Weitere Studien zur Rolle von Bots in der öffentlichen Debatte sind Ferrara et al. (2016), Nimmo (2018), Stukal et al. (2019) und Tsvetkova et al. (2017).

Beispiel für die Probleme bei der Erfassung von Social-Bot-Aktivitäten steht. Erstens ist es keine einfache Aufgabe zu erkennen, welche Twitter-Accounts Bots oder reguläre Accounts sind, indem man sich nur deren Aktivität ansieht. Zu den etablierten Indikatoren der Bestimmung von Bots gehört die fehlende geografische Verortung von Tweets, eine hohe Anzahl von Retweets und dass Nachrichtenschlagzeilen ohne Links zur Originalquelle getwittert werden (STUKAL et al. 2017). Durch eine Bestimmung mittels solcher (und anderer) indirekter Rückschlüsse variiert die genaue Anzahl aktiver Bots und das Verhältnis zwischen verschiedenen Arten von Bots je nach den für die Datengenerierung und -analyse verwendeten Methoden erheblich. Wie es in einem *Science*-Artikel heißt: »In Ermangelung von Methoden zur Bestimmung repräsentativer Stichproben von Bots und Menschen auf einer bestimmten Plattform müssen alle Einzelschätzungen von Bot-Prävalenz mit Vorsicht interpretiert werden« (LAZER et al. 2018: 1095). Mit anderen Worten: Auf der Grundlage der bestehenden Forschung ist es weder möglich, genau zu wissen, wie viele Bots Teil einer öffentlichen Debatte sind, noch, welche Dynamik der Transformation mit ihnen verbunden ist.

Hinzu kommt, dass wir es bei Social Bots nur mit einem kleinen Teil des sich verändernden Medienensembles zu tun haben. Außerdem beziehen sich die meisten Forschungen zu Social Bots nur auf Twitter, weil Bots für die Plattform vergleichsweise einfach zu programmieren sind und die Programmierschnittstelle von Twitter einen recht weitgehenden Datenzugriff für Forschungszwecke erlaubt. Weit weniger Studien setzen sich z. B. mit Facebook auseinander. Und wir müssen bedenken, dass das Medienensemble der öffentlichen Debatte wesentlich mehr umfasst als nur Online-Social-Media-Plattformen (NEWMAN et al. 2018: 8-31, 2020: 60-106): Fernsehen hat immer noch einen Platz, ob online, terrestrisch oder über Kabel. Zeitungen sind online und in gedruckter Form ebenfalls nach wie vor relevant. Bei Streitthemen kommen im Einzelfall Online-Beiträge von Politiker:innen, Vertreter:innen öffentlicher Institutionen und der Zivilgesellschaft sowie normalen Bürger:innen über eine Reihe von Plattformen hinzu. Wir müssen Social Bots innerhalb dieses Gesamtzusammenhangs des sich wandelnden Medienensembles kontextualisieren, wenn wir Aussagen über die Transformation der Figuration der öffentlichen Debatte machen wollen. Dennoch zeigt die bisherige Diskussion, wie nachhaltig deren Transformation mit der tiefgreifenden Mediatisierung ist. Das sich verändernde Medienensemble ermöglicht neue Dynamiken der Kommunikation. Welche Dynamiken das im Einzelnen sind und welchen Stellenwert diese für eine entstehende digitale Gesellschaft haben, ist eine offene empirische Frage. Die Aufgabe der zukünftigen Mediatisierungsforschung wird es sein, Muster genau dieser Dynamiken zu erforschen.

JOURNALISTISCHE NACHRICHTENPRODUKTION

Ein weiteres Beispiel für die Transformation von bestehenden Figurationen betrifft die Nachrichtenproduktion im Journalismus. Und auch hier bietet sich als Einstieg ein Blick auf kommunikative Roboter an, speziell die Work Bots des Roboterjournalismus, wie er in Kapitel 3 diskutiert wurde. Wiederum muss dieses Beispiel allerdings im breiteren Kontext des weitergehenden Wandels der Nachrichtenproduktion gesehen werden. Traditionell hat sich die Forschung hierzu auf die Redaktion und deren Newsroom fokussiert (WAHL-JORGENSEN 2009: 22-25; DEUZE/WITSCHGE 2018, 2019). Im Fokus standen hierbei vor allem »die alltäglichen Aushandlungsprozesse, durch die die Struktur in alltagsweltlichen Arbeitssituationen produziert und reproduziert wird« (LOUNSBURY/KAGHAN 2001: 28). Als digitale Medientechnologien immer relevanter für die journalistische Arbeit wurden, begann sich die Forschung dafür zu interessieren, wie sich die Praktiken der journalistischen Produktion selbst mit dem ihnen zugrunde liegenden Medienensemble veränderten. Ein besonderer Schub war hier der Moment, als sich mit dem Online-Journalismus die Produktionspraktiken von Journalist:innen insgesamt veränderten. Der Forschung dazu, wie Innovation im Journalismus mit neuen Medientechnologien zusammenhängt, wurde eine hohe Relevanz zugesprochen.[172] Solche Zusam-

172 Zu den frühen Studien gehören Boczkowski (2004), Cottle und Ashton (1999), Deuze (2007) und Quandt (2005).

menhänge wurden im Hinblick auf die allgemeine Kostensenkung und Implementierung einer neuen Managementkultur der Nachrichtenproduktion (BORN 2005), als Spannung zwischen nicht-technologischen organisatorischen Faktoren und neuen Technologien (BOCZKOWSKI 2004) oder im Hinblick auf die Ängste vor Diskontinuität bei Veränderungen (CARLSON 2007) erforscht. Mit der Verbreitung digitaler Medien in der journalistischen Produktion wurde die »Newsroom-Zentriertheit« der Forschung allerdings problematisch, da dezentralere »elektronisch basierte Formen der redaktionellen Organisation« (WILKE 2003: 474) entstanden und mit neuen Arbeitsweisen die »Zentralisierung der journalistischen Arbeit am physischen Ort des Newsrooms« (WAHL-JORGENSEN 2009: 33) infrage gestellt wurde. Die Figuration der journalistischen Produktion bewegte sich in Richtung eines ›postindustriellen‹ Modells der journalistischen Arbeit, durch das die ›Grenzen‹ der Nachrichtenredaktion überschritten und verschiedene neue Formen des Journalismus stimuliert wurden (ANDERSON/BELL/SHIRKY 2012).

Da sich die Akteurskonstellation der Nachrichtenproduktion so grundlegend verändert hat, wurde die Transformation der journalistischen Produktion in der Folge aus verschiedenen Perspektiven untersucht. Die Relevanz der »freien« Journalist:innen als »flexible Arbeitskräfte in den Medienindustrien« (EDSTROM/LADENDORF 2012: 711) hat durch den Stellenabbau in Redaktionen zugenommen, und die professionellen Berufsbilder wurden mit dem Medienwandel zunehmend erschüttert. Als neue Berufsrolle kam die der ›Unternehmerjournalist:innen‹ auf, selbstständige Journalist:innen, die sich auf ihre individuellen Fähigkeiten fokussieren und neue Formate und Geschäftsmodelle entwickeln, bei denen individuelles Engagement in einer sich verändernden Medienumgebung im Zentrum steht.[173] Mit der Etablierung von digitalen Werkzeugen zur Analyse und Visualisierung großer Datenmengen kam die Rolle der (freiberuflichen) Datenjournalist:innen und Datenanalyst:innen hinzu.[174] Die in Kapitel 2 beschriebenen Hacks/Hackers und weitere

173 Siehe Briggs (2012), Mensing und Ryfe (2013), Vázquez Schaich und Klein (2013) sowie Wagemans et al. (2019).

174 Zur Forschung über Datenjournalismus siehe Anderson (2013), Fink und Anderson (2015), Flew et al. (2012), Lewis (2014), Loosen (2018b) sowie Parasie und Dagiral (2013).

Pionierjournalist:innen etablierten sich, wobei deren Arbeit von technologieorientierten Gemeinschaften wie der Hacker- und Open-Source-Bewegung mit angestoßen wurde. Jenseits der Nachrichtenredaktion haben Start-ups vor allem bei der Entwicklung neuer Formen der journalistischen Produktion, neuer journalistischer Produkte und Geschäftsmodelle an Bedeutung gewonnen.[175] Mit all diesen Veränderungen hat sich unser Verständnis von dem, was Journalismus ist, verschoben, was die reflexiveren Diskurse im Feld wie auch in der Wissenschaft zeigen.[176] Wir sehen uns also nicht (nur) mit einer einfachen Krise des Journalismus konfrontiert, sondern mit einer grundlegenden Transformation der journalistischen Nachrichtenproduktion in Bezug auf ihre Akteurskonstellation, Praktiken und ihre Relevanzrahmen.

Im Kontext dieser umfassenden Transformation der Figuration der journalistischen Produktion ist auch der sogenannte ›Roboterjournalismus‹ zu verorten. Work Bots sind hier Software-Tools, die dazu dienen, journalistische Aufgaben, die ursprünglich von Menschen ausgeführt wurden, zu automatisieren. Wir können das Veränderungspotenzial von Work Bots allerdings nicht verstehen, wenn wir sie isoliert oder als einfachen Ersatz für menschliche Arbeit sehen. Vielmehr werden sie Teil des Medienensembles der journalistischen Produktion insgesamt.

Dies zeigt die bisherige Forschung zum Roboterjournalismus, die sich mit der automatisierten Textproduktion beschäftigt. Interviews mit Journalist:innen, die Work Bots nutzen, zeigen, dass diese Anwendungen nicht isoliert betrachtet werden können, nicht nur, weil sie auf Skripten basieren, die von den Journalist:innen selbst geschrieben wurden und entsprechend in ihrer bestehenden Alltagspraxis verwurzelt sind, sondern auch, weil es eine journalistische Aufgabe bleibt, die von den Bots automatisch generierten Inhalte zu kontextualisieren und zu personalisieren (THURMAN/DÖRR/KUNERT 2017: 1254). Ein genauerer Blick auf Work Bots, wie die des Structured Stories Project – einer

175 Die Rolle von Start-ups in der journalistischen Produktion wurde von Carlson und Usher (2016), Chadha (2016), Hess, Köster und Steiner (2014), Usher (2017) sowie Wagemans et al. (2016) untersucht.

176 Siehe Carlson (2016), Loosen, Reimer und da Silva-Schmidt (2020) sowie Vos und Singer (2016).

experimentellen offenen Nachrichtendatenbank für automatisierten Lokaljournalismus[177] –, zeigt, wie sehr auch sie mit der journalistischen Praxis verschränkt bleiben. Letztlich basieren solche Bots auf Plattformen, die es Journalist:innen ermöglichen, Ereignisse und Erzählungen in einer ›Story-Datenbank‹ zu erfassen. Dabei werden Modelle der Narrationen zur Strukturierung von Daten entwickelt, aus denen dann mithilfe automatisierter Schreibwerkzeuge ereignisgesteuerte Narrative generiert werden können (CASWELL/DÖRR 2018: 479). Abgesehen von Inhalten, die über vorhandene Sensoren automatisch abrufbar sind oder bereits in Form von Datenbankeinträgen vorliegen (wie z.B. Sportergebnisse, Börsengeschäfte oder Erdbebeninformationen), müssen die Journalist:innen die Daten selbst einlesen bzw. erfassen, die Erzählskripte entwerfen und die Datenbanken pflegen. Schon aus diesem Grund können wir Roboterjournalismus nicht als losgelöst von anderen journalistischen Praktiken sehen.[178]

Dies lässt sich auch anhand von anderen, weniger experimentellen Beispielen für Roboterjournalismus belegen. Der *Homicide Report* der *Los Angeles Times*[179] beispielsweise hatte ursprünglich das Ziel, als Ergänzung zur ausführlichen Zeitungsberichterstattung über ausgewählte Todesfälle alle Tötungsdelikte im Großraum LA in Blogform zu erfassen. Anfänglich wurde dieser Blog von einem Journalisten realisiert, der die

177 Diese Datenbank ist über die folgende Webseite zugänglich: http://www.structuredstories.com [01.05.2019].

178 Wir müssen uns allerdings dessen bewusst sein, dass solche Transformationen von Mediendiskursen über Roboterjournalismus begleitet werden, in denen Journalist:innen selbst über solche Veränderungen reflektieren (DALEN 2012). Wie Matt Carlson in einer Analyse der Medienberichterstattung über Narrative Science, einen Anbieter eines Tools für automatisierten Journalismus, für den Zeitraum vom 1. Januar 2010 bis zum 1. März 2014 zeigt, gehörten zu den dominierenden Themen am positiven Ende des Spektrums Argumente darüber, wie das Wachstum des automatisierten Journalismus die Menge der verfügbaren Nachrichten erweitern könnte und Journalist:innen so von Alltagsroutinen freigesetzt werden könnten, um weniger mechanischen Tätigkeiten nachzugehen. Auf der negativen Seite des Spektrums steht die Vorstellung, dass so eine Arbeitskultur gefördert werden würde, in der Entlassungen üblich seien ebenso wie eine polarisierende Personalisierung und eine Kommerzialisierung des Schreibens von Nachrichten (CARLSON 2015: 429). Der Prozess des Aushandelns der Bedeutung von kommunikativen Robotern in der journalistischen Produktion ist also noch in vollem Gange.

179 Siehe https://homicide.latimes.com [01.05.2019]. Dieses Skript war auch die Grundlage für den Work Bot, der für die in Kapitel 3 beschriebene Dokumentation von Erdbeben verwendet wurde.

einzelnen Einträge von Hand schrieb. In einer zweiten Iteration wurde diese Übersicht dann mithilfe eines Work Bots realisiert, d.h. eines automatisierten Skripts, das die Daten der Gerichtsmedizin nutzt. Wird ein Todesfall als Tötungsdelikt gelistet, schreibt der Bot auf der Basis dieser Daten automatisch einen kurzen Blogeintrag und das Tötungsdelikt wird in eine interaktive Karte eingefügt. Zusätzlich zu dieser automatisierten Dokumentation werden für denselben Blog von Journalist:innen längere Artikel zu ausgewählten Tötungsdelikten verfasst. Mary Lynn Young und Alfred Hermida (2015) arbeiten in ihrer detaillierten Studie über den *Homicide Report* eine weitreichende Verschränkung verschiedener Technologien und Praktiken bei der Erstellung der Berichterstattung heraus. Vor allem können sie so zeigen, inwieweit der Report für die allgemeine Transformation der journalistischen Produktion bei der *Los Angeles Times* steht: Die Implementierung von Work Bots ist Teil der allgemeinen Etablierung einer journalistischen Praxis, bei der aus dem Internet verfügbare Inhalte automatisiert genutzt und verarbeitet werden. Diese automatisierten Berichte gewinnen allerdings erst dadurch ihre Bedeutung, dass sie in eine weitergehende Berichterstattung zum Thema eingebettet sind: Parallel zur automatisierten Nachrichtenerstellung recherchieren Journalist:innen und publizieren auf dieser Basis eine vertiefende Berichterstattung. Solche Veränderungen in der Berufspraxis gehen Hand in Hand mit Veränderungen in der gesamten Redaktion, in der ehemals externe Pionier:innen mit Datenjournalismus- und Programmierkompetenz ein Teil des Kernteams wurden. Dies steht im Zusammenhang mit dem Wandel der Organisationskultur hin zu einer größeren Offenheit gegenüber technologischen Veränderungen.

LOKALE UND TRANSLOKALE FAMILIEN

Ein weiteres Beispiel für die Transformation bestehender Figurationen ist das der Familie.[180] Die Familie ist besonders interessant, weil es eine

180 Zu diesem Beispiel siehe auch Couldry und Hepp (2017: 70-71).

lange Tradition gibt, ihre medienbezogenen Transformationen zu untersuchen. So ging aus der Forschung zur Mediennutzung in der Familie das Argument hervor, dass die Aneignung einzelner Medien nicht isoliert untersucht werden sollte, sondern als Teil des Medienensembles der Familien insgesamt.[181] Ein Ergebnis der verschiedenen älteren Studien zur Medienaneignung in der Familie ist, dass Medien wichtig für die Konstruktion des Familienlebens sind, insbesondere im Hinblick auf Geschlechterrollen und Machtverhältnisse.[182] Dabei dominierte lange Zeit das Fernsehen, stand aber immer im Kontext des Ensembles anderer Medien wie Videorecorder, Telefon und Zeitungen. Insgesamt zeigen solche Studien, dass die Konstruktion der Familie nicht isoliert von den in der Familie angeeigneten Medien betrachtet werden kann.

Auch in diesem Fall hat die Verbreitung digitaler Medien neue Forschungen angeregt. Während digitale Medien von den Familien in großem Umfang angeeignet wurden, zeigt die Mediatisierungsforschung, dass dies nicht zu einem vollkommenen Umbruch der Mediennutzung in Familien geführt hat, sondern dass es vielmehr eine Trägheit der bestehenden Praktiken gibt.

Beispielsweise wird das gemeinsame Fernsehen zur »Herstellung von Gemeinschaft und zur Synchronisation des Zusammenlebens« (RÖSER et al. 2017: 150) beibehalten, wobei ›Fernsehen‹ auch bedeuten kann, Netflix, über Mediatheken oder einen anderen rein digitalen Fernsehkanal zu schauen. Wir sehen eine Erweiterung des Medienensembles der Familien, dessen Folge nicht eindimensionale Veränderungen sind, sondern das Aufkommen verschiedener neuer Dynamiken in der kommunikativen Konstruktion der Familien. Dies zeigen die folgenden Beispiele: Computer- und Videospiele müssen beispielsweise nicht zwangsläufig zu einer Kluft zwischen den Generationen der Familie führen, sondern können ebenso eine Ressource für den Aufbau von Generationenbeziehungen durch unterschiedliche Kompetenzen

181 Dieses Argument ist von Hermann Bausinger (1984) gemacht worden, auf den ich mich bei der Einführung des Begriffs des Medienensembles in Kapitel 3 bezogen habe.

182 Siehe Bryce und Leichter (1983), Goodman (1983), Lindlof, Shatzer und Wilkinson (1988), Lull (1988, 1990), Morley (1986), Morley und Silverstone (1990) sowie Silverstone und Hirsch (1992).

sein.[183] Mit der Verbreitung von Plattformen wie Facebook entstehen neue Dynamiken im Hinblick auf deren Nutzung durch die Eltern zur sozialen Kontrolle der Kinder, wenn Eltern mit ihren Kindern verstärkt über Social-Media-Plattformen ›befreundet‹ sind und so Einblick in deren Online-Aktivitäten erhalten.[184] Eine weitere Dynamik besteht darin, Kommunikationsregeln innerhalb der Familie auszuhandeln, z.B. wer in der Familie eine Schwangerschaft und Geburt online öffentlich bekannt geben darf (die Eltern oder andere Familienmitglieder?) oder ob Eltern online über ihre Kinder kommunizieren und Bilder posten dürfen.[185] Ein weiteres Beispiel für neu aufkommende Dynamiken ist die Konstruktion eines gemeinsamen Gedächtnisses in Familien, für die digitale Medien zu einer wichtigen Ressource geworden sind.[186]

Neben solchen Veränderungen in der Dynamik des Aushandelns von Familienbeziehungen ermöglichen digitale Medien und ihre Infrastrukturen auch gänzlich neue Formen der Artikulation von Familienleben, was am Beispiel von über verschiedene Orte verstreuten, transnationalen Familien deutlich wird. Die Verbreitung der heutigen transnationalen Familien verweist allerdings nicht nur auf die Mediatisierung, sondern auch auf die Globalisierung, da – motiviert durch mangelnde Arbeit oder prekäre Arbeitsbedingungen am ursprünglichen Wohnort – die Arbeits- und Wirtschaftsmigration eine wichtige treibende Kraft für die Verbreitung dieser Familienform ist. Die Forschung zeigt, dass solche translokal oder transnational lebenden Familien von ihren Mitgliedern über ein komplexes Medienensemble zusammengehalten werden, von denen das Festnetz- und Internettelefon, E-Mails, verschiedene Plattformen, Textnachrichten, Briefe und produzierte Medieninhalte wie Soaps oder Filme ein Teil sind.[187] In der heutigen Medienumgebung können

183 Siehe Aarsand (2007) und aktueller mit Bezug auf das Internet Correa et al. (2015).

184 Siehe Child und Westermann (2013).

185 Zu einer solchen Diskussion vgl. aus sehr unterschiedlichen Perspektiven: Clark (2012), Livingstone (2014), Mascheroni (2020), Schmidt (2019) und Thornham (2019).

186 Dies diskutierten im Detail Lohmeier und Böhling (2017).

187 Die folgenden Argumente stützen sich insbesondere auf Madianou (2014), Madianou und Miller (2012, 2013) sowie Greschke, Dreßler und Hierasimovicz (2017). Während Mirca Madianou und Daniel Miller vor allem transnationale Familien aus den Philippinen fokussierten, haben Heike Greschke, Diana Dreßler und Konrad Hierasimowicz Familien aus Ungarn, Polen, Spanien und der Ukraine untersucht.

sich transnationale Familien »ihre je spezifische Konfiguration an Medien zusammenstellen, die für ihre jeweiligen kommunikativen Bedürfnisse am besten funktioniert« (MADIANOU/MILLER 2013: 179). So haben Migrantinnen die Möglichkeit, ihre mütterliche Rolle durch ein »Kümmern auf Distanz« (MADIANOU/MILLER 2012: 70) aufrechtzuerhalten, indem sie durch die kombinierte Nutzung von Internettelefonie, E-Mail, Telefonanrufen und Textnachrichten den Kindern bei ihren täglichen Aufgaben (z.B. Schularbeiten) helfen, aber auch disziplinarisch eingreifen, da sie die Aktivitäten ihrer Kinder fortlaufend online beobachten können. Digitale Medien schaffen auch für Väter die Möglichkeit, translokal Situationen der Kinderbetreuung zu etablieren, wie z.B. die der Lernunterstützung (GRESCHKE/DRESSLER/HIERASIMOWICZ 2017: 68). Für die Kinder bedeuten solche medial vermittelten Beziehungsformen, dass sie sich auf neue Art und Weise gegenüber ihren Eltern äußern müssen, aber auch, dass sie den Kontakt ganz vermeiden können, indem sie ihre Antworten auf E-Mails und andere Nachrichten verweigern. Wir sehen hier eine bemerkenswerte Refiguration der Familie: Durch ein digitales Medienensemble ist es möglich, transnationale Familienbeziehungen aufrechtzuerhalten, selbst wenn sie über Raum und Zeit bestehen. Als Folge der kommunikativen Konstruktionen solcher translokalen Familien verändert sich aber auch ihr Charakter im Vergleich zu Familien, die lokal zusammenleben. Die Definition von Familie verschiebt sich in eine transnationale Akteurskonstellation, ebenso wie sich die Definitionen von Familienrollen ändern, wie das Beispiel des ›Kümmerns auf Distanz‹ zeigt.[188]

Auch bei Familien können kommunikative Roboter Teil des Medienensembles werden. Aktuelle Beispiele sind die Artificial Companions von Amazon Echo und Google Home. Da sich diese Endgeräte erst in ihrer frühen Entwicklungsphase befinden, gibt es noch wenig Forschung zu diesem Thema.[189] Die wenigen Studien zeigen allerdings, dass auch

188 Wie andere Studien gezeigt haben, sind Beziehungen innerhalb von lokalen Familien in Kopräsenz eng mit der Mediennutzung verbunden, und die Erwartung einer intensiveren kommunikativen Konnektivität ist die zwangsläufige Folge. Siehe Jansson (2015b) und Linke (2011).

189 Ein Hauptproblem für jede Sozialforschung zu diesen Technologien ist, dass »aufgrund der Neuartigkeit der IPA-Technologie die meisten Informationen über den Einsatz von Alexa aus Branchenberichten stammen« (LOPATOVSKA et al. 2018: 985).

solche Technologien von den bestehenden Familiendynamiken aus angeeignet werden. Marktforschungen zu frühen Anwender:innen in den USA beispielsweise machen deutlich, dass Amazons Echo mit über 80 Prozent Marktanteil typischerweise in Mehrpersonenhaushalten angeeignet wird und dass rund 50 Prozent der Nutzer:innen das Endgerät in der Küche und 33 Prozent im Wohnzimmer verwenden. Aus dieser Sicht ermutigt »Echos Stand-Alone-Lautsprecher-Design Familie, Freunde und Kinder gleichermaßen zur Interaktion mit Alexa« (ONG/SUPLIZIO 2016: 1). Zu den mit über 50 Prozent am weitesten verbreiteten Interaktionen gehören »einen Timer einstellen«, »ein Lied abspielen«, »die Nachrichten lesen«, »einen Wecker stellen«, »die Uhrzeit überprüfen«, »einen Witz erzählen« und »die Beleuchtung steuern«.[190] Solche Ergebnisse werden in einer Tagebuchstudie von Irene Lopatovska und Kolleg:innen zur Nutzung von Alexa bestätigt, in der sie feststellten, dass die häufigsten Verwendungsweisen schnelle Informationssuchen (Wetter, Fakten, Nachrichten), Unterhaltung (Musik abspielen, einen Witz erzählen) und die Steuerung externer Endgeräte sind (LOPATOVSKA et al. 2018: 988-989). Darüber hinaus zeigt diese Studie, dass das Echo-Gerät hauptsächlich in drei Räumen positioniert wurde: im Wohnzimmer, in der Küche und im Schlafzimmer, während die meisten Sprachbefehle im Wohnzimmer gegeben wurden.[191] Es scheint, dass die Domestizierung des Echo vor allem in Räumen familiärer Interaktion stattfindet und dass die dominanten Arten des Umgangs mit dem Gerät entweder rein funktional sind, die familiäre Kommunikation anregen oder Zugang zu anderen Medieninhalten wie Musik oder Nachrichten eröffnen. Im Gegensatz zu solchen Studien betont die kritische Medien- und Kommunikationsforschung zu Amazon Alexa und ähnlichen Systemen,[192] dass über die diesen Endgeräten zugrunde liegenden Infrastrukturen eine zentrale Speicherung von Daten möglich ist und damit die kontinuier-

190 Wir müssen jedoch sehr vorsichtig sein, solche Aussagen zu verallgemeinern, da sie auf einer Umfrage unter 1.300 amerikanischen Nutzer:innen basieren, von denen nur 180 ›Early Adopters‹ des Amazon Echo waren, https://www.experian.com/innovation/thought-leadership/amazon-echo-consumer-survey.jsp [01.05.2019].

191 Diese Ergebnisse werden auch durch eine Analyse der Nutzerkommentare im Amazon-Onlineshop (PURINGTON et al. 2017: 2857) und die Studie von Sciuto et al. (2018) gestützt.

192 Siehe Crawford und Joler (2018), Stark und Levy (2018) sowie Zuboff (2019): 15-16.

liche Aufzeichnung von Interaktionen zu Hause.[193] Bisher gibt es allerdings leider wenig Forschung zu solchen Zusammenhängen. Während es viele Gründe für Skepsis gegenüber solchen Systemen gibt,[194] bleibt es damit leider eine offene Frage, inwieweit bzw. auf welche Weise sich Familien verändern werden, wenn ihr Zuhause ›smart‹ wird und von solchen Technologien durchdrungen ist, wie sie derzeit von Amazon und Google angeboten werden.

An dieser Stelle könnten wir die Beschreibungen der Transformation bestehender Figurationen mit einem sich wandelnden Medienensemble fortsetzen, indem wir unterschiedliche Organisationen wie Schulen oder private Unternehmen, unterschiedliche Gemeinschaften wie Diasporas oder Freundeskreise oder unterschiedliche zivilgesellschaftliche Akteure wie soziale Bewegungen oder Vereine näher betrachten.[195] Solche kontextualisierte Forschung ist auch notwendig, weil die tiefgreifende Mediatisierung kein homogener Prozess ist, sondern sich von einer sozialen Domäne zur anderen unterscheidet. Über dabei bestehende Unterschiede hinweg lassen sich jedoch anhand der bisher diskutierten Beispiele einige allgemeinere Aussagen treffen, die auf Zusammenhänge hinweisen, die wir in Bezug auf eine entstehende digitale Gesellschaft im Blick haben sollten.

Erstens haben wir mit allen drei Beispielen – den Figurationen der öffentlichen Debatte, der journalistischen Nachrichtenproduktion und der (trans-)lokalen Familie – nochmals das Argument untermauert, dass der entscheidende transformierende Faktor nicht einfach das Aufkommen *eines* neuen Mediums ist, sondern die Art und Weise, in der digitale Medien und ihre Infrastrukturen in das Medienensemble

193 Letzteres war vor allem in der Anfangsphase ihrer Verbreitung Gegenstand der medialen Berichterstattung über die beiden Endgeräte, siehe z.B. https://www.theguardian.com/technology/2019/apr/11/amazon-staff-listen-to-customers-alexa-recordings-report-says [01.05.2019].

194 Bemerkenswert ist, dass die frühen wissenschaftlichen Entwicklungen von Smart-Home-Technologien mit einer völlig anderen Systemmodellierung begannen, als es Amazon und Google heute tun. Die Überlegung war damals, dass die entstehenden Daten so privat seien, dass ihre zentrale Verarbeitung auf lokal entfernten Servern ausscheidet. Solche Daten sollten ausschließlich im Haushalt der betroffenen Personen verfügbar sein.

195 Siehe (in der Reihenfolge der oben genannten Beispiele) Breiter (2014), Øyvind und Pallas (2014), Hepp, Berg und Roitsch (2014a, 2014b) sowie Mattoni und Treré (2014).

insgesamt integriert wurden. Zweitens haben wir es nicht mit einfachen Effekten zu tun, sondern mit komplexen Wechselverhältnissen. Medienensemble und Praktiken sind miteinander verschränkt und transformieren sich daher gemeinsam. Drittens haben diese Beispiele gezeigt, dass wir medienbezogene Veränderungen in Relation zu anderen Arten von Veränderungen betrachten müssen: die zunehmende Kommerzialisierung bestimmter Praktiken (z.B. bei der journalistischen Produktion), die Individualisierung der öffentlichen Konnektivität (z.B. bei der öffentlichen Debatte) oder die Globalisierung von Gemeinschaften (z.B. bei den Familienbeziehungen). Will man die mit der tiefgreifenden Mediatisierung verbundene Transformation von Figurationen erfassen, muss man auch deren Beziehung zu anderen Metaprozessen des Wandels berücksichtigen, statt nach einfachen Kausalitäten zu suchen. Viertens zeigen die Beispiele klar, was Rekursivität bedeutet. In all diesen Fällen lässt sich sagen, dass die Aneignung digitaler Medien in jeder Figuration die Trends des Wandels in der Medienumgebung unterstützt: Die Differenzierung der Medien wird vorangetrieben durch die Bereitschaft, sie sich für die öffentliche Debatte, den Journalismus und die Familie anzueignen. Durch die fortlaufende Nutzung dieser Medien wird ihre Omnipräsenz gesichert. Eine wenn auch zögerliche Akzeptanz der Innovationsgeschwindigkeit wird deutlich. Und die Datafizierung stabilisiert sich, wenn digitale Medien und damit die mit ihnen verbundene Generierung von Daten Teil jeder Figuration werden. Die quantitativen Trends der tiefgreifenden Mediatisierung sind also keineswegs äußerlich. Vielmehr verweisen sie zurück auf die innere Transformation verschiedener menschlicher Figurationen – durch die diese Trends überhaupt erst reartikuliert und aufrechterhalten werden. Dies zeigt deutlich die Art von Rekursivität, mit der wir es auf unserem Weg zur digitalen Gesellschaft zu tun haben.

5.3 DAS ENTSTEHEN NEUER FIGURATIONEN

Die Annahme, dass alle sozialen Beziehungen die Form von Netzwerken annehmen würden, war lange Zeit eine verbreitete These in der

Medien- und Kommunikationsforschung, insbesondere mit Bezug auf digitale Medien. Das Argument ist, dass mit der Etablierung des Internets Menschen, statt Teil statischer Gruppen und Nachbarschaften zu sein, in offene Netzwerke eingebettet wären, die das »neue soziale Betriebssystem« (RAINIE/WELLMAN 2012: 3) der »Netzwerkgesellschaft« (CASTELLS 2001a: 6) bilden würden. Betrachtet man solche Aussagen heute mit etwas Distanz zum anfänglichen Hype der frühen Internet- und Netzwerkmetaphern, ist offensichtlich, dass nicht jede soziale Beziehung ein Netzwerk geworden ist und dass Netzwerke nicht all unsere Beziehungen dominieren. Vielmehr sind derartige Aussagen mit dem Problem verbunden, dass eine deskriptive Sprache zur Beschreibung sozialer Phänomene – die Verwendung des Konzepts ›Netzwerk‹ zur Beschreibung sozialer Beziehungen – mit der Diagnose einer Gesellschaft verwechselt wird.[196] Gleichwohl lässt sich ein auch theoretisch relevanter Kern solcher zeitdiagnostischen Aussagen ausmachen, nämlich dass die tiefgreifende Mediatisierung nicht nur mit der Transformation bestehender, sondern auch mit dem Entstehen neuer Figurationen verbunden ist. Diese neuen Figurationen sind vielfältig, und die Sprache, die wir verwenden, um sie zu beschreiben, steckt noch in den Anfängen. Dennoch lassen sich einige generelle Tendenzen erkennen: Erstens sind die Akteurskonstellationen neu entstehender Figurationen oft fluider und geografisch weiter erstreckt als die bisheriger. Und zweitens sind digitale Medien konstitutiv für diese Figurationen. Obwohl beides einige Parallelen zum Netzwerkdenken aufweist, brauchen wir aber eine spezifischere Sprache, um diese Phänomene angemessen zu beschreiben, anstatt einfach alles als Netzwerke zu bezeichnen. Im Folgenden möchte ich dies an den Beispielen der Plattform-Kollektivitäten, der konnektiven Praxis und der skopischen Finanzmärkte konkretisieren.

196 Siehe dazu ausführlich Couldry und Hepp (2017: 60-63). In Hepp (2021) gehe ich zusätzlich darauf ein, inwieweit solche Konzepte für die Hinwendung der Mediensoziologie zum Digitalen bzw. zur digitalen Gesellschaft stehen.

PLATTFORM-KOLLEKTIVITÄTEN

Plattform-Kollektivitäten sind Figurationen, die sich um digitale Plattformen herum bilden. In gewisser Weise nehmen wir bei deren Betrachtung eine etwas andere Perspektive ein als im vorherigen Abschnitt. Anstatt zu fragen, wie Plattformen als Teil eines Medienensembles zur Transformation bestehender Figurationen beitragen, lenken wir den Blick darauf, welche neuen Figurationen von Menschen sich um Plattformen gruppieren. Geht man von einem solchen Blickwinkel aus, fallen Prozesse der »numerischen Inklusion« (WEHNER 2010: 183) auf.[197] Damit ist gemeint, dass die digitalen Spuren, die Nutzer:innen auf Plattformen hinterlassen, über eine automatisierte Auswertung in verschiedenen Kollektivitäten gruppiert werden, deren Mitglieder dann von diesen Plattformen gemeinsam als eine Einheit adressiert werden. Ein einfaches Beispiel dafür ist die Kategorisierung von Menschen entlang ihrer Vorlieben. Auf Plattformen wie dem Amazon Online Store oder Apple Music werden Kollektivitäten des Geschmacks auf der Basis früherer Online-Käufe berechnet, die dann als Kriterien für weitere Kauf- oder Hörvorschläge herangezogen werden. Diese Kollektivitäten werden über die Verarbeitung von Datenspuren menschlicher Praxis – der Praxis des Online-Kaufs oder der Online-Mediennutzung – konstruiert. Sie basieren also auf gemeinsamen Relevanzrahmen (Geschmack) und werden von den Plattformen in bestimmte Akteurskonstellationen vermittelt (die der Mitglieder der Kollektivität). In diesem Sinne konstituieren sie eine Figuration. Die einzelnen Nutzer:innen, die die Basis dieser Figurationen bilden, sind sich ihrer Gesamtheit aber meist nicht bewusst und entwickeln kein geteiltes ›Wir‹.

Solche Figurationen werden technologisch erzeugt, und zwar als Ergebnis von Datenverarbeitung. Nick Couldry und ich haben diese Figurationen an anderer Stelle als »Kollektivitäten ohne Vergemeinschaftung« (COULDRY/HEPP 2017: 183) beschrieben. Sie artikulieren sich durch einen Prozess der »rekursiven Inklusion« (LURY/DAY 2019:

197 Für das Konzept der numerischen Inklusion siehe daneben Passoth, Sutter und Wehner (2014).

25): Die Likes, Kaufentscheidungen und Selektionen, auf denen ihre Bildung beruht, stellen einen kontinuierlichen Datenfluss dar, entlang dessen sich die algorithmische Kollektivitätsbildung vollzieht. Dadurch entstehen enge Schleifen der Rekursivität, in denen sowohl das Individuum als auch die Kollektivität »immer wieder neu spezifiziert werden« (LURY/DAY 2019: 25).

Derzeit sind diese Arten von Kollektivitäten primär auf eine Plattform bezogen. Sie entstehen im Amazon Online Store, bei Apple Music, auf Facebook und so weiter. Betrachtet man den technologischen Wandel, wie er sich aktuell vollzieht, könnten wir aber bald mit Plattform-Kollektivitäten konfrontiert werden, die über ein Ensemble verschiedener digitaler Medien prozessiert werden. Schon jetzt ist es so, dass Kollektivitäten nicht nur auf den Datenspuren einer Online-Plattform alleine basieren können, sondern auch andere verarbeitete Informationen wie die von Mobiltelefonen und Webbrowsern geteilten Geodaten oder Cookies einbeziehen. Verfolgt man die aktuellen Entwicklungen in der Datenerfassung und -verarbeitung über verschiedene Unternehmen hinweg (TUROW 2017), so ist zu erwarten, dass in Zukunft noch komplexere Formen der Generierung von Plattform-Kollektivitäten aufkommen werden, bei denen die Daten eines breiten Ensembles unterschiedlicher Medien Berücksichtigung finden.

Hat man erst einmal einen solchen Blick auf Plattform-Kollektivitäten entwickelt, erscheinen der zuvor diskutierte Überwachungskapitalismus und Datenkolonialismus in einem anderen Licht. Beispielsweise können wir nun Uber als eine durch ›algorithmisches Management‹ (ROSENBLAT 2018: 199) produzierte Plattform-Kollektivität beschreiben: Die App verschafft dem Unternehmen durch die Verarbeitung von Mobilitätsdaten einen tiefen, quantifizierenden Einblick in die Arbeitspraktiken der Fahrer:innen. Diese werden durch ein Bewertungssystem überwacht (und können durch dessen Deaktivierung von der Arbeit ausgeschlossen werden) und durch Versprechen von lukrativen Fahrten (oder möglicherweise Fehlinformationen wie Fake-Fahrer:innen) gesteuert. Es ist eine Kollektivität von isolierten Arbeiter:innen, die nur durch eine Plattform zusammengehalten wird – eine Kollektivität ohne Vergemeinschaftung.

Ein zentrales Merkmal von Plattform-Kollektivitäten ist, dass in und durch sie soziale Ungleichheit geschaffen wird. So sind dic Fahrer:innen von Uber zu einem großen Teil Menschen, die aufgrund ihrer persönlichen Situation oder ihres Bildungsniveaus keinen Zugang zu anderen Berufen haben. Darüber hinaus reproduziert diese Plattform durch ihr Bewertungssystem auch rassistische Diskurse und soziale Ausgrenzung, da »Konsumierende ihre Vorurteile direkt und auf eine Weise in die Systeme einbringen können, durch die die Arbeitenden bewertet werden, wie es Unternehmen nicht tun könnten« (ROSENBLAT 2018: 155). Wir sehen hier eine weitere Form der »Automatisierung von Ungleichheit« (EUBANKS 2017), ein oft festgestelltes Merkmal digitaler Datenverarbeitung, nur dass sie hier direkt mit der Konstruktion einer bestimmten Kollektivität verbunden ist.[198] Plattform-Kollektivitäten sind also nicht weniger durch Machtverhältnisse und sozialen Ausschluss gekennzeichnet als andere Figurationen.

Das Beispiel Uber verdeutlicht aber auch, wie Plattform-Kollektivitäten weitere soziale Prozesse auslösen können, sobald ihre Teilnehmer:innen sich als Teil von ihnen und damit ihre relative Position zu anderen Mitgliedern der Kollektivität erkennen. Dies geschieht, wenn sich Uber-Fahrer:innen – oft gemeinsam mit den Fahrer:innen weiterer Plattformen wie Lyft – in Online-Foren zusammenfinden, ihre Erfahrungen mit dem ›algorithmischen Management‹ austauschen, anderen Fahrer:innen Tipps zum Umgang mit der App geben oder sogar Proteste gegen das Unternehmen organisieren. Diese Prozesse des gegenseitigen Austauschs können als Beispiel dafür gesehen werden, wie eine durch eine Plattform geschaffene Kollektivität durch die Nutzung eines Ensembles weiterer digitaler Medien zu einer anderen Art von Figuration werden kann – einer ›Gemeinschaft der Ausgebeuteten‹, die beginnt, ihre Interessen zu artikulieren.

198 Safiya Umoja Noble (2018) hat in ihrer ausführlichen Studie *Algorithms of Oppression* gezeigt, wie solche Ungleichheiten und Rassismus von Suchmaschinen reartikuliert werden.

KONNEKTIVE PRAXIS

Auch in anderen Bereichen entstehen neue Figurationen. In der politischen Kommunikationsforschung werden bestimmte dieser Figurationen unter dem Begriff der ›konnektiven Praxis‹ (›connective action‹, BENNETT/SEGERBERG 2013) diskutiert. Beispiele dafür sind die Proteste, die um das Jahr 2011 aufkamen: die Put-People-First-Kampagne in Großbritannien, der Arabische Frühling, die Indignados in Spanien und die Occupy-Wall-Street-Proteste in den USA. Kennzeichen dieser Protestformen sei deren generelle Individualisierung, durch die das Engagement in der Politik mehr »ein Ausdruck persönlicher Hoffnungen, Lebensstile und Beschwerden« (BENNETT/SEGERBERG 2012: 743) wurde als ein Engagement mit dem Ziel struktureller Veränderung, wie es etwa bei der »kollektiven Praxis« (»collective action«) der Gewerkschaften der Fall war. Die Individualisierung des politischen Engagements ist eng verwoben mit Prozessen der tiefgreifenden Mediatisierung: Bei dieser Art des Engagements werden Möglichkeiten aufgegriffen, Proteste auf eine neue Art und Weise durch die Nutzung digitaler Plattformen – Facebook, Twitter, YouTube, Messenger-Dienste etc. – zu organisieren, wobei die Mobilisierungskonzepte und die Organisation von Aktionen personalisierter sind als bei der kollektiven Praxis, die »Aktionen auf der Basis von sozialer Gruppenidentität, Mitgliedschaft oder Ideologie organisiert« (BENNETT/SEGERBERG 2012: 744). Demonstrant:innen werden im Falle der konnektiven Praxis beispielsweise durch Memes – ikonografische Visualisierungen des jeweiligen Protests, die sich über Plattformen verbreiten – mobilisiert. Daher ist »der Ausgangspunkt für konnektive Praxis das selbstmotivierte (wenn auch nicht notwendigerweise egozentrische) Teilen von bereits verinnerlichten oder personalisierten Ideen, Plänen, Bildern und Ressourcen mit Netzwerken von anderen« (BENNETT/SEGERBERG 2012: 753). Dieses ›Teilen‹ findet über verschiedene digitale Plattformen statt, ist aber auch Gegenstand der allgemeinen Medienberichterstattung, was die Perspektiven auf und die Auseinandersetzung mit den Protesten weiter intensiviert.

Bennett und Segerberg betonen, dass konnektive Praxis und kollektive Praxis als Formen der Mobilisierung auch in Mischformen auftreten können. Konnektive Praxis hat also nicht einfach kollektive Praxis verdrängt (es gibt nach wie vor verschiedene Formen des politischen Protests, die umfassend von zivilgesellschaftlichen Organisationen koordiniert werden), sondern beide Formen bestehen nebeneinander und verschränken sich immer wieder. Bei einer genauen Betrachtung stellt man allerdings fest, dass beide Formen politischer Aktivierung in unterschiedlichen Figurationen des politischen Protests begründet sind. Die kollektive Praxis orientiert sich in der Regel an formalisierten Figurationen, deren Akteurskonstellation typischerweise durch offizielle Mitgliedschaft wie bei Gewerkschaften oder einer Nicht-Regierungs-Organisation (NGO) definiert wird. Figurationen der konnektiven Praxis sind meist weniger gefestigt, sie können eher situativ aus einzelnen Protestmomenten entstehen und sind dank ihrer flexibleren Akteurskonstellation in der Lage, verschiedene Personen schnell zu integrieren. Digitale Medien und ihre Infrastrukturen spielen an beiden Enden des Spektrums der Protestfigurationen eine Rolle, wenn auch auf unterschiedliche Weise: Figurationen der kollektiven Praxis – Gewerkschaften, Parteien, NGOs etc. – sind in westlichen Demokratien seit vielen Jahrzehnten bzw. Jahrhunderten etabliert und es geht hier eher um die Frage, wie solche Kollektivitäten bestehender politischer Organisationen mit der tiefgreifenden Mediatisierung transformieren. Wir können deren Betrachtung also problemlos in die Argumente des letzten Abschnitts einordnen. Im Fall der konnektiven Praxis können wir hingegen das Entstehen neuer Figurationstypen ausmachen: Smartmobs des Protests, politisch bewegte Szenen, spontane und doch koordinierte Demonstrationen.

Wichtig dabei ist es, weitergehende Prozesse im Blick zu haben: Situative Figurationen der konnektiven Praxis können sich zu organisierten Figurationen von Kollektivität entwickeln. Wie die Forschung über digitale Medien und soziale Bewegungen zeigt, ist es insbesondere die Dynamik zwischen konnektiver und kollektiver Praxis, über die heutzutage stabilere kollektive politische Identitäten artikuliert werden.[199]

199 Eindrückliche Beispiele dafür liefern Kavada (2015, 2016) und Dahlberg-Grundberg, Lundström und Lindgren (2016).

Was bleibt, ist, dass mit der tiefgreifenden Mediatisierung im Bereich der politischen Kommunikation neue Figurationen des politischen Protests entstanden sind. Die Praktiken dieser Figurationen stützen sich auf digitale Medien und Infrastrukturen, ihre Relevanzrahmen werden durch Online-Kommunikation artikuliert und sie haben eine viel fluidere Akteurskonstellation als traditionelle Protestorganisationen und deren Kampagnen. Diese neuen Figurationen des politischen Protests können als eine Artikulation der Skepsis gegenüber bestehenden Formen institutionalisierter Politik, einschließlich etablierter zivilgesellschaftlicher Organisationen und Gewerkschaften, verstanden werden.

SKOPISCHE FINANZMÄRKTE

Ein weiteres Beispiel für mit der tiefgreifenden Mediatisierung neu entstehende Figurationen sind die heutigen Finanzmärkte oder genauer gesagt Devisenhandelsmärkte, die sich um das gruppieren, was Karin Knorr Cetina (2014: 39) als »skopische Medien« bezeichnet.[200] Gemeint sind damit die verschiedenen Bildschirme, über die Devisenhändler:innen an ihren Arbeitsplätzen die Finanzmärkte verfolgen. Über diese Bildschirme haben sie Zugriff auf Devisenhandelssysteme (z.B. Reuters 3000), die die Plattformen für einen globalen elektronischen Handel sind und verschiedene Subsysteme umfassen, die kontinuierlich die Daten verschiedener Märkte repräsentieren. Wir können diese Plattformen als ein Ensemble von skopischen Medien verstehen, die zugleich ein »Mechanismus der Beobachtung wie auch der Projektion« (KNORR CETINA/REICHMANN 2015: 151) sind: Eine Konstruktion der jeweiligen Märkte durch Beobachtung. Über diese skopischen Medien wird eine ›synthetische Situation‹ von lokal verstreuten Akteuren geschaffen und damit die Figuration des Finanzmarktes erst ermöglicht: »Wenn eine ›skopische‹ Realität auf alle gleichzeitig Konnektierten projiziert wird, wirkt der ›Scope‹ als Inte-

200 Wie es Karin Knorr Cetina und Werner Reichmann ausdrücken, haben sich diese »Handelsmärkte erst in der letzten Dekade von ihrem Open-Outcry-System hin zu einer Integration von skopischen Medien und transnationalen Arrangements entwickelt« (KNORR CETINA/REICHMANN 2015: 152).

grations- und Kommunikationsgerät, das alle Beobachtenden – wie professionelle Trader:innen es tun müssen – in einer identischen Welt positioniert« (KNORR CETINA/REICHMANN 2015: 152). Skopische Medien liefern Daten, die die Trader:innen als Informationen wahrnehmen. Auf diese Weise bringen die auf den Finanzmärkten eingesetzten skopischen Medien Ereignisse, Phänomene und Akteur:innen zusammen, die sonst lokal getrennt wären.[201] Dabei präsentieren skopische Medien Inhalte in einer sequenziellen, gestreamten, ständig aktualisierten und fluiden Form. Teil des Ensembles dieser skopischen Medien sind kommunikative Roboter, d.h. Algorithmen, die ›lernen‹, Entscheidungen zu ›treffen‹. Daraus ergibt sich eine Figuration, die nicht mehr als ›Netzwerk‹ von miteinander in Beziehungen stehenden Märkten beschrieben werden kann (KNORR CETINA/PREDA 2007). Es ist eine neue Figuration von skopischen Märkten: »Die Bildschirme enthalten das referenzielle Ganze von allem, was in einem vollelektronischen Markt relevant und handlungsfähig ist« (KNORR CETINA/REICHMANN 2015: 154).

Wir sehen hier eine weitere neue Figuration, die vollständig von einem Ensemble digitaler Medien abhängig ist, jenseits dessen sie nicht existieren kann. Die Produkte des heutigen Devisenmarkts erfordern eine Schnelligkeit und Effizienz des Handels, die erst durch digitale Medien und Infrastrukturen ermöglicht wird, weil Menschen allein nicht in der Lage wären, Entscheidungen so schnell zu antizipieren und zu treffen. Ein weiteres Argument für die Verlagerung von Kauf- und Verkaufsentscheidungen hin zu Algorithmen ist die Idee, so (Übertragungs-)Zeitvorteile digitaler Infrastrukturen nutzen zu können. Investmentfirmen bauen ihre Datenverbindungen auf die höchstmöglichen Geschwindigkeiten aus, nur um im Online-Handel Millisekunden an Vorteil zu gewinnen oder diese Geschwindigkeitsvorteile sogar zur Grundlage ihrer Geschäftsmodelle zu machen, wie im Hochfrequenzhandel üblich.[202] Es gibt aber noch ein zweites Argument für diese Automatisierung, nämlich dass Algorithmen eingesetzt werden,

201 Verschiedene Beispiele dafür diskutieren Knorr Cetina (2014): 43-45 sowie Knorr Cetina und Reichmann (2015: 154-156).

202 Siehe die anschaulichen Beispiele in Bridle (2018: 106-108).

um ›rein strategisch‹ Entscheidungen zu treffen, anstatt solche, die von menschlichen Schwächen und Leidenschaften beeinflusst werden (MACKENZIE 2019: 54). Während automatisierte Systeme so aus dem Ensemble der skopischen Medien der Finanzmärkte nicht mehr wegzudenken sind, verbleibt die Bedeutungskonstruktion dessen, was ›im Markt‹ passiert, bei den Narrativen der Trader:innen. Finanzanalyst:innen z. B. konstruieren Narrative, die nicht einfach aus Daten extrahiert werden, sondern setzen eine ›plausible Geschichte‹ der automatisierten Handelsaktivitäten zusammen, oft nach Diskussionen mit Kolleg:innen sowie weiteren Kontakten, die sie haben (REICHMANN 2013). Wir können also Figurationen von Devisenhandelsmärkten nicht einfach auf Automatisierung reduzieren; skopische Medien und menschliche Praxis sind in ihrer Verschränkung zu sehen.

Die bisher diskutierten Beispiele – Plattform-Kollektivitäten, konnektive Praxis und skopische Finanzmärkte – stehen für das Entstehen neuer Figurationen in der Folge der tiefgreifenden Mediatisierung. Vergleicht man diese neuen Figurationen, so wird deutlich, wie vielfältig sie sind. Die wissenschaftliche Diskussion über deren verschiedene Formen ist sicherlich noch nicht abgeschlossen. Das zeigt sich nicht zuletzt an der Anzahl unterschiedlicher Begriffe, um ihre Besonderheiten zu beschreiben. Neue Begriffe wie ›Schwärme‹ oder ›Smart Mobs‹ werden zu ihrer Beschreibung ins Spiel gebracht.[203] Aber auch altbekannte Begriffe der Medien- und Kommunikationsforschung werden neu interpretiert, wie z.B. der der ›Crowd‹.[204] Insgesamt kann man diese Diskussion um eine angemessene Beschreibungssprache als Ausdruck des andersartigen Charakters dieser neu entstehenden Figurationen verstehen, den es begrifflich zu fassen gilt.

Die bisherigen Ausführungen in diesem Kapitel sollen damit deutlich gemacht haben, was es bedeutet, die Transformation der tiefgrei-

203 Solche Begriffsverwendungen finden sich beispielsweise in Brejzek (2010), Kaulingfreks und Warren (2010) sowie Rheingold (2003).

204 In der Medien- und Kommunikationsforschung gibt es eine breite Diskussion darüber, inwieweit dieses Konzept zur Beschreibung neuer, medienbasierter Kollektivitäten beiträgt: Baker (2011), Dolata und Schrape (2015), Schnapp und Tiews (2006), Stage (2013) sowie Torres und Mateus (2015).

fenden Mediatisierung als Refiguration zu verstehen: Wir haben es heute mit neuen Relationalitäten von Figurationen zu tun, die sich aus globalisierten Mythen, Infrastrukturen und Datenverarbeitungen ergeben. Refiguration bezieht sich neben solchen Relationalitäten, die zugenommen haben, auch auf die Transformation bestehender Figurationen, seien es die von Kollektivitäten wie Familien oder die von Organisationen wie Medienunternehmen. Refiguration bezieht sich schließlich auf das Entstehen neuer Figurationen, wie wir gerade gesehen haben. In ihrer Gesamtheit führen diese Beispiele auch nochmals die Rekursivität eines solchen Transformationsprozesses vor Augen: Es werden kontinuierlich Daten generiert, die wiederum die Grundlage für die Weiterentwicklung der digitalen Medien und ihrer Infrastrukturen bilden und so die jeweils möglicherweise situativen Veränderungen über Prozesse der Institutionalisierung und Materialisierung schnell verfestigen. Bestehende Trends werden auf diese Weise eher stabilisiert als infrage gestellt. Das Entstehen der digitalen Gesellschaft ist damit sicherlich kein Automatismus, da die Verantwortung für diesen Prozess weiterhin beim Menschen liegt. Aber es scheint ein Prozess zu sein, der in hohem Maße stabil und anhaltend ist.

6. DAS INDIVIDUUM IN ZEITEN TIEFGREIFENDER MEDIATISIERUNG

In diesem Kapitel möchte ich nun die Perspektive auf das Individuum und seine Einbettung in verschiedene Figurationen in den Vordergrund rücken. Wie zu Beginn von Kapitel 4 erwähnt, ist es ein zentraler Aspekt der Prozesssoziologie von Norbert Elias, das Individuum nicht gegen die Gesellschaft auszuspielen, sondern durch das Denken in Figurationen auf das Wechselspiel von Individuum und Gesellschaft zu fokussieren. Er argumentiert, dass ein Problem großer Teile der Sozialwissenschaften darin besteht, das Individuum als gesonderte Entität zu denken – entweder als physischer Akteur oder als unabhängiges Ich – und die Gesellschaft in Form von Institutionen wie Schule, Arbeitgeber oder Familie als um dieses Individuum *herum* positioniert zu begreifen (ELIAS 1993: 9-13, 121-132). Für Elias gibt es aber kein »absolutes Individuum« (ELIAS 1993: 125): Von Geburt an sind wir in Figurationen eingebunden – die elterliche Beziehung, die Familie, Freundeskreise, Gesundheitsinstitutionen und so weiter –, und losgelöst von diesen Figurationen könnten wir uns als Menschen nicht entwickeln. Individuen sind nie völlig unabhängig und haben schon in jungen Jahren eine (Macht-)Position in diesen Figurationen inne. In einer solchen Argumentationslinie ist es ein wichtiges Anliegen der Prozesssoziologie, die Gegenüberstellung von Individuum und Gesellschaft zu überwinden.

Konkret heißt das: Wenn man vom Individuum oder von der Gesellschaft spricht, nimmt man lediglich unterschiedliche *Perspektiven* auf ein und dasselbe Phänomen ein: das der Figurationen von Individuen. Man kann entweder die Perspektive einzelner Akteur:innen einnehmen oder man betrachtet die Figurationen in ihrer Gesamtheit. Beide Perspektiven ergänzen sich zu einem Gesamtverständnis dessen, worum es geht.

Diese Perspektiven können sich durchaus widersprechen, wenn es z.B. um die Funktion bestimmter Figurationen geht. Die soziale Funktion einer Figuration im Verhältnis zu anderen Figurationen kann aus der Sicht der Individuen, die ihre Akteurskonstellation bilden, eine gänzlich andere sein, als wenn man die Figuration insgesamt betrachtet. Ein Beispiel dafür ist die Redaktion im Journalismus, deren Funktion sich als Ganzes (die Produktion bestimmter Medieninhalte, die Konstruktion öffentlicher Debatten und so weiter) von ihrer Funktion für die einzelnen Angestellten, die freien Mitarbeiter:innen oder die Datenanalyst:innen unterscheiden kann (den Lebensunterhalt zu verdienen, die Karriere voranzutreiben und so weiter). Letztlich tragen diese unterschiedlichen Perspektiven dazu bei, die vielfältigen Spannungen zu erklären, die innerhalb und zwischen Figurationen bestehen, Spannungen, die in der funktionalen Soziologie, in der der Fokus allein auf übergreifenden Fragen der Funktion liegt, oft übersehen werden (ELIAS 1993: 136-139).

Sobald man das Individuum nicht in Opposition zur Gesellschaft setzt, eröffnet sich ein anderer Blick auf das, was das Individuum ist. Für Elias ist das Individuum ein fortwährender Prozess der Konstruktion von Individualität am Schnittpunkt verschiedener Figurationen: »[D]er Mensch ist ständig in Bewegung; er durchläuft nicht nur einen Prozess, er *ist* ein Prozess« (ELIAS 1993: 127). Damit ist nicht einfach nur der Prozess der persönlichen Entwicklung gemeint, wie er in der Psychologie diskutiert wird, sondern auch der Prozess der kontinuierlichen Interaktion zwischen dem Individuum und seinen Figurationen, der zu einer doppelten Artikulation jedes analytischen Objekts führt. Die Praktiken, Relevanzrahmen und die Akteurskonstellation mit ihren spannungsgeladenen Machtbalancen sind immer ein Aspekt der Konstruktion des Individuums.

Diese Sichtweise deckt sich mit einigen anderen Ansätzen in den Sozialwissenschaften. Erving Goffman (1977, 2003) z.B. hat vom Selbst und der persönlichen Identität als etwas gesprochen, das kontinuierlich in und durch die Situationen, in denen Menschen interagieren, geschaffen wird und dementsprechend weder statisch noch kohärent ist. Auch Stuart Hall (1992) betonte den prozessualen Charakter von Identität, die er als eine fortlaufende Artikulation, einen fortwährenden Prozess der Identifikation versteht. Bernard Lahire (2011) argumentiert, dass Menschen ›plurale Akteur:innen‹ sind, mit ihren jeweiligen kontextabhängigen Gewohnheiten. Er wendet sich damit gegen die Vorstellung, dass Menschen einen kohärenten und damit gleichförmigen Habitus im Sinne Bourdieus hätten.[205]

Folgt man Lahire, so sind die pluralen Akteur:innen von Geburt an ein Teil zahlreicher Figurationen. Medien und insbesondere digitale Medien müssen dann im Kontext der Differenzierung von Figurationen gesehen werden, in die Individuen eingebunden sind. Wir treffen uns nicht mehr nur face-to-face sondern auch online, sind Teil von Plattform-Kollektivitäten und in die transformierenden Figurationen von ›Freund:innen‹ auf digitalen Plattformen eingebunden. Daraus ergibt sich eine gesteigerte Pluralität, die der Grund dafür ist, dass in den heutigen differenzierten Gesellschaften selbst Schulen nicht mehr in der Lage sind, einen einheitlichen Habitus zu produzieren. Wir haben es mit einer »Pluralität sozialer Kontexte und Repertoires von Gewohnheiten« (LAHIRE 2011: 26) zu tun. Es gibt eine Vielfalt an figurativen Kontexten, in die Menschen eingebunden sind, in denen sie ihre Gewohnheiten ausbilden, die sie dann als Person charakterisieren. Individuen verfügen über Repertoires von Gewohnheiten, die sich – je nach Kontext – in vielfältiger Weise widersprechen können und nicht einen in sich kohärenten Habitus bilden. Ein Charakteristikum heutiger hoch differenzierter und tiefgreifend mediatisierter Gesellschaften ist es daher, dass sich kein für sie charakteristischer Habitus (oder eine begrenzte Menge von ihnen) ausbilden kann. Ein Kennzeichen der entstehenden digita-

205 Das Konzept des Habitus wurde von Bourdieu anhand seiner Betrachtung von Stammesgesellschaften entwickelt, in denen die soziale Differenzierung gering ist. Dieser ›historische‹ Habitus lässt sich aber nicht einfach auf die heutigen hochgradig differenzierten Gesellschaften – und vermutlich noch weniger auf die entstehende digitale Gesellschaft – übertragen. Siehe für eine ausführliche Diskussion Lahire (2011: 18-26).

len Gesellschaft ist eher die widersprüchliche, machtgeprägte Vielfalt unterschiedlicher Habitusrepertoires von Individuen. Diese lässt sich dann erfassen, wenn man die Widersprüche und Machtverhältnisse der Figurationen untersucht, zu denen die Individuen gehören.

Es sind solche Argumente über das Individuum, die ich als Ausgangspunkt für meine Überlegungen in diesem Kapitel nehmen möchte. Ich werde dabei wie gesagt die Perspektive wechseln von einer Gesamtbetrachtung einzelner Figurationen und ihrer Transformation hin zu den in sie eingebundenen Individuen. In gewissem Sinne bewegen wir uns damit auf eine Auseinandersetzung mit der Rolle der Menschen als Mediennutzer:innen zu – kurz dem, was in der Medien- und Kommunikationsforschung als ›Publikum‹ bezeichnet wird.[206] Bereits seit Längerem wird in der Mediatisierungsforschung argumentiert, dass es notwendig ist, bei der Analyse von Mediatisierung die Menschen auch auf diese Weise mehr als Akteur:innen zu berücksichtigen. Tamara Witschge beispielsweise weist in ihrer Kritik an der Forschung zur Mediatisierung von Politik darauf hin, dass dort »das Publikum zumeist ein impliziter Akteur oder eher sogar Nicht-Akteur bleibt« (WITSCHGE 2014: 345). Sie argumentiert, dass das Publikum auch die Rolle eines ›aktiven Störers‹ in Mediatisierungsprozessen einnehmen kann. In diesem Sinne hat Knut Lundby die Kritik geäußert, dass »die Mediatisierungsforschung mehr oder weniger blind für die Rolle des Publikums ist« (LUNDBY 2016: 1), während Kim Schrøder darauf hinweist, dass die Rolle der Publikumsdynamik unterschätzt und zu wenig erforscht wurde. Zwar wird – so seine Argumentation – das Publikum in der Mediatisierungsforschung immer wieder diskutiert. Es wird aber nicht ausreichend gesehen, dass »individuelle Praktiken zu einer kumulativen kollektiven Kraft aggregieren können, die Medieninstitutionen und die Medienlandschaft insgesamt sowie ihre Wechselbeziehungen mit anderen gesellschaftlichen Domänen« (SCHRØDER 2017: 88) prägen kann. Kürzlich hat Sonia

206 In Anlehnung an Kim Schrøder können wir »Publikum« definieren als »die Menschen, die in ihrer Eigenschaft als soziale Akteur:innen den von institutionellen Medien initiierten oder realisierten multimodalen Prozessen beiwohnen, deren Bedeutung aushandeln und manchmal daran auch institutionell partizipieren« (SCHRØDER 2017: 89). Siehe für ein ähnliches Verständnis von Publikum Livingstone (2005) sowie Schrøder und Gulbrandsen (2018).

Livingstone ein vergleichbares Argument vorgebracht, als sie schrieb, dass »die gelebte Erfahrung des Publikums in der Mediatisierungsforschung weitgehend unsichtbar bleibt« (LIVINGSTONE 2019: 175).

In diesem Kapitel möchte ich diese Kritikpunkte ernst nehmen. Was ich als individuelle Perspektive bezeichne, entspricht nicht eins-zu-eins der Forderung nach einer stärkeren Berücksichtigung des Publikums in der Mediatisierungsforschung. Aber sich mit dem Individuum in Mediatisierungsprozessen zu beschäftigen, bedeutet notwendigerweise, diese Kritik aufzugreifen. Zunächst werde ich deshalb detaillierter auf individuelle Medienrepertoires eingehen und diskutieren, wie über diese vermittelt Individuen zur Dynamik der tiefgreifenden Mediatisierung beitragen. Ausgehend davon werde ich näher diskutieren, welche Rolle digitale Spuren und das Datendouble für das Individuum spielen und was sich hieraus für die individuelle Sicht auf tiefgreifende Mediatisierung folgern lässt. Schließlich werde ich mich mit der Frage der *Interveillance* als persönlicher Form der Überwachung und der Neuorientierung des Selbst in Zeiten tiefgreifender Mediatisierung beschäftigen. In all diesen Fällen nehme ich in erster Linie die Perspektive des Individuums ein; die relevanten Dynamiken erschließen sich jedoch immer nur, wenn man sie in ihrer Entfaltung über verschiedene Figurationen hinweg versteht.

6.1 MEDIENREPERTOIRES UND DIE VIELFALT VON FIGURATIONEN

Wir haben den Begriff des Medienrepertoires bereits eingeführt, als es darum ging zu diskutieren, was die heutige Mannigfaltigkeit der Medien für das Individuum bedeutet: Seine Praktiken sind nicht mit einem einzigen Medium verschränkt, sondern mit einer Vielzahl verschiedener Medien, einem Repertoire von ihnen. Folgt man Lahires Argumentation, so kann man sagen, dass dieses Medienrepertoire auch ein bestimmtes Repertoire an Gewohnheiten der Mediennutzung verfestigt. Mit anderen Worten: Viele Praktiken des Umgangs mit Medien sind in einem solchen Maße habitualisiert, dass sie dem Individuum bestenfalls ›praktisch bewusst‹ (GIDDENS 1995: 55-65) sind. Die Individuen gehen in ihrem Alltag sinnvoll mit Medien um, sind aber meist nicht in der Lage, die damit verbundenen Dynamiken diskursiv auszudrücken.

Aus Sicht eines figurationsanalytischen Ansatzes erscheint das Medienrepertoire einer Person nicht mehr als eine unstrukturierte Gesamtheit aller von ihr verwendeten Medien. Vielmehr ergibt sich die Struktur des Medienrepertoires aus den verschiedenen Figurationen, in die eine Person eingebunden ist: In jeder Figuration wird ein Ensemble verschiedener Medien genutzt, deren individuelle Auswahl dann im Medienrepertoire des Individuums kumuliert.

Diese innere Strukturierung eines Medienrepertoires entlang verschiedener Figurationen und ihrer Medienensembles erklärt auch die in Kapitel 3 bereits angesprochene Varianz bei der Verwendung des Begriffs des Repertoires in der Mediatisierungsforschung. So gibt es beispielsweise Forschungen zu »paarspezifischen kommunikativen Repertoires« (LINKE 2011: 101), also zu dem Teil des Medienrepertoires, der sich auf die Figuration der Paarbeziehung bezieht. Andere in diesem Band bereits besprochene Forschungen befassen sich mit verschiedenen »Informationsrepertoires« (HASEBRINK/DOMEYER 2010: 49), also dem Teil des Medienrepertoires, der sich auf bestimmte Figurationen thematischer Interessen bezieht. »Nachrichtenrepertoires« (ADONI et al. 2017: 226) und das »Repertoire der öffentlichen Konnektivität« (HASEBRINK 2019: 1) verweisen auf den Teil des Medienrepertoires, bei dem es um die Figuration des öffentlichen Diskurses geht. Wie bereits erwähnt, wird häufig der Begriff ›Kommunikationsrepertoire‹ bevorzugt (u.a. HASEBRINK 2015; LINKE 2011), um zu betonen, dass in den jeweiligen Figurationen nicht nur die medienvermittelte, sondern auch die direkte Kommunikation relevant ist.

Anhand des Medienrepertoires wird die individuelle Perspektive auf die tiefgreifende Mediatisierung sehr gut greifbar: Die fünf Trends der tiefgreifenden Mediatisierung – die Differenzierung der digitalen Medien, ihre zunehmende Konnektivität, Omnipräsenz, Innovationsgeschwindigkeit und Datafizierung – gehen mit einer Diversifizierung der individuellen Medienrepertoires einher. Die Individuen sind diesen Trends jedoch nicht einfach ausgesetzt, sondern eignen sich die veränderte

Medienumgebung auf der Grundlage ihrer bereits bestehenden Alltagspraktiken an. Im Folgenden möchte ich diese Dynamik an zwei Beispielen verdeutlichen: den Nachrichtenrepertoires und der Grenzziehung.

NACHRICHTENREPERTOIRES

Christian Kobbernagel und Kim Schrøder (2016: 18-20) unterschieden in einer qualitativen Studie insgesamt sechs *Nachrichtenrepertoires*, durch die Menschen in Dänemark eine »Öffentlichkeitsanbindung« (COULDRY/MARKHAM 2006: 251) herstellen.[207] Ihre gewiss metaphorischen, aber dennoch aussagekräftigen Bezeichnungen sind hierbei: die Allesnutzer:innen von Qualitäts-Online-Medien, die Liebhaber:innen öffentlich-rechtlicher Angebote, die Nascher:innen (leichter) Nachrichten, die Mainstream-Netzwerker:innen, die professionellen Netzwerker:innen und die Print-Liebhaber:innen. Allesnutzer:innen von Qualitäts-Online-Medien bevorzugen die Online-Angebote klassischer Medienhäuser, nutzen Social Media und Nachrichten-Aggregatoren, E-Mail-Newsletter und Blogs, während Fernseh- und Radionachrichten für sie eine niedrige Priorität haben. Liebhaber:innen hybrider öffentlich-rechtlicher Angebote finden ihre Öffentlichkeitsanbindung vor allem durch Rundfunk- und öffentlich-rechtliche Online-Angebote. Die Nascher:innen (leichter) Nachrichten erreichen ihre Öffentlichkeitsanbindung durch häufige kurze Nachrichten-Updates in leicht zugänglichen Formaten, wobei Fernsehen und Online-Nachrichten dominieren. Das Repertoire der Mainstream-Netzwerker:innen zeichnet sich dadurch aus, dass sie Nachrichten über die eigenen Online-Netzwerke beziehen und Nachrichten bei bekannten nationalen und internationalen Nachrichtenanbietern suchen, darunter auch Nachrichten-Aggregatoren. Die professionellen Netzwerker:innen finden ihre Nachrichten vor allem über Online-Netzwerke (Facebook, Twitter), aktuelle Sendungen (Ra-

207 Die qualitative Studie basierte auf insgesamt 36 Tiefeninterviews, in denen die genutzten Medien mittels der Q-Sort-Methode (DAVIS/MICHELLE 2011; SCHRØDER 2016) abgefragt wurden, um die Nachrichtenrepertoires der Teilnehmer:innen zu rekonstruieren.

dio und Fernsehen) und fachliche oder parteipolitische Zeitschriften. Das Nachrichten-Medienrepertoire der Print-Liebhaber:innen wird von gedruckten Zeitungen – national und lokal, kostenpflichtig und kostenlos – und nationalen öffentlich-rechtlichen Fernsehnachrichten sowie einigen Online-Nachrichtendiensten dominiert.

Diese Nachrichtenrepertoires korrelieren mit unterschiedlichen sozialen Positionen, Milieus und Klassen. So entstammen die Print-Liebhaber:innen der gehobenen bzw. oberen Mittelschicht, ebenso wie die professionellen Netzwerker:innen. Je nach kulturellem Hintergrund variieren die Repertoires weiter.[208] Eine solche soziale Verortbarkeit von Medienrepertoires ist für sich schon bemerkenswert; interessant ist daneben aber auch noch ein zweiter Punkt: Bei allen sechs Typen von Medienrepertoires geht es um die Anschlussfähigkeit an die Figuration des öffentlichen politischen Diskurses, die je nach Mediengewohnheiten des Einzelnen mit einem unterschiedlichen Medienrepertoire erreicht wird. Der prinzipiellen Vielfalt des Medienensembles der öffentlichen Debatte entspricht also nicht ein ebenso vielfältiges individuelles Medienrepertoire; je nach Gewohnheiten kann Letzteres deutlich limitierter sein und nur einen Teil eines Gesamtensembles ausmachen. Solche Gewohnheiten der Mediennutzung sind dabei mit geprägt durch die Figurationen, deren Teil die entsprechende Person ist: ihre Familie, Freundeskreise und weiteren Gruppen, in die sie eingebunden ist, die jeweils mit einer charakteristischen Auswahl an Medien ihre Öffentlichkeitsanbindung herstellen. Wie Kim Schrøder (2017: 100) es ausdrückt, eröffnet ein Zugang über »die musterhaften Repertoires eine geerdete Momentaufnahme der Dynamik des Medienpublikums, die sich in den sich überschneidenden kommunikativen Figurationen abspielt, in denen Menschen in ihrem Alltag leben«. Es geht also darum, Nachrich-

208 Die Forschung zu Medienrepertoires hat gezeigt, dass sich diese bei Migrant:innen im Hinblick auf deren allgemeine soziale und kulturelle Orientierung unterscheiden. Wie wir (HEPP/BOZDAG/SUNA 2011) anhand einer Untersuchung zur Medienaneignung in der türkischen, marokkanischen und russischen Diaspora in Deutschland zeigen konnten, unterscheiden sich Medienrepertoires und kommunikative Vernetzung je nachdem, ob Migrant:innen ›herkunfts-‹, ›ethno-‹ oder ›weltorientiert‹ sind. Darüber hinaus sind deren Repertoires aufgrund ihrer Sprachkenntnisse und Interessen in der Regel anders strukturiert als die von Nicht-Migrant:innen.

tenrepertoires in Bezug auf die dynamischen Spannungen zu sehen, die durch die Vielfalt der Figurationen hervorgerufen werden, deren Teil Individuen sind: Die Figuration der öffentlichen Debatte ebenso wie die Figurationen aus Freundes-, Familien- und Bekanntenkreis, die nicht nur das Interesse an öffentlichen Themen, sondern auch unterschiedliche Gewohnheiten der Mediennutzung prägen. An dieser Stelle ist eine ganzheitliche Betrachtung der Repertoireforschung gefragt.[209]

Eine solche Betonung der Verschiedenheit von Figurationen, in denen Individuen eingebunden sind, sollte nicht dahingehend fehlinterpretiert werden, dass es nicht möglich wäre, übergreifende Veränderungen verschiedener Medienrepertoires auszumachen. In einer aggregierten Perspektive zeigt sich anhand der sich verändernden Nachrichtenrepertoires eine allgemeine Transformation des politischen Diskurses, dessen Medienensemble sich in Richtung digitaler Medien und insbesondere zu Plattformen verlagert. Wir können dies an den Zahlen des *Reuters Digital News Report* erkennen, die zeigen, inwieweit Plattformen wie Facebook im Allgemeinen für den öffentlichen Zugang zu Nachrichteninformationen zentral geworden sind.[210] Insgesamt werden Nachrichtenrepertoires ›digitaler‹, wobei vor allem jüngere Menschen hier führend sind. Entscheidend bleibt aber als zweiter Punkt, dass die Differenzierung von Nachrichtenrepertoires mit den Unterschieden der Figurationen zusammenhängt, in die Menschen typischerweise eingebunden sind.

GRENZZIEHUNG

Während sich die Tendenzen der tiefgreifenden Mediatisierung in verschiedenen sich verändernden Medienrepertoires manifestieren, sollten wir aber nicht davon ausgehen, dass Individuen diesem Prozess einfach

209 Auf eindrucksvolle Weise zeigt dies auch die Forschung von Lisa Merten (2020), die Nachrichtenrepertoires mittels Sortiertechniken untersucht.

210 Siehe den *Reuters Digital News Report*, jährlich veröffentlicht vom Reuters Institute for the Study of Journalism, University of Oxford. http://reutersinstitute.politics.ox.ac.uk/ [01.05.2019].

ausgeliefert sind. Vielmehr gehen solche Veränderungen mit umfassenden kommunikativen Grenzziehungen einher. Cindy Roitsch (2020) hat sich in einer ausführlichen Studie, die Jugendliche in Deutschland untersucht, mit diesem Thema auseinandergesetzt.[211] Der Begriff der kommunikativen Grenzziehung fasst dabei die verschiedenen Praktiken, durch die Individuen versuchen, eine gewisse Resilienz gegenüber den mit der tiefgreifenden Mediatisierung verbundenen Veränderungen in ihrer Alltagswelt zu entwickeln. Junge Menschen sind in vielfältige Figurationen von Gemeinschaften eingebunden. Beispiele dafür sind neben dem Familienkreis auch die Partnerschaften, in denen sie leben, Cliquen und Freundeskreise, Sportvereine, Fangruppen und Kreise von Arbeits- oder Geschäftskolleg:innen. Für jede dieser Figurationen kann ein spezifisches Medienensemble ausgemacht werden. Freundeskreise bevorzugen z.B. bestimmte Plattformen zur Gruppenkommunikation, schauen gemeinsam Serien oder spielen Computerspiele. In Sportvereinen gibt es Online-Informationslisten, Instant-Messenger-Dienste oder Mailinglisten sowie eine (digitale) Vereinszeitschrift. In der Familie werden bestimmte Sendungen gemeinsam im Fernsehen geschaut, morgens das Lokalradio gehört, Bilder über Chat und soziale Plattformen ausgetauscht und so weiter. Wenn Jugendliche Teil dieser Gemeinschaften sein wollen, müssen sie sich in das jeweilige Medienensemble einfügen – das eigene soziale Bedürfnis nach Vergemeinschaftung bestimmt das Medienrepertoire der Jugendlichen insofern mehr als das Medienrepertoire ihr Streben nach sozialer Bindung.

Aus dieser Perspektive erleben Jugendliche die medienvermittelte Einbindung in unterschiedliche Gemeinschaften häufig als Beschleunigung der Kommunikation, als zunehmende Mittelbarkeit in ihren Beziehungen und als Differenzierung der kommunikativen Einbindung, auf die sie mit einer kommunikativen Grenzziehung reagieren (ROITSCH 2020: 65). Die Beschleunigung führt zu Zeitknappheit, Zeit-

211 Die Studie wurde im Rahmen eines größeren Projekts zur Mediatisierung der Vergemeinschaftung im Vergleich verschiedener Mediengenerationen durchgeführt; siehe insbesondere Hepp, Berg und Roitsch (2014a, 2014b, 2017a, 2017b, 2021). Die Ausführungen von Cindy Roitsch beziehen sich auf eine Analyse von 60 jungen Menschen im Alter zwischen 16 und 30 Jahren. Für weitere Ergebnisse aus diesem Projekt siehe Kapitel 7.

überforderung und dem Druck, ständig erreichbar zu sein. Praktiken der kommunikativen Grenzziehung widersetzen sich diesen Belastungen, indem die Nutzung bestimmter Medien reduziert wird, indem die Mediennutzung zeitlich aufgeteilt wird und indem ein aktiver Rückzug von medienvermittelter Kommunikation stattfindet. Die zunehmende Mittelbarkeit bedeutet, dass durch die Differenzierung von Medien die örtliche Erstreckung der für die jungen Menschen relevanten Figurationen zunimmt. Kommunikativ gesehen können mit heutigen Medien die Cliquen und Freundeskreise von jungen Menschen lokal sehr verstreut sein, solange für alle die Plattformen, auf denen die entsprechende Kommunikation stattfindet, verfügbar sind. Auch hierauf reagieren Jugendliche mit kommunikativer Grenzziehung: Durch die Nutzung bestimmter Medien fokussieren sie bestimmte, für sie besonders wichtige Gemeinschaften und halten sich gegenüber anderen zurück oder sie schirmen sich ab, indem sie bestimmte Medien gar nicht nutzen. Die Differenzierung von Gemeinschaften, in die Jugendliche eingebunden sind, bedeutet für sie, dass sich eine Vielzahl von sozialen Erwartungen und Zwängen durch diese verschiedenen Gemeinschaften ergibt. Dies wird dann zum Problem, wenn Freundeskreise beispielsweise sozial nicht miteinander kompatibel sind. Die jungen Menschen reagieren darauf, indem sie einzelne kommunikative Beziehungen ausschließen, Gemeinschaften voneinander abgrenzen und Beziehungen zu einer Gemeinschaft vor einer anderen verbergen.

Im Kern zeigt die Studie von Cindy Roitsch, wie Jugendliche durch ihr breites Medienrepertoire kommunikativ mit den Figurationen von Gemeinschaften verbunden sind, denen sie angehören. Dies schafft einerseits ein Potenzial von Vergemeinschaftung, wird aber andererseits auch als Herausforderung erlebt – was sich in der Beschleunigung, zunehmenden Mittelbarkeit und Differenzierung der Gemeinschaftskommunikation manifestiert. Junge Menschen sind solchen Herausforderungen aber nicht einfach ausgesetzt, sie reagieren darauf mit einer Vielzahl von kommunikativen Grenzziehungen.

Wir können die beiden bisher besprochenen Beispiele als Hinweise auf das dynamische Verhältnis zwischen individuellen Medienrepertoires und den Figurationen, in die Individuen eingebunden sind, sehen.

Die Struktur eines Medienrepertoires wird auch durch die Figurationen geprägt, deren Teil das Individuum ist. Zugleich sind die Menschen aber nicht einfach dem Medienensemble des öffentlichen politischen Diskurses, der Gemeinschaften, denen sie angehören, oder anderen Figurationen ausgeliefert. Sie eignen sich diese in komplexen Praktiken an, sie schaffen sich Repertoires der Öffentlichkeitsanbindung, die in ihren Lebenswelten und sedimentierten Erfahrungen fußen, und sie ziehen kommunikative Grenzen. Wir haben es mit einem komplexen Wechselspiel zwischen den Veränderungen der Medienumgebung zu tun, die sich in Medienensembles bestimmter Figurationen verfestigen, und deren Aneignung in individuellen Medienrepertoires und -praktiken. Dieses Wechselspiel gilt es zu fokussieren, wenn man die tiefgreifende Mediatisierung aus der Sicht des Individuums erfassen möchte.

Solche Beispiele machen auch deutlich, inwieweit individuelle Medienpraktiken Teil von Prozessen der rekursiven Transformation sind: Nur wenn Medien in den Alltag der Menschen integriert sind, können sie ihre Prägkräfte entfalten. Auch wenn Individuen nicht immer widerständig gegen Veränderungen sind, so lässt sich doch in den Alltagspraktiken eine gewisse Resilienz erkennen, die sich im Setzen von kommunikativen Grenzen zeigt. Oder wie Kim Schrøder es formulierte: »Es ist wesentlich, dass die individuelle und kollektive Handlungsfähigkeit des Publikums im Auge behalten wird und dass das Publikum nicht auf die Rolle der bloßen Anpassung an und Konformität mit Medienlogiken zurückgestuft wird« (SCHRØDER 2017: 110).

6.2 DIE ALLTAGSWELTLICHEN AMBIVALENZEN VON DIGITALEN DATEN

Die Überlegungen zu Medienrepertoires haben gezeigt, dass sich Menschen Medien in einem aktiven Prozess als Inhalte und Technologien aneignen und so in ihren Alltag integrieren. Mediennutzung ist in einem solchen Blickwinkel *insgesamt* eine Aneignung.[212] In Zeiten tiefgreifender Mediatisierung wird dieser Zugang allerdings vor allem mit Blick auf die fortschreitende Datafizierung infrage gestellt. Es wird argumentiert, dass durch die digitalen Spuren, die Menschen bei ihrer Mediennutzung hinterlassen, Daten verarbeitet werden, deren Wirkmächtigkeit und Bedeutung mit den bisherigen Ansätzen der Mediennutzungsforschung nicht mehr erfasst werden. Damit einher geht eine Perspektivenverschiebung, die Sonia Livingstone wie folgt beschreibt: »Die Aufmerksamkeit auf die empirischen Nutzer:innen wird [...] durch eine Faszination für die Datenspuren, die sie hinterlassen, verdrängt« (LIVINGSTONE 2019: 176).

In Vermeidung einer solchen Aufmerksamkeitsverschiebung möchte ich im Folgenden eine vermittelnde Position einnehmen, die sowohl die Handlungsfähigkeit der einzelnen Mediennutzer:innen als auch die Undurchsichtigkeit der Datafizierung berücksichtigt. Die Tragfähigkeit eines solchen Zugangs lässt sich anhand der Verdichtung von digitalen Spuren zu dem, was in der Forschung als ›Datendouble‹ bezeichnet wird, zeigen. Das ›Datendouble‹ ist einerseits der Bezugspunkt für den Überwachungskapitalismus und Datenkolonialismus, andererseits eröffnet es aber auch Räume individueller Handlungsfähigkeit und Selbstreflexion, wie sich anhand des Phänomens der Selbstvermessung zeigen lässt. Insgesamt besteht so eine individuelle alltagsweltliche Ambivalenz: Praktiken der Datengenerierung binden Menschen in eine umfassende digitale Infrastruktur ein, auf die sie nur sehr begrenzt Einfluss nehmen können. Gleichzeitig eröffnen solche Praktiken aber auch eine Vielzahl anderer Handlungsmöglichkeiten in der Alltagswelt.

VON DIGITALEN SPUREN ZUM DATENDOUBLE

Wie in Kapitel 3 ausführlich dargestellt, sind digitale Medien nicht nur Medien der Kommunikation, sondern gleichzeitig auch Medien der kontinuierlichen Datengenerierung und -verarbeitung. Sie bilden die

212 Siehe Berker et al. (2006), Butsch und Livingstone (2014), Gillespie (2005), Hasebrink (2003) und Livingstone (2004).

Grundlage für ein »datafiziertes Leben«, das dadurch gekennzeichnet ist, dass »unsere Daten, die in immer größeren Mengen und mit zunehmender Intimität produziert werden [...], ein konstitutives Material für die interpretierenden, strukturierenden und letztlich modulierenden Klassifikationen« (CHENEY-LIPPOLD 2017: 27) geworden sind, die in der Alltagswelt prägende Kräfte entfalten. Die Aggregation solcher Daten beruht auf den Spuren, die Individuen durch ihre mit digitalen Medien und deren Infrastrukturen verschränkten Praktiken hinterlassen. Bis zu einem gewissen Grad tun Individuen dies bewusst: Wenn wir Fotos in die Timelines der digitalen Plattformen, die wir nutzen, hochladen oder Kommentare schreiben, hinterlassen wir einen dauerhaften Abdruck unserer Präsenz dort. Häufig jedoch geschieht dies unbewusst als (unbeabsichtigte) Nebenfolge unserer Medienpraktiken. Digitale Spuren hinterlassen wir z. B. bei der Nutzung einer Suchmaschine, beim Online-Lesen von Zeitungen oder beim Posten auf Facebook oder Twitter – und es hängt stark von der eigenen digitalen Kompetenz ab, solche Nebenfolgen einschätzen zu können.

Man sollte digitale Spuren aber auch im Zusammenhang der Figurationen sehen, in die Individuen eingebunden sind: Die digitalen Spuren eines Individuums werden auch von anderen produziert. Wenn Freund:innen, Familie oder Kolleg:innen online mit Bezug auf eine bestimmte Person interagieren, wenn Adressbücher mit persönlichen Adressen synchronisiert werden oder wenn Bilder, Texte oder andere digitale Artefakte mit Handles markiert werden, tragen andere Menschen zumeist ungewollt zu einem individuellen Archiv digitaler Spuren bei. Wie Louise Merzeau argumentiert, ist es unmöglich in Zeiten der tiefgreifenden Mediatisierung »keine digitalen Spuren zu hinterlassen« (MERZEAU 2009: 4).

Digitale Spuren bilden die Grundlage für die Konstruktion eines Datendoubles, das in einer doppelten Beziehung zum Individuum steht.[213] Einerseits wird das Datendouble aus individuellen digitalen Spuren generiert: Es gründet sich auf den Spuren, die Individuen durch

213 Für eine Diskussion zu diesem Begriff siehe Haggerty und Ericson (2000), Lupton (2012), Lyon (2014) und Ruckenstein (2014).

die Nutzung digitaler Medien und ihrer Infrastrukturen hinterlassen bzw. die über ihre Figurationen generiert werden. Der individuelle Körper und die individuellen Praktiken werden dabei Teil einer hybriden Konstruktion: Zunächst werden sie von Algorithmen »zerlegt, indem sie von [ihrem] territorialen Setting abstrahiert und dann durch eine Reihe von Datenflüssen in verschiedenen anderen Settings wieder zusammengesetzt« (HAGGERTY/ERICSON 2000: 611) werden. Das resultierende Datendouble wird ›entkörperlicht‹. Den Algorithmen, die das Datendouble generieren, liegt also die Idee zugrunde, ein neues, zweites ›virtuelles Individuum‹ zu konstruieren. Überdies entspricht das Datendouble dem generellen Interesse von Technologie-Unternehmen, Informationen über Individuen als Kunden und als Adressaten von Online-Werbung zu sammeln. Wie es Evelyn Ruppert formuliert: »Biografische Daten sind die grundlegenden Identifikatoren und Lokalisatoren von Subjekten und umfassen Name, Geburtsdatum und -ort, Geschlecht und Adresse« (RUPPERT 2011: 220). Diese Beziehung zwischen Individuen und ihren Datendoublen entspricht damit dem Interesse von Unternehmen und staatlichen Behörden an der Erfassung unserer Daten.[214] Auch aufgrund dieser durch kommerzielle Interessen getriebenen Konstruktion können Datendoubles nicht mit einzelnen Individuen gleichgesetzt werden. Sie sind »keine realen Personen, sondern abstrakte Operationen, die durch die Aggregation von singulären Datenpunkten konstruiert werden« (COULDRY/KALLINIKOS 2017: 153).

Die Produktivität, die das Datendouble entwickeln kann, ist wegen dieses Doppelcharakters höchst widersprüchlich. Für staatliche Behörden und Unternehmen eröffnet es die Möglichkeit der umfassenden Überwachung des Individuums, sei es aus politischen Interessen (›Terrorismusbekämpfung‹, ›Verbrechensbekämpfung‹) oder wirtschaftlichen Interessen (›Erfassung von Wünschen der Nutzer:innen‹, ›personalisierte Werbung‹). Hier warnen vielfältige Studien vor den Risiken der ständigen Überwachung, die durch die globale digitale Infrastruktur

214 Wie Haggerty und Ericson schreiben: »Der monetäre Wert dieses Überschusses ergibt sich daraus, wie er zur Konstruktion von Datendoppelungen verwendet werden kann, die dann zur Erstellung von Verbraucherprofilen, zur Verfeinerung der Servicebereitstellung und zur Ausrichtung auf bestimmte Märkte genutzt werden« (HAGGERTY/ERICSON 2000: 616).

möglich wird.[215] Die weitreichendste Warnung ist dabei die vor dem Überwachungskapitalismus und dem Datenkolonialismus. Die Kritik des Überwachungskapitalismus setzt dabei an, dass digitale Spuren die Akkumulation von Wissen ermöglichen, das den wirtschaftlichen Interessen einiger weniger oligopoler Unternehmen dient (ZUBOFF 2018). Die Kritik des Datenkolonialismus geht davon aus, dass aufgrund der kontinuierlichen Erfassung individueller digitaler Spuren Individuen ausgebeutet werden, indem sie auf diese Weise deutlich umfassender als bisher in kapitalistische Strukturen eingebunden werden: »Der Kapitalismus bekräftigt den eindeutig identifizierbaren *Bezugspunkt*, auf dem alle Vorstellungen vom Selbst ruhen; es ist dieses ›Selbst‹, dessen Marktpotenzial so in Stellvertreterform gehandelt wird« (COULDRY/MEJIAS 2019a: 10). Damit stellt sich die Frage, welche individuelle Handlungsfähigkeit digitale Spuren und das Datendouble überhaupt eröffnen können. Mit diesem Gegensatz zwischen individueller Handlungsfähigkeit und der prägenden Einbindung in Infrastrukturen der Überwachung (im kapitalistischen Interesse) sowie die damit entstehenden Ambivalenzen möchte ich mich anhand des Beispiels der Selbstvermessung im Folgenden auseinandersetzen.

SELBSTVERMESSUNG ZWISCHEN PRAGMATISMUS UND BEGEISTERUNG

Wir haben uns bereits in Kapitel 2 mit der Quantified-Self-Bewegung als Pioniergemeinschaft und ihrer Rolle beim Zustandekommen der tiefgreifenden Mediatisierung befasst. Das Hauptargument dabei war, dass die Imaginationen und experimentellen Praktiken dieser Gemeinschaft mit den Weg bereiteten, dass Selbstvermessung zu einem Alltagsphänomen werden konnte. Die von dieser Pioniergemeinschaft artikulierte Imagination wurde von verschiedenen Unternehmen aufgegriffen, und mit der Produktion entsprechender Wearables wie Smartwatches und

215 Siehe für einen Überblick Hintz, Dencik und Wahl-Jorgensen (2019) sowie die Diskussion in den Kapiteln 3 und 5.

Fitness-Tracker verbreitete sich auch die Praxis der Selbstvermessung.[216] Als solche ist diese Praxis in hohem Maße ambivalent. Einerseits generieren die Individuen mit ihr einen an Umfang und Datendichte kaum zu überbietendes Datendouble: Sie bieten den Unternehmen, die ihre Fitness- und Gesundheitsdaten verarbeiten, sehr detaillierte Informationen über ihre Alltagsroutinen, ihre Tätigkeiten und ihr Wohlbefinden an, und das auf eine Weise, in der diese Unternehmen sehr einfach auf digitalen Plattformen solche individuellen Daten mit der ›Identität‹ einzelner Menschen in Verbindung bringen können. Im Hinblick hierauf wurde die Selbstvermessung als ein Aspekt der Kolonisierung der Alltagswelt durch eine fortentwickelte digitale Ökonomie und als eine Veralltäglichung des dominanten neoliberalen Diskurses über Selbstverbesserung und Selbstüberwachung kritisiert.[217] Andererseits können eine solche Selbstvermessung und die Sammlung der entsprechenden Daten aber auch Prozessen der individuellen Persönlichkeitsentwicklung dienen.

Nimmt man diesen Blickwinkel ein, lässt sich Selbstvermessung nun nicht jenseits der anderen Praktiken verstehen, in die sie eingebettet ist, wie z.B. das Betreiben eines bestimmten Sports oder das Verfolgen einer bestimmten Diät. Nähert man sich der Selbstvermessung von einer solchen Kontextualiserung aus an, fällt auf, dass wir es bei ihr mit einer dreifachen Kommunikationspraxis zu tun haben: Kommunikation mit der jeweiligen Software, Kommunikation mit dem eigenen Selbst und Kommunikation mit anderen (LOMBORG/FRANDSEN 2015: 1025). Die Form der Selbstvermessung, wie sie über das heutige Self-Tracking geschieht, basiert auf einer virtualisierten Kommunikation mit einem Softwaresystem, über das die willentlich generierten und analysierten digitalen Spuren der Nutzer:innen als singuläre Kommunikationsakte mit einem Datendouble präsentiert werden. Eine Kommunikation mit dem Selbst findet insofern statt, als diese Systeme Möglichkeiten zur Thematisierung des Selbst anhand der eigenen Praktiken bieten. Die

216 Siehe Ajana (2013), Lupton (2014), Reigeluth (2014) und Strübing et al. (2016).

217 Dies ist einer der Hauptkritikpunkte von Nick Couldry und Ulises Mejias (2019b: 345). Siehe auch Crawford, Lingel und Karppi (2015: 493).

Kommunikation mit anderen bezieht sich typischerweise auf die gesammelten Daten, damit zusammenhängende Praktiken und die Reflexionen hierüber. All dies ist mit verschiedenen Medien verschränkt: digitale Endgeräte, Apps und Plattformen, die wir als ein Selbstvermessungsrepertoire verstehen können.

Selbstvermessung geschieht in und abhängig von den Figurationen, die immer auch andere einschließen – vor allem Kollektivitäten (Gruppen und Gemeinschaften) und Organisationen (Unternehmen und Verbände). Konkrete Beispiele sind Gemeinschaften wie Sportvereine oder Selbsthilfegruppen, die Selbstvermessung in ihre Aktivitäten integrieren, oder Freunde und Familienmitglieder, mit denen die eigene Selbstvermessung diskutiert wird.

Um die Selbstvermessung wirklich zu verstehen, ist es außerdem notwendig, diese in weitergehende gesellschaftliche Diskurse einzuordnen. Zunächst einmal ist dies der allgemeine Diskurs über Quantifizierung, gemäß dem eine große Menge scheinbar ›neutraler‹ und ›objektiver‹ Daten einen tieferen Einblick in die soziale Welt bieten würde als andere Formen von Daten.[218] Dieser Diskurs wird in der Annahme re-artikuliert, dass ein Datendouble einen neuen Zugang zum Selbst bietet, der tiefe Einblicke in die eigene Lebensführung gestattet – was letztlich ein Wiederaufgreifen des Mythos von Big Data ist. Besonders aufschlussreich ist hier Selbstvermessung im Bereich von Gesundheit. Menschen nutzen zunehmend Endgeräte, um kontinuierliche Datenströme über sich selbst zu generieren, durch die sie sich in Diskursen des ›Durchschnittlichen‹ und ›Normalen‹ positionieren (z. B. die durchschnittliche Herzfrequenz und der normale Bodymaßindex). Wie Deborah Lupton (2016) betont, ist dies mehr als nur eine weitere ›Technologie des Selbst‹ (FOUCAULT 1987); es ist eine Möglichkeit, das Selbst und seine Datenpraktiken in einen viel breiteren diskursiven Rahmen der gesellschaftlichen Erwartung einzuordnen.

Vor dem Hintergrund dieser dreifachen Kontextualisierung der Selbstvermessung – mit anderen Praktiken, Figurationen und Dis-

218 Siehe zur Entwicklung dieses Diskurses Hall und Link (2004), Crawford, Lingel und Karppi (2015) sowie Mau (2017).

kursen – lässt sich deren »alltagsweltliche Erfahrung« (DIDŽIOKAITĖ/SAUKKO/GREIFFENHAGEN 2018: 1470) näher betrachten. Dabei ist es notwendig, verschiedene Formen der Selbstvermessung mittels digitaler Medien zu unterscheiden. In einer qualitativen Studie haben wir im Hinblick darauf zwei grundsätzliche Handlungsorientierungen unterschieden: eine »pragmatische« und eine »enthusiastische« (GERHARD/HEPP 2018: 683). Der Begriff der Handlungsorientierung fasst dabei die Gesamtausrichtung der Selbstvermessung als Teil der Alltagspraktiken, Bedürfnisse und Zwecke, die Individuen mit ihr verbinden. Pragmatiker:innen sind eher darauf bedacht, im Zuge ihrer Selbstvermessung bestimmte Ziele zu erreichen, während für Enthusiasten eher die allgemeine Begeisterung für die neuen Möglichkeiten der Selbstvermessung im Vordergrund steht.

Pragmatiker:innen nutzen Technologien der Selbstvermessung im Hinblick auf bestimmte Zielsetzungen, z.B. zur Gewichtskontrolle oder zur Bewältigung einer Krankheit. Sie haben ein distanziertes, instrumentelles Verhältnis zum Self-Tracking, sind zielorientiert und haben of wenig Freude am Tracking an sich. Für die Pragmatiker:innen ist Selbstvermessung ein Mittel zum Zweck, im Vordergrund steht bei ihnen die Verfolgung ihres unmittelbaren Ziels, und der (imaginierte) Endpunkt ihrer Selbstvermessungsaktivitäten ist dessen Erreichen. Die Pragmatiker:innen sind in ihrem Lebensstil eher ›gewöhnlich‹ insofern, als sie keine extreme Ausrichtung auf Gesundheit oder Fitness haben. Ihr Selbstvermessungsrepertoire ist begrenzt und besteht typischerweise aus einem Smartphone und ein oder zwei Tracking-Apps, die ihre Zielsetzung adressieren. Die Selbstvermessungspraktiken als solche werden von den Figurationen der Pragmatiker:innen nur wenig unterstützt. Allerdings sind die Ziele, die sie zu erreichen versuchen, tief in ihre jeweiligen sozialen Kontexte eingebunden. Mit ihren Freund:innen und Partner:innen teilen sie z.B. das Bestreben, ihren Körper gemäß bestimmten dominanten Gewichtsidealen zu formen, die immer wieder auch den Erwartungen von Gesundheitsexperten oder Bildungseinrichtungen entsprechen. Soziologisch gesehen wird die Selbstvermessung von Pragmatiker:innen von einem »Um-zu-Motiv« (SCHÜTZ/LUCKMANN 1973: 263) geleitet, das in den Figurationen, in die sie eingebunden sind, kontextualisiert ist. Pragmatiker:innen betreiben die Selbstvermessung nicht, weil sie diese als eine relevante Praxis an sich verstehen, sondern für sie ist Selbstvermessung durch andere wesentliche Praktiken begründet: die Gewichtskontrolle, die Aufrechterhaltung von Schlaf- und Arbeitsroutinen etc.

Enthusiast:innen verstehen die Technologien der Selbstvermessung ebenfalls als Mittel, um eine Art externe Autorität zu konstruieren, die sie selbst diszipliniert. Für sie ist die Selbstvermessung aber kein notwendiges Übel als Komponente anderer Praktiken. Vielmehr steht die Selbstvermessung in enger Beziehung zu übergreifenden Formen der Lebensführung wie z.B. einem gesunden Lebensstil. Ihr Selbstvermessungsrepertoire ist viel umfangreicher als das der Pragmatiker:innen. Es umfasst neben Apps häufig auch unterschiedliche Endgeräte (Smartphones, Smartwatches, Schuhsensoren und andere Geräte), verschiedene Arten von Datenanalysesoftware und digitale Plattformen zum Austausch über die jeweilige Praxis. Diskurse über Sport und einen gesunden Lebensstil stehen in enger Beziehung zur eigenen Identität der Enthusiast:innen, und die damit verbundenen Praktiken sind in ihre alltagsweltlichen Routinen integriert. Der Spaß am Sport ist beispielsweise ein wichtiger Teil ihres Lebens, der eng mit Gesundheit und Selbstfürsorge verbunden ist. Für Enthusiast:innen ist der Grund für die Selbstvermessung die Unterstützung eines solchen Lebensstils. Ihr Tracking ist nicht nur selbstbezogen, sondern tief eingebettet in die Figurationen, mit denen sie ähnliche Interessen teilen. Das kann beispielsweise als »Gemeinschaft geteilter Praxis« (WENGER 1999) eine Fußballmannschaft sein, der Kreis von Mitstreiter:innen, mit denen man ein intensives Sporttraining realisiert etc. In diesen Figurationen ist der Austausch von und über digitale Daten üblich. Aber auch in anderen Figurationen, wie in der Familie, im Freundes- und Kollegenkreis, findet diese Art von Austausch im Leben enthusiastischer Selbstvermesser:innen statt, wie unsere Forschung gezeigt hat (GERHARD/HEPP 2018: 694). Für Enthusiast:innen ist die Selbstvermessung als Prozess des Sammelns, Aufzeichnens und Vergleichens von Daten seit Langem ein integrativer Bestandteil beispielsweise der wettkampfsportlichen Praktiken und der damit verbundenen Figurationen. Der Umgang mit Daten sportlicher

Aktivitäten ist nicht neu für sie, neu ist vielmehr die Übertragung des Notierens und Berechnens als Aktivitäten von Hand auf softwarebasierte Systeme. Wir sehen hier eine für sie in der Alltagswelt unproblematische Entsprechung von älteren und neueren Elementen ihrer Praxis, was die Neuartigkeit digitaler Endgeräte relativiert. Dies ist zum Teil der Grund, warum Enthusiast:innen die Selbstvermessung selbst als ›unproblematisch‹ und als ›natürlichen Teil‹ des Treibens von Sport oder des Verfolgens einer gesunden Lebensführung empfinden.

Sieht man eine solche Forschung in dem weiteren hier diskutierten Kontext, so weist sie auf verschiedene Ambivalenzen hin, die mit Datenspuren und dem Datendouble aus individueller Sicht verbunden sind. Sowohl für Pragmatiker:innen als auch für Enthusiast:innen besteht eine gewisse Selbstverständlichkeit der Selbstvermessung, wenn auch auf unterschiedliche Weise. Für Pragmatiker:innen ist die Selbstvermessung ein adäquates Mittel zur Erreichung ihrer Ziele. Während sie dem Self-Tracking für sich genommen distanziert bis skeptisch gegenüberstehen, ist die Selbstvermessung für sie insoweit unproblematisch, als sie ihnen hilft, mit entsprechenden Technologien bestimmte Ziele zu erreichen. Und obwohl sie sich bewusst sind, dass sie dabei Daten produzieren, die von Technologieunternehmen auch für andere Zwecke genutzt werden, akzeptieren sie dies als Nebenfolge ihrer Praxis. Dies gilt umso mehr für Enthusiast:innen, die diese Technologien umfassend in ihren Lebensstil integrieren. Für sie ist die Selbstvermessung mittels digitaler Technologien aufgrund der Begeisterung gegenüber den mit ihr verbundenen Möglichkeiten ein vollkommen unproblematischer Bestandteil ihrer Lebensführung. Beide Positionen können wir als Ausdruck der zunehmenden Selbstverständlichkeit von Selbstvermessung in der Alltagswelt verstehen.

Gleichzeitig fällt aber auch auf, dass solche Formen der Selbstvermessung eine implizite Anpassung an dominante gesellschaftliche Modelle des Selbst bedeuten. Wie unsere Forschung zeigt, geht es bei der Selbstvermessung in erster Linie um die Ausübung persönlicher Kontrolle über die Persönlichkeitsentwicklung. Die Komplexität, die dabei besteht, wird greifbar, wenn man die Spezifik einer solchen Konstitution des Selbst näher betrachtet. Formen der Persönlichkeitsentwicklung, die auf Selbstvermessung basieren, entsprechen gesellschaftlichen Erwartungen an bestimmte Normen von Schönheit, körperlichem Aussehen, beruflicher Produktivität und persönlicher Gesundheit. Solche Erwartungen dominieren in westlichen Gesellschaften den populärkulturellen Diskurs – Serien, Filme, Bücher, Lieder etc. –, und solche Erwartungen sind auch in die verfügbaren Software-Tools der Selbstvermessung eingeschrieben bzw. werden über sie angeeignet. Das Spektrum reicht hier von der Art und Weise, wie Normen über ein gesundes Körpergewicht institutionalisiert und als Kaloriensummen in Self-Tracking-Software materialisiert werden, über die Art und Weise, welche Aktivität als angemessene Leistung definiert oder wie die Dauer und der Phasenverlauf des Schlafs gemessen wird, bis hin zu der Art und Weise, wie über das Selbstvermessungsrepertoire ein fortlaufendes Feedback zur Verbesserung der eigenen Praxis gegeben wird. Selbstvermessung kann für die Nutzer:innen entsprechender digitaler Medien zu einem Mittel werden, um sich den dominanten Diskursen über Körper und Geist anzupassen.

All dies steht in Beziehung zur Einstellung der Selbstvermesser:innen zu Daten, kommerzieller Datenverarbeitung und Datensicherheit. Pragmatiker:innen haben einmal mehr eine zweckorientierte Haltung zur Technologie; es geht ihnen in erster Linie darum, dass die Technologie ihre primären Funktionen erfüllt und ihnen hilft, ihre Ziele zu erreichen. Unsere Interviewpartner:innen diskutierten beispielsweise die von ihnen eingesetzte Technologie rein im Hinblick auf ihren praktischen Nutzen. Ihre Einstellung zur Technologie ist bisweilen widersprüchlich: Einerseits haben Pragmatiker:innen ein Misstrauen gegenüber und Zweifel an den technischen Eigenschaften der von ihnen genutzten Geräte und Anwendungen, und sie äußern Bedenken hinsichtlich der sozialen Folgen ihrer Nutzung. Auf der anderen Seite gehen sie mit ihrer Skepsis gegenüber Tracking-Technologien um, indem sie ihre eigene Unabhängigkeit von den von ihnen genutzten Endgeräten und Anwendungen betonen. Enthusiast:innen haben mehr Vertrauen in die von ihnen genutzten Technologien und vertrauen auch den Unternehmen, die ihre persönlichen Daten sammeln, mehr oder weniger fraglos. Für sich persönlich gehen Enthusiast:innen mit der Undurchsichtigkeit der Datenverarbeitung um, indem sie davon ausgehen, dass ihre Tracking-Daten für niemanden außer für sie selbst von Interesse sind.

Sie ignorieren dabei weitgehend die Möglichkeiten, wie ihre Daten für kommerzielle Zwecke genutzt werden können, während sie sich selbst ihre Datendouble als Informationsquelle für die eigene persönliche Entwicklung aneignen.

ALLTAGSWELTLICHE AMBIVALENZEN

Unsere Ergebnisse verweisen auf eine allgemeine Diskussion über »Überwachungsrealismus« (DENCIK 2018: 31) und »digitale Resignation« (DRAPER/TUROW 2019: 1824). Beides sind Konzepte, die zu fassen versuchen, dass die Normalisierung von Überwachungsinfrastrukturen – wie sie für den Überwachungskapitalismus und Datenkolonialismus kennzeichnend sind – aus individueller Perspektive die Möglichkeiten einschränkt, sich Alternativen zur Datenverarbeitung und -analyse durch Unternehmen und staatliche Behörden auch nur vorzustellen. Infolgedessen gibt es eine Common-Sense-Akzeptanz der Datenerfassung, was bedeutet, dass die fortlaufende Analyse von Daten als selbstverständlich angesehen wird, da die datengesteuerte Überwachung im öffentlichen Diskurs gerechtfertigt wird. Dies gilt nicht nur, wenn es um nationale Sicherheit und Verbrechensbekämpfung geht, sondern auch auf kommerzieller Ebene, wo die Verarbeitung und Analyse von Nutzungsdaten zu einem allgemein akzeptierten Geschäftsmodell geworden ist. Nora Draper und Joseph Turow beschreiben – unter Bezugnahme auf ihre eigene Arbeit und andere empirische Studien[219] – diese Akzeptanz als ›digitale Resignation‹: Eine fortlaufende Datenüberwachung und ein öffentlicher Diskurs, der sie untermauert, führe bei den Nutzer:innen zu einer gewissen Resignation in Form von »Untätigkeit, eingeschränkter Handlungsfähigkeit oder inkonsistenten Handlungen [...] in Bezug auf ihre Datenschutzbedenken« (DRAPER/TUROW 2019: 1825).[220] Eine still-

219 Siehe Dencik, Hintz und Cable (2016), Draper (2017), Hargittai und Marwick (2016) sowie Hoffmann, Lutz und Ranzini (2016).

220 Solche Gefühle der Resignation sind eine »typische emotionale Reaktion angesichts unerwünschter Situationen, von denen Individuen glauben, sie könnten sie nicht bekämpfen« (DRAPER/TUROW 2019: 1829).

schweigende Akzeptanz entsteht, die wiederum privaten Unternehmen und staatlichen Behörden die Möglichkeit eröffnet, ihre Datensammlung und -analyse fortzusetzen, was das Gefühl der individuellen Resignation bei den Nutzer:innen immer weiter verstärkt.

Dieser Alltagsrealismus und die digitale Resignation lässt sich auch bei unserem Selbstvermessungsbeispiel ausmachen: Wenn Menschen Self-Tracking-Technologien nutzen wollen, sind sie mit der Tatsache konfrontiert, dass die Unternehmen, die sie anbieten, einen Zugriff auf ihre persönlichen Daten haben und diese verarbeiten können. Die Nutzer:innen sind gezwungen, dies in Einklang damit zu bringen, dass sie die von ihnen mit der Selbstvermessung angestrebten Ziele aber gar nicht erreichen können, ohne auf so generierte Daten zuzugreifen. Die Folge ist eine ambivalente Haltung gegenüber diesen Technologien. Ambivalenzen entstehen, wenn man mit verschiedenen, widersprüchlichen Handlungsoptionen konfrontiert ist, deren unterschiedliche Wertorientierungen sich nicht einfach auflösen lassen, sondern zwischen denen man sich entscheiden muss (RÖSSLER 2017: 63-93). Im Falle der Selbstvermessung sind dies Konflikte zwischen dem Wunsch, bestimmte digitale Medien zu nutzen, und dem gleichzeitigen Bewusstsein, dass einzelne Aspekte der Datengenerierung und Sammlung problematisch sind. Für das Individuum sind solche Konflikte nicht einfach aufzulösen. Die Bewältigungsstrategie vieler Nutzer:innen besteht nun darin, eine Haltung der Ambivalenz einzunehmen: Auch wenn man skeptisch oder unsicher ist oder wenig Vertrauen in bestimmte Medientechnologien hat, nutzt man sie dennoch – entweder weil ihre Nutzung eine Reihe von Vorteilen bietet oder aufgrund des Drucks, der von anderen innerhalb der eigenen Figurationen besteht.

Wir können solche alltagsweltlichen Ambivalenzen als ein allgemeineres Phänomen verstehen, indem wir sie auf das zurückbeziehen, was im letzten Abschnitt über Medienrepertoires gesagt wurde. Man kann argumentieren, dass plurale Akteur:innen im Sinne von Lahire (2011: 11) dem entsprechen, was Rössler das »ambivalente Selbst« nennt (RÖSSLER 2017: 84). Aufgrund der Notwendigkeit, in einer Vielzahl von sehr unterschiedlichen Figurationen zu agieren, ist jedes Individuum mit einer Anzahl von Medienensembles konfrontiert, die das eigene

Medienrepertoire vermitteln. Der Umgang mit bestimmten digitalen Medien wird dann zu einem Prozess des Ambivalenzmanagements. Ambivalenzen »lassen sich integrieren, tolerieren, akzeptieren, kompartmentalisieren, man kann sie miteinander versöhnen, man kann Kompromisse schließen und man kann versuchen, zwischen Identitäten zu wechseln« (RÖSSLER 2017: 92). Ein Kennzeichen des individuellen Lebens in der entstehenden digitalen Gesellschaft bleibt vermutlich jedoch die grundsätzliche Ambivalenz gegenüber digitalen Medien und ihren Infrastrukturen. Diese Ambivalenz wird wohl nicht verschwinden, weil diese Medien nicht einfach neutrale Werkzeuge sind, sondern immer im Lichte der Machtverhältnisse betrachtet werden müssen, deren Teil sie sind. Dann wäre die digitale Gesellschaft eine für Individuen durch und durch ambivalente Gesellschaft.

6.3 DIE NEUAUSRICHTUNG DES SELBST

Eine wichtige Transformation, die Individuen als Folge der tiefgreifenden Mediatisierung erfahren, betrifft die verschiedenen Formen der kommunikativen Einbettung in Figurationen. Mit digitalen Medien kann eine fortlaufende Kommunikation mit und in ihnen stattfinden – und in vielen Fällen wird dies auch erwartet. Zum Abschluss dieses Kapitels möchte ich einen Blick darauf werfen, was diese fortlaufende Kommunikation für die Konstruktion des Selbst bedeutet.

Die Diskussion um das Selbst und seine sich mit dem Medienwandel verändernde Konstruktion ist ein anhaltendes Forschungsthema in den Sozialwissenschaften. Das Selbst ist dabei nicht als statisches Phänomen, sondern als Prozess zu betrachten (ELIAS 1993: 15-16). Die Prozesshaftigkeit betrifft nicht nur die Person selbst, sondern auch die Figurationen, deren Teil sie ist und die die Konstruktion des Selbst prägen. Wie Nick Couldry und ich (2017: 145-161) argumentiert haben, verändern sich mit der tiefgreifenden Mediatisierung die Sozialisation, in der sich das Selbst entwickelt, sowie die vorhandenen Ressourcen, die für die Konstruktion des Lebenslaufs des Selbst bestehen. Solche Veränderungen kumulieren – wie ich im Weiteren zeigen möchte – zu dem, was wir als *Neuausrichtung des Selbst* bezeichnen können. Es geht dabei um die Ausrichtung des Individuums in und auf die Figurationen, in die es eingebunden ist, und die hierüber vermittelte Konstruktion des jeweiligen Selbst. Die Frage, mit der ich mich hier beschäftige, lautet also: Wie genau verändert sich eine Ausrichtung des Individuums mit der tiefgreifenden Mediatisierung?

INTERVEILLANCE ODER DIE BEOBACHTUNG DER EIGENEN FIGURATIONEN

Betrachtet man die fortlaufende kommunikative Einbettung von Individuen in deren Figurationen in einem solchen Rahmen, fallen neue Formen der gegenseitigen alltagsweltlichen Beobachtung auf. Die Mediatisierungsforschung bezeichnet diese höchst persönliche Form der Überwachung als »Interveillance« (CHRISTENSEN/JANSSON 2015: 1474). Dieser Begriff hat seinen Ursprung in der Überwachungsforschung, die begann, sich zunehmend auch für Alltagspraktiken zu interessieren. Als Plattformen Teil des Medienensembles vieler Figurationen wurden, entstand die Möglichkeit, die eigenen (zukünftigen) Partner, Freunde und Bekannten anhand ihrer digitalen Spuren zu beobachten und zu überwachen. Um diesen Prozess zu beschreiben, haben sich verschiedene Konzepte etabliert. Mark Andrejevic (2004: 1477) spricht beispielsweise von »lateraler Überwachung«, um die Nutzung von Überwachungstools durch Einzelpersonen zur Gewinnung von Informationen über Freund:innen, Familienmitglieder und potenzielle Lebenspartner:innen – also Menschen, die auf der ›gleichen Ebene‹ sind und die man so ›seitwärts‹ beobachtet – zu beschreiben.[221] Anders Albrechtslund (2008: 1) hat sich mit der horizontalen Praxis der gegenseitigen Beobachtung auf digitalen Plattformen als einer Art »partizipativer Überwachung« beschäftigt, die weniger unheimlich ist, als sie klingt,

221 Andrejevic interessiert sich insbesondere für die Nutzung von professionellen Diensten wie DateSmart.com, Check-Mate.com und DateDetectives.com sowie für die Überwachungsmöglichkeiten durch Heimcomputer.

da sie auch spielerische Züge annehmen kann. Alice Marwick (2012: 378) wirft ein kritischeres Licht auf die »soziale Überwachung«. Sie interessiert sich insbesondere für indirekte Umgangsweisen mit der konstanten Online-Überwachbarkeit, beispielsweise, wenn Nutzer:innen auf Plattformen beim Herstellen von neuen Kontakten (Annahmen von Freundschaftsanfragen, dem Folgen anderer etc.) immer auch im Blick haben, wie solche Kontakte in den Augen Dritter gesehen werden können. Es geht hier im Einzelfall darum, im Hinblick auf ein imaginäres Publikum bestimmte Kontakte herzustellen und andere zu vermeiden. In den Vordergrund rücken die Fragen: Wem folge ich? Und was will ich damit sagen? All diese Praktiken verkörpern eine Art der wechselseitigen Beobachtung von Individuen, die die Arten der Überwachung durch private Unternehmen und staatliche Behörden ergänzt. Es sind solche Praktiken, die mit dem Begriff der Interveillance gefasst werden – ein Begriff, der die wechselseitige Bezüglichkeit betont und entsprechend gut geeignet ist, um die Ambivalenzen und Widersprüche zu erfassen, die mit der alltagsweltlichen, gegenseitigen Beobachtung durch digitale Medien verbunden sind.[222]

Interveillance umfasst alle Praktiken der horizontalen Beobachtung und damit Überwachung, die durch die digitalen Medien und ihre Infrastrukturen möglich geworden sind. Die Bandbreite dieser Praktiken ist groß. Sie fangen dabei an, dass man mittels Suchmaschinen die Online-Spuren anderer Personen recherchiert, umfassen aber auch die kontinuierliche Beobachtung der Aktivitäten von Partner:innen, Freund:innen oder Bekannten auf Online-Plattformen und können bis hin zur Reflexion der eigenen Online-Selbstdarstellung und der Optimierung der eigenen Datenspuren vor dem Hintergrund des Wissens, dass man von anderen beobachtet wird, reichen. Im Kern betrifft die Interveillance das Datendouble anderer Menschen, mit denen man online Kontakt hat, und das eigene Datendouble, das im Wissen um

222 Wie André Jansson es ausdrückt, »[w]enn man den Begriff Überwachung auf die Analyse und das Verständnis von eher horizontalen Prozessen der Informationserfassung und -weitergabe anwendet, läuft man Gefahr, Aspekte des sozialen Lebens, die eng mit sozialen und kulturellen Ambivalenzen behaftet sind, falsch zu benennen und zu vereinfachen« (JANSSON 2015a: 84).

seine Beobachtbarkeit optimiert wird. Allerdings können wir diese Interveillance nicht losgelöst von ihren organisatorischen Kontexten sehen. Interveillance-Praktiken sind »untrennbar mit gesellschaftlichen Überwachungsprozessen verbunden, vor allem mit algorithmisch basierter kommerzieller Überwachung« (JANSSON 2015a: 85): Ohne die Sammlung und Verarbeitung digitaler Spuren durch private Unternehmen, also ohne Datafizierung, wäre die alltagsweltliche Interveillance nicht möglich.

Miyase Christensen und André Jansson (2015) untersuchten Interveillance über vier ethnografische Fallstudien: eine zu kurdisch-türkischen Migrant:innen im Raum Stockholm, eine zu einer Gemeinschaft von international tätigen skandinavischen Angestellten in Managua (Nicaragua), eine zu Gruppen von Bewohner:innen Stockholms sowie eine zu Gruppen von Bewohner:innen einer Kleinstadt in Schweden. Ihre Forschungen zeigten, dass es vor allem drei Modi der Interveillance gibt: erstens das Beobachten anderer, zu denen man online Kontakt hat (Interveillance als moralisches und ästhetisches Beurteilen); zweitens das Beobachten anderer, von denen man selbst beobachtet wird (Interveillance als Antizipieren der Blicke von Fremden und Gruppenmitgliedern); drittens das Beobachten des eigenen Datendoubles (Interveillance als Selbstreflexion der eigenen Online-Aktivitäten). Die von Christensen und Jansson Interviewten diskutierten eine Reihe von persönlichen Beispielen dafür, »wie das gewohnheitsmäßige ›Überprüfen‹ anderer mit Selbstüberwachung und sozialer Disziplinierung verbunden ist« (CHRISTENSEN/JANSSON 2015: 1481). Dazu gehört die Beobachtung, wie man von Freund:innen durch Tags und Bilder bloßgestellt werden kann, ebenso wie eine reflexive Haltung gegenüber den »moralischen Prämissen der sozialen Integration«. Bei der Interveillance geht es nicht einfach nur um die Kontrolle derer, die einem nahestehen, sondern auch um die »Selbstdarstellung« (CHRISTENSEN/JANSSON 2015: 1485) in den Figurationen, deren Teil man ist. In Zeiten tiefgreifender Mediatisierung sind Praktiken der Interveillance dieser Studie nach ein integraler Bestandteil der Aushandlung von Zugehörigkeit und Identität geworden.

Versteht man das Internet der Dinge als Teil der fortschreitenden tiefgreifenden Mediatisierung (MILLER 2019), beziehen sich Formen der

Interveillance nicht nur auf die Beobachtung über Social-Media-Plattformen. Die Nutzung von Alltagsgegenständen hinterlässt ebenfalls Datenspuren, die zunehmend eine gegenseitige Beobachtung möglich machen. Dies kann insbesondere im häuslichen Kontext ganze Dynamiken auslösen: Mit der Konvergenz von mobilen Kommunikationstechnologien und dem Internet der Dinge entstehen neue Modelle des Datenmanagements und damit auch »neue Formen der Beobachtbarkeit von anderen Mitgliedern ein und desselben Settings« (GOULDEN et al. 2018: 1580). Ein gemeinsam genutzter Router zu Hause macht es z.B. möglich zu beobachten, wessen Endgerät wann und in welchem Raum online war, wann wer nach Hause kam oder wer zu Besuch war. Dies kann in einer Familie oder in Beziehungen zum Thema werden, auch um individuelle Praktiken und kollektive Erwartungen zu diskutieren. Interveillance wird dann zu einem Aushandlungsprozess innerhalb einer solchen Figuration: Es geht um die Grenzziehung zwischen Beobachtbarkeit und Diskretion (wollen wir uns wechselseitig Zugriff auf solche Daten einräumen?), um die Definition einer moralischen Ordnung (ist es tragbar, dass überhaupt jemand diese Informationen hat?), um den Umgang mit Regelverstößen und der Mehrdeutigkeit fehlerhafter Datenerfassung (stimmen alle Login-Daten wirklich?).

Fragen der Interveillance betreffen allerdings nicht nur die tiefgreifende Mediatisierung, sondern auch die fortschreitende Individualisierung der Gesellschaft.[223] Individualisierung bezeichnet in diesem Kontext nicht so etwas wie Vereinzelung, sondern die zunehmende Verlagerung der Verantwortung für die eigene Lebensführung von den gesellschaftlichen Institutionen auf das Individuum.[224] In diesem Sinne verstanden, hat die Individualisierung Freiräume eröffnet: Individuen wurden von den überkommenen identitätsbildenden Strukturen wie Verwandtschaftsbeziehungen, Kirche und Klasse befreit. Aber Individualisierung ist kein harmonischer Prozess, vor allem wenn es zu Auseinandersetzungen um Ressourcen kommt (BAUMAN 1998; BECK 1994).

223 Siehe Christensen und Jansson (2015: 1481) sowie Jansson (2015a: 85-88, 2016).

224 Zum Konzept der Individualisierung in einer individuellen Perspektive siehe Beck und Beck-Gernsheim (1994), Beck, Giddens und Lash (1996), Giddens (1997) sowie Hepp und Hitzler (2014).

Während in vielen heutigen Gesellschaften traditionelle und direkte Verteilungskämpfe an Bedeutung verlieren, entstehen andere posttraditionale und eher indirekte Verteilungskonflikte um materielle Güter, Weltanschauungen, kollektive Identitäten, Lebensweisen und Lebensqualität sowie soziale Räume. Viele dieser Verteilungskonflikte passen nicht mehr ohne Weiteres in die etablierten analytischen Rahmen von links und rechts, progressiv und konservativ, revolutionär und reaktionär. Es gibt eine neue Fragmentierung, in der immer neuere, lokalisierte und spezifische Konflikte aufbrechen; neue, instabile Interpretationskoalitionen bilden und verändern sich fortlaufend.

Die Individualisierung stellt damit neue Anforderungen an die Orientierung innerhalb der Figurationen, deren Teil ein Individuum ist. Wir können Interveillance als eine Reaktion auf diese veränderten Anforderungen verstehen. Es geht darum, Orientierung und Anerkennung in einer individualisierten sozialen Welt zu gewinnen. In diesem Sinne hat André Jansson in Anlehnung an Axel Honneths Theorie der Anerkennung argumentiert, dass ein durch die Individualisierung bestehendes Anerkennungsdefizit eine wichtige Triebfeder für Interveillance ist. Folgt man dem Argument, dass »Gruppen [...] als ein sozialer Mechanismus zu verstehen sind, der den Interessen oder Bedürfnissen des Individuums dient, indem er hilft, persönliche Stabilität und Wachstum zu erreichen« (HONNETH 2012: 203), geht es bei der gegenseitigen Beobachtung durch digitale Medien ebenfalls darum, diese Anerkennung anderer zu suchen, anderen gegenüber Anerkennung auszudrücken und das eigene Selbst auf diese Weise zu entwickeln. Die wechselseitige Beobachtung online ist in einer solchen Perspektive also (auch) eine Reaktion auf die mit der Individualisierung verbundene Herauslösung aus traditionellen Gruppenbezügen und den damit verbundenen Mangel an Anerkennung in der direkten Kommunikation. Heutige Online-Plattformen setzen bei dieser Erfahrung an und »bauen ihren Erfolg auf dem Versprechen auf, Lösungen für das Anerkennungsdefizit zu bieten, tragen aber gleichzeitig durch die Zirkulation von simulierten Formen der Anerkennung zur Verstärkung der Interveillance-Kultur bei« (JANSSON 2015a: 87).

Die enge Wechselbeziehung von Interveillance und Individualisierung hat eine Diskussion über die Veränderung des »Sozialcharakters« (FROMM 1981: 379) oder »Habitus« (BOURDIEU 1987: 277) durch die (tiefgreifende) Mediatisierung angeregt.[225] Stig Hjarvard hat hierbei das Konzept des ›weichen Individualismus‹ vorgeschlagen. Sein Ausgangspunkt ist das Buch *Die einsame Masse* von David Riesman (1956), in dem dieser drei Idealtypen des Sozialcharakters unterscheidet: den ›traditions-geleiteten‹, den ›innen-geleiteten‹ und den ›außen-geleiteten‹. Ein ›traditions-geleiteter Charakter‹ ist kennzeichnend für agrarische Gesellschaften, in denen Scham, Großfamilie und lokale Gemeinschaft regulierende Faktoren sind. Der ›innen-geleitete Charakter‹ ist typisch für die Industriegesellschaft, die durch Schuldgefühle reguliert wird. Der ›außen-geleitete Charakter‹ schließlich kennzeichnet die expandierende Mittelschicht in den modernen Gesellschaften, die weniger durch Schuldgefühle, sondern durch eine diffuse Angst, von den jeweiligen Altersgenossen nicht anerkannt und geliebt zu werden, reguliert wird. Folgt man Stig Hjarvard, so ist es diese Außengerichtetheit, die den Habitus der heutigen, tiefgreifend mediatisierten und individualisierten Gesellschaften mehr und mehr charakterisiert. Hjarvard (2013: 147) sieht dafür drei Gründe: Erstens wird die Bildung des Habitus in gegenwärtigen Gesellschaften mehr und mehr durch (medienvermittelte) Interaktionen vermittelt. Zweitens wird der Habitus verstärkt durch Praktiken der Beobachtung des erweiterten sozialen Umfeldes produziert. Und drittens wird Anerkennung zu einem wichtigen Regulationsmechanismus für die Entwicklung von Selbstwertgefühl und Verhalten. In einem solchen Blickwinkel entsprechen die weit verbreiteten Praktiken der Interveillance der Transformation des Habitus im Zuge der tiefgreifenden Mediatisierung. Es ist dieser außengerichtete Charakter heutiger tiefgreifend mediatisierter Gesellschaften, der eine Art weichen Individualismus entstehen lässt. Ein Hauptmerkmal

225 Siehe Hjarvard (2013: 137-152; 2009), Krotz (2017b: 360-362) und Gentzel et al. (2019).

des weichen Individualismus ist das Vorherrschen von »weak ties« (GRANOVETTER 1983: 203), schwachen sozialen Beziehungen, wie sie durch digitale Medien hergestellt werden. Dementsprechend ist für den weichen Individualismus weder eine ausgeprägte Eigenständigkeit der Individuen kennzeichnend noch ein ausgeprägter Kollektivismus, sondern er ist das Ergebnis einer »paradoxen Kombination von Individualismus und Sensibilität gegenüber der Außenwelt, [die] an Boden gewonnen hat, während gleichzeitig starke soziale Bindungen gegenüber Familie, Schule und Arbeitsplatz einer zunehmenden Konkurrenz durch über medienvermittelte Netzwerke ermöglichte schwächere soziale Bindungen ausgesetzt sind« (HJARVARD 2013: 137).

Hjarvards Argument weist enge Parallelen zu Überlegungen auf, die davon ausgehen, dass das »Netzwerk« das neue »soziale Betriebssystem« (RAINIE/WELLMAN 2012) digitaler Gesellschaften werden wird. Wie wir jedoch in Kapitel 4 gesehen haben, kommt es nicht nur auf ›weak ties‹ an, sondern auf die Vielfalt unterschiedlicher Figurationen, die von Menschen gebildet werden und die – insbesondere wenn man Organisationen und staatliche Behörden betrachtet – immer noch Macht über das Individuum ausüben. Vor diesem Hintergrund erscheint es vereinfachend, die Transformationen der tiefgreifenden Mediatisierung in Bezug auf das Individuum auf die Vorstellung eines neu entstehenden sozialen Charakters oder Habitus zu reduzieren.

An dieser Stelle sei noch einmal auf Bernard Lahires plurale Akteur:innen verwiesen, mit denen auch die Vorstellung der Pluralisierung des Selbst verbunden ist. Wie wir bereits gesehen haben, lautet das Argument, dass wir in den heutigen tiefgreifend mediatisierten und individualisierten Gesellschaften nicht davon ausgehen können, dass Individuen einen kohärenten Habitus haben, auch keinen, für den eine Außenorientierung kennzeichnend ist. Vielmehr ist für jedes Individuum eine Vielzahl von Gewohnheiten kennzeichnend, die wir in Bezug auf die jeweiligen Figurationen betrachten müssen, deren Teil es ist. Praktiken der Interveillance können als solche Gewohnheiten verstanden werden: Es wird zur Gewohnheit, andere in bestimmten Figurationen zu beobachten, und diese Beobachtungen bilden dann eine der Grundlagen für persönliche und gegenseitige Anerkennung sowie die Entwicklung des

Selbst. Es gibt aber viele weitere habitualisierte Medienpraktiken, von denen wir in diesem Kapitel nur einige näher betrachtet haben: Praktiken der Selbstvermessung, Praktiken der kommunikativen Grenzziehung und Praktiken der Öffentlichkeitsanbindung. Diese Praktiken tragen zu einer Veränderung der Konstruktion des Selbst bei, allerdings nicht unbedingt auf direktem Wege. Durch Praktiken der kommunikativen Grenzziehung z. B. schaffen Individuen den Raum für ihre eigene Selbstentfaltung, um sich in einer mediatisierten Welt zu definieren. Auch die Selbstvermessung kann, wie wir gesehen haben, Räume der Selbstentfaltung eröffnen, aber ebenfalls das Individuum über sein Datendouble auf sehr enge Weise in die Institutionalisierungen und Materialisierungen digitaler Infrastrukturen einbinden, wodurch fortlaufend auf die eigene Praxis projizierte Normalisierungsdiskurse – wie verhalte ich mich zum Mittelwert? – das eigene Selbst prägen. Die tiefgreifende Mediatisierung bleibt aus individueller Perspektive viel ambivalenter und widersprüchlicher, als es die linearen Narrative *eines* neuen Sozialcharakters oder die Idee *eines* Habitus der digitalen Gesellschaft nahelegen. Die tiefgreifende Mediatisierung ist, wenn man die allgemeinere Diskussion um Individualisierung im Hinterkopf behält, eng mit der Pluralisierung des Selbst sowie seines Lebenslaufs verbunden.

Das Beispiel der Interveillance ist daneben aus einem anderen Grund interessant: Es demonstriert einmal mehr den rekursiven Charakter der tiefgreifenden Mediatisierung, in diesem Fall aus individueller Sicht. Wir haben bereits gesehen, wie die Sammlung von Daten durch private Unternehmen mit den Beobachtungspraktiken der Menschen verwoben ist, denn es sind die digitalen Spuren und das Datendouble, die die (Selbst-)Beobachtung überhaupt erst möglich machen. Als nichtintendierte Nebenfolgen erzeugen die Praktiken der Interveillance dabei zusätzliche Daten, die von den betreffenden Unternehmen verwertet werden können: Das Beobachten von Partner:innen, Freund:innen und Bekannten, das Klicken, Lesen, Schauen und Liken erzeugt neue Ströme digitaler Spuren, die die Intimität mit und das Interesse an anderen Personen repräsentieren. Diese Daten bilden die Grundlage für die Dienste und Geschäftsmodelle der Plattformen. Die Mythen, dass digitale Plattformen ›uns‹ dienen würden, dass Big-Data-Analysen eine neutrale Perspektive auf jedes Individuum in seinen Beziehungen eröffnen würden, halten diesen Prozess ständig aufrecht.

Daher kann die Interveillance herangezogen werden, um besser zu verstehen, wie der Prozess der tiefgreifenden Mediatisierung als rekursive Transformation vonstattengeht: Die tiefgreifende Mediatisierung ist kein homogener Prozess; wir müssen ihn in Bezug auf jede soziale Domäne und die Individuen als Teil dieser Domänen im Detail untersuchen. Über diese Figurationen hinweg besteht jedoch eine rekursive Dynamik. Unterstützt durch die Mythen des medialen Wandels tragen das Entstehen neuer Figurationen sowie die Transformation bestehender Figurationen zur Stabilisierung der übergreifenden Trends der tiefgreifenden Mediatisierung bei: der Differenzierung digitaler Endgeräte, ihrer zunehmenden Konnektivität und Omnipräsenz, der sich steigernden Innovationsgeschwindigkeit und der Zunahme von Datafizierung. Individuelle Praktiken sind daran unausweichlich beteiligt. Als Teil der rekursiven Transformation unterstützen sie eine Pluralisierung der verschiedenen Formen des Selbst. Aber wie wir in diesem Kapitel gesehen haben, ist eine solche Pluralisierung weder zufällig noch machtunabhängig. Aufgrund der Einbettung der Individuen in Figurationen können wir bestimmte Muster erkennen, wie sie in den unterschiedlichen Nachrichtenrepertoires oder Orientierungen bei der Selbstvermessung sichtbar werden. Daher sollten wir die Pluralisierung des Selbst nicht mit dem Argument verwechseln, dass sie zu reiner Idiosynkrasie führen könnte. Wie wir gesehen haben, ist eine tiefgreifend mediatisierte Gesellschaft eine hoch differenzierte Gesellschaft. Aber innerhalb jedes Differenzierungsprozesses gibt es Muster, die wir analytisch beschreiben können, indem wir sowohl die Figurationen in ihrer Gesamtheit betrachten als auch die Perspektive des Individuums einnehmen. Ein solcher, durch eine doppelte Perspektivik gekennzeichneter Blick auf Muster der Transformation ist notwendig, wenn wir das Entstehen der digitalen Gesellschaft begreifen wollen.

7. DIE DIGITALE GESELLSCHAFT UND DAS GUTE LEBEN

Wie in der Einleitung erläutert, verfolge ich mit diesem Buch das Ziel, das Entstehen der digitalen Gesellschaft aus Sicht der Mediatisierungsforschung näher zu betrachten. In den zurückliegenden Kapiteln haben wir uns zunächst mit dem Zustandekommen der tiefgreifenden Mediatisierung beschäftigt und gesehen, wie Unternehmen, staatliche Behörden und Pioniergemeinschaften in ihrer Rolle als überindividuelle Akteure für diesen Prozess entscheidend waren. Ihre Praktiken kumulierten in fünf Trends, die den aktuellen Wandel der Medienumgebung ausmachen: die zunehmende Differenzierung der digitalen Medien, ihre steigende Konnektivität, Omnipräsenz, Innovationsgeschwindigkeit und Datafizierung. Auf dieser Basis wandten wir uns der Frage zu, was dies für unser Medienverständnis bedeutet. Das Kernargument war, dass digitale Medien noch prozesshafter geworden sind als Medien im Allgemeinen, dass aber nicht der Einfluss eines einzelnen Mediums entscheidend für das Phänomen der tiefgreifenden Mediatisierung ist. Vielmehr sollten die Mannigfaltigkeit der Medienumgebung, die Medienensembles von Organisationen und Kollektivitäten und die Medienrepertoires von Individuen im Fokus stehen. Dementsprechend brauchen wir bei der Beschreibung der tiefgreifenden Mediatisierung einen Ansatz, der nicht auf das einzelne Medium abzielt, sondern von den verschiedenen sozialen Domänen ausgeht, die die Gesellschaft ausmachen. Hierfür habe ich einen figurationsanalytischen Ansatz vorgeschlagen, der die verschiedenen menschlichen Figurationen und ihre Verschränkung mit (auch automatisierten) Medien fokussiert. Die rekursive Transformation der tiefgreifenden Mediatisierung lässt sich daran beschreiben, wie sich diese Figurationen und ihre Wechselbeziehungen verändern. Wir diskutierten dann die mit der tiefgreifenden Mediatisierung bestehenden neuen Relationalitäten von Figurationen durch globale Mythen, Infrastrukturen und Daten, betrachteten das Entstehen neuer Figurationen sowie die Transformation bestehender. Schließlich ging es darum, was dies alles für das Individuum und seine Einbettung in die Gesellschaft bedeutet.

Während diese Überlegungen weitgehend analytisch und deskriptiv waren, habe ich mir in diesem abschließenden Kapitel ein anderes Ziel gesetzt. Es soll darum gehen, eine mit all dem verbundene normative Frage zu klären: Wie müsste die tiefgreifende Mediatisierung aussehen, wenn sie ein gutes Leben für möglichst viele Menschen fördern soll? Oder anders formuliert: Welche digitale Gesellschaft wollen wir?

Wenn wir diese Frage aufwerfen, bricht sie mit der Art des Denkens, die bei vielen Technologie-Visionär:innen im Silicon Valley üblich ist. Kevin Kelly z. B. – einer der Vordenker der digitalen Gesellschaft, Gründungsredakteur der Zeitschrift *Wired* und ehemaliger Herausgeber der *Whole Earth Review* – nannte eines seiner Bücher *The Inevitable*. Der Titel soll zum Ausdruck bringen, dass unsere Zukunft durch aktuelle Medientechnologien in eine bestimmte Richtung gelenkt wird. Wie Kelly es ausdrückt: »Technologien haben von Natur aus ein Bias, die sie in bestimmte Richtungen kippen lässt und in andere nicht« (KELLY 2016: 3). Kelly sieht zwölf »Metatrends« der zukünftigen Entwicklung, die »unvermeidlich« sind, weil »sie in der Natur der Technologie verwurzelt sind und nicht in der Natur der Gesellschaft« (KELLY 2016: 7). Aus diesem Blickwinkel sind die Möglichkeiten der Gestaltung einer Zukunft dadurch begrenzt, dass einmal entwickelte Technologien den Verlauf der gesellschaftlichen Transformation bestimmen. Eines seiner Beispiele ist ›Sharing‹; wenn man ›Sharing‹ als ›Metatrend‹ versteht, der ›unvermeidlich‹ ist, ist dies mit einer bestimmten Haltung gegenüber der Idee von Plattformen und ihrer Regulierung verbunden, während andere Arten des Teilens möglicherweise weniger relevant erscheinen. Kelly veranschaulicht dies am Beispiel von Uber: »Wir können und sollten beispielsweise Uber-ähnliche Taxidienste regulieren, aber wir können und sollten nicht versuchen, die unvermeidliche Dezentralisierung von Dienstleistungen zu verbieten« (KELLY 2016: 5). Für Kelly ist eine der ›Unvermeidbarkeiten‹ der heutigen Plattformen die ›Dezentralisierung‹ der digitalen Gesellschaft.

Kellys Argumente widersprechen grundlegend dem figurationsanalytischen Ansatz, wie ich ihn bisher entwickelt habe. Es wäre kurzsichtig, aus der Analyse der Vergangenheit eine lineare Entwicklung der Zukunft abzuleiten, so wie es falsch ist, die Technologie gegen die Gesellschaft zu positionieren. Die Zukunft – auch die Zukunft der technologischen Entwicklung und der Art und Weise, wie wir mit Technologien die Welt gestalten – ist prinzipiell offen. Hier ist es hilfreich, an Norbert Elias' (1993: 175-186) Argument zu erinnern, wie problematisch es ist, die ›Unvermeidlichkeit‹ gesellschaftlicher Entwicklungen anzunehmen.[226] Wenn wir Geschichte als einen ›Figurationsstrom‹ verstehen, gibt es zwei mögliche Perspektiven, aus denen wir ihn betrachten können: aus Sicht der früheren Figurationen und wie aus ihnen spätere hervorgegangen sind; und aus Sicht der späteren Figurationen und wie sie sich aus früheren entwickelt haben. Aus der Sicht der früheren Figurationen sind die späteren in den meisten, wenn nicht allen Fällen nur *eine* von verschiedenen möglichen Entwicklungen. Aus der Sicht der späteren Figurationen stellen die früheren die *notwendigen Voraussetzungen* für das Entstehen der späteren dar.

Diese Argumente werfen ein anderes Licht auf die ›Unvermeidlichkeit‹ technologischer Transformationen: Wenn man von ›Unvermeidlichkeit‹ spricht, nimmt man die Perspektive der späteren Figurationen ein und blickt auf deren historische Entwicklung zurück, um die Besonderheit der heutigen Figurationen aus den früheren herzuleiten.

226 Wie Michael Pauen und Harald Welzer (2015: 280) es ausdrücken: »Elias' Theorie ist keine optimistische Stufenfolge hin zu einer naturnotwendig immer friedlicheren und freieren Welt. Erreichte Standards sind immer gefährdet, weil die Welt sich permanent verändert [...].«

Eine solche Betrachtung sollte jedoch nicht vergessen lassen, dass die heutigen Figurationen eine Vielzahl von unterschiedlichen zukünftigen Entwicklungsmöglichkeiten zulassen. Dies gilt auch dann, wenn die heutigen Figurationen eng mit den digitalen Medien und deren Infrastrukturen verwoben sind. Zukünftige Entwicklungen sind zwar nicht beliebig, aber dennoch hinreichend offen, nicht zuletzt auch weil Medientechnologien einen Teil des *gesellschaftlichen* Wandels ausmachen – und hier immer gänzlich andere als die aktuellen entstehen können.

Vor dem Hintergrund der grundsätzlichen Offenheit zukünftiger Entwicklungen möchte ich – wie bereits erwähnt – in diesem Schlusskapitel eine andere Sichtweise auf die tiefgreifende Mediatisierung einnehmen als in den vorherigen Kapiteln. Es geht mir weniger um die Erklärung bestehender Dynamiken der entstehenden digitalen Gesellschaft als vielmehr um die normative Frage, welche Art von tiefgreifender Mediatisierung und damit welche Art von digitaler Gesellschaft wir auf unserer Suche nach dem guten Leben wollen. Wenn wir die tiefgreifende Mediatisierung als einen Prozess verstehen, dessen Zukunft offen ist, besteht die größte Herausforderung darin, ihn so zu gestalten, dass er und damit die entstehende digitale Gesellschaft für möglichst viele Menschen ›gut‹ ist. Eine solche Forderung mag fast banal klingen, aber sie hat zwei komplexe Implikationen, nämlich: Was bedeutet ein ›gutes Leben‹ überhaupt? Und was bedeutet ›gestalten‹ in diesem Zusammenhang?

Der Ausdruck des ›guten Lebens‹ ist ein schillernder Begriff.[227] Was das gute Leben *tatsächlich* ist, kann gemäß den eigenen Werten, dem kulturellen Hintergrund und der Vielfalt der Kontexte, in denen sich das eigene Leben entfaltet, variieren. Entsprechend vielfältig sind die Möglichkeiten, ein gutes Leben zu führen – und man ist fast geneigt zu sagen, dass ein Teil des guten Lebens in dieser Pluralität und Vielfalt liegt. Folgt man aber der Idee einer aristotelischen Tugendethik, so er-

227 Siehe in Bezug auf die Medien- und Kommunikationsforschung die Diskussion in Wang (2015); Elias (1995) selbst präferiert den Begriff des »besseren Lebens«, weil er Fragen des ›guten Lebens‹ ebenfalls als Prozess sieht.

geben sich detailliertere Aussagen über das gute Leben. Eine Möglichkeit, sich dem guten Leben zu nähern, besteht darin, die verschiedenen Bedürfnisse eines Menschen zu betrachten. Geht man hier von einem engen Bezug zwischen Bedürfnissen und allgemeinen ›menschlichen Fähigkeiten‹ aus (SEN 1992, 1999), wird greifbar, dass Bedürfnisse sozial konstruiert sind und damit geformt werden durch materielle und historische Bedingungen. Nick Couldry (2012: 163-179) hat vor einem solchen Hintergrund beispielsweise sieben grundlegende menschliche Bedürfnisse unterschieden: ökonomische Bedürfnisse (wirtschaftliche Sicherheit), ethnische Bedürfnisse (Zusammengehörigkeit in ethnischen Gruppen), politische Bedürfnisse (politische Inklusion und Partizipation), Anerkennungsbedürfnisse (soziale Akzeptanz in verschiedenen Gruppen), Glaubensbedürfnisse (den Bereich der Religion betreffend), soziale Bedürfnisse (menschliche Kontakte) und Freizeitbedürfnisse (Erholung). Obwohl sich diese Bedürfnisse überschneiden und die Liste erweiterungsfähig ist, bietet sie einen Ausgangspunkt, um über die Art und Weise nachzudenken, wie die tiefgreifende Mediatisierung die Befriedigung solcher Bedürfnisse ermöglichen oder einschränken kann, indem sie bestimmte Fähigkeiten fördert und andere nicht. Die Förderung eines guten Lebens bedeutet aber – gerade auch aus individueller Sicht – *mehr* als nur die Befriedigung unserer Grundbedürfnisse. Es geht auch darum, ein autonomes Leben zu führen, das durch die Möglichkeit gekennzeichnet ist, sinnvolle Projekte zu verwirklichen.[228] Dementsprechend können wir die Frage dieses Kapitels zur entstehenden digitalen Gesellschaft und dem guten Leben wie folgt präzisieren: Wie sollten wir in Bezug auf die tiefgreifende Mediatisierung handeln, damit sie zu einem Leben beiträgt, das wir sowohl individuell als auch kollektiv auf allen Ebenen wertschätzen können?[229]

228 Für diese Idee werde ich im Folgenden mehrfach auf Argumente von Beate Rössler (2017) verweisen.

229 Hier entwickle ich die Frage weiter, entlang derer Nick Couldry (2012: 189) die Anforderungen an eine allgemeine Medienethik diskutiert hat: »Wie sollten wir in Bezug auf Medien handeln, damit wir zu einem Leben beitragen, das wir sowohl individuell als auch gemeinsam auf allen Skalen, bis hin zur globalen, schätzen würden?«

Dies bringt uns zu der Frage, wie man die tiefgreifende Mediatisierung gestalten kann, um einem solchen normativen Ziel gerecht zu werden. Im Deutschen bezeichnet ›gestalten‹ einen Prozess, in dem man etwas eine Gestalt gibt. *Gestaltung* bedeutet also mehr als nur ›machen‹ oder ›zustandebringen‹ und impliziert, etwas (in positiver Weise) zu formen. Die Gestaltung des eigenen Lebens z. B. bezieht sich darauf, ein möglichst gutes und produktives Leben zu führen. Wir haben es also mit einem weiten Feld von Implikationen zu tun, die aber insgesamt für einen produktiven Blickwinkel stehen, weshalb es mir sinnvoll erscheint, bei der Diskussion der normativen Erwartungen an die tiefgreifende Mediatisierung von deren Gestaltung zu sprechen.

Um die normativen Herausforderungen einer digitalen Gesellschaft zu thematisieren, möchte ich in diesem abschließenden Kapitel die folgenden Linien ziehen: Erstens gehe ich zurück zu den Technologie-Pionier:innen, die sich das, was wir heute digitale Medien nennen, als ›Werkzeuge‹ eines ›Generationenprojekts‹ zur Veränderung der Gesellschaft vorstellten. Fragen der Gestaltung waren auch für sie wichtig, aber wie wir sehen werden, in einer naiven Erwartung, dass sich mit gut gestalteten Technologien alles automatisch zum Besseren verändern würde. Die Kritik an diesem Automatismus dient mir als Grundlage für mein weiteres Nachdenken über die Gestaltung der tiefgreifenden Mediatisierung für ein gutes Leben, bei dem ich vor allem zwei Punkte fokussieren möchte: erstens die Notwendigkeit, neue Organisationsformen zu entwickeln, zweitens eine stärkere Berücksichtigung der individuellen Autonomie. In diesen beiden Punkten klingt letztlich der Grundgedanke eines figurationsanalytischen Ansatzes an, nämlich die Perspektive der Gesellschaft mit der des Individuums zu verweben und in Prozessen zu denken.

7.1 EIN TIEFGREIFENDER GENERATIONSWANDEL?

Es gibt eine Fülle von populären Schriften über die Veränderung von Generationen in Bezug auf die je neuesten Medientechnologien. Eine unvollständige Liste würde Begriffe wie ›Generation X‹ (COUPLAND 1992),

›Netzgeneration‹ (TAPSCOTT 1998), ›App-Generation‹ (GARDNER/DAVIS 2013) oder ›Generation AI‹ (HOFFMAN 2019) umfassen. Die jüngste Diskussion betrifft die ›Generation Z‹ (DIMOCK 2019), also die »Kohorte, die auf die ›Millennials‹ folgt und in einer Welt von Smartphones, mobilem Internet und dem entstehenden Internet der Dinge aufwächst«. Für Journalist:innen ist der Enthusiasmus, unzählige Begriffe zu bilden, um verschiedene Generationen im Zusammenhang mit den sich verändernden Medien zu beschreiben, noch größer. Die ›Facebook-Generation‹ wird hier von der ›WhatsApp-Generation‹ abgelöst, schnell gefolgt von der ›Instagram-‹ und der ›Snapchat-Generation‹.

Wir könnten diese exponentielle Zunahme von verschiedenen Mediengenerationen, die letztlich den mit der tiefgreifenden Mediatisierung verbundenen gesellschaftlichen Wandel thematisiert, als oberflächliche Verallgemeinerung abtun. Aber das wäre zu einfach: Folgt man soziologischen Analysen, so lässt sich die Beschleunigung des gesellschaftlichen Wandels generell am Verhältnis der Generationen zueinander festmachen. Populäres Schreiben über Mediengenerationen ist damit Teil einer öffentlichen Aushandlung des Verhältnisses der Generationen untereinander im Hinblick auf die Relevanz und Stellung der digitalen Medien und ihrer Infrastrukturen in der Gesellschaft. In solchen Aushandlungsprozessen geht es vor allem um die Wahrnehmung von Veränderungen: Historisch betrachtet vollzogen sich über lange Zeit umfassendere gesellschaftliche Veränderungen über drei oder vier Generationen hinweg. Im letzten Jahrhundert ist dieses »intergenerationale« Veränderungstempo, wie Hartmut Rosa es nennt, zu einem »intragenerationalen« geworden (ROSA 2005: 179). Tiefgreifende Transformationen vollziehen sich also nicht mehr von einer Generation zur nächsten, sondern in der Lebenszeit einer einzigen. Dies gilt insbesondere für die Prozesse der tiefgreifenden Mediatisierung: Getrieben durch die Digitalisierung verändert sich die Medienumgebung ganzer Generationen vor deren Augen.

Schon hier zeigt sich, dass Fragen der Gestaltung von tiefgreifender Mediatisierung in erheblichem Maße auf solche der Generation verweisen. ›Generation‹ ist damit in einem weiteren Sinne ein wichtiger Ausgangspunkt, um über die Gestaltung der tiefgreifenden Mediatisierung nachzudenken. Aus der Perspektive der Pionier:innen der digitalen Medien begannen die Veränderungen, die wir mit der tiefgreifenden Mediatisierung verbinden, als ein ›Generationenprojekt‹. Wie Fred Turner argumentiert hat, können wir die Entstehung digitaler Medien und der ihnen zugrunde liegenden Infrastrukturen nicht verstehen, ohne den Einfluss der amerikanischen Gegenkultur zu berücksichtigen, aus der die Pioniergemeinschaften des Whole Earth Network – ebenso wie die heutigen Maker-, Quantified-Self- und Technologie-Visionär:innen wie Kevin Kelly – hervorgingen. Die Gegenkultur repräsentierte ein Generationenprojekt, das den Mainstream-Lebensstil kritisierte und gleichzeitig nach neuen Formen der Gemeinschaft jenseits dessen suchte, was als eine statische amerikanische Nachkriegsgesellschaft empfunden wurde. Es ging um ein »generationelles Zusammengehörigkeitsgefühl« (TURNER 2006a: 54). Als sich die gegenkulturellen Gemeinschaften nicht in der erwarteten Form realisieren ließen, boten Medientechnologien eine Chance, dieses Gefühl des generationellen Aufbruchs auf ein neues Terrain zu übertragen. Hier waren Medientheoretiker wie Marshall McLuhan von entscheidender Bedeutung, denn ihre Schriften »erlaubten es den jungen Leuten, sich die lokalen Gemeinschaften, die sie um diese Medien herum aufbauten, nicht einfach als Gemeinschaften des Konsums von Industrieprodukten vorzustellen, sondern als modellhafte Gemeinschaften einer neuen Gesellschaft« (TURNER 2006a: 54).

Das Narrativ einer Generation, die durch Medientechnologien eine ›neue Gesellschaft‹ aufbaut, zieht sich durch den gesamten Prozess der tiefgreifenden Mediatisierung. Seit den 1960er-Jahren hat Stewart Brand, der Pionier des Whole Earth Network, auf das ich in Kapitel 2 näher eingegangen bin, immer wieder auf die Idee des Generationswandels verwiesen, ebenso wie Louis Rossetto in seinem ersten Leitartikel für *Wired*, den er in seiner Rolle als Mitbegründer, Chefredakteur und Herausgeber der Technologie-Zeitschrift verfasste:

> »*Wired* handelt von den mächtigsten Menschen, die es heute auf diesem Planeten gibt – der Digitalen Generation [...]. Das sind die Menschen, die nicht nur vorausgesehen haben, wie die Verschmelzung von Computern, Telekommunikation und Medien das Leben an der Schwelle des neuen Jahrtausends transformiert, sondern die es auch umsetzen« (ROSSETTO 1993: 1).

Die Transformation der Welt durch neue Medientechnologien wurde als das Projekt einer *digitalen* Generation imaginiert. Von hier aus war es nur noch ein kleiner Schritt, eine Generation von ›Digital Natives‹ (die nach 1980 Geborenen, mit digitalen Medien Aufgewachsenen) einer Generation von ›Digital Immigrants‹ gegenüberzustellen (diejenigen, die den Umgang mit digitalen Medien erst im fortgeschrittenen Alter erlernt haben und, so könnte man annehmen, nie so nahtlos mit ihnen interagieren würden wie die ›Digital Natives‹) (PRENSKY 2001; PALFREY/GASSER 2008).[230]

Wir sehen hier eine bemerkenswerte diskursive Konstruktion: Die Generation derer, die mit digitalen Medientechnologien die Gesellschaft verändern wollten, imaginierte die nächste als die Kinder dieses Großprojekts, also als diejenigen, die die Transformation tatsächlich erleben würden: die digitale Generation. Will man sich mit der Gestaltung der tiefgreifenden Mediatisierung auseinandersetzen, sollte man sich aber vor solchen voreiligen großen Erzählungen des Generationenwandels hüten. Notwendig ist vielmehr zugleich ein breites soziologisches Verständnis von dem, was eine Generation auszeichnet, wie ein konkreteres Verständnis von dem, was eine Mediengeneration ist.

Ein geeigneter Ausgangspunkt für ein soziologisches Verständnis von Generation sind die Arbeiten von Karl Mannheim.[231] Gemäß seinen Überlegungen ist es notwendig, den Begriff der *Generation* von dem der Kohorten als einem Altersgruppenkonstrukt zu unterscheiden. Wie Mannheim betont, ist jede Generation durch eine »soziale Lagerung« (MANNHEIM 1964: 524) innerhalb eines historischen Kontextes gekennzeichnet. Diese ›soziale Lagerung‹ stimmt tendenziell mit generationsspezifischen »Erfahrungen« und »Ereignissen« (MANNHEIM 1964: 535f.) überein, die sich in bestimmten Phasen der Biografie eines Individuums

230 In der zweiten englischen Auflage ihres Buches argumentieren John Palfrey und Urs Gasser (2016) wesentlich differenzierter und der Begriff ›Digital Natives‹ ist auch aus dem Buchtitel verschwunden. Die Erstauflage dieses Bestsellers macht gleichwohl deutlich, wie ein Denken, das zuerst einmal dem ›Feld‹ entstammt, als Prämisse in der empirischen Forschung aufgegriffen wurde. Solche Dynamiken fallen generell auf; ein anderes Beispiel für einen solchen Zirkelschluss von Feld und Forschung betrifft beispielsweise das Konzept der ›virtuellen Gemeinschaft‹ (RHEINGOLD 1994).

231 Vgl. z.B. Bolin (2016), Siibak, Vittadini und Nimrod (2014), Vittadini et al. (2013), Volkmer (2006) und Wachelder (2019), die alle ihre Überlegungen zu Mediengenerationen unter Rückgriff auf die soziologischen Konzepte von Karl Mannheim entwickeln.

ereignen. Insofern geht Mannheim davon aus, dass eine Generation von den Erfahrungen und Ereignissen bestimmt wird, die in der prägenden Phase der jüngeren Jahre ihrer Mitglieder stattfinden. Allerdings sollten die späteren Lebensereignisse nicht vernachlässigt werden, vor allem dann nicht, wenn diese mit entscheidenden, generationsspezifischen Wendepunkten in der Biografie der Individuen verbunden sind (MANNHEIM 1964: 541).

Hebt man diese Diskussion auf eine andere Ebene, so lässt sich *Mediengeneration* im Lichte des figurationsanalytischen Ansatzes prozessual erfassen. Man kann eine Mediengeneration dann als die Verdichtung einer oder mehrerer Altersgruppen von Menschen definieren, die in ihrer Medienaneignung die Erfahrung einer spezifischen Medienumgebung teilen und in der Folge aufgrund ihrer persönlichen Medienbiografien ein gemeinsames Selbstverständnis als Mediengeneration entwickeln (HEPP/BERG/ROITSCH 2017b: 88).

Konkret bedeutet dies, dass wir nicht davon ausgehen können, dass eine Mediengeneration, z.B. eine Generation von Digital Natives, einen einheitlichen Umgang mit digitalen Medien aufweist, den gleichen Grad an Medienkompetenz hat oder die gleichen neuen Formen der politischen Partizipation durch digitale Medien erprobt. Dies wäre ein naives Verständnis von Mediengenerationen. Mediengenerationen sind höchst unterschiedlich, widersprüchlich und vielschichtig. Was ihre Mitglieder verbindet, ist nicht die Homogenität der Medienaneignung, sondern das gemeinsame Hineinwachsen in eine bestimmte Medienumgebung. Diese vermittelt, was sie als ›normale‹ Kommunikationsformen ansehen, welche Medientechnologien und -infrastrukturen für sie ›selbstverständlich‹ vorhanden sind, welche Inhalte und Medienereignisse in einer bestimmten Lebensphase ›verbreitet‹ waren und für deren Mitglieder einen gemeinsamen Bezugspunkt darstellen. Die Aneignung einer Medienumgebung in den jeweiligen individuellen Medienrepertoires und in den Medienensembles der verschiedenen Figurationen, zu denen man gehört, ist höchst unterschiedlich und steht für die Varianzen innerhalb einer Mediengeneration. Dennoch bleibt der geteilte Bezugspunkt zur biografischen Erfahrung einer bestimmten Medienumgebung, und dies hat – bei aller bleibenden Vielfalt – erhebliche Konsequenzen für den

Umgang mit Medien. Um ein Beispiel zu geben: Während es für ältere Mediengenerationen besonders ›bedeutsam‹ war, wenn bereits in jungen Jahren ein Mobiltelefon Teil des individuellen Medienrepertoires war, ist es für die aktuelle Mediengeneration ebenso ›bedeutsam‹, wenn Individuen in jungen Jahren *kein* Mobiltelefon nutzen.

Auf der Grundlage dieses Verständnisses von Mediengenerationen können wir erfassen, inwiefern die verschiedenen Mediatisierungsschübe eine relevante Zäsur zwischen den Generationen bedeuten. Es ist nicht einfach das Aufkommen eines ›neuen‹ Mediums im Prozess der Mediatisierung, das den Unterschied zwischen Mediengenerationen markiert, und es macht entsprechend keinen Sinn, von einer Facebook-, WhatsApp- oder Instagram-Generation zu sprechen. Vielmehr bedeutet ein Mediatisierungsschub, wie in der Einleitung zu diesem Buch skizziert, das Entstehen einer qualitativ neuen Medienumgebung. Der jüngste Schub der Mediatisierung, den wir ausmachen können, ist die Digitalisierung, die – wie wir in diesem ganzen Buch gesehen haben – viel mehr ist als nur das Entstehen ›neuer‹ Medien wie beispielsweise digitaler Plattformen. Sie betrifft auch ›alte‹ Medien wie Fernsehen, Kino, Radio und deren Wechselbeziehungen zu den neuen. Umgekehrt ist nicht *eine* Mediengeneration mit der Digitalisierung konfrontiert, sondern verschiedene, wenn auch in unterschiedlichen Phasen ihrer Medienbiografie und ihres Lebenslaufs. An diesem Punkt können wir die Beschleunigung des Wandels als die ›intragenerationale Erfahrung‹ ausmachen, von der Hartmut Rosa sprach: Die Digitalisierung markiert keinen Wechsel von einer Mediengeneration zur anderen, sie wird *innerhalb* verschiedener Mediengenerationen und in unterschiedlichen Phasen von Biografie und Lebenslauf erlebt.

An dieser Stelle können wir die bisher entwickelten Überlegungen zu dem, was eine Mediengeneration auszeichnet, auf das ursprüngliche Versprechen der Pionier:innen der Digitalisierung rückbeziehen. In populären Publikationen wurde ein bestimmtes Bild der Digital Natives gezeichnet:[232] Digital Natives hätten eine hohe digitale Kompetenz,

232 Siehe insbesondere Palfrey und Gasser (2008: 1-18) sowie Prensky (2001).

verbrächten einen Großteil ihres Lebens online und machten keinen Unterschied zwischen online und offline. Digital Natives seien überall und jederzeit erreichbar und würden sich offen mit Menschen auf der ganzen Welt austauschen. Digital Natives seien enorm kreativ, wobei die digitalen Medien ihrer Kreativität einen ganz anderen Ausdruck verliehen, als er den Generationen vor ihnen eigentümlich gewesen sei. Für die Informationen, die sie benötigten, verließen sich Digital Natives ganz auf das, was im Internet verfügbar sei. Digital orientiert, bauten sie neue Formen der Gemeinschaft und gleichzeitig neue Formen des politischen Aktivismus auf. Kurzum, durch die digitalen Medien und ihre Infrastrukturen sei diese Generation anders und verändere gleichzeitig die Welt zum Besseren.

Wenn wir auf einer eher empirischen Basis argumentieren, müssen wir ein anderes Bild vom aktuellen Spektrum der Mediengenerationen zeichnen, wie unsere eigene Forschung zeigt.[233] Zunächst einmal gibt es nicht eine einzige Generation, die mit der Digitalisierung konfrontiert ist, sondern mindestens drei verschiedene: Auf der einen Seite des Spektrums steht die *peripher-digitale Mediengeneration*, die in ihrer prägenden Phase Radio, Kino, Print, Post und das Festnetztelefon erlebt hat, später das Fernsehen kennengelernt hat und im Alter mit der Digitalisierung konfrontiert wird. Auf der anderen Seite steht das, was man als *originär-digitale Mediengeneration* bezeichnen kann, die nach dem Entstehen der digitalen Medien aufgewachsen ist und für die der Wandel durch die Digitalisierung ein selbstverständlicher Bestandteil ihrer gesamten Medienumgebung ist. Dazwischen – quasi als ›Sandwich-Generation‹ – steht die *sekundär-digitale Mediengeneration*, die mit Fernsehen, Kino, Radio, Print, Post und Festnetztelefon aufgewachsen ist, sich dann aber im Laufe ihres (Berufs-)Lebens mehr oder weniger umfassend mit digitalen Medien auseinandergesetzt und diese in unterschiedlichen Graden zu einem Bestandteil ihres individuellen Medienrepertoires gemacht hat.

233 Vgl. hierzu Hepp, Berg und Roitsch (2014a, 2017b, 2021, 2014b). Zu vergleichbaren Ergebnissen kommen Bolin (2017), Opermann (2014), Siibak, Vittadini und Nimrod (2014) sowie Vittadini et al. (2013).

Von Interesse sind hier Erkenntnisse über die Bildung von (neuen) Gemeinschaften mittels digitaler Medien. Wie unsere Untersuchungen gezeigt haben, verfügen viele Mitglieder der originär-digitalen Mediengeneration über ein wesentlich vielfältigeres Repertoire an digitalen Medien, die zur Bildung von Gemeinschaften genutzt werden, als die meisten Mitglieder der peripher-digitalen Mediengeneration. Wenn wir uns dann aber den Arten von Gemeinschaften zuwenden, die am relevantesten sind, unterscheiden sich die verschiedenen Mediengenerationen viel weniger als man im Hinblick auf die Diskussion über Digital Natives erwartet. Wie Cindy Roitsch, Matthias Berg und ich in unserer Studie für zwei deutsche Großstädte und die umliegenden ländlichen Regionen zeigen konnten, lassen sich über die drei Mediengenerationen hinweg insgesamt fünf ›mediatisierte Vergemeinschaftungshorizonte‹ – verstanden als die Gesamtheit der relevanten Gemeinschaften, in denen sich eine Person positioniert – unterscheiden: die des Minimalismus, Lokalismus, Zentrismus, Multilokalismus und Pluralismus. Diese unterscheiden sich in Bezug auf die Typen der relevanten Gemeinschaften, in Bezug auf die kommunikative Vernetzung und in Bezug auf die Dominanz einzelner Themen der Gemeinschaftsbildung.

Im Falle des Minimalismus ist der Horizont der Vergemeinschaftung auf wenige Personen und Themen reduziert. Dementsprechend ist die kommunikative Vernetzung in der Gemeinschaft sowohl lokal als auch translokal stark eingeschränkt. Der Lokalismus ist durch eine primär lokale Ausrichtung der kommunikativen Vernetzung gekennzeichnet. Wenn es um Vergemeinschaftung geht, wird der Horizont von lokalen mediatisierten Gemeinschaften wie der Familie, dem örtlichen Freundeskreis oder der Nachbarschaft dominiert. Insgesamt fokussiert dieser Horizont auf die lokale Erfahrung von Gemeinschaft in der Stadt, im Stadtteil oder im Dorf. Der Zentrismus zeichnet sich durch eine ausgeprägte thematische Fokussierung und ebenso kommunikative Vernetzung aus. Dabei dominiert typischerweise eine bestimmte Gemeinschaft den Horizont, z. B. eine populärkulturelle Szene oder eine Religionsgemeinschaft. Die dominierende Gemeinschaft überlagert ein Nebeneinander von weiteren Gemeinschaften. Der vierte Typus wird als Multilokalismus bezeichnet. Entscheidend ist das Vorhandensein einer translokalen kommunikativen Vernetzung in Bezug auf bestimmte Personen oder Themen an individuell definierten Orten (z.B. zwei Städte oder Dörfer). Wir können bei diesem Horizont die Koexistenz auf unterschiedliche Orte bezogene Gemeinschaften ausmachen. Der Pluralismus schließlich ist durch eine sehr starke lokale und translokale kommunikative Vernetzung gekennzeichnet. Menschen in diesem Vergemeinschaftungshorizont interessieren sich für Gemeinschaften, die sich auf eine Vielzahl von Themen beziehen, was sich in einer Streuung der thematischen Ausrichtungen der Orte und in der Vielfalt der Gemeinschaften, in die sie eingebunden sind, widerspiegelt.

Über die drei Mediengenerationen hinweg gibt es eine große Stabilität dieser Typen. Es wird deutlich, dass sich mit der tiefgreifenden Mediatisierung zwar die Formen der kommunikativen Konstruktion von Vergemeinschaftung stark verändert haben, *die generellen Orientierungen auf Gemeinschaft aber über die Generationen hinweg sehr viel stabiler sind.* Vereinfacht ausgedrückt kann man sagen, dass mit fortschreitender tiefgreifender Mediatisierung nicht jeder zum Pluralisten wird, auch wenn eine Vielzahl unterschiedlicher Gemeinschaften durch digitale Medien zugänglich ist. Oder anders ausgedrückt: Als *Medien*generation ist die sich verändernde Medienumgebung, die die tiefgreifende Mediatisierung mit sich bringt, für die heutige Jugend eine Selbstverständlichkeit. Das heißt aber nicht, dass sie als *Kultur*generation in Sachen Gemeinschaftsbildung völlig anders ist als frühere Generationen – beispielsweise kosmopolitischer, pluralistischer oder offener.[234] Betrachtet man grundlegendere Aspekte des Lebens, so relativieren sich also viele Aussagen über die digitale Mediengeneration.

Das bedeutet nicht, dass die neue digitale Infrastruktur, die in diesem Buch diskutiert wurde, nicht auch einen Generationenunterschied ausmacht. Aber auch hier müssen wir damit vorsichtig sein, diesen Unterschied auf die Idee der *Medien*generationen zu reduzieren. Betrachten wir noch einmal die Plattformökonomie, wie sie von Uber und Lyft prakti-

234 Ich beziehe mich hier auf den Begriff der »kulturellen Generation« bzw. »kulturellen Dimension« von gesellschaftlichen Generationen, wie er von Monika Wohlrab-Sahr verwendet wird, die diese Generationen anhand ihrer generationsspezifischen »Weltauffassungen« definiert (WOHLRAB-SAHR 2002: 209f.).

ziert wird, so wird die Generationenambivalenz dieser Angebote deutlich. Einerseits operieren diese Dienste unter dem »Mythos der glorifizierten Millennial-Arbeit« (ROSENBLAT 2018: 34). Uber als Plattform adressiert beispielsweise ein archetypisches Bild von »Millennials«, also einer Generation von »Digital Natives« als »aktive Technologie-Nutzer:innen« (ROSENBLAT 2018: 35), die diese Dienste als Arbeitnehmer:innen (und Fahrgäste) im Rahmen eines flexiblen Lebensstils zu nutzen wissen. Dies ist eine Konstruktion, die wir mit dem oben beschriebenen pluralistischen Horizont von Gemeinschaft verbinden können. Durch diese Art des Generationendiskurses werden Plattformen und die über sie ausgeübte Arbeit als gesellschaftlich höherwertig gerahmt: Sie repräsentieren die positive Seite der digitalen Generation – der sehr gut ausgebildeten Pluralisten –, während die Realität vieler Arbeitspraktiken aus der Diskussion ausgeklammert wird, nämlich dass die Arbeit über diese Plattformen nicht der lukrative Traum ist, als der sie angepriesen wird, sondern lediglich ein Mittel zum Überleben.[235]

Als *Kultur*generation waren und sind die US-amerikanischen ›Millennials‹ stark von der Großen Rezession von 2007-2008 betroffen, die aus dem dramatischen Platzen der amerikanischen Immobilienmarktblase resultierte. In der Praxis bedeutet das für viele, vor allem aus den unteren Einkommensgruppen, dass das Gehalt eines Jobs nicht ausreichte, um den Lebensunterhalt zu bestreiten. Es bestand daher ein Bedarf an zusätzlichen Einkommensquellen, die durch die Arbeit für Plattformen wie Uber, Lyft und Mechanical Turk oder durch die Monetarisierung von (selbst gemieteten) Immobilien über Airbnb gefunden werden konnten. Wir können argumentieren, dass »die ›Notwendigkeit‹ einer zusätzlichen Arbeit in der Gig-Ökonomie als positive Möglichkeit für ›zusätzliches‹ Einkommen umgedeutet wurde« (ROSENBLAT 2018: 38).

Dieses Beispiel verdeutlicht den Widerspruch des mit der tiefgreifenden Mediatisierung verbundenen Generationenversprechens: Digitale Medientechnologien und ihre Infrastrukturen durchdringen das

235 Wie Rosenblat es ausdrückt: »Uber und andere On-Demand-Plattformen projizieren, indem sie das Bild der Millennials verwenden, um die Arbeiter:innen der Gig Economy zu identifizieren, einen höheren sozialen Status auf eine Arbeit, die lange Zeit mit Arbeiter:innen mit niedrigerem Status verbunden wurde« (ROSENBLAT 2018: 37).

Leben einer originär-digitalen Mediengeneration wie keine andere. Die Figurationen, in denen ihre Mitglieder leben, sind umfassend mit Medientechnologien verwoben; über diese Figurationen hinweg existiert eine digitale Infrastruktur, die Möglichkeiten zur kommunikativen Vernetzung, aber auch Online-Plattformen und andere Dienste bietet. Die Vorstellung, dass es sich bei dieser Generation um eine der Digital Natives handelt, die durch diese Technologien zwangsläufig eine neue und bessere Gesellschaft verwirklicht, hat sich jedoch als reine Utopie erwiesen. In vielen Bereichen werden ›neue‹ digitale Medientechnologien genutzt, um ›alte‹ Muster und Ungleichheiten zu reartikulieren. Ungleichheiten verbreiten sich global über die digitalen Infrastrukturen, die digitale Plattformen ermöglichen. Das Problem dabei ist, dass auf der Grundlage der allgemeinen Mythen der tiefgreifenden Mediatisierung weiterhin die Diskurse über eine Generation von Digital Natives bedient werden, um die mit den digitalen Medien und ihren Infrastrukturen verbundenen Risiken und Schäden zu vertuschen.

7.2 NEUE ORGANISATIONSFORMEN

Bei der Gestaltung der tiefgreifenden Mediatisierung geht es zunächst darum, verklärende Mythen von einer Generation der Digital Natives durch eine seriöse Interpretation dessen zu ersetzen, was die tiefgreifende Mediatisierung für verschiedene Generationen bedeutet, die hier als Mediengenerationen und als Kulturgenerationen in den Blick zu nehmen sind. Ein erster Schritt dazu ist es zu akzeptieren, dass die tiefgreifende Mediatisierung einen generationellen Wendepunkt darstellt: Für die Menschen, die jetzt aufwachsen, ist die ›natürliche‹ Medienumgebung eine völlig andere als für frühere Mediengenerationen. Daraus lassen sich aber keine linearen Konsequenzen ableiten. Im besten Fall eröffnet dies eine Vielzahl von Möglichkeiten, wie das Potenzial der globalisierten kommunikativen Vernetzung zeigt (siehe beispielsweise RAINIE/WELLMAN 2012). Aber es gibt auch viele andere Szenarien, wie das des ›Überwachungskapitalismus‹ (ZUBOFF 2018) und des ›Datenkolonialismus‹ (COULDRY/MEJIAS 2019a), wie sie in Kapitel 5 beschrieben wurden.

Wie aber sollte die tiefgreifende Mediatisierung dann konkret gestaltet werden? Um diese Frage zu beantworten, ist es notwendig, darüber nachzudenken, was die Idee des guten Lebens in der Praxis bedeutet. Es scheint, als ob »kein Leben für eine Person *gut* sein kann, das nicht sein eigenes, *selbstbestimmtes* ist« (RÖSSLER 2017: 237, Hervorhebung im Original). Der Punkt ist, dass Menschen ihr Leben autonom leben können, unabhängig davon, welcher Generation sie angehören. Autonomie bedeutet aber nicht einfach die individuelle Freiheit, das zu tun, was einem in den Sinn kommt. Autonomie in der eigenen Alltagspraxis bedeutet, in der Lage zu sein, »selbständig Gründe – und zwar die *eigenen* Gründe – gegeneinander abwägen und für das Resultat dieser Abwägung selbst einstehen zu können« (RÖSSLER 2017: 164, Hervorhebung im Original). Eine so verstandene Autonomie ist immer ein soziales Phänomen, nicht nur weil die ›Gründe‹, um die es hier geht, sich auf Bedürfnisse beziehen, die in der Sozialisation entwickelt und in gesellschaftlichen Diskursen ausgehandelt werden. Autonomie ist ein soziales Phänomen, weil sich eine Person nur in ihren Beziehungen – in den Figurationen, deren Teil sie ist – als autonom erlebt. Bezieht man dies auf die Gestaltung der tiefgreifenden Mediatisierung, geht es darum, Figurationen so zu gestalten, dass möglichst viele Menschen ein autonomes Leben führen können, das die Bedürfnisse aller reflektiert.

Dies ist das normative Argument, das hinter der Kritik am Überwachungskapitalismus und Datenkolonialismus steht: In dem Maße, wie immer mehr Figurationen mit digitalen Medien durchdrungen sind, wird das menschliche Leben von einer Wertschöpfung im Interesse der Technologie-Unternehmen geprägt, was die Möglichkeiten einer autonomen Lebensführung einschränkt. Die Gestaltung der tiefgreifenden Mediatisierung sollte bedeuten, digitale Medien und ihre Infrastrukturen so zu organisieren, dass sie Figurationen fördern, die individuelle Autonomie größtmöglich unterstützen. Organisieren wird so zu einem offenen Sinngebungsprozess,[236] den es kritisch zu untersuchen und ständig zu hinterfragen gilt. Es geht damit um Organisieren als

236 Für ein solches Verständnis von ›Organisieren‹ siehe insbesondere Weick (1979) sowie Weick, Sutcliffe und Obstfeld (2005).

soziale Praxis – genauer gesagt um neue Formen des Organisierens tiefgreifender Mediatisierung.

Bei der Organisation der tiefgreifenden Mediatisierung spielt die politische Regulierung der digitalen Medien und ihrer Infrastrukturen eine entscheidende Rolle. In dieser Diskussion ist es wichtig, sich an die Horizonte der Möglichkeiten zu erinnern: Wir haben uns daran gewöhnt, digitale Medien und ihre Infrastrukturen als etwas zu denken, das primär privatwirtschaftlich organisiert ist. Doch diese Denkweise verweist auf eine besondere historische Situation, nämlich die Tatsache, dass die Verbreitung digitaler Medien mit der Zeit zusammenfiel, in der Medien weltweit im Rahmen verschiedener politischer Mainstream-Projekte ›dereguliert‹ wurden. Ein Gedankenexperiment zeigt, dass auch andere Möglichkeiten der Organisation digitaler Medien bestehen: Stellt man sich vor, dass Plattformen wie Facebook oder Twitter nicht in den 2000er-Jahren, sondern in den 1960er- und 1970er-Jahren erfunden worden wären, hätte in den meisten europäischen Ländern niemand die Idee gehabt, solch wichtige Medien – die heute den Status von Infrastrukturen haben (PLANTIN/PUNATHAMBEKAR 2019) – privatwirtschaftlich zu organisieren. Kann es sein, dass eine Plattform, die Milliarden von Menschen miteinander verbindet, umfassende Daten über sie sammelt und die ein Rückgrat des öffentlichen Diskurses sowie vieler Unternehmen ist, in den Händen eines privaten Unternehmens liegt? Es ist sehr wahrscheinlich, dass in den 1960er- und 1970er-Jahren öffentlich-rechtliche Plattformen als Organisationsmodell gewählt worden wären, basierend auf der langen Tradition des öffentlich-rechtlichen Rundfunks in Europa (LUNT/LIVINGSTONE 2012). Öffentlich-rechtliche Plattformen sollten unabhängig vom Staat sein, aber in öffentlicher Hand verbleiben und würden daher nicht privatwirtschaftlichen Interessen dienen. Die Geschichte ist eine andere, aber dieses Gedankenexperiment macht deutlich, welche gegenwärtigen Möglichkeitshorizonte es auch gibt.

Das Gedankenexperiment verweist daneben auf einen wichtigen Gegensatz, nämlich den zwischen »öffentlichen Werten und privaten Interessen« (VAN DIJCK/POELL/DE WAAL 2018: 22). Gerade in Europa gibt es eine lange Tradition öffentlicher Werte und deren Berücksichtigung bei verschiedenen Organisationsprinzipien, nicht zuletzt weil es darum geht, möglichst vielen Menschen ein autonomes Leben zu ermöglichen. Es geht um öffentliche Güter, die entsprechend geschützt und erhalten werden sollen. Aber Online-Plattformen, wie sie derzeit existieren, sind gemäß anderer Prinzipien aufgebaut. Sie sind keine Plattformen von Gemeinschaften, bei denen es um gemeinsame Verantwortung geht, sondern Plattformen, die Einzelnen Dienste anbieten und dabei die Daten, die bei der Nutzung hinterlassen werden, monetarisieren. Wie in diesem Buch mehrfach angesprochen, impliziert dies ein bestimmtes – in diesen Plattformen institutionalisiertes und materialisiertes – Gesellschaftsmodell, das seine Wurzeln in den Ideen der frühen Kybernetik und des Whole Earth Network hat, nämlich die Vorstellung, dass die besten ›Lösungen‹ für gesellschaftliche Probleme durch die ›Selbstorganisation‹ von Individuen gefunden werden. Das Resultat ist ein Gesellschaftsmodell, das sich auch im Mythos des ›Wir‹ manifestiert: Plattformen dienen dieser Vorstellung nach generell dazu, durch ihre Organisationsprinzipien das Leben für ›uns‹ zu verbessern. Dass sie alle primär dazu dienen, das Leben ihrer Besitzer:innen zu verbessern, gerät dabei gerne aus dem Blick.

Bei der Regulierung digitaler Medien und ihrer Infrastrukturen geht es nicht nur um den Schutz von Individualrechten. So wichtig das Gesetz zur General Data Protection Regulation (GDPR) in der Europäischen Union für den umfassenden Schutz der personenbezogenen Daten der Bürger:innen ist (HINTZ/DENCIK/WAHL-JORGENSEN 2019: 68-74), so sehr sollte die Regulierung in stärkerem Maße auch andere Organisationsformen und damit eine Gestaltung der tiefgreifenden Mediatisierung im Sinne des Gemeinwohls ermöglichen. Das Prinzip »gemeinschaftlicher Verantwortung« (HELBERGER/PIERSON/POELL 2018: 1) ist hier grundlegend und sollte bei der Frage nach der Plattformregulierung berücksichtigt werden. Bei Plattformen können zentrale öffentliche Werte wie Transparenz, Diversität und Zivilität nur durch die Einbindung verschiedener Stakeholder:innen gesichert werden. Dies sind neben den Unternehmen, die die Plattform betreiben, zumindest die auf diesen Plattformen agierenden Anbieter:innen, deren Nutzer:innen und relevante öffentliche Institutionen. Für eine »gemeinschaftliche Verantwortung« sind vier zentrale Schritte der Organisation der (Neu-)Verteilung von Verantwortlichkeiten sinnvoll (HELBERGER/PIERSON/POELL 2018: 10): Erstens sollten die wesentlichen öffentlichen Werte, die in Plattformen institutionalisiert und materialisiert werden, kollektiv definiert sein. Zweitens sollten alle Stakeholder:innen akzeptieren, dass sie bei der Verwirklichung dieser Werte eine Rolle zu spielen haben. Drittens sollte ein (Multi-Stakeholder:innen-)Prozess der öffentlichen Deliberation und des Austauschs etabliert werden, über den eine Einigung in Bezug auf die Umsetzung wichtiger öffentlicher Werte zwischen Plattformen, Nutzer:innen und öffentlichen Institutionen erzielt werden kann. Und viertens sollte dies in Regelungen, Verhaltenskodizes, Nutzungsbedingungen übersetzt und in das Design der Plattformen selbst eingebaut werden. Wir haben es also mit einem Vorschlag zu tun, der nicht nur auf die Verabschiedung bestimmter Gesetze fokussiert, die die Rechte der Einzelnen regeln, sondern auf soziale Prozesse, um ein gemeinsames Verständnis darüber zu etablieren, was die Menschen bezogen auf Plattformen in Hinblick auf ihre geteilten öffentlichen Werte wollen. Betrachtet man jedoch die aktuelle Situation mit Airbnb, Facebook, Uber und anderen, sind wir noch weit davon entfernt, dass dieses Szenario Realität wird. Selbst wenn Mark Zuckerberg plötzlich erklärt, dass ein Unternehmen wie Facebook eine strengere staatliche Regulierung oder eine globale Governance brauche und dass sich Facebook in Zukunft auf ›private Kommunikation‹ fokussieren werde,[237] ist die oben skizzierte Form der Regulierung viel weiter gefasst und steht im Widerspruch zu dem, was er sich vorstellt.

Eine große Herausforderung bei der Verwirklichung solcher Ideen ist, dass viele der Institutionalisierungen und Materialisierungen, die durch das Design digitaler Medien und ihrer Infrastrukturen bestehen, für die Mehrheit der Menschen ›unsichtbar‹ bleiben – weshalb wir sozusagen in ›Black-Box-Gesellschaften‹ leben (PASQUALE 2015). Um diese Blackboxen aufzubrechen, sind neue zivilgesellschaftliche Akteure mehr denn je gefragt. Wie in Kapitel 2 näher beschrieben, besteht eine Folge der

237 Siehe Zuckerberg (2019). Wie Carys Afoko (2019) es ausdrückt, geht es »nicht darum, ob man Social-Media-Unternehmen wie Facebook regulieren soll, sondern wie«. Für alle Aussagen Zuckerbergs siehe https://www.zuckerbergfiles.org/ [01.05.2019].

tiefgreifenden Mediatisierung darin, dass sich soziale Bewegungen auf ein ›Agieren in Bezug auf Medien‹ auszurichten beginnen: Da digitale Medien und ihre Infrastrukturen für eine wachsende Zahl sozialer Domänen grundlegend werden, machen sie mehr und mehr zivilgesellschaftliche Akteure zum Gegenstand ihres Engagements. Dabei handelt es sich z.B. um ein Engagement für einen nachhaltigeren Umgang mit Medientechnologien, etwa durch Praktiken des Reparierens oder der fairen Produktion (KANNENGIESSER 2019). Wir können dies auch in Aktionen des »Datenaktivismus« (MILAN 2017: 151) ausmachen, der die Zugänglichkeit digitaler Daten nutzt, um die mit der Datafizierung verbundenen Risiken und Probleme offenzulegen und sie so zum Gegenstand eines kritischen öffentlichen Diskurses zu machen.[238] Karten, Grafiken und Visualisierungen digitaler Spuren dienen dazu, öffentlich zu machen, auf welche Weise die Datafizierung die heutige Gesellschaft beeinflusst. Doch viele Formen des Datenaktivismus befinden sich in der paradoxen Situation, dass sie im Zuge ihres politischen Handelns dieselben digitalen Spuren hinterlassen und dieselben datafizierten Technologien verwenden, die Gegenstand ihrer Kritik sind (HINTZ/DENCIK/WAHL-JORGENSEN 2019: 134).

Es gibt aber auch Formen des Aktivismus, die diesen Kreislauf durchbrechen. Ein Beispiel ist AlgorithmWatch,[239] eine Berliner Non-Profit-Organisation, die sich zum Ziel gesetzt hat, die Prozesse algorithmischer Entscheidungsfindung nachvollziehbar zu machen. Um die Algorithmen der deutschen Schufa (Schutzgemeinschaft für allgemeine Kreditsicherung) für Laien verständlich zu machen, hatte AlgorithmWatch eine Crowdfunding-Kampagne ins Leben gerufen: Interessierte konnten ihre eigenen Schufa-Bonitätsauskünfte und andere Kerndaten an AlgorithmWatch spenden. Die Datenspende von rund 3.000 Personen ermöglichte es AlgorithmWatch, die Datenverarbeitungsprozesse der Schufa zumindest in Teilen zu rekonstruieren, was zu einer breiten öffentlichen Diskussion über das Thema führte. Wir können dies als ein Beispiel für das Aufbrechen der digitalen Blackbox durch einen

238 Siehe auch Milan und Velden (2016) sowie Hintz, Dencik und Wahl-Jorgensen (2019: 131-134).

239 Für weitere Informationen zum Thema siehe https://algorithmwatch.org/blackbox-schufa-auswertung-von-openschufa-veroeffentlicht/ [01.05.2019].

zivilgesellschaftlichen Akteur ansehen, durch das es für andere möglich wurde, auszuhandeln, welche Formen der Regulierung als sinnvoll erachtet werden. Bei ähnlichen Überlegungen setzt The Markup an, eine in New York City ansässige Non-Profit-Organisation, die investigativen Datenjournalismus unterstützt, der sich mit der Ethik und den Auswirkungen von Technologie auf die Gesellschaft befasst.[240] Die dafür notwendigen Arten der Datensammlung und -analyse sind in der Regel so umfangreich, dass die meisten journalistischen Organisationen nicht die Ressourcen dafür haben. Diese Lücke kann The Markup füllen, das die Beobachtung von Technologie-Unternehmen wie Google und Facebook sichern und unterstützen will. Wir können uns diese Art des Engagements als Aktivismus vorstellen, der die isolierte Arbeit von Datenanalyst:innen aufbrechen und sie stärker in einen allgemeinen Aushandlungsprozess der impliziten gesellschaftlichen Modelle, die der Datenanalyse zugrunde liegen, einbinden will. Die »Unterstützung [neuartiger] organisatorischer Arrangements zur Förderung der Kultur einer ethischen Praxis von Data Science« (NEFF et al. 2017: 96) ist einer der Ansatzpunkte zur Verbesserung der Praxis der Datenanalyse.

All dies sind Beispiele für einen vitalen öffentlichen Diskurs darüber, wie die Regulierung von Technologie-Unternehmen zu organisieren ist. Mit Bezug auf die Forderung nach einer besseren Gestaltung der tiefgreifenden Mediatisierung kann man sich aber auch noch konkretere neue Formen der Organisation vorstellen. Welche können dies sein? Gibt es ganz andere Formen der Organisation digitaler Medien und Infrastrukturen als die, die derzeit existieren?

Stellt man diese Frage und bezieht sie auf Online-Plattformen, landet man beim ›Plattform-Kooperativismus‹ (SCHOLZ/SCHNEIDER 2017).[241] Dessen Kernidee ist es, das Eigentum an Online-Plattformen den Menschen zu geben, deren Inhalte und Dienste auf ihnen gehandelt werden,

240 Siehe https://themarkup.org und www.taz.de/!5538173 [01.05.2019]. Gestartet mit einer Spende von 20 Millionen Dollar durch Craig Newman, befindet sich die gemeinnützige Organisation im Frühjahr 2019 in einer Krise, nachdem ein Teil des Gründungsteams The Markup verlassen hat.

241 Mehr zu dieser Initiative des »Plattform-Kooperativismus«, die vom Platform Cooperativism Consortium der New School ins Leben gerufen wurde, finden sich hier: https://platform.coop [01.05.2019].

oder an die Nutzer:innen selbst. Eine solche Organisationsform würde sich auf Einkommenssicherheit, Transparenz im Umgang mit Daten, Anerkennung der geleisteten Arbeit, Mitbestimmung und einen schützenden Rechtsrahmen auswirken. Es gibt bereits verschiedene Beispiele für diese Art der Organisation: Fairmondo ist ein Berliner Start-up, das Waren online verkauft, vor allem Bücher, Haushaltsgeräte, Kleidung und Lebensmittel. Fairmondo bezeichnet sich selbst als ›Genossenschaft 2.0‹, was in der Praxis bedeutet, dass es im Besitz von rund 2.000 Einzelpersonen und gewerblichen Händler:innen ist, die mittels einer Online-Plattform auf faire Weise und zu fairen Preisen handeln wollen.[242] Loconomics ist eine Genossenschaft im Besitz von Dienstleistungsfachleuten mit Sitz in San Francisco, »die Kunden finden, Kunden helfen, sie zu finden, und lokale Unternehmen unterstützen wollen«.[243] Die Idee ist, diese Dienstleistungen vor allem in den Bereichen Pflege, Hausarbeit und Bürounterstützung auf faire Weise und ohne die Beteiligung von Makler:innen oder entfernten Investor:innen anzubieten. Stocksy hat seinen Sitz in Victoria, Kanada, und ist eine Kooperative von rund 980 Fotograf:innen aus 65 Ländern, die ihre Bilder direkt und zu fairen Preisen anbieten.[244] Die Plattform arbeitet als Kooperative mit drei Klassen von Kooperationsmitgliedern: Klasse A besteht aus Berater:innen, Klasse B aus Mitarbeiter:innen und Klasse C sind die Künstler:innen, die ihre Inhalte beitragen (MARSHALL 2017).[245]

Im Journalismus haben Genossenschaften eine längere Tradition,[246] aber auch hier hat diese Idee mit der Verbreitung digitaler Medien neuen Auftrieb erhalten (nicht zuletzt, weil mit der tiefgreifenden Mediatisierung viele Arbeitsplätze im traditionellen Journalismus verloren gegangen sind [FENTON et al. 2010]). Das Bristol Cable zum Beispiel ist eine lo-

242 Siehe hierzu https://info.fairmondo.de/geno20/ [01.05.2019].

243 Für weitere Informationen zu dieser Plattform siehe https://loconomics.com/#!about/us [01.05.2019].

244 Siehe für weitere Informationen https://www.stocksy.com/service/about/ [01.05.2019].

245 Diese Beispiele werden von Scholz (2017: 175-179) sowie Scholz und Schneider (2017: 75-90) diskutiert.

246 Ein gutes Beispiel ist die deutsche *taz*, die 1978 als Print- und Online-Zeitung gegründet wurde (https://www.taz.de). Ein weiteres Beispiel ist die gemeindebasierte und jetzt im Besitz der Mitarbeiter befindliche *West Highland Free Press*, die 1972 gegründet wurde (https://www.whfp.com).

kale Journalismus-Kooperative mit Sitz in Bristol, Großbritannien. Sie wurde 2014 gegründet und ist im Besitz von über 2.000 Mitgliedern, die jeweils einen gleichen Anteil an der Organisation haben. Während lokale Nachrichtengeschichten regelmäßig online veröffentlicht werden, ist das Hauptprodukt ein kostenloses vierteljährliches Magazin mit einer Auflage von 30.000 Exemplaren. Um neue Formen des Lokaljournalismus zu unterstützen, bietet das Bristol Cable ein kostenloses Medientraining mit professionellen Journalist:innen an.[247] Die deutschen Krautreporter sind eine Genossenschaft von mehr als 400 Mitgliedern, die unabhängigen Journalismus unterstützen wollen.[248] Ursprünglich Crowd-finanziert, geben sie seit 2014 ein Online-Magazin heraus, das Nutzer:innen gegen eine monatliche Gebühr abonnieren können. Ein vergleichbares Modell ist das Schweizer Online-Magazin *Republik*, das ursprünglich durch eine Crowdfunding-Kampagne im Jahr 2017 finanziert wurde und heute im Besitz der Project R Genossenschaft ist, einem Unternehmen seiner Leser:innen, dessen Ziel es ist, die Demokratie mit unabhängigem Journalismus zu unterstützen.[249] Auch der Datenjournalismus selbst kann einen Beitrag zu diesen Entwicklungen leisten, wenn er Kollaboration, Crowdsourcing und Co-Creation einschließt (LOOSEN 2018a).

Diese Formen der Organisation von Genossenschaften im Feld von Plattformen und digitalem Journalismus zeigen, dass Überwachungskapitalismus und Datenkolonialismus nicht die *notwendigen* Folgen einer tiefgreifenden Mediatisierung sind. Wir können uns auch eine andere digitale Gesellschaft vorstellen, die entlang von anderen Prinzipien der Organisation geleitet ist. Wenn wir die Idee der Plattform-Genossenschaften mit der Idee der Regulierung von Plattformen in gemeinschaftlicher Verantwortung in Beziehung setzen, besteht die wichtigste Beziehung zwischen beiden darin, digitale Medien näher an die Figurationen derjenigen Menschen zu bringen, die ihre Inhalte produzieren und sie nutzen. Ein Zuwachs an Autonomie ist die Folge, wenn Kollektive die Plattformen besitzen, über die sie ihre Produkte und Dienstleistungen anbieten,

247 Siehe https://thebristolcable.org [01.05.2019].
248 Details finden Sie auf deren Webseite: http://genossenschaft.krautreporter.de [01.05.2019].
249 Siehe https://www.republik.ch/statuten und https://project-r.construction [01.05.2019].

ebenso wie die Daten, die ihre Produkte erzeugen. Sie markieren eine vielversprechende Möglichkeit, den Kreislauf der Enteignung individueller Daten und der auf Überwachung basierenden Wertschöpfungspraktiken der Technologie-Konzerne zu durchbrechen, die die Geschäftsmodelle vieler der Plattformen, die wir heute nutzen, ausmachen.

Diese Ideen von Genossenschaften, gemeinschaftlicher Verantwortung und einer stärkeren Ausrichtung von digitalen Medien und Infrastrukturen auf die Produktion öffentlicher Güter haben sicherlich einen utopischen Beigeschmack, insbesondere in Bezug auf das derzeitige Oligopol einiger weniger Technologie-Unternehmen. Aber als Beispiele zeigen sie, dass eine andere Art der Gestaltung tiefgreifender Mediatisierung möglich ist. Wir können diese Beispiele als eine Einladung verstehen, offener über bestehende Pfadabhängigkeiten auf dem Weg zur digitalen Gesellschaft nachzudenken und darüber, wie wir die Verbreitung digitaler Medien in unserem Leben organisieren wollen. Tiefgreifende Mediatisierung läuft nicht per Autopilot, sie wird von Menschen ermöglicht und bleibt damit von ihnen gestaltbar.

7.3 DAS BEDÜRFNIS NACH INDIVIDUELLER AUTONOMIE

Wenn wir von einer besseren *Gestaltung* der tiefgreifenden Mediatisierung sprechen, ist es notwendig, auch die Perspektive des Individuums einzunehmen. Wie zu Beginn dieses Kapitels ausgeführt, wird dann die Frage relevant, wie digitale Medien und ihre Infrastrukturen gestaltet sein sollten, um das gute Leben aus individueller Sicht zu ermöglichen. Dies erfordert eine weitere Klärung des Verhältnisses zwischen individueller Autonomie und dem guten Leben. Folgt man Beate Rössler (2017: 27), so ist Autonomie eine notwendige, aber noch nicht hinreichende Voraussetzung für ein gutes Leben. Aus individueller Sicht können wir vom guten Leben sprechen, wenn es autonom, sinnerfüllt und zufriedenstellend ist.[250] Wie wir bereits gesehen haben, bedeutet Autonomie

250 Rössler unterscheidet hier zwischen dem ›guten Leben‹ und dem ›gelungenen Leben‹, da in der philosophischen Literatur Formen des ›guten Lebens‹ diskutiert werden, die nicht

nicht einfach individuelle Freiheit (PAUEN/WELZER 2015: 33-36), sondern die Fähigkeit, an der Aushandlung der Regeln, nach denen wir handeln, teilzuhaben. Diese Regeln sind immer soziale Regeln, wir erleben sie zusammen mit und neben anderen, d. h., die Fähigkeit, Regeln zu wählen, ist immer eine relative in einem Set von sozialen Regeln. Autonomie bedeutet nicht Freiheit *von* den Figurationen, in denen Menschen leben, sondern Selbstbestimmung *in* den Figurationen, in denen sie leben.[251]

Das gute Leben besteht darin, Projekte wählen zu können, »die unserem Leben Sinn geben« (RÖSSLER 2017: 114). Diese sinnstiftenden Projekte können vielfältig sein: Bestimmte Beziehungen, berufliche Unternehmungen, politisches Engagement und ein Einbringen in Populärkulturen sind nur Beispiele dafür. Grundlegend ist, dass die Entscheidung, ein Projekt zu verfolgen, autonom getroffen wird. Die Sinnhaftigkeit dieser Projekte ist jedoch nie eine Frage des Individuums allein, sondern wird durch die Figurationen, in denen eine Person lebt, vermittelt. Persönlichkeitsentwicklung geschieht durch die Figurationen, deren Teil ein Individuum ist, und durch die Projekte, die in diesen Figurationen entwickelt werden. Das gute Leben ist also mehr als ein Leben, das die eigenen Bedürfnisse befriedigt. Es geht um ein Leben, das in der Relationalität der Figurationen, in denen eine Person steht, Räume für eine sinnvolle Lebensführung eröffnet, die sich auf die individuellen Bedürfnisse zurückbezieht.

Wendet man diese Überlegungen nun auf die Transformationen der tiefgreifenden Mediatisierung an, so werden deren Ambivalenzen für das Individuum deutlich. Die tiefgreifende Mediatisierung in ihrer heu-

selbstbestimmt sind (RÖSSLER 2017: 27, 231-279). Im Folgenden verzichte ich auf diese Unterscheidung, weil der Begriff des ›guten Lebens‹ in der Medien- und Kommunikationsforschung fest etabliert ist.

251 In diesem Sinne steht Autonomie nicht im Widerspruch zur sozialen Eingebundenheit (JANSSON 2018: 7). Individuen können Autonomie nur im Verhältnis zu ihrer Abhängigkeit von anderen Menschen erfahren, also in den Figurationen, in denen sie stehen. Michael Pauen und Harald Welzer nennen dies die »Dialektik der Autonomie«. Unter anderem mit Bezug auf Elias stellen sie fest: »Menschen kommen im Singular nicht vor, sondern nur in Beziehungsgeflechten mit anderen, und ein menschliches Gehirn entwickelt sich nicht allein, sondern organisiert sich in seiner synaptischen Architektur nach den sozialen und kulturellen Kontexten, die sich über die Beziehungen vermitteln, deren Teil es ist« (PAUEN/WELZER 2015: 265f.).

tigen Form kann als eine erhebliche Einschränkung der individuellen Autonomie angesehen werden. Die Beispiele für diese Einschränkungen sind vielfältig und gehen weit über die ständige Erreichbarkeit durch digitale Medien – und die dadurch notwendige kommunikative Grenzziehung – hinaus: Es gibt eine Einschränkung durch globale Diskurse und Mythen, die uns als Menschen in Bezug auf digitale Technologien positionieren; durch globalisierte digitale Infrastrukturen und Datenverarbeitung, die implizite Gesellschaftsmodelle verbreiten, in denen das Individuum primär als Kunde und Datenquelle interessiert; durch Plattformen, die neue Kollektivitäten verwalten, in denen das Individuum zu vereinzelten Arbeiter:innen und Konsument:innen wird. In all diesen Fällen besteht die Einschränkung darin, dass Individuen auf eine bestimmte Art und Weise sowohl durch als auch in Bezug auf digitale Medien und deren Infrastrukturen positioniert werden.

Gleichzeitig eröffnen digitale Medien und ihre Infrastrukturen – zumindest prinzipiell – neue Potenziale beim Erreichen individueller Autonomie. Digitale Medien eröffnen beispielsweise neue Möglichkeiten der (Selbst-)Organisation, des Protests, der Gemeinschaft, des Lernens und der Selbstentfaltung. Betrachtet man historisch das ›Generationenprojekt‹, das mit dem Phänomen der tiefgreifenden Mediatisierung verbunden ist, so waren es solche Ideen, die die Pioniergemeinschaften ursprünglich angetrieben haben, und sie tun es heute noch. Wir können dies in Bezug auf die Idee der Persönlichkeitsentwicklung in der Quantified-Self-Bewegung sehen, beim selbstbestimmten Herstellen, Kreativ-Sein und Lernen in der Maker-Bewegung oder bei den neuen Strategien des investigativen Journalismus der Hacks/Hacker-Bewegung. Bei allen Ambivalenzen, die auch diese Pioniergemeinschaften kennzeichnen, lassen sich ihre ursprünglichen Ideen als ein Ruf nach Autonomie interpretieren.

Aus individueller Perspektive erfordert die Gestaltung der tiefgreifenden Mediatisierung es, digitale Medien und ihre Infrastrukturen so aufzubauen, dass sie ein größtmögliches Maß an individueller Autonomie gewährleisten, individuelle Bedürfnisse berücksichtigen und Projekte zur Förderung des guten Lebens unterstützen. Wenn wir von unseren sieben Grundbedürfnissen ausgehen – ökonomische Bedürfnisse, ethnische Bedürfnisse, politische Bedürfnisse, Anerkennungsbedürfnisse, Glaubensbedürfnisse, soziale Bedürfnisse und Freizeitbedürfnisse –, dann müssten digitale Medien so gestaltet sein, dass sie diese für möglichst viele Menschen sichern, ohne eine Gruppe von Menschen gegen eine andere zu positionieren. Digitale Medien und ihre Infrastrukturen sollten dann dazu beitragen, den Zugang zu ökonomischer Sicherheit zu ermöglichen und die Vergemeinschaftung von Menschen unterschiedlicher Ethnien (und das gemeinsame Verständnis zwischen ihnen) zu fördern; sie sollten dazu beitragen, die politische Entscheidungsfindung in und zwischen verschiedenen Gemeinschaften und die Teilhabe des Einzelnen an diesem Prozess zu unterstützen; der Einzelne sollte in seiner ganzen Vielfalt in digitalen Medien Anerkennung finden; verschiedene Formen des Glaubens, der Religiosität und der Spiritualität sollten ihren Platz haben, ohne ausgrenzend zu sein; digitale Medien sollten Möglichkeiten bieten, soziale Beziehungen aufzubauen und zu pflegen; und schließlich sollten sie auch individuelle Erholung und Freizeit gestatten.

Eine Gestaltung, die diese individuellen Bedürfnisse berücksichtigt, ist ein wichtiger erster Schritt. Das gute Leben bedeutet aber noch mehr: Es geht auch um individuelle Autonomie und die Möglichkeit, sinnvolle Projekte zu realisieren. Vor diesem Hintergrund lassen sich aus individueller Sicht mindestens vier Anforderungen an digitale Medien und ihre Infrastrukturen formulieren: Selbstbestimmung, Formbarkeit, Unterstützungsleistung und Wissensförderung. Alle vier können als Grundvoraussetzungen für eine produktive Gestaltung der tiefgreifenden Mediatisierung verstanden werden und sollten bei der Adressierung jedes der verschiedenen Bedürfnisse berücksichtigt werden.

Das gute Leben erfordert Möglichkeiten zur *Selbstbestimmung* und digitale Medien sollten dabei helfen. Selbstbestimmung betrifft die tiefgreifende Mediatisierung auf verschiedenen Ebenen. Es geht darum, dass Einzelne selbst entscheiden können, welche Daten sie preisgeben, an wen die Daten gegeben werden und welchen Nutzen die Betreffenden daraus ziehen. Es geht auch darum, die eigenen sozialen Beziehungen mit und durch digitale Medien gestalten zu können. Es geht um die Selbstbestimmung, wer Zugriff auf die selbst produzierten Inhalte hat und wie diese verwertet oder angeeignet werden können. Betrachtet man, wie aktuelle Plattformen, Apps und die verschiedenen Endgeräte, die das Internet der Dinge ausmachen, gestaltet sind, so wird deutlich, wie sehr sie das Prinzip der Selbstbestimmung infrage stellen. Verbreitete Geschäftsmodelle in diesem Bereich wollen Nutzungsdaten verwerten, ohne die Perspektive der Nutzer:innen angemessen zu berücksichtigen. Letztere müssen vieles einfach hinnehmen, solange sie diese Dienste und Endgeräte nutzen wollen. Die Nutzer:innen werden ständig mit den Prozessen der datenbasierten Erzeugung von Plattform-Kollektivitäten konfrontiert, als deren Teil sie sich möglicherweise gar nicht sehen oder nicht wahrgenommen werden wollen. Es werden ›Vorschläge‹ für neue ›Freunde‹ gemacht, denen man ›folgen‹ soll. ›Empfehlungen‹, sich auf eine bestimmte Art und Weise zu verhalten, werden präsentiert. Sicherlich ist es letztlich das Individuum, das entscheidet, ob es diese Vorschläge annimmt oder nicht. In den zugrunde liegenden Prozessen des Kuratierens und Moderierens spielen Fragen der Selbstbestimmung bisher aber nur eine untergeordnete Rolle.

Formbarkeit bezieht sich auf die Fähigkeit der Nutzer:innen, die von ihnen verwendeten digitalen Medien – insbesondere Plattformen – mitgestalten zu können. In unserer heutigen Medienumgebung werden Individuen mit Institutionalisierungen und Materialisierungen konfrontiert, auf die sie keinen gestalterischen Einfluss haben. Die Rollen als Fahrer:in und Kund:in bei Uber beispielsweise sind ebenso durch die Plattform definiert wie die Rollen als Gastgeber:in und Mieter:in bei Airbnb. Ein sozialer Aushandlungsprozess unterschiedlicher Rollenmodelle findet auf der Ebene der Plattform nicht statt. Dies ist auf den ersten Blick nicht besonders bemerkenswert; auch andere soziale Organisationen setzen in ähnlicher Weise transaktionale Rollen durch. Es gibt aber zwei wesentliche Unterschiede zwischen bisherigen Organisationen und digitalen Plattformen: Zum einen gab es bisher kaum Organisationen, die soziale Prozesse in einem solchen Ausmaß und über so unterschiedliche Kontexte hinweg strukturieren wie Plattformen. Zum anderen sind Prinzipien der betrieblichen Mitbestimmung – die in anderen Bereichen weit verbreitet sind – in größeren Technologie-Unternehmen kaum etabliert. Die Wertschöpfung von Online-Plattformen basiert auf den Praktiken ihrer Nutzer:innen und diese sollten daher die Möglichkeit haben, mitzubestimmen. Wir können die Art und Weise, wie Fahrer für Uber, Lyft und andere Transportplattformen sich online organisieren, um ihre Interessen zu artikulieren, als einen Schritt in Richtung einer solchen Ermächtigung betrachten (ROSENBLAT 2018: 199-202). Es geht dann darum, Plattform-Kollektivitäten in Gemeinschaften zu verwandeln – in diesem Fall eine Gemeinschaft von Fahrer:innen, die ihr gemeinsames Wir erkennen und ihre Interessen artikulieren.

Unterstützungsleistung bezieht sich auf die Möglichkeit, dass digitale Medien und ihre Infrastrukturen eine gemeinsame Anstrengung unternehmen, um die Benutzer:innen zu befähigen, ihre eigenen Projekte zu realisieren, um ihrem Leben einen Sinn zu geben. Die obige Diskussion über Pioniergemeinschaften hat gezeigt, inwieweit dies aus individueller Sicht wichtig ist. Die Unterstützungsleistung einer Plattform bezieht sich beispielsweise auf die Entwicklung von »Plattformen für Kreativität« (GAUNTLETT 2018: 231), Plattformen, die Einzelnen helfen, ihre bzw. seine eigene Kreativität zu entwickeln und ihr bzw. sein sinnvolles Leben zu leben. Es gibt hier bereits viele kleinere, aber weniger etablierte Angebote – dies sollte aber ein generelles Entwicklungsprinzip von Plattformen im Speziellen und digitalen Medien im Allgemeinen werden. Bei der Unterstützungsleistung geht es auch um die individuelle Persönlichkeitsentwicklung, ein Punkt, der in der Mediatisierungsforschung bisher kaum empirisch und auch nicht aus normativer Sicht thematisiert wurde. Individuen entwickeln sich im Schnittpunkt unterschiedlicher, sich wandelnder Figurationen; ›Soziogenese‹ (die Transformation von Figurationen) und ›Psychogenese‹ (die Transformation des Selbst, der individuellen Praxis, Gewohnheiten und Affekte) stehen in Wechselbeziehung zueinander (ELIAS 1997, 2001). Geht man davon aus, dass bei der tiefgreifenden Mediatisierung neue Figurationen wie Plattform-Kollektivitäten entstehen und bestehende Figurationen sich wandeln, stellt sich zwangsläufig die Frage, was dies für die Persönlichkeitsentwicklung der Individuen heißt.

Schließlich geht es bei der Gestaltung der tiefgreifenden Mediatisierung um *Wissensförderung* – Wissen, das die Einzelnen befähigt, Zugang zu den Informationen zu erhalten, die sie brauchen, um ihre eigenen Positionen zu öffentlichen Belangen sowie die eigenen sinnstiftenden Projekte zu entwickeln. Diese Idee wird in einer Vielzahl bisheriger Theorien der Öffentlichkeit aufgegriffen, in denen es darum ging, dass die Medien ausreichend Informationen für eine durchaus konfliktreiche öffentliche Meinungsbildung zur Verfügung stellen.[252] In Zeiten tiefgreifender Mediatisierung müssen wir aber eine breitere Perspektive hierauf entwickeln. Trotz der Perspektivik jeglicher medialer Kommunikation bleibt bewusste Fehlinformation problematisch. Das zeigt nicht zuletzt die wachsende Diskussion um Fake News, die verschiedene Plattformen dazu veranlasst hat, dem Kuratieren von Inhalten ein größeres Gewicht beizumessen und sich nicht mehr nur als reine Verbreitungsplattform zu verstehen.[253] Wie umfassend diese Frage ist, wird deutlich, wenn wir uns die Vielfalt der digitalen Medien und die relevanten Informationen vergegenwärtigen, die sie bereitstellen, damit Bürger:innen in politischen Prozessen informierte Entscheidungen treffen können. Man denke auch an die Tracker und Apps, die Menschen nutzen, um Informationen über ihre Aktivität und Gesundheit zu sammeln, wobei ein und dieselbe Aktivität je nach Modell der Datenverarbeitung zu unterschiedlichen Informationsoutputs führen kann. Es geht auch hier darum, adäquate, relevante und hinterfragbare Informationen zugänglich zu machen. Die Art und Weise, wie digitale Medien operieren, definiert teilweise die Möglichkeiten der Wissensgenerierung.

Diese Punkte machen deutlich, dass die im Hinblick auf ein gutes Leben bestehenden Anforderungen an digitale Medien und ihre Infrastrukturen sehr weitreichend sind. Wenn man diese Prinzipien verallgemeinert und mit den heute existierenden digitalen Medien und

252 Man kann beispielsweise an Habermas' (1990) Kritik am »Strukturwandel der Öffentlichkeit« denken, in der er die traditionellen Massenmedien dafür kritisiert, dass sie immer weniger über öffentliche Belange berichten und immer weniger deliberativen Diskurs zulassen. Für eine weitere Diskussion siehe Lunt und Livingstone (2013).

253 Die Herausforderungen, die dieses Thema mit sich bringt, hätten Facebook angeblich dazu veranlasst, darüber nachzudenken, eine ›auf Privatsphäre fokussierte‹ Plattform für die Kommunikation in Gruppen von Menschen, die sich kennen, zu werden. Ob diese Ideen jemals umgesetzt werden, ist eine andere Frage, zumal sie dem primären Geschäftsmodell von Facebook widersprechen (HERN 2019).

Infrastrukturen kontrastiert, ist die Notwendigkeit einer besseren Gestaltung der tiefgreifenden Mediatisierung offensichtlich. Fragen der Autonomie spielen im Leben vieler Menschen nur eine sehr geringe Rolle, in Teilen, weil ihre soziale Situation es ihnen schwer macht, Entscheidungen über das Leben, das sie wollen, zu treffen. Die Menschen fühlen sich eher vom Leben gefangen, anstatt dass sie das Gefühl haben, auf dem Weg zu einem autonomen Leben zu sein. Können wir dann solche Forderungen an die Gestaltung digitaler Medien und ihrer Infrastrukturen stellen? Vielleicht mag eine solche Frage berechtigt sein. Wir können aber auch eine andere Perspektive einnehmen: Allein die Tatsache, dass viele auf dieser Welt kaum die Möglichkeit eines autonomen Lebens haben, zeigt, wie wichtig das Thema ist und wie dringend es ist, dies anzugehen. Digitale Medien und Infrastrukturen können – zumindest prinzipiell – eine Hilfe dafür sein. Eine kritische Mediatisierungsforschung sollte nicht nur medienbezogene Transformationen beschreiben, sondern auch darüber nachdenken, welche Alternativen zum Bestehenden möglich sind, damit Raum für eine Gestaltung der zukünftigen Entwicklung besteht.

Die oftmals proklamierte digitale Gesellschaft ist noch keine Wirklichkeit. Digitale Medien sind noch nicht die Grundlage aller sozialen Prozesse. Mit der tiefgreifenden Mediatisierung und deren gegenwärtigen Trends bewegen wir uns allerdings in großen Schritten in eine solche Richtung. Es ist deswegen notwendiger denn je, dass wir über die Gestaltung der tiefgreifenden Mediatisierung nachdenken, dazu forschen, öffentlich diskutieren – und an mehr Punkten als bisher neue Wege gehen jenseits der Pfadabhängigkeiten des bisherigen. Es ist diese Richtung, in die wir schreiten sollten.

LITERATUR

AARSAND, PÅL: Computer and video games in family life. The digital divide as a resource in intergenerational interactions. In: *Childhood*, 14, 2007, S. 235-256

ABBATE, JANE: *Inventing the internet*. Cambridge [MIT] 1999

ABEND, PABLO; FUCHS, MATTHIAS (Hrsg.): *Quantified selves and statistical bodies*. Bielefeld [transcript] 2016

ADONI, HANNA; PERUŠKO, ZRINJKA; NOSSEK, HILLEL; SCHRØDER, KIM C.: Introduction: News consumption as a democratic resource – news media repertoires across Europe. In: *Participations*, 14, 2017, S. 226-252

AFOKO, CARYS: Government can't regulate Facebook – it's up to all of us. In: *The Guardian*, 01.04.2010. https://www.theguardian.com/commentisfree/2019/apr/01/government-regulate-facebook-mark-zuckerberg-social-media [03.03.2021]

AGAR, JON: *Constant touch. A brief history of the mobile phone*. Cambridge [Icon Books] 2003

AJANA, BTIHAJ: *Governing through biometrics. The biopolitics of identity*. Basingstoke [Palgrave Macmillan] 2013

AJANA, BTIHAJ: Digital health and the biopolitics of the Quantified Self. In: *Digital Health*, 3, 2017, S. 1-18

ALBRECHTSLUND, ANDERS: Online social networking as participatory surveillance. In: *First Monday*, 13, 2008

ALEXANDER, CHARLES P.: The new economy. In: *Time*, 30.05.1983. http://content.time.com/time/subscriber/article/0,33009,926013,00.html [03.03.2021] 1983

ALEXANDER, JEFFREY C.; GIESEN, BERNHARD; MÜNCH, RICHARD; SMELSER, NEIL J. (Hrsg.): *The micro-macro link*. Berkeley, Los Angeles [University of California Press] 1987

ALTHEIDE, DAVID L.: The media syndrome and reflexive mediation. In: THIMM, CAJA; ANASTASIADIS, MARIO; EINSPÄNNER-PFLOCK, JESSICA (Hrsg.): *Media logic(s) revisited. Modelling the interplay between media institutions, media technology and societal change*. London [Palgrave Macmillan] 2018, S. 11-39

ALTHEIDE, DAVID L.; SNOW, ROBERT P.: *Media logic*. Beverly Hills [Sage] 1979

AMOORE, LOUISE; PIOTUKUH, VOLHA (Hrsg.): *Algorithmic life. Calculative devices in the age of big data*. London [Routledge] 2016

ANDERSEN, JACK: Archiving, ordering, and searching. Search engines, algorithms, databases, and deep mediatization. In: *Media, Culture & Society*, 40, 2018, S. 1135-1150

ANDERSON, BENEDICT: *Die Erfindung der Nation. Zur Karriere eines folgenreichen Konzepts*. Berlin [Ullstein] 1996

ANDERSON, CHRIS: The end of theory. The data deluge makes the scientific method obsolete. In: *Wired*, 23.06.2008. https://www.wired.com/2008/06/pb-theory/ [03.03.2021]

ANDERSON, CHRIS: *Makers. The new industrial revolution*. New York, London [Random House] 2012

ANDERSON, CHRIS W.: Towards a sociology of computational and algorithmic journalism. In: *New Media & Society*, 15, 2013, S. 1005-1021

ANDERSON, CHRIS W.; BELL, EMILY; SHIRKY, CLAY: *Post-industrial journalism. Adapting to the present*. New York [Tow Center for Digital Journalism] 2012

ANDREJEVIC, MARK: The work of watching one another. Lateral surveillance, risk, and governance. In: *Surveillance & Society*, 2, 2004, S. 479-497

ANDREJEVIC, MARK: Digital citizenship and surveillance. To pre-empt a thief. In: *International Journal of Communication*, 11, 2017, S. 18

APPELGREN, ESTER; NYGREN, GUNNAR: Data journalism in Sweden. Introducing new methods and genres of journalism into »old« organizations. In: *Digital Journalism*, 2, 2014, S. 394-405

ARORA, PAYAL: *The next billion users. Digital life beyond the west*. Cambridge, MA [Harvard University Press] 2019

ASP, KENT: Medialization, media logic and mediarchy. In: *Nordicom Review*, 11, 1990, S. 47-50

ASTHEIMER, JÖRG; NEUMANN-BRAUN, KLAUS; SCHMIDT, AXEL: MyFace. Die Portraitfotografie im Social Web. In: NEUMANN-BRAUN, KLAUS; AUTENRIETH, ULLA PATRICIA (Hrsg.): *Freundschaft und Gemeinschaft im Social Web. Bildbezogenes Handeln und Peergroup-Kommunikation auf Facebook & Co*. Baden-Baden [Nomos] 2011, S. 79-122

ATKINSON, PAUL: Do it yourself. Democracy and design. In: *Journal of Design History*, 19, 2006, S. 1-10

BAACK, STEFAN: Datafication and empowerment. How the open data movement re-articulates notions of democracy, participation, and journalism. In: *Big Data & Society*, 2, 2015

BAKARDJIEVA, MARIA: Rationalizing sociality. An unfinished script for socialbots. In: *The Information Society*, 31, 2015, S. 244-256

BAKER, STEPHANIE ALICE: The mediated crowd. New social media and new forms of rioting. In: *Sociological Research Online*, 16, 2011, S. 21

BARBROOK, RICHARD; CAMERON, ANDY: The Californian ideology. In: *Science as Culture*, 6, 1996, S. 44-72

BARILE, NELLO; SUGIYAMA, SATOMI: The automation of taste. A theoretical exploration of mobile ICTs and social robots in the context of music consumption. In: *International Journal of Social Robotics*, 7, 2015, S. 407-416

BARTHES, ROLAND: *Mythen des Alltags*. Frankfurt/M. [Suhrkamp] 1964

BAUMAN, ZYGMUNT: *Work, consumerism and the new poor*. London [Open University Press] 1998

BAUMAN, ZYGMUNT: *Liquid modernity*. Cambridge, Oxford [Polity] 2000

BAUMAN, ZYGMUNT: *Liquid life*. Cambridge [Polity] 2005

BAUSINGER, HERMANN: Media, technology and daily life. In: *Media, Culture & Society*, 6, 1984, S. 343-351

BECK, ULRICH: Jenseits von Stand und Klasse. In: BECK, ULRICH; BECK-GERNSHEIM, ELISABETH (Hrsg.): *Riskante Freiheiten*. Frankfurt/M. [Suhrkamp] 1994, S. 43-60

BECK, ULRICH; BECK-GERNSHEIM, ELISABETH (Hrsg.): *Riskante Freiheiten*. Frankfurt/M. [Suhrkamp] 1994

BECK, ULRICH; GIDDENS, ANTHONY; LASH, SCOTT (Hrsg.): *Reflexive Modernisierung. Eine Kontroverse*. Frankfurt/M. [Suhrkamp] 1996

BECKEDAHL, MARKUS; LÜKE, FALK: *Die digitale Gesellschaft. Netzpolitik, Bürgerrechte und die Machtfrage*. München [Deutscher Taschenbuch Verlag] 2012

BEER, DAVID: *Metric power*. London [Palgrave] 2016

BEER, DAVID: The social power of algorithms. In: *Information, Communication & Society*, 20, 2017, S. 1-13

BEER, DAVID: *The data gaze. Capitalism, power, perception*. London [Sage] 2019

BELL, EMILY J; OWEN, TAYLOR; BROWN, PETER D; HAUKA, CODI; RASHIDIAN, NUSHIN: *The platform press. How Silicon Valley reengineered journalism*. New York [Tow Center for Digital Journalism] 2017

BENJAMIN, WALTER: *Das Kunstwerk im Zeitalter seiner technischen Reproduzierbarkeit*. Frankfurt/M. [Suhrkamp] 1991

BENNETT, W. LANCE; SEGERBERG, ALEXANDRA: The logic of connective action. Digital media and the personalization of contentious politics. In: *Information, Communication & Society*, 15, 2012, S. 739-768

BENNETT, W. LANCE; SEGERBERG, ALEXANDRA: *The logic of connective action. Digital media and the personalization of contentious politics*. Cambridge [Cambridge University Press] 2013

BENTLEY, R. ALEXANDER; O'BRIEN, MICHAEL J.: *The acceleration of cultural change. From ancestors to algorithms*. Cambridge MA [MIT Press] 2017

BERG, MATTHIAS; HEPP, ANDREAS: A qualitative network approach to transmedia communication. In: FREEMAN, MATTHEW; GAMBARATO, RENIRA RAMPAZZO (Hrsg.): *The Routledge Companion to Transmedia Studies*. London [Routledge] 2018, S. 455-463

BERGER, PETER L.; LUCKMANN, THOMAS: *Die gesellschaftliche Konstruktion der Wirklichkeit. Eine Theorie der Wissenssoziologie*. Frankfurt/M. [Fischer] 1977

BERKER, THOMAS; HARTMANN, MAREN; PUNIE, YVES; WARD, KATIE (Hrsg.): *Domestication of media and technology*. London [Open University Press] 2006

BESSI, ALESSANDRO; FERRARA, EMILIO: Social bots distort the 2016 U.S. Presidential election online discussion. In: *First Monday*, 21, 2016, S. 1-15

BIRD, S. ELIZABETH: Are we all produsers now? In: *Cultural Studies*, 25, 2011, S. 502-516

BJUR, JAKOB; SCHRØDER, KIM CHRISTIAN; HASEBRINK, UWE; COURTOIS, CÉDRIC; ADONI, HANNA; NOSSEK, HILLEL: Cross-media use: Unfolding complexities in contemporary audiencehood. In: CARPENTIER, NICO; SCHRØDER, KIM CHRISTIAN; HALLET, LAWRIE (Hrsg.): *Audience transformations. Shifting audience positions in late modernity*. London [Routledge] 2014, S. 15-29

BLÖBAUM, BERND: *Journalismus als soziales System. Geschichte, Ausdifferenzierung und Verselbständigung*. Opladen [Westdeutscher Verlag] 1994

BLOOM, TERRY; CLEARY, JOHANNA; NORTH, MICHAEL: Traversing the »Twittersphere«. Social media policies in international news operations. In: *Journalism Practice*, 10, 2016, S. 343-357

BLUMER, HERBERT: What is wrong with social theory? In: *American Sociological Review*, 19, 1954, S. 3-10

BOASE, JEFFREY: Personal networks and the personal communication system. In: *Information, Communication & Society*, 11, 2008, S. 490-508

BOCZKOWSKI, PABLO J.: *Digitizing the news. Innovation in online newspapers*. Cambridge, MA [MIT Press] 2004

BÖHLE, KNUD; BOPP, KOLJA: What a vision: The artificial companion. A piece of vision assessment including an expert survey. In: *Science, Technology & Innovation Studies*, 10, 2014, S. 155-186

BÖHLE, KNUD; PFADENHAUER, MICHAELA: Social robots call for social sciences. In: *Science, Technology & Innovation Studies*, 10, 2014, S. 3-10

BÖHLEN, MARC; KARPPI, TERO: The making of robot care. In: *Transformations*, 29, 2017, S. 1-22

BOLIN, GÖRAN: *Value and the media. Cultural production and consumption in digital markets*. Farnham [Ashgate] 2011

BOLIN, GÖRAN: Institution, technology, world. Relationships between the media, culture and society. In: LUNDBY, KNUT (Hrsg.): *Mediatization of Communication*. Berlin [de Gruyter] 2014, S. 175-197

BOLIN, GÖRAN: Passion and nostalgia in generational media experiences. In: *European Journal of Cultural Studies*, 19, 2016, S. 250-264

BOLIN, GÖRAN: *Media generations. Experience, identity and mediatised social change*. London [Routledge] 2017

BOLIN, GÖRAN; HEPP, ANDREAS: The complexities of mediatization: Charting the road ahead. In: DRIESSENS, OLIVIER; BOLIN, GÖRAN; HEPP, ANDREAS; HJARVARD, STIG (Hrsg.): *Dynamics of mediatization*. London [Palgrave] 2017, S. 315-331

BOLTANSKI, LUC; THÉVENOT, LAURENT: *Über die Rechtfertigung*. Hamburg [Hamburger Edition HIS] 2014

BOLTER, JAY DAVID; GRUSIN, RICHARD: *Remediation. Understanding new media*. Cambridge, London [MIT Press] 2000

BORGES-REY, EDDY: Unravelling data journalism. A study of data journalism practice in British newsrooms. In: *Journalism Practice*, 10, 2016, S. 833-843

BORN, GEORGINA: *Uncertain vision. Birt, Dyke and the reinvention of the BBC*. London, New York [Random House] 2005

BÖSCH, FRANK (Hrsg.): *Wege in die digitale Gesellschaft*. Göttingen [Wallstein] 2018

BÖSCH, FRANK: Wege in die digitale Gesellschaft. Computer als Gegenstand der Zeitgeschichtsforschung. In: BÖSCH, FRANK (Hrsg.): *Wege in die digitale Gesellschaft*. Göttingen [Wallstein Verlag] 2018, S. 7-36

BOSTROM, NICK: In defense of posthuman dignity. In: *Bioethics*, 19, 2005, S. 202-214

BOURDIEU, PIERRE: *Outline of a theory of practice*. Cambridge [Cambridge University Press] 1977

BOURDIEU, PIERRE: *Die feinen Unterschiede. Kritik der gesellschaftlichen Urteilskraft*. Frankfurt/M. [Suhrkamp] 1987

BOURDIEU, PIERRE: *The logic of practice*. Cambridge [Polity Press] 1992

BOURDIEU, PIERRE: *Distinction. A social critique of the judgement of taste*. London, New York [Routledge] 2010

BOURDIEU, PIERRE: Zur Genese der Begriffe Habitus und Feld. In: BOURDIEU, PIERRE (Hrsg.): *Der Tote packt den Lebenden*. Hamburg [VSA] 2011, S. 55-73

BOWKER, GEOFFREY C.; BAKER, KAREN; MILLERAND, FLORENCE; RIBES, DAVID: Toward information infrastructure studies: Ways of knowing in a networked environment. In: HUNSINGER, JEREMY; KLASTRUP, LISBETH; ALLEN, MATTHEW (Hrsg.): *International Handbook of Internet Research*. Dordrecht [Springer Netherlands] 2010, S. 97-117

boyd, danah: Social network sites as networked publics. Affordances, dynamics, and implications. In: PAPACHARISSI, ZIZI (Hrsg.): *Networked self. Identity, community, and culture on social network sites*. London [Routledge] 2010, S. 39-58

boyd, danah; CRAWFORD, KATE: Critical questions for big data. Provocations for a cultural, technological, and scholarly phenomenon. In: *Information, Communication & Society*, 15, 2012, S. 662-679

BRAND, STEWART: *The media lab. Inventing the future at MIT*. New York [Viking] 1987

BREITER, ANDREAS: Schools as mediatized organizations from a cross-cultural perspective. In: HEPP, ANDREAS; KROTZ, FRIEDRICH (Hrsg.): *Mediatized worlds*. London [Palgrave] 2014, S. 288-303

BREITER, ANDREAS; HEPP, ANDREAS: Die Komplexität der Datafizierung. Zur Herausforderung, digitale Spuren in ihrem Kontext zu analysieren. In: KATZENBACH, CHRISTIAN; PENTZOLD, CHRISTIAN; ADOLF, MARIAN; TADDICKEN, MONIKA (Hrsg.): *Neue Komplexitäten für Kommunikationsforschung und Medienanalyse. Analytische Zugänge und empirische Studien*. Berlin [Digital Communication Research] 2018, S. 27-48

BREJZEK, THEA: From social network to urban intervention. On the scenographies of flash mobs and urban swarms. In: *International Journal of Performance Arts & Digital Media*, 6, 2010, S. 109-122

BRIDLE, JAMES: *New dark age. Technology and the end of the future*. London [Verso] 2018

BRIGGS, ASA; BURKE, PETER: *A Social history of the media. From Gutenberg to the internet*. 3. Aufl. Cambridge [Polity Press] 2009

BRIGGS, MARK: *Entrepreneurial journalism. How to build what's next for news*. London [CQ Press] 2012

BROUSSARD, MEREDITH: Artificial intelligence for investigative reporting. Using an expert system to enhance journalists' ability to discover original public affairs stories. In: *Digital Journalism*, 3, 2015, S. 814-831

BROUSSARD, MEREDITH: *Artificial unintelligence. How computers misunderstand the world*. Cambridge, MA, London [MIT Press] 2018

BRUNS, AXEL; SCHMIDT, JAN: Produsage: A closer look at continuing developments. In: *New Review of Hypermedia and Multimedia*, 17, 2011, S. 3-7

BRYCE, JENNIFER W.; LEICHTER, HOPE JENSEN: The family and television. Forms of mediation. In: *Journal of Family Issues*, 4 (2), 1983, S. 309-328

BUCHER, TAINA: The friendship assemblage. Investigating programmed sociality on Facebook. In: *Television & New Media*, 14, 2012, S. 479-493

BUCHER, TAINA; HELMOND, ANNE: The affordances of social media platforms. In: BURGESS, JEAN; POELL, THOMAS; MARWICK, ALICE (Hrsg.): *The Sage Handbook of Social Media*. London [Sage Publications] 2018, S. 233-253

BUNZ, MERCEDES: *Die Geschichte des Internet. Vom Speicher zum Verteiler*. Berlin [Kadmos] 2009

BUNZ, MERCEDES; MEIKLE, GRAHAM: *The internet of things*. Cambridge [Polity] 2018

BURKHARDT, MARCUS: *Digitale Datenbanken. Eine Medientheorie im Zeitalter von Big Data*. Bielefeld [Transcript] 2015

BURSTON, JONATHAN; DYER-WITHEFORD, NICK; HEARN, ALISON: Digital labour. Workers, authors, citizens. In: *Ephemera. Theory and Politics in organization*, 10 (3/4), 2010, S. 214-221

BUSH, VANNEVAR: As we may think. In: *The Atlantic monthly*, 176, 1945, S. 101-108

BUTSCH, RICHARD; LIVINGSTONE, SONIA M. (Hrsg.): *Meanings of audiences. Comparative discourses*. London [Routledge] 2014

CARLSON, MATT: Order versus access. News search engines and the challenge to traditional journalistic roles. In: *Media, Culture and Society*, 29, 2007, S. 1014-1030

CARLSON, MATT: The robotic reporter. In: *Digital Journalism*, 3, 2015, S. 416-431

CARLSON, MATT: Metajournalistic discourse and the meanings of journalism. Definitional Control, boundary work, and legitimation. In: *Communication Theory*, 26, 2016, S. 349-368

CARLSON, MATT; USHER, NIKKI: News startups as agents of innovation. In: *Digital Journalism*, 4, 2016, S. 563-581

CARNEIRO, HERMAN ANTHONY; MYLONAKIS, ELEFTHERIOS: Google trends: A web-based tool for real-time surveillance of disease outbreaks. In: *Clinical Infectious Diseases*, 49, 2009, S. 1557-1564

CARR, NICHOLAS: *The big switch. Rewiring the world, from Edison to Google*. New York [W. W. Norton] 2009

CASTELLS, MANUEL: *Der Aufstieg der Netzwerkgesellschaft. Teil 1 der Trilogie: Das Informationszeitalter*. Nottingham. Opladen [Leske + Budrich] 2001a

CASTELLS, MANUEL: *The internet galaxy. Reflections on the internet, business, and society*. Oxford [Oxford University Press] 2001b

CASTELLS, MANUEL: *Communication power*. Oxford [Oxford University Press] 2009

CASWELL, DAVID; DÖRR, KONSTANTIN: Automated Journalism 2.0. Event-driven narratives. In: *Journalism Practice*, 12, 2018, S. 477-496

CHADHA, MONICA: Work and identity negotiation in hyperlocal news startups. In: *Journalism Practice*, 10, 2016, S. 697-714

CHADWICK, ANDREW: *The hybrid media system. Politics and power*. 2. Aufl. Oxford [Oxford University Press] 2017

CHAPMAN, JANE L.: *Comparative Media History: An Introduction – 1789 to the Present*. Cambridge [Polity Press] 2005

CHEN, BRIAN X.: *Always on*. Philadelphia [Da Capo Press] 2011

CHENEY-LIPPOLD, JOHN: *We are data. Algorithms and the making of our digital selves*. New York [New York University Press] 2017

CHILD, JEFFREY T.; WESTERMANN, DAVID A.: Let's be Facebook friends. Exploring parental Facebook friend requests from a communication privacy management (CPM) perspective. In: *Journal of Family Communication*, 13, 2013, S. 46-59

CHOI, HYUNYOUNG; VARIAN, HAL: Predicting the present with Google trends. In: *Economic Record*, 88, 2012, S. 2-9

CHRISTENSEN, MIYASE; JANSSON, ANDRÉ: Complicit surveillance, interveillance, and the question of cosmopolitanism. Toward a phenomenological understanding of mediatization. In: *New Media & Society*, 17, 2015, S. 1473-1491

CLARK, LYNN SCHOFIELD: *The parent app. Understanding families in the digital age*. Oxford, New York [Oxford University Press] 2012

CLERWALL, CHRISTER: Enter the robot journalist: Users' perceptions of automated content. In: *Journalism Practice*, 8, 2014, S. 519-531

COLEMAN, GABRIELLA E.: *Coding freedom. The ethics and aesthetics of hacking*. Princeton [Princeton University Press] 2013

CORMEN, THOMAS: *Algorithms unlocked*. Cambridge, London [MIT Press] 2013

CORREA, TERESA; STRAUBHAAR, JOSEPH D.; CHEN, WENHONG; SPENCE, JEREMIAH: Brokering new technologies. The role of children in their parents' usage of the internet. In: *New Media & Society*, 17, 2015, S. 483-500

COTTLE, SIMON; ASHTON, MARK: From BBC newsroom to BBC newscentre. On changing technology and journalist practices. In: *Convergence*, 5, 1999, S. 22-43

COULDRY, NICK: Theorising media as practice. In: *Social Semiotics*, 14, 2004, S. 115-132

COULDRY, NICK: Transvaluing media studies. Or, beyond the myth of the mediated centre. In: CURRAN, JAMES; MORLEY, DAVID (Hrsg.): *Media and Cultural Theory*. London et al. [Routledge] 2006, S. 177-194

COULDRY, NICK: Does »the media« have a future? In: *European Journal of Communication*, 24, 2009, S. 437-450

COULDRY, NICK: *Media, society, world. Social theory and digital media practice*. Cambridge, Oxford [Polity Press] 2012

COULDRY, NICK: A necessary disenchantment: Myth, agency and injustice in a digital world. In: *Sociological Review*, 62, 2014a, S. 880-897

COULDRY, NICK: The myth of ›us‹. Digital networks, political change and the production of collectivity. In: *Information, Communication & Society*, 18, 2014b, S. 608-626

COULDRY, NICK; HEPP, ANDREAS: Conceptualising mediatization. Contexts, traditions, arguments. In: *Communication Theory*, 23, 2013, S. 191-202

COULDRY, NICK; HEPP, ANDREAS: *The mediated construction of reality*. Cambridge [Polity Press] 2017

COULDRY, NICK; KALLINIKOS, JANNIS: Ontology. In: BURGESS, JEAN; MARWICK, ALICE; POELL, THOMAS (Hrsg.): *The Sage Handbook of Social Media*. London [Sage] 2017, S. 146-159

COULDRY, NICK; MARKHAM, TIM: Public connection through media consumption. Between oversocialization and de-socialization. In: *The Annals of the American Academy of Political and Social Science*, 608, 2006, S. 251-269

COULDRY, NICK; MEJIAS, ULISES: *The costs of connection. How data is colonizing human life and appropriating it for capitalism*. Stanford, CA [Stanford UP] 2019a

COULDRY, NICK; MEJIAS, ULISES A.: Data colonialism. rethinking big data's relation to the contemporary subject. In: *Television & New Media*, 20, 2019b, S. 336-349

COULDRY, NICK; TUROW, JOSEPH: Advertising, big data and the clearance of the public realm. Marketers' new approaches to the content subsidy. In: *International Journal of Communication*, 8, 2014, S. 1710-1726

COULDRY, NICK; LIVINGSTONE, SONIA M.; MARKHAM, TIM: *Media consumption and public engagement. Beyond the presumption of attention*. Houndmills [Palgrave] 2007

COUPLAND, DOUGLAS: Generation X – Tales from an Accelerated Culture. New York [St. Martin's Press] 1992

CRAWFORD, KATE; GRAY, MARY L.; MILTNER, KATE: Critiquing big data: Politics, ethics, epistemology. Special section introduction. In: *International Journal of Communication*, 8, 2014, S. 10

CRAWFORD, KATE; JOLER, VLADAN: Anatomy of an AI System. The Amazon Echo as an anatomical map of human labor, data and planetary resources. *AI Now Institute and Share Lab*, https://anatomyof.ai [02.03.2021] 2018

CRAWFORD, KATE; ROBINSON, PENELOPE: Beyond generations and new media. In: HARTLEY, JOHN; BURGESS, JEAN; BRUNS, AXEL: *A Companion to New Media Dynamics*, 2013, S. 472-479

CRAWFORD, KATE; LINGEL, JESSA; KARPPI, TERO: Our metrics, ourselves. A hundred years of self-tracking from the weight scale to the wrist wearable device. In: *European Journal of Cultural Studies*, 18, 2015, S. 479-496

CREECH, BRIAN; MENDELSON, ANDREW L.: Imagining the journalist of the future. Technological visions of journalism education and newswork. In: *The Communication Review*, 18, 2015, S. 142-165

CUBITT, SEAN: Ecologies of fabrication. In: STAROSIELSKI, NICOLE; WALKER, JANET (Hrsg.): *Sustainable media. Critical approaches to media and environment*. London [Routledge] 2017, S. 163-179

CURRAN, JAMES: The internet of history. Rethinking the internet's past. In: CURRAN, JAMES; FENTON, NATALIE; FREEDMAN, DES (Hrsg.): *Misunderstanding the internet*. 2. Aufl. Milton Park, New York [Routledge] 2016, S. 48-84

DAHLBERG-GRUNDBERG, MICHAEL; LUNDSTRÖM, RAGNAR; LINDGREN, SIMON: Social media and the transnationalization of mass activism. Twitter and the labour movement. In: *First Monday*, 2016, https://firstmonday.org/ojs/index.php/fm/article/view/6729/5601 [03.03.2021] 2016

DALEN, ARJEN VAN: The algorithms behind the headlines. In: *Journalism Practice*, 6, 2012, S. 648-658

DAUB, ADRIAN: *Was das Valley denken nennt*. Berlin [Suhrkamp] 2020

DAVENPORT, TARA: Submarine communications cables and law of the sea. Problems in law and practice. In: *Ocean Development & International Law*, 43, 2012, S. 201-242

DAVIES, SARAH R.: *Hackerspaces. Making the maker movement*. Cambridge [Polity] 2017

DAVIS, CHARLES H.; MICHELLE, CAROLYN: Q methodology in audience research. Bridging the qualitative/quantitative ›divide‹? In: *Participations. Journal of Audience and Reception Studies*, 8, 2011, S. 559-593

DE MAEYER, JULIETTE; LIBERT, MANON; DOMINGO, DAVID; HEINDERYCKX, FRANÇOIS; LE CAM, FLORENCE: Waiting for data journalism.

A qualitative assessment of the anecdotal take-up of data journalism in French-speaking Belgium. In: *Digital journalism*, 3, 2015, S. 432-446

DEACON, DAVID; STANYER, JAMES: Mediatization: key concept or conceptual bandwagon? In: *Media, Culture & Society*, 36, 2014, S. 1032-1044

DENCIK, LINA: Surveillance realism and the politics of imagination: Is there no alternative. In: *Krisis. Journal for Contemporary Philosophy*, 1/2, 2018, S. 31-43

DENCIK, LINA; HINTZ, ARNE; CABLE, JONATHAN: Towards data justice? The ambiguity of anti-surveillance resistance in political activism. In: *Big Data & Society*, 3 (2), 2016, S. 1-12

DEUZE, MARK: *Media work*. Cambridge [Polity Press] 2007

DEUZE, MARK: The changing context of news work. Liquid journalism for a monitorial citizenry. In: *International Journal of Communication*, 2, 2008, S. 848-865

DEUZE, MARK: Media life. In: *Media, Culture & Society*, 33, 2011, S. 137-148

DEUZE, MARK; WITSCHGE, TAMARA: Beyond journalism. Theorizing the transformation of journalism. In: *Journalism*, 19, 2018, S. 165-181

DEUZE, MARK; WITSCHGE, TAMARA: *Beyond Journalism*. Cambridge [Polity] 2019

DIDŽIOKAITĖ, GABIJA; SAUKKO, PAULA; GREIFFENHAGEN, CHRISTIAN: The mundane experience of everyday calorie trackers. Beyond the metaphor of Quantified Self. In: *New Media & Society*, 20, 2018, S. 1470-1487

DIMOCK, MICHAEL: Defining generations. Where Millennials end and Generation Z begins. In: *Pew Research Center*, 2019, https://www.pewresearch.org/fact-tank/2019/01/17/where-millennials-end-and-generation-z-begins/ [27.05.2021]

DOLATA, ULRICH; SCHRAPE, JAN-FELIX: Masses, crowds, communities, movements. Collective action in the internet age. In: *Social Movement Studies*, 15, 2015, S. 1-18

DONGES, PATRICK; JARREN, OTFRIED: Mediatization of political organizations. Changing parties and interest groups? In: ESSER,

FRANK; STRÖMBÄCK, JESPER (Hrsg.): *Mediatization of politics. Understanding the transformation of Western democracies*. Houndmills [Palgrave Macmillan] 2014, S. 181-199

DÖRR, KONSTANTIN NICHOLAS: Mapping the field of algorithmic journalism. In: *Digital Journalism*, 4, 2016, S. 700-722

DOUGHERTY, DALE; CONRAD, ARIANE: *Free to make. How the Maker Movement is changing our schools, our jobs, and our minds*. Berkeley, CA [North Atlantic Books] 2016

DOURISH, PAUL: Protocols, packets, and proximity. The materiality of internet routing. In: PARKS, LISA; STAROSIELSKI, NICOLE (Hrsg.): *Signal traffic. Critical studies of media infrastructures*. Urbana et al. [University of Illinois Press] 2015, S. 183-183

DRAPER, NORA A.: From privacy pragmatist to privacy resigned. Challenging narratives of rational choice in digital privacy debates. In: *Policy & Internet*, 9, 2017, S. 232-251

DRAPER, NORA A.; TUROW, JOSEPH: The corporate cultivation of digital resignation. In: *New Media & Society*, 21, 2019, S. 1824-1839

DRIESSENS, OLIVIER: *The celebritisation of culture and society. A theoretical inquiry and empirical exploratioon of celebrity culture*. Ghent [Ghent University Press] 2014

DRIESSENS, OLIVIER; BOLIN, GÖRAN; HEPP, ANDREAS; HJARVARD, STIG (Hrsg.): *Dynamics of mediatization*. London [Palgrave] 2017

EDSTROM, MARIA; LADENDORF, MARTINA: Freelance journalists as a flexible workforce in media industries. In: *Journalism Practice*, 6, 2012, S. 711-721

EINSPÄNNER-PFLOCK, JESSICA; DANG-ANH, MARK; THIMM, CAJA (Hrsg.): *Digitale Gesellschaft – Partizipationskulturen im Netz*. Münster [LIT] 2014

EKSTRÖM, MATS; FORNÄS, JOHAN; JANSSON, ANDRÉ; JERSLEV, ANNE: Three tasks for mediatization research: Contributions to an open agenda. In: *Media, Culture & Society*, 38, 2016, S. 1090-1108

ELIAS, NORBERT: *Was ist Soziologie?* 7. Aufl. Weinheim [Juventa] 1993

ELIAS, NORBERT: Technization and Civilization. In: *Theory, Culture and Society*, 12, 1995, S. 7-42

ELIAS, NORBERT: *Über den Prozeß der Zivilisation. Bd.1, Wandlungen des Verhaltens in den weltlichen Oberschichten des Abendlandes*. Frankfurt/M. [Suhrkamp] 1997

ELIAS, NORBERT: *Symboltheorie*. Frankfurt/M. [Suhrkamp] 2001

ELMER, GREG; LANGLOIS, GANAELE; REDDEN, JOANNA (Hrsg.): *Compromised data. From social media to big data*. London [Bloomsbury Academic] 2015

ELMER, GREG; LANGLOIS, GANAELE; REDDEN, JOANNA: Introduction: Compromised data – from social media to big data. In: ELMER, GREG; LANGLOIS, GANAELE; REDDEN, JOANNA (Hrsg.): *Compromised data. From social media to big data*. London [Bloomsbury Academic] 2015, S. 11-13

EMMER, MARTIN; STRIPPEL, CHRISTIAN (Hrsg.): *Kommunikationspolitik für die digitale Gesellschaft*. Berlin [Digital Communication Research] 2015

ESKJÆR, MIKKEL FUGL: Mediatization as structural couplings: Adapting to media logic(s). In: THIMM, CAJA; ANASTASIADIS, MARIO; EINSPÄNNER-PFLOCK, JESSICA (Hrsg.): *Media logic(s) revisited. Modelling the interplay between media institutions, media technology and societal change*. London [Palgrave Macmillan] 2018, S. 85-109

ESLAMI, MOTAHHARE; RICKMAN, AIMEE; VACCARO, KRISTEN; ALEYASEN, AMIRHOSSEIN; VUONG, ANDY; KARAHALIOS, KARRIE; HAMILTON, KEVIN; SANDVIG, CHRISTIAN: »I always assumed that I wasn't really that close to [her]«. Reasoning about invisible algorithms in news feeds. In: *Proceedings of the 2015 Annual Conference on Human Factors in Computing Systems*. Seoul [ACM Press] 2015, S. 153-162

ESPOSITO, ANNA; FORTUNATI, LEOPOLDINA; LUGANO, GIUSEPPE: Modeling emotion, behavior and context in socially believable robots and ICT interfaces. In: *Cognitive Computation*, 6, 2014, S. 623-627

ESPOSITO, ELENA: Artificial communication? The production of contingency by algorithms. In: *Zeitschrift für Soziologie*, 46, 2017, S. 249-265

ESSER, FRANK; MATTHES, JÖRG: Mediatization effects on political news, political actors, political decisions, and political audiences. In: KRIESI, HANSPETER; LAVENEX, SANDRA; ESSER, FRANK;

MATTHES, JÖRG; BÜHLMANN, MARC; BOCHSLER, DANIEL (Hrsg.): *Democracy in the age of globalization and mediatization*. London [Macmillan] 2013, S. 177-201

ESSER, FRANK; STRÖMBÄCK, JESPER (Hrsg.): *Mediatization of politics. Understanding the transformation of Western democracies*. Houndmills [Palgrave Macmillan] 2014

EUBANKS, VIRGINIA: *Automating inequality. How high-tech tools profile, police, and punish the poor*. New York [St. Martin's Press] 2017

EVANS, ELIZABETH: *Transmedia television. Audiences, new media, and daily life*. London [Routledge] 2011

FEATHERSTONE, MIKE; BURROWS, ROGER (Hrsg.): *Cyberspace, cyberbodies, cyberpunk. Cultures of technological embodiment*. London [Sage] 1995

FENTON, NATALIE; METYKOVA, MONIKA; SCHLOSBERG, JUSTIN; FREEDMAN, DES: *Meeting the news needs of local communities*. London [Goldsmiths U of London] 2010

FERRARA, EMILIO; VAROL, ONUR; DAVIS, CLAYTON; MENCZER, FILIPPO; FLAMMINI, ALESSANDRO: The rise of social bots. In: *Communications of the ACM*, 59, 2016, S. 96-104

FIDLER, DAVID P.; GANGULY, SUMIT: *The Snowden Reader*. Bloomington, IN [Indiana University Press] 2015

FINK, KATHERINE; ANDERSON, CHRIS W.: Data journalism in the United States: Beyond the »usual suspects«. In: *Journalism Studies*, 2015, S. 1-15

FINK, ROBIN D.; WEYER, JOHANNES: Interaction of human actors and non-human agents. A sociological simulation model of hybrid systems. In: *Science, Technology & Innovation Studies*, 10, 2014, S. 47-64

FINNEMANN, NIELS OLE: Digitalization. New trajectories of mediatization? In: LUNDBY, KNUT (Hrsg.): *Mediatization of communication*. Berlin, New York [de Gruyter] 2014, S. 297-322

FLEW, TERRY; SPURGEON, CHRISTINA; DANIEL, ANNA; SWIFT, ADAM: The promise of computational journalism. In: *Journalism Practice*, 6, 2012, S. 157-171

FLYVERBOM, MIKKEL; MURRAY, JOHN: Datastructuring – Organizing and curating digital traces into action. In: *Big Data & Society*, 5, 2018, S. 1-12

FORTUNATI, LEOPOLDINA: Robotization and the domestic sphere. In: *New Media & Society*, 20, 2018, S. 2673-2690

FOUCAULT, MICHEL: *Überwachen und Strafen. Die Geburt des Gefängnisses.* Frankfurt/M. [Suhrkamp] 1977

FOUCAULT, MICHEL: *Sexualität und Wahrheit. Erster Band: Der Wille zum Wissen*. 20. Aufl. Frankfurt/M. [Suhrkamp] 1987

FRAU-MEIGS, DIVINA: A cultural project based on multiple temporary consensus identity and community in Wired. In: *New Media & Society*, 2, 2000, S. 227-244

FREDRIKSSON, MAGNUS; PALLAS, JOSEF: The localities of mediatization. How organizations translate mediatization into everyday practices. In: DRIESSENS, OLIVIER; BOLIN, GÖRAN; HEPP, ANDREAS; HJARVARD, STIG (Hrsg.): *Dynamics Of Mediatization*. London [Palgrave Macmillan] 2017, S. 119-136

FREDRIKSSON, MAGNUS; SCHILLEMANS, THOMAS; PALLAS, JOSEF: Determinants of organizational mediatization. An analysis of the adaptation of Swedish government agencies to news media. In: *Public Admin*, 93, 2015, S. 1049-1067

FREEDMAN, DES: The political economy of the ›new‹ news environment. In: FENTON, NATALIE (Hrsg.): *New media, old news. Journalism and democracy in the digital age*. Los Angeles u.a. [Sage Publications] 2009, S. 35-50

FREEMAN, MATTHEW; GAMBARATO, RENIRA RAMPAZZO (Hrsg.): *The Routledge companion to transmedia studies*. London [Routledge] 2018

FRIEDLAND, ROGER; ALFORD, ROBERT R.: Bringing society back in: Symbols, practices and institutional contradictions. In: POWELL, WALTER W.; DIMAGGIO, PAUL J. (Hrsg.): *The New Institutionalism in Organizational Analysis*. Chicago [University of Chicago Press] 1991, S. 232-263

FROMM, ERICH: *Die Furcht vor der Freiheit*. München [Ullstein] 1981

FROSH, PAUL: The gestural image: The selfie, photography theory, and kinesthetic sociability. In: *International Journal of Communication*, 9, 2015, S. 22

FUCHS, CHRISTIAN: Digital prosumption labour on social media in the context of the capitalist regime of time. In: *Time & Society*, 23, 2014, S. 97-123

GALLOWAY, ALEXANDER R.: *Protocol. How control exists after decentralization*. Cambridge, MA [MIT Press] 2004

GARDNER, HOWARD; DAVIS, KATI: *The app generation. How today's youth navigate identity, intimacy, and imagination in a digital world*. New Haven, London [Yale University Press] 2013

GARFINKEL, HAROLD: *Studies in Ethnomethodology*. Englewood Cliffs [Prentice-Hall] 1967

GAUNTLETT, DAVID: *Making is connecting. The social power of creativity, from craft and knitting to digital everything*. 2., erw. Aufl. Cambridge [Polity Press] 2018

GAVED, MARK; MULHOLLAND, PAUL: Pioneers, subcultures, and cooperatives. The grassroots augmentation of urban places. In: AURIGI, ALESSANDRO; DE CINDIO, FIORELLA (Hrsg.): *Augmented urban spaces. Articulating the physical and electronic city*. Aldershot et al. [Ashgate] 2008, S. 171-184

GAVER, WILLIAM: Situating action II: Affordances for interaction. The social is material for design. In: *Ecological Psychology*, 8, 1996, S. 111-129

GEHL, ROBERT W.; BAKARDJIEVA, MARIA: Socialbots and their friends. In: GEHL, ROBERT W.; BAKARDJIEVA, MARIA (Hrsg.): *Socialbots and Their Friends. Digital Media and the Automation of Sociality*. New York, Abingdon [Routledge] 2016, S. 1-16

GENTILI, RODOLPHE J.; OH, HYUK; HUANG, DI-WEI; KATZ, GARRETT E.; MILLER, ROSS H.; REGGIA, JAMES A.: A neural architecture for performing actual and mentally simulated movements during self-intended and observed bimanual arm reaching movements. In: *International Journal of Social Robotics*, 7, 2015, S. 371-392

GENTZEL, PETER; KROTZ, FRIEDRICH; WIMMER, JEFFREY; WINTER, RAINER (Hrsg.): *Das vergessene Subjekt. Subjektkonstitutionen in mediatisierten Alltagswelten*. Wiesbaden [Springer VS] 2019

GERHARD, ULRIKE; HEPP, ANDREAS: Appropriating digital traces of self-quantification. Contextualising ›pragmatic‹ and ›enthusiast‹ self-trackers. In: *International Journal of Communication*, 11, 2018, S. 683-700

GERSHENFELD, NEIL: *Fab. The coming revolution on your desktop – from personal computers to personal fabrication*. New York [Basic Books] 2005

GIBSON, JAMES: Theory of affordances. In: SHAW, ROBERT; BRANSFORD, JOHN (Hrsg.): *Perceiving, acting, knowing*. New York [Erlbaum] 1967, S. 67-82

GIDDENS, ANTHONY: *The constitution of society. Outline of the theory of structuration*. Cambridge, Oxford [Polity Press] 1984

GIDDENS, ANTHONY: *Die Konstitution der Gesellschaft. Grundzüge einer Theorie der Strukturierung*. Frankfurt/M., New York [Campus] 1995

GIDDENS, ANTHONY: *Konsequenzen der Moderne*. 2. Aufl. Frankfurt/M. [Suhrkamp] 1997

GILLESPIE, MARIE (Hrsg.): *Media Audiences*. Berkshire [Open University Press] 2005

GILLESPIE, TARLETON: The politics of platforms. In: *New Media & Society*, 12, 2010, S. 347-364

GILLESPIE, TARLETON: The relevance of algorithms. In: GILLESPIE, TARLETON; BOCZKOWSKI, PABLO J.; FOOT, KIRSTEN A. (Hrsg.): *Media technologies. Essays on communication, materiality, and society*. Cambridge, London [MIT Press] 2014, S. 167-194

GILLESPIE, TARLETON: *Custodians of the internet. Platforms, content moderation and the hidden decissions that shape social media*. New Haven, London [Yale University Press] 2018

GILLESPIE, TARLETON; BOCZKOWSKI, PABLO J.; FOOT, KIRSTEN A. (Hrsg.): *Media technologies. Essays on communication, materiality, and society*. Cambridge, London [MIT Press] 2014

GITELMAN, LISA; JACKSON, VIRGINIA: Introduction. In: GITELMAN, LISA (Hrsg.): *»Raw data« is an oxymoron*. Cambridge [MIT Press] 2013, S. 1-13

GOFFMAN, ERVING: *Rahmen-Analyse. Ein Versuch über die Organisation von Alltagserfahrungen*. Frankfurt/M. [Suhrkamp] 1977

GOFFMAN, ERVING: *Wir alle spielen Theater. Die Selbstdarstellung im Alltag*. München [Piper] 2003

GOGGIN, GERARD: *Global mobile media*. London [Routledge] 2011

GOOD, IRVING JOHN: *The estimation of probabilities*. Cambridge, MA [MIT Press] 1965

GOODMAN, IRENE: Television's role in family interaction. A family systems perspective. In: *Journal of Family Issues*, 4, 1983, S. 116-137

GÖTTLICH, UDO: *Kritik der Medien. Reflexionsstufen kritisch-materialistischer Medientheorien*. Opladen [Westdeutscher Verlag] 1996

GOULDEN, MURRAY; TOLMIE, PETER; MORTIER, RICHARD; LODGE, TOM; PIETILAINEN, ANNA-KAISA; TEIXEIRA, RENATA: Living with interpersonal data. Observability and accountability in the age of pervasive ICT. In: *New Media & Society*, 20, 2018, S. 1580-1599

GRANOVETTER, MARK: The strength of weak ties. A network theory revisited. In: *Sociological Theory*, 1, 1983, S. 203-233

GRAVES, LUCAS: The affordances of blogging. A case study in culture and technological effects. In: *Journal of Communication Inquiry*, 31, 2007, S. 331-346

GREENBAUM, JOAN; KYNG, MORTEN: *Design at work. Cooperative design of computer systems*. Hillsdale, NJ [Lawrence Erlbaum Ass.] 1991

GREENFIELD, ADAM: *Everyware. The dawning age of ubiquitous computing*. [New Riders] 2010

GREENFIELD, DANA: Deep data. Notes on the n of 1. In: NAFUS, DAWN (Hrsg.): *Quantified. Biosensing technologies in everyday life*. Cambridge, London [MIT Press] 2016, S. 123-146

GREENGARD, SAMUEL: *The internet of things*. Cambridge, London [MIT Press] 2015

GREENSTEIN, SHANE: *How the internet became commercial. Innovation, privatization and the birth of a new network*. Princeton [Princeton University Press] 2015

GREENWALD, GLENN: *No place to hide. Edward Snowden, the NSA, and the US surveillance state*. London [Hamish Hamilton] 2014

GRENZ, TILO; KIRSCHNER, HEIKO: Unravelling the App Store. Toward an interpretative perspective on tracing. In: *International Journal of Communication*, 12, 2016, S. 612-628

GRESCHKE, HEIKE; DRESSLER, DIANA; HIERASIMOWICZ, KONRAD: Die Mediatisierung von Eltern-Kind-Beziehungen im Kontext grenzüberschreitender Migration. In: KROTZ, FRIEDRICH; DESPOTOVIC, CATHRIN; KRUSE, MERLE-MARIE (Hrsg.): *Mediatisierung als Metaprozess*. Wiesbaden [Springer VS] 2017, S. 59-80

GRISOT, MIRIA; PARMIGGIANI, ELENA; GEIRBO, HANNE CECILIE: Infrastructuring internet of things for public governance. European Converence on Information Systems (ECIS), 2018, S. 66

GUNKEL, DAVID J.: *An introduction to communication and artificial intelligence*. Cambridge [Polity] 2020

GUZMAN, ANDREA L.: Introduction: What is human-machine-communication anyway? In: GUZMAN, ANDREA L. (Hrsg.): *Human-machine communication*. New York [Peter Lang] 2018, S. 1-28

GUZMAN, ANDREA L.; LEWIS, SETH C.: Artificial intelligence and communication. A Human-Machine Communication research agenda. In: *New Media & Society*, 21, 2019, S. 70-86

HABERMAS, JÜRGEN: *Theorie des kommunikativen Handelns. Bd. I. Handlungsrationalität und gesellschaftliche Rationalisierung [1981]*. Frankfurt/M. [Suhrkamp] 1988a

HABERMAS, JÜRGEN: *Theorie des kommunikativen Handelns. Bd. II. Zur Kritik der funktionalistischen Vernunft* [1981]. Frankfurt/M. [Suhrkamp] 1988b

HABERMAS, JÜRGEN: *Strukturwandel der Öffentlichkeit. Untersuchung zu einer Kategorie der bürgerlichen Gesellschaft*. Frankfurt/M. [Suhrkamp] 1990

HAFNER, KATIE; MARKOFF, JOHN: *Cyberpunk. Outlaws and hackers on the computer frontier, revised*. New York et al. [Simon and Schuster] 1995

HAGGERTY, KEVIN D.; ERICSON, RICHARD V.: The surveillant assemblage. In: *British Journal of Sociology*, 51, 2000, S. 605-622

HAHN, ALOIS: *Konstruktionen des Selbst, der Welt und der Geschichte*. Frankfurt/M. [Suhrkamp] 2000

HALL, MIRKO M.; LINK, JÜRGEN: From the »power of the norm« to »flexible normalism«. Considerations after Foucault. In: *Cultural Critique*, 57, 2004, S. 14-32

HALL, STUART: The question of cultural identity. In: HALL, STUART; HELD, DAVID; MCGREW, ANTHONY G. (Hrsg.): *Modernity and its futures*. Cambridge [Polity Press] 1992, S. 273-326

HALL, STUART: The centrality of culture. Notes on the cultural revolutions of our time. In: THOMPSON, KENNETH (Hrsg.): *Media and cultural regulation*. London [Sage] 1997, S. 207-238

HALPERN, SUE: Cambridge Analytica, Facebook, and the revelations of open secrets. In: *The New Yorker*, 21.03.2018, https://www.newyorker.com/news/news-desk/cambridge-analytica-facebook-and-the-revelations-of-open-secrets [03.03.2021]

HARGITTAI, ESZTER; MARWICK, ALICE E.: »What can I really do?« Explaining the privacy paradox with online apathy. In: *International Journal of Communication*, 10, 2016, S. 3737-3757

HARTMANN, MAREN: *Domestizierung*. Baden-Baden [Nomos] 2013

HASEBRINK, UWE: Nutzungsforschung. In: BENTELE, GÜNTER; BROSIUS, HANS-BERND; JARREN, OTFRIED (Hrsg.): *Öffentliche Kommunikation. Handbuch Kommunikations- und Medienwissenschaft*. Wiesbaden [Westdeutscher Verlag] 2003, S. 101-127

HASEBRINK, UWE: Die kommunikative Figuration von Familien: Medien, Kommunikation und Informationstechnologie im Familienalltag. In: RUPP, MARINA; KAPELLA, OLAF; SCHNEIDER, NORBERT F. (Hrsg.): *Zukunft der Familie – Anforderungen an Familienpolitik und Familienwissenschaft. Tagungsband zum 4. Europäischen Fachkongress Familienforschung*. Opladen, Berlin, Toronto [Barbara Budrich] 2014, S. 225-240

HASEBRINK, UWE: Kommunikationsrepertoires und digitale Öffentlichkeiten. In: HAHN, OLIVER; HOHLFELD, RALF; KNIEPER, THOMAS (Hrsg.): *Digitale Öffentlichkeit(en)*. Konstanz, München [UVK] 2015, S. 35-50

HASEBRINK, UWE: *Public connection. Individuals' media repertoires and the re-figuration of publics*. Unveröffentlichtes Manuskript. Hamburg 2019

HASEBRINK, UWE; DOMEYER, HANNA: Zum Wandel von Informationsrepertoires in konvergierenden Medienumgebungen. In: HARTMANN, MAREN; HEPP, ANDREAS (Hrsg.): *Die Mediatisierung der Alltagswelt*. Wiesbaden [VS] 2010, S. 49-64

HASEBRINK, UWE; DOMEYER, HANNA: Media repertoires as patterns of behaviour and as meaningful practices. A multimethod approach to media use in converging media environments. In: *Participations. Journal of Audience & Reception Studies*, 9, 2012, S. 757-783

HASEBRINK, UWE; HEPP, ANDREAS: How to research cross-media practices? Investigating media repertoires and media ensembles. In: *Convergence*, 23, 2017, S. 362-377

HASEBRINK, UWE; HÖLIG, SASCHA: Topografie der Öffentlichkeit. In: *APuZ*, 22-23, 2014, S. 16-22

HASEBRINK, UWE; JENSEN, KLAUS BRUHN; VAN DEN BULCK, HILDE; HÖLIG, SASCHA; MAESEELE, PIETER: Changing patterns of media use across cultures. A challenge for longitudinal research. In: *International Journal of Communication*, 9, 2015, S. 23

HASEBRINK, UWE; POPP, JUTTA: Media repertoires as a result of selective media use. A conceptual approach to the analysis of patterns of exposure. In: *Communications*, 31, 2006, S. 369-387

HATCH, MARK: *The maker movement manifesto. Rules for innovation in the new world of crafters, hackers, and tinkerers*. New York [McGraw Hill Professional] 2014

HELBERGER, NATALI; PIERSON, JO; POELL, THOMAS: Governing online platforms. From contested to cooperative responsibility. In: *The Information Society*, 34, 2018, S. 1-14

HEMPHILL, DAVID; LESKOWITZ, SHARI: DIY activists: Communities of practice, cultural dialogism, and radical knowledge sharing. In: *Adult Education Quarterly*, 63, 2012, S. 57-77

HEPP, ANDREAS: *Medienkultur. Die Kultur mediatisierter Welten*. 2. erw. Aufl. Wiesbaden [Springer VS] 2013

HEPP, ANDREAS: Artificial companions, social bots and work bots. Communicative robots as research objects of media and communication studies. In: *Media, Culture & Society*, 42, 2020a, S. 1410-1426

HEPP, ANDREAS: The fragility of curating a pioneer community. Deep mediatization and the spread of the quantified self and maker movements. In: *International Journal of Cultural Studies*, 23, 2020b, S. 932-950

HEPP, ANDREAS: Agency, social relations and order. Media sociology's shift into the digital. In: *Communications* 46 (2), im Druck

HEPP, ANDREAS; ALPEN, SUSAN; SIMON, PIET: Beyond empowerment, experimentation and reasoning. The public discourse around the Quantified Self movement. In: *Communications*, online first, DOI: https://doi.org/10.1515/commun-2019-0189 2020

HEPP, ANDREAS; BENZ, SUSAN; SIMON, PIET: Zwischen Utopie und Dystopie – oder: Wie der öffentliche Diskurs über die Maker- und Quantified-Self-Bewegung in Deutschland und Großbritannien die Pioniergemeinschaften zu Treibern tiefgreifender Mediatisierung macht. In: *Medien & Kommunikationswissenschaft*, 69(2), 2021, S. 270-298

HEPP, ANDREAS; BERG, MATTHIAS; ROITSCH, CINDY: A processual concept of media generation. The media-generational positioning of elderly people. In: *Nordicom Review*, 38, 2017a, S. 109-122

HEPP, ANDREAS; BERG, MATTHIAS; ROITSCH, CINDY: Mediengeneration als Prozess. Zur Mediatisierung der Vergemeinschaftungshorizonte von jüngeren, mittelalten und älteren Menschen. In: KROTZ, FRIEDRICH (Hrsg.): *Mediatisierung als Metaprozess*. Wiesbaden [Springer VS] 2017b, S. 82-111

HEPP, ANDREAS; BERG, MATTHIAS; ROITSCH, CINDY: *Mediengeneration und Vergemeinschaftung*. Wiesbaden [Springer VS] 2021

HEPP, ANDREAS; BERG, MATTHIAS; ROITSCH, CINDY: *Mediatisierte Welten der Vergemeinschaftung. Kommunikative Vernetzung und das Gemeinschaftsleben junger Menschen*. Wiesbaden [Springer VS] 2014a

HEPP, ANDREAS; BERG, MATTHIAS; ROITSCH, CINDY: Mediatized worlds of communitization. Young people as localists, centrists, multi-localists and pluralists. In: HEPP, ANDREAS; KROTZ, FRIEDRICH (Hrsg.): *Mediatized worlds: Culture and society in a media age*. London [Palgrave] 2014b, S. 174-203

HEPP, ANDREAS; HJARVARD, STIG; LUNDBY, KNUT: Mediatization: Theorizing the interplay between media, culture and society. In: *Media, Culture & Society*, 37, 2015, S. 314-324

HEPP, ANDREAS; BOZDAG, CIGDEM; SUNA, LAURA: *Mediale Migranten. Mediatisierung und die kommunikative Vernetzung der Diaspora*. Wiesbaden [Springer VS] 2011

HEPP, ANDREAS; BREITER, ANDREAS; FRIEMEL, THOMAS: Digital traces in context. An introduction. In: *International Journal of Communication*, 12, 2018, S. 439-449

HEPP, ANDREAS; BREITER, ANDREAS; HASEBRINK, UWE (Hrsg.): *Communicative figurations. Transforming communications in times of deep mediatization*. London [Palgrave Macmillan] 2018

HEPP, ANDREAS; HASEBRINK, UWE: Kommunikative Figurationen. Ein konzeptioneller Rahmen zur Erforschung kommunikativer Konstruktionsprozesse in Zeiten tiefgreifender Mediatisierung. In: *Medien & Kommunikationswissenschaft*, 65, 2017, S. 330-347

HEPP, ANDREAS; HASEBRINK, UWE: Researching transforming communications in times of deep mediatization. A figurational approach. In: HEPP, ANDREAS; BREITER, ANDREAS; HASEBRINK, UWE (Hrsg.): *Communicative figurations: Transforming communications in times of deep mediatization*. London [Palgrave Macmillan] 2018, S. 51-80

HEPP, ANDREAS; HITZLER, RONALD: Mediatisierung von Vergemeinschaftung und Gemeinschaft. Zusammengehörigkeiten im Wandel. In: KROTZ, FRIEDRICH; DESPOTOVIC, CATHRIN; KRUSE, MERLE (Hrsg.): *Mediatisierung sozialer Welten*. Wiesbaden [Springer VS] 2014, S. 35-51

HEPP, ANDREAS; KROTZ, FRIEDRICH: Mediatized worlds: Understanding everyday mediatization. In: HEPP, ANDREAS; KROTZ, FRIEDRICH (Hrsg.): *Mediatized worlds. Culture and society in a media age*. London [Palgrave] 2014, S. 1-15

HEPP, ANDREAS; LOOSEN, WIEBKE: Pioneer journalism. Conceptualizing the role of pioneer journalists and pioneer communities in the organizational re-figuration of journalism. In: *Journalism*, 22(3), 2021, S. 577-595

HEPP, ANDREAS; LOOSEN, WIEBKE; HASEBRINK, UWE: Jenseits des Computational Turn. Methodenentwicklung und Forschungssoftware in der Kommunikations- und Medienwissenschaft. In: *Medien & Kommunikationswissenschaft*, 69, 2021, S. 1-21

HEPP, ANDREAS; LOOSEN, WIEBKE; HASEBRINK, UWE; REICHERTZ, JO: Konstruktivismus in der Kommunikationswissenschaft. Über die Notwendigkeit einer (erneuten) Debatte. In: *Medien & Kommunikationswissenschaft*, 65, 2017, S. 181-206

HEPP, ANDREAS; LUNT, PETER; HARTMANN, MAREN: Communicative figurations of the good life. Ambivalences surrounding the mediatization of homelessness and the transnational family. In: WANG, HUA (Hrsg.): *Communication and »The Good Life«*. Berlin, New York [Peter Lang] 2015, S. 181-196

HERMAN, EDWARD S.; MCCHESNEY, ROBERT W.: *The global media. The new missionaries of corporate capitalism*. London [Cassell] 1997

HERN, ALEX: A ›privacy-focused‹ Facebook would kill Zuckerberg's business model. In: The Guardian, 07.03.2019, https://www.theguardian.com/commentisfree/2019/mar/07/privacy-focused-facebook-kill-zuckerbergs-business-model [03.03.2021]

HESS, THOMAS; KÖSTER, ANTONIA; STEINER, ROBERT: Journalistic startups in the online world. In: *Management Report*, 3, 2014, http://www.wim.bwl.uni-muenchen.de/download/epub/mreport_2014_3.pdf [27.05.2021]

HINTZ, ARNE; DENCIK, LINA; WAHL-JORGENSEN, KARIN: *Digital citizenship in a datafied society*. Cambridge [Polity] 2019

HITZLER, RONALD; NIEDERBACHER, ARNE: *Leben in Szenen. Formen juveniler Vergemeinschaftung heute*. 3., vollst. überarb. Aufl. Wiesbaden [VS] 2010

HJARVARD, STIG: Soft individualism. Media and the changing social character. In: LUNDBY, KNUT (Hrsg.): *Mediatization. Concept, changes, consequences*. New York [Peter Lang] 2009, S. 159-177

HJARVARD, STIG: *The mediatization of culture and society*. London [Routledge] 2013

HJARVARD, STIG: Mediatization. In: RÖSSLER, PATRICK; HÖFFNER, CYNTHIA A.; ZOONEN, LIESBET VAN (Hrsg.): *International encyclopedia of media effects*. New York [Wiley] 2017, S. 1221-1240

HJARVARD, STIG: The logics of the media and the mediatized conditions of social interaction. In: THIMM, CAJA; ANASTASIADIS, MARIO; EINSPÄNNER-PFLOCK, JESSICA (Hrsg.): *Media logic(s) revisited. Modelling the interplay between media institutions, media technology and societal change*. London [Palgrave Macmillan] 2018, S. 63-84

HOFFMAN, BLAKELEY: Generation AI: Teaching a new kind of tech savvy. In: *Medium*, 03.06.2019, https://medium.com/mit-media-lab/generation-ai-teaching-a-new-kind-of-tech-savvy-623e6821032f [03.03.2021]

HOFFMANN, CHRISTIAN PIETER; LUTZ, CHRISTOPH; RANZINI, GIULIA: Privacy cynicism. A new approach to the privacy paradox. In: *Cyberpsychology. Journal of Psychosocial Research on Cyberspace*, 10 (4), 2016,

HÖFLICH, JOACHIM R.: *Mensch, Computer und Kommunikation. Theoretische Verortungen und empirische Befunde*. Frankfurt/M. [Lang] 2003

HÖFLICH, JOACHIM R.: *Der Mensch und seine Medien. Mediatisierte interpersonale Kommunikation. Eine Einführung*. Wiesbaden [Springer VS] 2016

HOFMANN, JEANETTE; KERSTING, NORBERT; RITZI, CLAUDIA; SCHÜNEMANN, WOLF J. (Hrsg.): *Politik in der digitalen Gesellschaft: Zentrale Problemfelder und Forschungsperspektiven*. Bielefeld [transcript] 2019

HONNETH, AXEL: *Verdinglichung*. Frankfurt/M. [Suhrkamp] 2005

HONNETH, AXEL: *Reification. A new look at an old idea*. Oxford [Oxford University Press] 2008

HONNETH, AXEL: *The I in the we. Studies in the theory of recognition*. London [Polity Press] 2012

HOPKINS, JULIAN: Assembling blog affordances: Theorising affordances and agency in new media. In: EASA *Media Anthropology Network*, 2015, http://www.media-anthropology.net/file/hopkins_assembling_affordances(2).pdf [27.05.2021]

HOVDEN, JAN FREDRIK; MOE, HALLVARD: A sociocultural approach to study public connection across and beyond media. The example of Norway. In: *Convergence. The International Journal of Research into New Media Technologies*, 23, 2017, S. 391-408

HUGHES, THOMAS PARKE: *Networks of power. Electrification in western society, 1880-1930*. Baltimore, MD [Johns Hopkins University Press] 1983

HUNSINGER, JEREMY; SCHROCK, ANDREW: The democratization of hacking and making. In: *New Media & Society*, 18, 2016, S. 535-538

HUTCHBY, IAN: Technologies, texts and affordances. In: *Sociology*, 35, 2001, S. 441-456

INNIS, HAROLD A.: *The Bias of Communication*. Toronto [Toronto UP] 1951

JAMESON, FREDRIC: *Postmodernism, or the cultural logic of late capitalism*. London [Verso] 1991

JANSSON, ANDRÉ: Interveillance. A new culture of recognition and mediatization. In: *Media and Communication*, 3, 2015a, S. 81-90

JANSSON, ANDRÉ: Polymedia distinctions. The sociocultural stratification of interpersonal media practices in couple relationships. In: *Nordicom Review*, 36, 2015b, S. 33-50

JANSSON, ANDRÉ: Critical communication geography. Space, recognition, and the dialectic of mediatization. In: ADAMS, PAUL C.; CUPPLES, JULIE; GLYNN, KEVIN; JANSSON, ANDRÉ; MOORES, SHAUN: *Communications/Media/Geographies*. London [Routledge] 2016, S. 107-143

JANSSON, ANDRÉ: *Mediatization and mobile lives. A critical approach*. London [Routledge] 2018

JASANOFF, SHEILA; SANG-HYUN, KIM (Hrsg.): *Dreamscapes of modernity. Sociotechnical imaginaries and the fabrication of power*. Chicago [University of Chicago Press] 2015

JENKINS, HENRY: *Convergence culture. Where old and new media collide*. New York [New York University Press] 2006

JENSEN, KLAUS BRUHN: *Media convergence. The three degrees of network, mass and interpersonal communication*. London [Routledge] 2010

JENSEN, KLAUS BRUHN: Definitive and sensitizing conceptualizations of mediatization. In: *Communication Theory*, 23, 2013, S. 203-222

JENSEN, KLAUS BRUHN; HELLES, RASMUS: Audiences across media. A comparative agenda for future research on media audiences. In: *International Journal of Communication*, 9, 2015, S. 291-298

JOHANSSON, JOAKIM: The early days of radio in Sweden, Ernst FW Alexanderson and Grimeton radio station SAQ, UNESCO World

Heritage. In: *2013 7th European Conference on Antennas and Propagation*. Göteborg [IEEE] 2013, S. 3148-3152

JOHN, NICHOLAS A.: *The age of sharing*. Cambridge [Polity] 2017

JONES, STEVEN G. (Hrsg.): *Cybersociety 2.0. Revisiting Computer-Mediated Communication and Technology*. London [Sage] 1998

JUST, NATASCHA; LATZER, MICHAEL: Governance by algorithms. Reality construction by algorithmic selection on the Internet. In: *Media, Culture & Society*, 39, 2017, S. 238-258

KAERLEIN, TIMO: The social robot as fetish? Conceptual affordances and risks of neo-animistic theory. In: *International Journal of Social Robotics*, 7, 2015, S. 361-370

KANGAS, SONJA (Hrsg.): *Digital pioneers. Tracing the cultural drivers of future media culture*. Helsinki [Nuorisotutkimusverkosto] 2011

KANNENGIESSER, SIGRID: Reflecting on and engaging with the materiality of media technologies: repairing and fair producing. In: *New Media & Society*, online first DOI: https://doi.org/10.1177/1461444819858081 [03.03.2021], 2019, S. 123-139

KANNENGIESSER, SIGRID: Nachhaltigkeit und das »gute Leben«. In: *Publizistik*, 65, 2020, S. 7-20

KANNENGIESSER, SIGRID; KUBITSCHKO, SEBASTIAN: Acting on media. Influencing, shaping and (re)configuring the fabric of everyday life. In: *Media and Communication*, 5, 2017, S. 1-4

KARANASIOS, STAN; THAKKER, DHAVALKUMAR; LAU, LYDIA; ALLEN, DAVID; DIMITROVA, VANIA; NORMAN, ALISTAIR: Making sense of digital traces. An activity theory driven ontological approach. In: *Journal of the Association for Information Science and Technology*, 64, 2013, S. 2452-2467

KARASTI, HELENA; BAKER, KAREN S.: Infrastructuring for the long-term: Ecological information management. In: *Systemic Science. Proceedings of the 37th Annual Hawaii International Conference*. Los Alamitos, CA [IEEE] 2004, S. 1-10

KATZENBACH, CHRISTIAN: Technologies as institutions. Rethinking the role of technology in media governance constellations. In: JUST, NATASHA; PUPPIS, MANUEL (Hrsg.): *Trends in communica-*

tion policy research. New theories, methods and subjects. Bristol [Intellect] 2012, S. 117-138

KAULINGFREKS, RUUD; WARREN, SAMANTHA: Swarm. Flash mobs, mobile clubbing and the city. In: *Culture and Organization*, 16, 2010, S. 211-227

KAVADA, ANASTASIA: Creating the collective: social media, the Occupy Movement and its constitution as a collective actor. In: *Information, Communication & Society*, 18, 2015, S. 872-886

KAVADA, ANASTASIA: Social movements and political agency in the digital age. A communication approach. In: *Media and Communication*, 4, 2016, S. 8-12

KEEN, ANDREW: *The cult of the amateur.* New York [Doubleday] 2007

KELLY, KEVIN: *The inevitable. Understanding the 12 technological forces that will shape our future.* New York [Viking] 2016

KELTY, CHRISTOPHER M.: *Two bits. The cultural significance of free software.* Durham, London [Duke University Press] 2008

KESSELRING, SVEN; VOGL, GERLINDE: Mobility pioneers. Networks, scapes and flows between first and second modernity. In: BONSS, WOLFGANG; KESSELRING, SVEN; VOGL, GERLINDE (Hrsg.): *Mobility and the cosmopolitain perspective. A workshop at the reflexive modernization research centre.* München [SFB 536] 2004, S. 47-67

KLEIN, JULIANE; SCHIMANK, UWE; WALTER, MICHAEL: How to interview about media repertoires as tacit components of practices – problems and empirical experiences. In: HEPP, ANDREAS; BREITER, ANDREAS; HASEBRINK, UWE (Hrsg.): *Communicative figurations. Transforming communications in times of deep mediatization.* London [Palgrave Macmillan] 2018, S. 363-386

KLINGER, ULRIKE; SVENSSON, JAKOB: The emergence of network media logic in political communication. A theoretical approach. In: *New Media & Society*, 17, 2015, S. 1241-1257

KLINGER, ULRIKE; SVENSSON, JAKOB: The end of media logics? On algorithms and agency. In: *New Media & Society*, 2018, https://doi.org/10.1177/1461444818779750 [27.05.2021]

KNIGHT, MEGAN: Data journalism in the UK. A preliminary analysis of form and content. In: *Journal of Media Practice*, 16, 2015, S. 55-72

KNOBLAUCH, HUBERT: Kommunikationsgemeinschaften. Überlegungen zur kommunikativen Konstruktion einer Sozialform. In: HITZLER, RONALD; HONER, ANNE; PFADENHAUER, MICHAELA (Hrsg.): *Posttraditionale Gemeinschaften. Theoretische und ethnographische Erkundungen*. Wiesbaden [Springer VS] 2008, S. 73-88

KNOBLAUCH, HUBERT: Communicative constructivism and mediatization. In: *Communication Theory*, 23, 2013, S. 297-315

KNOBLAUCH, HUBERT: *Die kommunikative Konstruktion der Wirklichkeit*. Wiesbaden [VS] 2017

KNOBLAUCH, HUBERT; LÖW, MARTINA: On the spatial re-figuration of the social world. In: *Sociologica*, 11, 2017, S. 1-27

KNORR CETINA, KARIN: Scopic media and global coordination. The mediatization of face-to-face encounters. In: LUNDBY, KNUT (Hrsg.): *Mediatization of communication*. Berlin [de Gruyter] 2014, S. 39-62

KNORR CETINA, KARIN; PREDA, ALEX: The temporalization of financial markets. From network to flow. In: *Theory, Culture & Society*, 24, 2007, S. 116-138

KNORR CETINA, KARIN; REICHMANN, WERNER: Living data in financial markets: Concepts and consequences. In: SÜSSENGUTH, FLORIAN (Hrsg.): *Die Gesellschaft der Daten. Über die digitale Transformation der sozialen Ordnung*. Bielefeld [transcript] 2015, S. 147-172

KOBBERNAGEL, CHRISTIAN; SCHRØDER, KIM CHRISTIAN: From everyday communicative figurations to rigorous audience news repertoires. A mixed method approach to cross-media news consumption. In: *MedieKultur. Journal of media and communication research*, 32, 2016, S. 6-31

KOHLER, THOMAS; FÜLLER, JOHANN; MATZLER, KURT; STIEGER, DANIEL: Co-creation in virtual worlds. The design of the user experience. In: *MIS Quarterly*, 35, 2011, S. 773-788

KOSTAKIS, VASILIS; NIAROS, VASILIS; GIOTITSAS, CHRISTOS: Production and governance in hackerspaces. A manifestation of Commons-based peer production in the physical realm. In: *International Journal of Cultural Studies*, 18, 2015, S. 555-573

KRAJINA, ZLATAN; MOORES, SHAUN; MORLEY, DAVID: Non-media-centric media studies. A cross-generational conversation. In: *European Journal of Cultural Studies*, 17, 2014, S. 682-700

KREBS, MATT: Manufacturing expertise for the people. The open source hardware movement in Japan. In: *Ethnographic Praxis in Industry Conference Proceedings 2014*, 2014, S. 20-35

KROTZ, FRIEDRICH: *Mediatisierung. Fallstudien zum Wandel von Kommunikation*. Wiesbaden [Springer VS] 2007a

KROTZ, FRIEDRICH: The meta-process of mediatization as a conceptual frame. In: *Global Media and Communication*, 3, 2007b, S. 256-260

KROTZ, FRIEDRICH: Mediatization as a mover in modernity. In: LUNDBY, KNUT (Hrsg.): *Mediatization of communication*. Berlin, New York [de Gruyter] 2014, S. 131-161

KROTZ, FRIEDRICH: Mediatisierung: Ein Forschungskonzept. In: KROTZ, FRIEDRICH; DESPOTOVIC, CATHRIN; KRUSE, MERLE-MARIE (Hrsg.): *Mediatisierung als Metaprozess*. Wiesbaden [VS] 2017a, S. 13-34

KROTZ, FRIEDRICH: Pfade der Mediatisierung. Bedingungsgeflechte für die Transformationen von Medien, Alltag, Kultur und Gesellschaft. In: KROTZ, FRIEDRICH; DESPOTOVIC, CATHRIN; KRUSE, MERLE-MARIE (Hrsg.): *Mediatisierung als Metaprozess*. Wiesbaden [Springer VS] 2017b, S. 347-364

KROTZ, FRIEDRICH: Media logic and the mediatization approach: A good partnership, a mésalliance, or a misunderstanding? In: THIMM, CAJA; ANASTASIADIS, MARIO; EINSPÄNNER-PFLOCK, JESSICA (Hrsg.): *Media logic(s) revisited. Modelling the interplay between media institutions, media technology and societal change*. London [Palgrave Macmillan] 2018, S. 41-61

KUNELIUS, RISTO; REUNANEN, ESA: Changing power of journalism. The two phases of mediatization. In: *Communication Theory*, 26, 2016, S. 369-388

KURZWEIL, RAY: *Menschheit 2.0. Die Singularität naht*. Berlin [Lola Books] 2014

LAHIRE, BERNARD: *The plural actor*. Cambridge [Policy Press] 2011

LANDERER, NINO: Rethinking the logics. A conceptual framework for the mediatization of politics. In: *Communication Theory*, 23, 2013, S. 239-258

LANGE, BASTIAN: Fablabs und Hackerspaces. Die Rolle der Maker-Community für eine nachhaltige Wirtschaft. In: *Ökologisches Wirtschaften*, 30, 2015, S. 8-9

LARKIN, BRIAN: *Signal and noise. Media, infrastructure, and urban culture in Nigeria*. Durham, London [Duke University Press] 2008

LAZER, DAVID M. J.; BAUM, MATTHEW A.; BENKLER, YOCHAI; BERINSKY, ADAM J.; GREENHILL, KELLY M.; MENCZER, FILIPPO; METZGER, MIRIAM J.; NYHAN, BRENDAN; PENNYCOOK, GORDON; ROTHSCHILD, DAVID; SCHUDSON, MICHAEL; SLOMAN, STEVEN A.; SUNSTEIN, CASS R.; THORSON, EMILY A.; WATTS, DUNCAN J.; ZITTRAIN, JONATHAN L.: The science of fake news. In: *Science*, 359, 2018, S. 1094-1096

LEONARDI, PAUL M.: Materiality, sociomateriality, and socio-technical systems: What do these terms mean? How are they related? Do we need them? In: LEONARDI, PAUL M.; NARDI, BONNIE A.; KALLINIKOS, JANNIS (Hrsg.): *Materiality and organizing. Social interaction in a technological world*. Oxford [Oxford University Press] 2012, S. 25-48

LEVY, STEVEN: *Hackers. Heroes of the computer revolution*. New York [Doubleday] 1984

LEWIS, SETH C.: Journalism in an era of big data. Cases, concepts, and critiques. In: *Digital Journalism*, 3, 2014, S. 321-330

LEWIS, SETH C.; USHER, NIKKI: Open source and journalism. Toward new frameworks for imagining news innovation. In: *Media, Culture & Society*, 35, 2013, S. 602-619

LEWIS, SETH C.; USHER, NIKKI: Code, collaboration, and the future of journalism. A case study of the hacks/hackers global network. In: *Digital Journalism*, 2, 2014, S. 383-393

LEWIS, SETH C.; WESTLUND, OSCAR: Big Data and journalism: Epistemology, expertise, economics, and ethics. In: *Digital Journalism*, 3, 2014, S. 447-466

LIEVROUW, LEAH A.: Materiality and media in communication and technology studies. An unfinished project. In: GILLESPIE, TARLETON; BOCZKOWSKI, PABLO J.; FOOT, KIRSTEN A. (Hrsg.): *Media tech-*

nologies. Essays on communication, materiality, and society. Cambridge, London [MIT Press] 2014, S. 21-51

LINDLOF, THOMAS R.: Media audiences as interpretive communities. In: *Communication Yearbook*, 11, 1988, S. 81-107

LINDLOF, THOMAS R.; SHATZER, MILTON J.; WILKINSON, DANIEL: Accommodation of video and television in the American family. In: LULL, JAMES (Hrsg.): *World families watch television*. London, Thousand Oaks, New Delhi [Sage] 1988, S. 158-192

LING, RICH; DONNER, JONATHAN: *Mobile communication*. Cambridge [Polity] 2009

LINKE, CHRISTINE: Being a couple in a media world. The mediatization of everyday communication in couple relationships. In: *Communications*, 36, 2011, S. 91-111

LIVINGSTONE, SONIA: The mediatization of childhood and education: reflections on the class. In: KRAMP, LEIF; CARPENTIER, NICO; HEPP, ANDREAS; TOMANIĆ TRIVUNDŽA, ILIJA; NIEMINEN, HANNU; KUNELIUS, RISTO; OLSSON, TOBIAS; SUNDIN, EBBA; KILBORN, RICHARD (Hrsg.): *Media practice and everyday agency in Europe*. Bremen [Edition Lumière] 2014, S. 55-68

LIVINGSTONE, SONIA: Audiences in an age of datafication. Critical questions for media research. In: *Television & New Media*, 20, 2019, S. 170-183

LIVINGSTONE, SONIA; LUNT, PETER: Mediatization: An emerging paradigm for media and communication research? In: LUNDBY, KNUT (Hrsg.): *Mediatization of communication*. Berlin, New York [de Gruyter] 2014, S. 703-724

LIVINGSTONE, SONIA M.: Children and their changing media environment. In: LIVINGSTONE, SONIA M.; BOVILL, MOIRA (Hrsg.): *Children and Their Changing Media Environment. An European Comparative Study*. London [Lawrence Erlbaum] 2001, S. 307-333

LIVINGSTONE, SONIA M.: The challenge of changing audiences. Or, what is the audience researcher to do in the age of the internet? In: *European Journal of Communication*, 19, 2004, S. 75-86

LIVINGSTONE, SONIA M.: *Media audiences, interpreters and users*. Berkshire [Open University Press] 2005, S. 10-50

LIVINGSTONE, SONIA M.: On the mediation of everything. In: *Journal of Communication*, 59, 2009, S. 1-18

LOHMEIER, CHRISTINE: The researcher and the never-ending field. Reconsidering big data and digital ethnography. In: HAND, MARTIN; HILLYARD, SAM (Hrsg.): *Studies in Qualitative Methodology*. Bingley [Emerald] 2014, S. 75-89

LOHMEIER, CHRISTINE; BÖHLING, RIEKE: Communicating family memory. Remembering in a changing media environment. In: *Communications*, 42, 2017, S. 277-292

LOMBORG, STINE; FRANDSEN, KIRSTEN: Self-tracking as communication. In: *Information, Communication & Society*, 19, 2015, S. 1015-1027

LOOSEN, WIEBKE: Zur medialen Entgrenzungsfähigkeit journalistischer Arbeitsprozesse. Synergien zwischen Print-, TV-und Online-Redaktionen. In: *Publizistik*, 50, 2005, S. 304-319

LOOSEN, WIEBKE: Four forms of datafied journalism. Journalism's response to the datafication of society. In: *Communicative figurations working paper*, 18, 2018b, S. 1-10

LOOSEN, WIEBKE; REIMER, JULIUS; DE SILVA-SCHMIDT, FENJA: Data-driven reporting – an on-going (r)evolution? An analysis of projects nominated for the Data Journalism Awards 2013-2016. In: *Journalism*, 21, 2020, S. 1246-1263

LOOSEN, WIEBKE; SCHMIDT, JAN: (Re-)discovering the audience. The relationship between journalism and audience in networked digital media. In: *Information, Communication & Society*, 15, 2012, S. 1-21

LOOSEN, WIEBKE; SCHMIDT, JAN-HINRIK: Between proximity and distance. Including the audience in journalism (research). In: FRANKLIN, BOB; ELDRIDGE II, SCOTT A. (Hrsg.): *The Routledge Companion to Digital Journalism Studies*. Abingdon, Oxon [Routledge] 2017, S. 354-363

LOOSEN, WIEBKE: Data-driven gold-standards. What the field values as award-worthy data journalism and how journalism co-evolves with the datafication of society. In: GRAY, JONATHAN; BOUNEGRU, LILIANA (Hrsg.): *The Data Journalism Handbook 2. Towards a Critical Data Practice*. London [European Journalism Centre and Google News Initiative] 2018a

LOOSEN, WIEBKE; SCHOLL, ARMIN: Journalismus im Zeitalter algorithmischer Wirklichkeitskonstruktion. In: *Medien & Kommunikationswissenschaft*, 65, 2017, S. 348-366

LOPATOVSKA, IRENE; RINK, KATRINA; KNIGHT, IAN; RAINES, KIERAN; COSENZA, KEVIN; WILLIAMS, HARRIET; SORSCHE, PERACHYA; HIRSCH, DAVID; LI, QI; MARTINEZ, ADRIANNA: Talk to me: Exploring user interactions with the Amazon Alexa. In: *Journal of Librarianship and Information Science*, 2018, S. 984-997

LOUNSBURY, MICHAEL; KAGHAN, WILLIAM N.: Organizations, occupations and the structuration of work. In: VALLAS, STEVEN (Hrsg.): *The Transformation of work*. Bingley [Emerald] 2001, S. 25-50

LUCKMANN, BENITA: The small life-worlds of modern man. In: *Social Research*, 37, 1970, S. 580-596

LUHMANN, NIKLAS: *Die Gesellschaft der Gesellschaft*. 2 Bde. Frankfurt/M. [Suhrkamp] 1997

LULL, JAMES (Hrsg.): *World families watch television*. London, Thousand Oaks, New Delhi [Sage] 1988

LULL, JAMES: *Inside family viewing. Ethnographic research on television's audiences*. London, New York [Routledge] 1990

LUNDBY, KNUT: Media logic: Looking for social interaction. In: LUNDBY, KNUT (Hrsg.): *Mediatization. Concept, changes, consequences*. New York [Peter Lang] 2009, S. 101-119

LUNDBY, KNUT (Hrsg.): *Mediatization of communication*. Berlin, New York [de Gruyter] 2014

LUNDBY, KNUT: Mediatization of communication. In: LUNDBY, KNUT (Hrsg.): *Mediatization of communication*. Berlin, New York [de Gruyter] 2014, S. 3-35

LUNDBY, KNUT: *Where are audiences in mediatization research?* Paper for the Mediatization section of the 6th ECREA conference, Prag 9.-12. November 2016, 2016

LUNT, PETER; LIVINGSTONE, SONIA: Is ›mediatization‹ the new paradigm for our field? In: *Media, Culture & Society*, 38, 2016, S. 462-470

LUNT, PETER; LIVINGSTONE, SONIA M.: *Media regulation. Governence and the interests of citizens and consumers*. London [Sage] 2012

LUNT, PETER; LIVINGSTONE, SONIA M.: Media studies' fascination with the concept of the public sphere. Critical reflections and emerging debates. In: *Media, Culture & Society*, 35, 2013, S. 87-96

LUPTON, DEBORAH: M-health and health promotion: The digital cyborg and surveillance society. In: *Social Theory & Health*, 10, 2012, S. 229-244

LUPTON, DEBORAH: *Self-tracking cultures. Towards a sociology of personal informatics.* Proceedings of the 26th Australian Computer-Human Interaction Conference on Designing Futures: the Future of Design, 2014, S. 77-86

LUPTON, DEBORAH: *Digital sociology*. London [Routledge] 2015

LUPTON, DEBORAH: *The quantified self*. Cambridge [Polity Press] 2016

LURY, CELIA; DAY, SOPHIE: Algorithmic personalization as a mode of individuation. In: *Theory, Culture & Society*, 36, 2019, S. 17-37

LYON, DAVID: Surveillance, Snowden, and big data. Capacities, consequences, critique. In: *Big Data & Society*, 1, 2014, S. 1-13

LYON, DAVID: Surveillance culture. Engagement, exposure, and ethics in digital modernity. In: *International Journal of Communication*, 11, 2017, S. 19

MACCORMICK, JOHN: *Nine algorithms that have changed the world. The ingenious ideas that drive today's computers*. Princeton, Oxford [Princeton University Press] 2012

MACKENZIE, DONALD: How algorithms interact. Goffman's ›interaction order‹ in automated trading. In: *Theory, Culture & Society*, 36, 2019, S. 39-59

MADIANOU, MIRCA: Polymedia communication and mediatized migration: An ethnographic approach. In: LUNDBY, KNUT (Hrsg.): *Mediatization of communication*. Berlin, New York [de Gruyter] 2014, S. 323-348

MADIANOU, MIRCA; MILLER, DANIEL: *Migration and new media. Transnational families and polymedia*. London [Routledge] 2012

MADIANOU, MIRCA; MILLER, DANIEL: Polymedia. Towards a new theory of digital media in interpersonal communication. In: *International Journal of Cultural Studies*, 16, 2013, S. 169-187

MAJCHRZAK, ANN; FARAJ, SAMER; KANE, GERALD C.; AZAD, BIJAN: The contradictory influence of social media affordances on online communal knowledge sharing. In: *Journal of Computer-Mediated Communication*, 19, 2013, S. 38-55

MANNHEIM, KARL: Das Problem der Generationen. In: MANNHEIM, KARL (Hrsg.): *Wissenssoziologie. Soziologische Texte 28*. Berlin, Neuwied [Luchterhand] 1964, S. 509-565

MANOVICH, LEV: *Software takes command*. New York, London, New Delhi, Sydney [Bloomsbury] 2013

MANSELL, ROBIN: Political Economy, Power and New Media. In: *New Media & Society*, 6, 2004, S. 96-105

MARCINKOWSKI, FRANK: Mediatisation of politics. Reflections on the state of the concept. In: *Javnost – The Public*, 21, 2014, S. 5-22

MARGETTS, HELEN: Rethinking democracy with social media. In: *Political Quarterly*, 90, 2018, S. 107-123

MARR, BERNARD: *Big Data. Using smart big data, analytics and metrics to make better decisions and improve performance*. Chichester [Wiley] 2015

MARSHALL, AASA: Elevating an industry. The Stocksy United story. In: *co-operatives first*, 23.06.2017, https://cooperativesfirst.com/blog/2017/06/23/2017622elevating-an-industry-the-stocksy-united-story/ [03.03.2021] 2017

MARTÍN-BARBERO, JESÚS: *Communication, culture, and hegemony. From the media to mediations*. London, Thousand Oaks, New Delhi [Sage] 1993

MARWICK, ALICE: The public domain. Surveillance in everyday life. In: *Surveillance & Society*, 9, 2012, S. 378-393

MASCHERONI, GIOVANNA: Datafied childhoods. Contextualising datafication in everyday life. In: *Current Sociology*, 68, 2020, S. 798-813

MATTONI, ALICE; TRERÉ, EMILIANO: Media practices, mediation processes, and mediatization in the study of social movements. In: *Communication Theory*, 24, 2014, S. 252-271

MAU, STEFFEN: *Das quantifizierte Wir*. Berlin [Suhrkamp] 2017

MAVRAGANI, AMARYLLIS; GKILLAS, KONSTANTINOS: COVID-19 predictability in the United States using Google Trends time series. In: *Scientific Reports*, 10, 2020, S. 1-12

MAXIGAS, PETER: Hacklabs and hackerspaces – tracing two genealogies. In: *Journal of Peer Production*, 2012, http://peerproduction.net/issues/issue-2/peer-reviewed-papers/hacklabs-and-hackerspaces/ [27.05.2021]

MAXWELL, RICHARD; MILLER, TOBY: *Greening the media*. Oxford [Oxford University Press] 2012

MAYER-SCHÖNBERGER, VIKTOR; CUKIER, KENNETHDATA: *Big data. A revolution that will transform how we live, work and think*. New York [John Murray] 2013

MAZZOLENI, GIANPIETRO: Media logic. In: DONSBACH, WOLFGANG (Hrsg.): *The International Encyclopedia of Communication*. Vol. VII. Oxford [Blackwell Publishing] 2008, S. 2930-2932

MAZZUCATO, MARIANA: *The entrepreneurial state*. London, New York [Anthem Press] 2013

MCCHESNEY, ROBERT W.: *Digital disconnect. How capitalism is turning the internet against democracy*. New York [New Press] 2013

MCGRENERE, JOANNA; HO, WAYNE: Theory of affordances. In: *Graphics interface*, 2000, S. 179-186

MEISTER, MARTIN: When is a robot really social? An outline of the robot sociologicus. In: *Science, Technology & Innovation Studies*, 10, 2014, S. 107-134

MENSING, DONICA H.; RYFE, DAVID M.: Blueprint for change: From the teaching hospital to the entrepreneurial model of journalism education. In: *ISOJ. The Official Research Journal of the International Symposium on Online Journalism*, 2, 2013, S. 144-161

Merten, Lisa: Contextualized Repertoire Maps. In: *Forum Qualitative Sozialforschung* 21 (2), Art. 12

MERZEAU, LOUISE: Présence numérique. Les médiations de l'identité. In: *Les Enjeux de l'information et de la communication*, 1, 2009, S. 79-91

MEYROWITZ, JOSHUA: Medium theory. An alternative to the dominant paradigm of media effects. In: NABI, ROBIN L.; OLIVER, MARY BETH (Hrsg.): *The Sage handbook of media processes and effects*. Thousand Oaks CA [Sage] 2009, S. 517-530

MILAN, STEFANIA: Data activism as the new frontier of media activism. In: PICKARD, VICTOR; YANG, GUOBIN (Hrsg.): *Media activism in the digital age*. New York [Routledge] 2017, S. 151-163

MILAN, STEFANIA; TEN OEVER, NIELS: Coding and encoding rights in internet infrastructure. In: *Internet Policy Review*, 6, 2017, S. 1-17

MILAN, STEFANIA; VELDEN, LONNEKE VAN DER: The Alternative Epistemologies of Data Activism. In: *Digital Culture & Society*, 2, 2016, S. 57-74

MILLER, JAMES: Intensifying mediatization: Everyware media. In: HEPP, ANDREAS; KROTZ, FRIEDRICH (Hrsg.): *Mediatized worlds. Culture and society in a media age*. Houndmills, Basingstoke [Palgrave Macmillan] 2014, S. 107-122

MILLER, JAMES: Mediatization of the automobile. In: DRIESSENS, OLIVIER; BOLIN, GÖRAN; HEPP, ANDREAS; HJARVARD, STIG (Hrsg.): *Dynamics of Mediatization*. Cham [Springer International] 2017, S. 203-223

MILLER, JAMES: Mediatization and the internet of things. In: *Cultural Science Journal*, 11, 2019, S. 1-12

MOORES, SHAUN: Non-media-centric media studies and non-representational theories of practice. In: *New Media, Everyday Life and Social Change*, 2016

MORLEY, DAVID: *Family television. Cultural power and domestic leisure*. London [Comedia] 1986

MORLEY, DAVID: *Home territories. Media, mobility and identity*. London, New York [Routledge] 2000

MORLEY, DAVID: *Media, modernity and technology. The geography of the new*. London, New York [Routledge] 2007

MORLEY, DAVID: For a materialist, non-media-centric media studies. In: *Television & New Media*, 10, 2009, S. 114-116

MORLEY, DAVID; SILVERSTONE, ROGER: Domestic communication. Technologies and meanings. In: *Media, Culture & Society*, 12, 1990, S. 31-55

MOSCO, VINCENT: *To the cloud. Big data in a turbulent world*. St. Paul [Paradigm Publishers] 2014

MOSCO, VINCENT: *Becoming digital. Toward a post-internet society*. Bingley [Emerald] 2017

MUELLER, MILTON L.: *Networks and states. The global politics of internet governance*. Cambridge [MIT Press] 2010

MURDOCK, GRAHAM: Mediatisation and the transformation of capitalism. The elephant in the room. In: *Javnost – The Public*, 24, 2017, S. 119-135

MURTHY, DHIRAJ: Twitter: Microphone for the masses? In: *Media, Culture & Society*, 33, 2011, S. 779-789

NAFUS, DAWN (Hrsg.): *Quantified. Biosensing technologies in everyday life*. Cambridge, London [MIT Press] 2016

NAGY, PETER; NEFF, GINA: Imagined Affordance: Reconstructing a Keyword for Communication Theory. In: *Social Media + Society*, 1, 2015, S. 1-9

NAMBISAN, SATISH; NAMBISAN, PRIYA: *Engaging citizens in co-creation in public services lessons learned and best practices*. Washington, DC [IBM Center for The Business of Government] 2013

NAPOLI, PHILIP M.: Automated media. An institutional theory perspective on algorithmic media production and consumption. In: *Communication Theory*, 24, 2014, S. 340-360

NASSEHI, ARMIN: *Muster. Theorie der digitalen Gesellschaft*. München [C.H. Beck] 2019

NAUGHTON, JOHN: *A brief history of the future. The origins of the internet*. London [Weidenfeld and Nicolson] 1999

NEFF, GINA; NAFUS, DAWN: *Self-Tracking*. Massachusetts [MIT Press] 2016

NEFF, GINA; STARK, DAVID: Permanently beta. Responsive organization in the internet era. In: HOWARD, PHILIP N.; JONES, STEVE (Hrsg.): *Society online*. New Delhi, London [Sage] 2003, S. 173-188

NEFF, GINA; TANWEER, A.; FIORE-GARTLAND, B.; OSBURN, L.: Critique and contribute. A practice-based framework for improving critical data studies and data science. In: *Big Data*, 5, 2017, S. 85-97

NEGROPONTE, NICHOLAS: *Being Digital*. New York [Knopf] 1995

NEGUS, KEITH: The work of cultural intermediaries and the enduring distance between production and consumption. In: *Cultural Studies*, 16, 2002, S. 501-515

NEUMAN, W. RUSSELL: Theories of media evolution. In: NEUMAN, W. RUSSELL (Hrsg.): *Media Technology and society: The challenge of digital convergence*. Ann Arbor [University of Michigan Press] 2010, S. 1-21

NEUMAN, W. RUSSELL; GUGGENHEIM, LAUREN: The evolution of media effects theory: A six-stage model of cumulative research. In: *Communication Theory*, 21, 2011, S. 169-196

NEUMANN-BRAUN, KLAUS; AUTENRIETH, ULLA PATRICIA (Hrsg.): *Freundschaft und Gemeinschaft im Social Web. Bildbezogenes Handeln und Peergroup-Kommunikation auf Facebook & Co.* Baden-Baden [Nomos] 2011

NEWMAN, NIC; FLETCHER, RICHARD; KALOGEROPOULOS, ANTONIS; LEVY, DAVID A. L.; NIELSEN, RASMUS KLEIS: *Reuters institute digital news report 2018*. Oxford [Reuters Institute for the Study of Journalism] 2018

NEWMAN, NIC; FLETCHER, RICHARD; SCHULZ, ANNE; ANDI, SIMGE; NIELSEN, RASMUS KLEIS: *The Reuters Institute digital news report 2020*. Oxford [Reuters Institute for the Study of Journalism] 2020

NIEBORG, DAVID B.; HELMOND, ANNE: The political economy of Facebook's platformization in the mobile ecosystem: Facebook Messenger as a platform instance. In: *Media, Culture & Society*, 2018, S. 196-218

NIMMO, BEN: Robot wars: How bots joined battle in the gulf. In: *Journal of International Affairs*, 71, 2018, S. 87-96

NIXON, SIMON; DU GAY, PAUL: Who needs cultural intermediaries? In: *Cultural Studies*, 16, 2002, S. 495-500

NOBLE, SAFIYA UMOJA: *Algorithms of oppression. How search engines reinforce racism*. New York [NYU Press] 2018

NÖLLEKE, DANIEL; SCHEU, ANDREAS M.: Perceived media logic. A point of reference for mediatization. In: THIMM, CAJA; ANASTASIADIS, MARIO; EINSPÄNNER-PFLOCK, JESSICA (Hrsg.): *Media logic(s) revisited. Modelling the interplay between media institutions, media technology and societal change*. London [Palgrave Macmillan] 2018, S. 195-216

NWANKWO, ALLWELL OKECHUKWU; OGBU, SILK UGWU: Mediatization of life. Exploring the influence of the mobile and other media in Nigeria. In: *Observatorio*, 12, 2018, S. 72-84

O'CONNOR, JUSTIN: Intermediaries and imaginaries in the cultural and creative industries. In: *Regional Studies*, 49, 2013, S. 374-387

O'HARA, KIERON; TUFFIELD, MISCHA M.; SHADBOLT, NIGEL: Lifelogging. Privacy and empowerment with memories for life. In: *IDIS*, 1, 2008, S. 155-172

ONG, SHERYL; SUPLIZIO, AARON: Unpacking the breakout success of the Amazon Echo. In: *experian*, 07.09.2016, https://www.experian.com/innovation/thought-leadership/amazon-echo-consumer-survey.jsp [03.03.2020]

OPERMANN, SIGNE: *Generational Use of News Media in Estonia. Media access, spatial orientations and discursive characteristics of the news media*. PhD thesis, Södertörn University, 2014

OREMUS, WILL: The first news report on the LA earthquake was written by a robot. In: *Slate*, 17.03.2014, https://slate.com/technology/2014/03/quakebot-los-angeles-times-robot-journalist-writes-article-on-la-earthquake.html [03.03.2021]

OUDSHOORN, NELLY; PINCH, TREVOR: *How users matter. The co-construction of users and technologies*. Cambridge, MA [MIT Press] 2003

ØYVIND, IHLEN; PALLAS, JOSEF: Mediatization of coorporations. In: LUNDBY, KNUT (Hrsg.): *Mediatization of communication*. Berlin, New York [de Gruyter] 2014, S. 423-442

PALFREY, JOHN; GASSER, URS: *Generation Internet. Die Digital Natives: Wie sie leben, was sie denken, wie sie arbeiten*. München [Hanser] 2008

PALFREY, JOHN; GASSER, URS: *Born digital. How children grow up in a digital age*. New York [Basic Books] 2016

PARASIE, SYLVAIN; DAGIRAL, ERIC: Data-driven journalism and the public good. »Computer-assisted-reporters« and »programmer-journalists« in Chicago. In: *New Media & Society*, 15, 2013, S. 853-871

PARKS, LISA; STAROSIELSKI, NICOLE: Introduction. In: PARKS, LISA; STAROSIELSKI, NICOLE (Hrsg.): *Signal traffic. Critical studies of media infrastructures*. Urbana, Chicago, Springfield [University of Illinois Press] 2015, S. 1-27

PARKS, LISA; STAROSIELSKI, NICOLE (Hrsg.): *Signal traffic: Critical studies of media infrastructures*. Urbana, Chicago, Springfield [University of Illinois Press] 2015

PASQUALE, FRANK: *The black box society. The secret algorithms that control money and information*. Cambridge [Harvard University Press] 2015

PASSOTH, JAN-HENDRIK; SUTTER, TILLMANN; WEHNER, JOSEF: The quantified listener. Reshaping providers and audiences with calculated measurement. In: HEPP, ANDREAS; KROTZ, FRIEDRICH (Hrsg.): *Mediatized worlds*. London [Palgrave] 2014, S. 271-287

PAUEN, MICHAEL; WELZER, HARALD: *Autonomie. Eine Verteidigung*. Frankfurt/M. [Fischer] 2015

PFADENHAUER, MICHAELA: On the sociality of social robots. A sociology-of-knowledge perspective. In: *Science, Technology & Innovation Studies*, 10, 2014, S. 135-153

PFADENHAUER, MICHAELA; DUKAT, CHRISTOPH: Robot caregiver or robot-supported caregiving? The performative deployment of the social robot PARO in dementia care. In: *International Journal of Social Robotics*, 7, 2015, S. 393-406

PILLER, FRANK T.; IHL, CHRISTOPH; VOSSEN, ALEXANDER: A typology of customer co-creation in the innovation process. In: *Social Science Research Network*, 26, 2010

PINCH, TREVOR J.; BIJKER, WIEBE E.: The social construction of facts and artifacts: Or how the sociology of science and the sociology of technology might benefit each other. In: *Social studies of science*, 14, 1984, S. 399-441

PLANTIN, JEAN-CHRISTOPHE; PUNATHAMBEKAR, ASWIN: Digital media infrastructures: pipes, platforms, and politics. In: *Media, Culture & Society*, 41, 2019, S. 163-174

POSTIGO, HECTOR: The socio-technical architecture of digital labor. Converting play into YouTube money. In: *New Media & Society*, 18, 2016, S. 332-349

POWELL, WALTER W.; DIMAGGIO, PAUL J. (Hrsg.): *The new institutionalism in organizational analysis*. Chicago [University of Chicago Press] 1991

PRENSKY, MARC: *Digital natives, digital immigrants*. In: *On the horizon*, 9 (5), 2001, http://www.marcprensky.com/writing/Prensky%20-%20 Digital%20Natives,%20Digital%20Immigrants%20-%20Part1.pdf [27.05.2021]

PROKOP, DIETER: *Der Kampf um die Medien. Das Geschichtsbuch der neuen kritischen Medienforschung*. Hamburg [VSA] 2001

PURINGTON, AMANDA; TAFT, JESSIE G.; SANNON, SHRUTI; BAZAROVA, NATALYA N.; TAYLOR, SAMUEL HARDMAN: Alexa is my new BFF: social roles, user satisfaction, and personification of the amazon echo. In: *Proceedings of the 2017 CHI Conference Extended Abstracts on Human Factors in Computing Systems*, 2017, S. 2853-2859

PUSCHMANN, CORNELIUS; BURGESS, JEAN: Metaphors of big data. In: *International Journal of Communication*, 8, 2014, S. 1690-1709

QIU, JACK LINCHUAN: *Goodbye iSlave*. Urbana, IL [University of Illinois Press] 2016

QUANDT, THORSTEN: *Journalisten im Netz*. Wiesbaden [VS] 2005

RADWAY, JANICE: Interpretive communities and variable literacies. The functions of romance reading. In: *Daedalus*, 113, 1984, S. 49-73

RAINIE, HARRISON; WELLMAN, BARRY: *Networked. The new social operating system*. Cambridge, MA [MIT Press] 2012

RAMMERT, WERNER: *Technik – Handeln – Wissen. Zu einer pragmatistischen Technik- und Sozialtheorie*. Wiesbaden [VS] 2007

RAO, HAYAGREEVA; MONIN, PHILIPPE; DURAND, RODOLPHE: Institutional change in Toque Ville. Nouvelle cuisine as an identity movement in French Gastronomy. In: *American Journal of Sociology*, 108, 2003, S. 795-843

RATTO, MATT; BOLER, MEGAN (Hrsg.): *DIY citizenship. Critical making and social media*. Cambridge, MA, London [MIT Press] 2014

RECKWITZ, ANDREAS: Toward a theory of social practices. A development in culturalist theorizing. In: *European Journal of Social Theory*, 5, 2002, S. 245-265

RECKWITZ, ANDREAS: Grundelemente einer Theorie sozialer Praktiken. Eine sozialtheoretische Perspektive. In: *Zeitschrift für Soziologie*, 2003, S. 282-301

REICHERTZ, JO: *Die Macht der Worte und der Medien.* 2. Aufl. Wiesbaden [VS] 2008

REICHERTZ, JO: *Kommunikationsmacht. Was ist Kommunikation und was vermag sie? Und weshalb vermag sie das?* Wiesbaden [Springer VS] 2009

REICHERTZ, JO: Communicative power is power over identity. In: *Communications*, 36, 2011, S. 147-168

REICHMANN, WERNER: Epistemic participation. How to produce knowledge about the economic future. In: *Social Studies of Science*, 43, 2013, S. 852-877

REIGELUTH, TYLER BUTLER: Why data is not enoug. Digital traces as control of self and self-control. In: *Surveillance & Society*, 12, 2014, S. 243-254

RHEINGOLD, HOWARD: *Virtuelle Gemeinschaft. Soziale Gemeinschaften im Zeitalter des Computers*. Bonn, Paris, Reading [Addison-Wesley] 1994

RHEINGOLD, HOWARD: *Smart mobs. The next social revolution*. Cambridge, MA [Perseus Publishing] 2003

RIEDER, BERNHARD: Order By Column_name. The Relational Database as Pervasive Cultural Form. In: *»Lived Logics of Database Machinery«. Workshop at the Welcome Collection on June 28, 2012*, 2012, unveröffentlichtes Manuskript

RIESMAN, DAVID: *Die einsame Masse. Eine Untersuchung der Wandlungen des amerikanischen Charakters*. Darmstadt [Luchterhand] 1956

ROGERS, EVERETT M.: *Diffusion of innovations.* 5. Aufl., New York, London [Free Press] 2003

ROITSCH, CINDY: *Kommunikative Grenzziehung. Herausforderungen und Praktiken junger Menschen in einer vielgestaltigen Medienumgebung*. Wiesbaden [Springer VS] 2020

ROSA, HARTMUT: *Beschleunigung. Die Veränderung der Zeitstrukturen in der Moderne*. Frankfurt/M. [Suhrkamp] 2005

ROSENBLAT, ALEX: *Uberland. How algorithms are rewriting the rules of work.* Oakland [University of California Press] 2018

RÖSER, JUTTA (Hrsg.): *MedienAlltag. Domestizierungsprozesse alter und neuer Medien*. Wiesbaden [VS] 2007

RÖSER, JUTTA; MÜLLER, KATHRIN FRIEDERIKE; NIEMAND, STEPHAN; ROTH, ULRIKE: Häusliches Medienhandeln zwischen Dynamik und Beharrung. Die Domestizierung des Internets und die Mediatisierung des Zuhauses 2008-2016. In: KROTZ, FRIEDRICH; DESPOTOVIC, CATHRIN; KRUSE, MERLE-MARIE (Hrsg.): *Mediatisierung als Metaprozess*. Wiesbaden [Springer VS] 2017, S. 139-162

ROSSETTO, LOUIS: Why Wired? In: *Wired*, 1, 1993, S. 1

RÖSSLER, BEATE: *Autonomie. Ein Versuch über das gelungene Leben*. Berlin [Suhrkamp] 2017

RUCKENSTEIN, MINNA: Visualized and interacted life. Personal analytics and engagements with data doubles. In: *Societies*, 4, 2014, S. 68-84

RÜHL, MANFRED: *Die Zeitungsredaktion als organisiertes soziales System*. Düsseldorf [Bertelsmann Universitätsverlag] 1969

RUPPERT, EVELYN: Population Objects – Interpassive Subjects. In: *Sociology*, 45, 2011, S. 218-233

RYAN, MICHAEL: Micro-Macro-Integration. In: RITZER, GEORGE (Hrsg.): *Encyclopedia of social theory.* Vol. 1 [A-M]. Thousand Oaks [Sage] 2005, S. 501-503

SANDERS, ELIZABETH B.-N.; STAPPERS, PIETER J.: Co-creation and the new landscapes of design. In: *CoDesign*, 4, 2008, S. 5-18

SCANNELL, PADDY: Public service broadcasting and modern public life. In: *Media, Culture and Society*, 2, 11, 1989, S. 135-166

SCHÄFER, MIRKO TOBIAS; VAN ES, KARIN (Hrsg.): *The datafied society. Studying culture through data*. Amsterdam [Amsterdam University Press] 2017

SCHATZKI, THEODORE R.; KNORR CETINA, KARIN; VON SAVIGNY, EIKE (Hrsg.): *The practice turn in contemporary theory*. New York [Routledge] 2001

SCHIMANK, UWE: *Handeln und Strukturen. Einführung in die akteurstheoretische Soziologie*. 4. Aufl. Weinheim, Basel [Juventa] 2010

SCHIMANK, UWE: *Gesellschaft*. Bielefeld [transcipt] 2013

SCHMIDT, DOUGLAS C.: *Google data collection,* 15.08.2018. https://digitalcontentnext.org/blog/2018/08/21/google-data-collection-research/ [03.03.2021]

SCHMIDT, JAN: Öffentliche Kindheit in Elternblogs? Ergebnisse einer Befragung von deutschsprachigen Elternbloggerinnen und -bloggern. In: *merz*, 1, 2019, S. 63-69

SCHNAPP, JEFFREY T.; TIEWS, MATTHEW (Hrsg.): *Crowds and collectivities in networked electoral politics*. Stanford [Stanford University Press] 2006

SCHOLZ, TREBOR: Introduction: Why does digital labour matter now? In: SCHOLZ, TREBOR (Hrsg.): *Digital labor. The Internet as playground and factory*. New York [Routledge] 2013, S. 1-9

SCHOLZ, TREBOR: *Uberworked and underpaid. How workers are disrupting the digital economy*. Cambridge [Polity] 2017

SCHOLZ, TREBOR; SCHNEIDER, NATHAN (Hrsg.): *Ours to hack and to own. The rise of platform cooperativism, a new vision for the future of work and a fairer internet*. New York, London [OR books] 2017

SCHROCK, ANDREW RICHARD: Communicative affordances of mobile media. Portability, availability, locatability, and multimediality. In: *International Journal of Communication*, 9, 2015, S. 1229-1246

SCHRØDER, KIM CHRISTIAN: Audience semiotics, interpretive communities and the ›ethnographic turn‹ in media research. In: *Media, Culture & Society*, 16, 1994, S. 337-347

SCHRØDER, KIM: Q-method and news audience research. In: WITSCHGE, TAMARA; ANDERSON, C. W.; DOMINGO, DAVID; HERMIDA, ALFRED (Hrsg.): *The Sage Handbook of Digital Journalism*. New Delhi, London, New York [Sage] 2016,

SCHRØDER, KIM: Towards the ›audiencization‹ of mediatization research? Audience dynamics as co-constitutive of mediatization processes. In: DRIESSENS, OLIVIER; BOLIN, GÖRAN; HEPP, ANDREAS; HJARVARD, STIG (Hrsg.): *Dynamics of mediatization*. London [Palgrave] 2017, S. 85-115

SCHRØDER, KIM C.; GULBRANDSEN, IB T.: Audience. In: HEATH, ROBERT L.; JOHANSEN, WINNI (Hrsg.): *The international encyclopedia of strategic communication*. Boston [Wiley-Blackwell] 2018, S. 1-10

SCHROTT, ANDREA: Dimensions: catch-all label or technical term. In: LUNDBY, KNUT (Hrsg.): *Mediatization. Concept, Changes, Consequences*. New York [Peter Lang] 2009, S. 41-61

SCHULZ, WINFRIED: Reconstructing mediatization as an analytical concept. In: *European Journal of Communication*, 19, 2004, S. 87-101

SCHÜTZ, ALFRED: *Der sinnhafte Aufbau der sozialen Welt. Eine Einleitung in die verstehende Soziologie* [1932]. Frankfurt/M. [Suhrkamp] 1974

SCHÜTZ, ALFRED; LUCKMANN, THOMAS: *The structures of the life-world.* 2 Volumes. Evanston [Northwestern UP] 1973

SCHÜTZ, ALFRED; LUCKMANN, THOMAS: *Strukturen der Lebenswelt. Band 1.* Frankfurt/M. [Suhrkamp] 1979

SCIUTO, ALEX; SAINI, ARNITA; FORLIZZI, JODI; HONG, JASON I.: Hey Alexa, what's up? A mixed-methods studies of in-home conversational agent usage. In: *Proceedings of the 2018 on Designing Interactive Systems Conference 2018*, 2018, S. 857-868

SCOLARI, CARLOS A.: Media evolution. Emergence, dominance, survival and extinction in the media ecology. In: *International Journal of Communication*, 7, 2013, S. 24

SCOTT, SUSAN V.; ORLIKOWSKI, WANDA J.: Entanglements in practice. Performing anonymity through social media. In: *MIS Quarterly*, 38, 2014, S. 873-893

SCOTT, W. RICHARD: *Organizations. Rational, natural, and open systems.* Upper Saddle River [Prentice-Hall] 2001

SCOTT, W. RICHARD; RUEF, MARTIN; MENDEL, PETER J.; CARONNA, CAROL A.: *Institutional change and healthcare organizations. From professional dominance to managed care.* Chicago [University of Chicago Press] 2000

SELKE, STEFAN (Hrsg.): *Lifelogging.* Wiesbaden [Springer VS] 2016

SEN, AMARTYA: *Inequality reexamined.* Oxford [Oxford University Press] 1992

SEN, AMARTYA: *Development as freedom.* Oxford [Oxford University Press] 1999

SHIBUTANI, TAMOTSU: Reference groups as perspectives. In: *American Journal of Sociology*, 60, 1955, S. 562-569

SIIBAK, ANDRA; VITTADINI, NICOLETTA; NIMROD, GALIT: Generations as media audiences. An introduction. In: *Participations*, 11 (2), 2014, S. 100-107

SILVERSTONE, ROGER; HADDON, LESLIE: Design and domestication of information and communication technologies. Technical change and everyday life. In: MANSELL, ROBIN; SILVERSTONE, ROGER (Hrsg.): *Communication by design. The politics of information and communication technologies*. Milton Keynes [Oxford UP] 1998, S. 44-74

SILVERSTONE, ROGER; HIRSCH, ERIC (Hrsg.): *Consuming technologies. Media and information in domestic spaces*. London, New York [Routledge] 1992

SIMMEL, GEORG: *Soziologie. Untersuchungen über die Formen der Vergesellschaftung*. Berlin [Duncker & Humblot] 1908

STAGE, CARSTEN: The online crowd. A contradiction in terms? On the potentials of Gustave Le Bon's crowd psychology in an analysis of affective blogging. In: *Distinktion. Scandinavian Journal of Social Theory*, 14, 2013, S. 211-226

STAR, SUSAN LEIGH; RUHLEDER, KAREN: Steps toward an ecology of infrastructure. Design and access for large information spaces. In: *Information systems research*, 7, 1996, S. 111-134

STARK, LUKE; LEVY, KAREN: The surveillant consumer. In: *Media, Culture & Society*, 40, 2018, S. 1202-1220

STAROSIELSKI, NICOLE: Fixed flow. Undersea cables as media infrastructure. In: PARKS, LISA; STAROSIELSKI, NICOLE (Hrsg.): *Signal traffic. Critical studies of media infrastructures*. Urbana, Chicago, Springfield [University of Illinois Press] 2015, S. 53-70

STAROSIELSKI, NICOLE: Pipeline ecologies. Rural entanglements of fiber-optic cables. In: STAROSIELSKI, NICOLE; WALKER, JANET (Hrsg.): *Sustainable media. Critical approaches to media and environment*. London [Routledge] 2017, S. 38-55

STORSUL, TANJA; STUEDAHL, DAGNY (Hrsg.): *Ambivalence towards convergence. Digitalization and media change*. Göteborg [Nordicom] 2007

STRATE, LANCE: *Media ecology. An approach to understanding the human condition*. New York [Peter Lang] 2017

STRAUSS, ANSELM: A social world perspective. In: *Studies in Symbolic Interaction*, 1, 1978, S. 119-128

STRAY, JONATHAN: *What's with this programmer-journalist identity crisis?* 05.10.2011. http://jonathanstray.com/whats-with-this-programmer-journalist-identity-crisis [03.03.2021]

STRIPHAS, TED: Algorithmic culture. In: *European Journal of Cultural Studies*, 18, 2015, S. 395-412

STRÖMBÄCK, JESPER; ESSER, FRANK: Introduction. In: *Journalism Practice*, 8, 2014a, S. 245-257

STRÖMBÄCK, JESPER; ESSER, FRANK: Mediatization of politics: Towards a theoretical framework. In: ESSER, FRANK; STRÖMBÄCK, JESPER (Hrsg.): *Mediatization of politics. Understanding the transformation of Western democracies*. Houndmills [Palgrave Macmillan] 2014b, S. 3-28

STRÜBING, JÖRG; PASSOTH, JAN-HENDRIK; GUGUTZER, ROBERT; DUTTWEILER, STEFANIE (Hrsg.): *Leben nach Zahlen. Self-Tracking als Optimierungsprojekt?* Bielefeld [transcript] 2016

STUKAL, DENIS; SANOVICH, SERGEY; BONNEAU, RICHARD; TUCKER, JOSHUA A.: Detecting bots on Russian political Twitter. In: *Big Data*, 5, 2017, S. 310-324

STUKAL, DENIS; SANOVICH, SERGEY; BONNEAU, RICHARD; TUCKER, JOSHUA A.: The use of Twitter bots in Russian political Communication. In: PONARS *Eurasia Policy Memo*, 564, 2019, S. 1-10

SUCHMAN, LUCY; TRIGG, RANDALL; BLOMBERG, JEANETTE: Working artefacts. Ethnomethods of the prototype. In: *British Journal of Sociology*, 53, 2002, S. 163-179

SUMANTRAN, VENKAT; FINE, CHARLES; GONSALZEZ, DAVID: *Faster, smarter, greener. The future of the car and urban mobility*. Cambridge, London [MIT Press] 2017

TAPSCOTT, DON: *Growing up digital: The rise of the net generation*. New York [McGraw-Hill] 1998

TAYLOR, LINNET: What is data justice? The case for connecting digital rights and freedoms globally. In: *Big Data & Society*, 4, 2017, S. 1-14

THIMM, CAJA: Media Technology and media logic(s): The media grammar approach. In: THIMM, CAJA; ANASTASIADIS, MARIO; EINSPÄNNER-PFLOCK, JESSICA (Hrsg.): *Media logic(s) revisited. Modelling the interplay between media institutions, media technology and societal change.* London [Palgrave Macmillan] 2018, S. 111-132

THIMM, CAJA; ANASTASIADIS, MARIO; EINSPÄNNER-PFLOCK, JESSICA: Media Logic or media logics? An introduction to the field. In: THIMM, CAJA; ANASTASIADIS, MARIO; EINSPÄNNER-PFLOCK, JESSICA (Hrsg.): *Media logic(s) revisited. Modelling the interplay between media institutions, media technology and societal change.* London [Palgrave Macmillan] 2018, S. 1-8

THIMM, CAJA; ANASTASIADIS, MARIO; EINSPÄNNER-PFLOCK, JESSICA (Hrsg.): *Media logic(s) revisited. Modelling the interplay between media institutions, media technology and societal change.* London [Palgrave Macmillan] 2018

THOMPSON, JOHN B.: *The media and modernity. A social theory of the media.* Cambridge [Cambridge University Press] 1995

THORNHAM, HELEN: Algorithmic vulnerabilities and the datalogical. Early motherhood and tracking-as-care regimes. In: *Convergence. The International Journal of Research into New Media Technologies*, 25, 2019, S. 171-185

THORNTON, PATRICIA; OCASIO, WILLIAM; LOUNSBURY, MICHAELEIGE: *The institutional logics perspective. A new approach to culture, stucture, and process.* Oxford [Oxford University Press] 2012

THURMAN, NEIL; DÖRR, KONSTANTIN; KUNERT, JESSICA: When reporters get hands-on with robo-writing. In: *Digital Journalism*, 5, 2017, S. 1240-1259

TIFENTALE, ALISE; MANOVICH, LEV: *Competitive photography and the presentation of the self.* 2016. http://manovich. net/index. php/projects/competitive-photography-and-thepresentation-of-the-self [25.11.2016]

TOFFLER, ALVIN: *Future Shock.* New York [Random House] 1970

TORRES, EDUARDO CINTRA; MATEUS, SAMUEL (Hrsg.): *From multitude to crowds. Collective action and the media.* Berlin [Peter Lang] 2015

TOWNLEY, BARBARA: The institutional logic of performance appraisal. In: *Organization Studies*, 18, 1997, S. 261-285

TSVETKOVA, MILENA; GARCÍA-GAVILANES, RUTH; FLORIDI, LUCIANO; YASSERI, TAHA: Even good bots fight. The case of Wikipedia. In: *PLoS One*, 12, 2017, S. 1-13

TURKLE, SHERRY: Sociable technologies: Enhancing human performance when the computer is not a tool but a companion. In: ROCO, MIHAIL C; BAINBRIDGE, WILLIAM SIMS (Hrsg.): *Converging technologies for improving human performance*. Arlington, VA [National Science Foundation] 2002, S. 150-158

TURKLE, SHERRY: *Reclaiming conversation. The power of talk in a digital age*. New York [Penguin] 2015

TURNER, FRED: *From counterculture to cyberculture. Stewart Brand, the Whole Earth Network, and the rise of digital utopianism*. Chicago [University of Chicago Press] 2006a

TURNER, FRED: Prototype. In: PETERS, BENJAMIN (Hrsg.): *Digital keywords. A vocabulary of information, society and culture*. Princeton, Oxford [Princeton University Press] 2016, S. 256-268

TURNER, FRED: Millenarian tinkering. The puritan roots of the maker movement. In: *Technology and Culture*, 59, 2018, S. 160-182

TURNER, JONATHAN: Micro-macro theory. In: TURNER, BRYAN S. (Hrsg.): *The Cambridge Dictionary of Sociology*. Cambridge [Cambridge University Press] 2006b, S. 383-384

TURNER, PHIL: Affordance as context. In: *Interacting with Computers*, 17, 2005, S. 787-800

TUROW, JOSEPH: *The daily you. How the new advertising industry is defining your identity and your worth*. New Haven, London [Yale UP] 2011

TUROW, JOSEPH: *The aisles have eyes. How retrailers track your shopping, strip your privacy and define your power*. New Haven, London [Yale University Press] 2017

ULAM, STANISLAW: Tribute to John von Neumann 1903-1957. In: *Bulletin of the American mathematical society*, 64, 1958, S. 1-49

ULLMAN, ELLEN: *Close to the machine. Technophilia and its discontents*. San Francisco [City Lights Books] 1997

USHER, NIKKI: *Interactive journalism. Hackers, data, and code*. Reprint. Illinois [University of Illinois Press] 2016

USHER, NIKKI: Venture-backed news startups and the field of journalism. Challenges, changes, and consistencies. In: *Digital Journalism*, 5, 2017, S. 1116-1133

VAN DIJCK, JOSÉ; POELL, THOMAS: Understanding social media logic. In: *Media and Communication*, 1, 2013, S. 2-14

VAN DIJCK, JOSÉ; POELL, THOMAS; DE WAAL, MARTIJN: *The platform society*. Oxford [Oxford University Press] 2018

VAROL, ONUR; FERRARA, EMILIO; DAVIS, CLAYTON A.; MENCZER, FILIPPO; FLAMMINI, ALESSANDRO: Online human-bot interactions. Detection, estimation, and characterization. In: *Proceedings of the International AAAI Conference on Web and Social Media*, 11 (1), 2017, http://arxiv.org/abs/1703.03107v2 [27.05.2021]

VÁZQUEZ SCHAICH, MARIA JOSE; KLEIN, JEFFREY S.: Entrepreneurial Journalism Education. Where Are We Now? In: *Observatorio*, 7, 2013, S. 185-211

VICARI, JAKOB: *Journalismus der Dinge. Strategien für den Journalismus 4.0*. Köln [Herbert von Halem] 2019

VINGE, VERNOR: *Technological Singularity*. San Diego [Department of Mathematical Sciences, San Diego State University] 1993

VITTADINI, NICOLETTA; SIIBAK, ANDRA; CARPENTIER REIFOVÁ, IRENA; BILANDZIC, HELENA: Generations and media. The social construction of generational identity and differences. In: CARPENTIER, NICO; SCHRØDER, KIM; HALLET, LAWRIE (Hrsg.): *Transforming Audiences*. London [Routledge] 2013, S. 65-81

VOLKMER, INGRID: Globalization, Generational Entelechies, and the Global Public Space. In: VOLKMER, INGRID (Hrsg.): *News in Public Memory. An International Study of Media Memories Across Generations*. New York [Peter Lang] 2006, S. 251-268

VOS, TIM P.; SINGER, JANE B.: Media discourse about entrepreneurial journalism. In: *Journalism Practice*, 10, 2016, S. 143-159

WACHELDER, JOSEPH: Regeneration. Generations remediated. In: *Time & Society*, 28, 2019, S. 883-903

WAGEMANS, ANDREA; WITSCHGE, TAMARA; DEUZE, MARK: Ideology as resource in entrepreneurial journalism. In: *Journalism Practice*, 10, 2016, S. 160-177

WAGEMANS, ANDREA; WITSCHGE, TAMARA; HARBERS, FRANK: Impact as driving force of journalistic and social change. In: *Journalism*, 20, 2019, S. 552-567

WAHL-JORGENSEN, KARIN: News production, ethnography and power. On the challenges of newsroom-centricity. In: BIRD, S. ELIZABETH (Hrsg.): *Journalism and anthropology*. Bloomington [Indiana University Press] 2009, S. 21-35

WALDE, CARL-HENRIK: Swedish submarine communication during 100 years, the role of Ernst FW Alexanderson, and how the Royal Swedish Navy helped Varberg radio at Grimeton (SAQ) to world heritage status. In: *Tidskrift i Sjöväsendet*, 4, 2006, S.379-392

WANG, HELEN (Hrsg.): *Communication and »the good life«*. New York [Peter Lang] 2015

WANG, SHAN: This hyperlocal news site in San Francisco is reinventing itself with an automated local news wire. In: *Nieman Journalism Lab*, 05.02.2018, http://www.niemanlab.org/2018/02/this-hyperlocal-news-site-in-san-francisco-is-reinventing-itself-with-an-automated-local-news-wire/ [27.05.2021cs]

WAXMAN, OLIVIA B.: It's been 10 years since you were named TIME's person of the year. In: *Time*, 07.12.2016, https://time.com/4586842/person-of-the-year-2006-2016/ [03.03.2021]

WEBER, MAX: *Gesammelte Aufsätze zur Wissenschaftslehre*. 7. Aufl. Tübingen [Mohr/UTB] 1988

WEHNER, JOSEF: »Numerische Inklusion« – Wie die Medien ihr Publikum beobachten. In: SUTTER, TILMANN; MEHLER, ALEXANDER (Hrsg.): *Medienwandel als Wandel von Interaktionsformen*. Wiesbaden [VS] 2010, S. 183-210

WEICK, KARL E.: *The social psychology of organizing*. 2. Aufl. New York [McGraw] 1979

WEICK, KARL E.; SUTCLIFFE, KATHLEEN M.; OBSTFELD, DAVID: Organizing and the process of sensemaking. In: *Organization Science*, 16, 2005, S. 409-421

WEISSMAN, CALE GUTHRIE: How Amazon helped Cambridge Analytica harvest Americans' Facebook data. In: *Fast Company*, 27.03.2018, https://www.fastcompany.com/40548348/

how-amazon-helped-cambridge-analytica-harvest-americans-facebook-data [03.03.2021]

WELLMAN, BARRY; QUAN-HAASE, ANABEL; BOASE, JEFFREY; CHEN, WENHONG; HAMPTON, KEITH; DÍAZ, ISABEL; MIYATA, KAKUKO: The social affordances of the internet for networked individualism. In: *Journal of Computer-Mediated Communication*, 8, 2003, http://onlinelibrary.wiley.com/doi/10.1111/j.1083-6101.2003.tb00216.x/full [27.05.2021]

WENGER, ETIENNE: *Communities of practice. Learning, meaning, and identity*. Cambridge [Cambridge University Press] 1999

WILKE, JÜRGEN: The history and culture of the newsroom in Germany. In: *Journalism Studies*, 4, 2003, S. 465-477

WILLIAMS, RAYMOND: Problems of the coming period. In: *New Left Review*, 140, 1983, S. 7-18

WILLIAMS, RAYMOND: *Television. Technology and cultural form*. London, New York [Routledge] 1990

WINTER, RAINER: Cyberpunks. Zur Wirklichkeitserfahrung in Netzkulturen. In: MIKOS, LOTHAR; NEUMANN, NORBERT (Hrsg.): *Medien – Wirklichkeit – Erfahrung*. Berlin [Vistas] 2002, S. 77-92

WINTER, RAINER; ECKERT, ROLAND: *Mediengeschichte und kulturelle Differenzierung. Zur Entstehung und Funktion von Wahlnachbarschaften*. Opladen [Leske + Budrich] 1990

WITSCHGE, TAMARA: Passive accomplice or active disruptor. The role of audiences in the mediatization of politics. In: *Journalism Practice*, 8, 2014, S. 342-356

WITTEL, ANDREAS: Digital Marx. Toward a political economy of distributed media. In: *tripleC*, 10, 2012, S. 313-333

WOHLRAB-SAHR, MONIKA: Säkularisierungsprozesse und kulturelle Generationen. In: BURKART, G.; WOLF, J. (Hrsg.): *Lebenszeiten. Erkundungen zur Soziologie der Generation*. Wiesbaden [VS] 2002, S. 209-228

YOUNG, MARY LYNN; HERMIDA, ALFRED: From Mr. and Mrs. Outlier to central tendencies. Computational journalism and crime reporting at the Los Angeles Times. In: *Digital Journalism*, 3, 2015, S. 381-397

ZELFMAN, IGAL: Bot traffic report 2016. In: *imperia*, 24.01.2017, https://www.imperva.com/blog/bot-traffic-report-2016/ [03.03.2021]

ZERVAS, GEORGIOS; PROSERPIO, DAVIDE; BYERS, JOHN: The rise of the sharing economy. Estimating the impact of Airbnb on the hotel industry. In: *Boston University School of Management Research Paper*, 2014, S. 687-705

ZILLIEN, NICOLE: Die (Wieder-)Entdeckung der Medien. Das Affordanzkonzept in der Mediensoziologie. In: *Sociologia Internationalis*, 46, 2008, S. 161-181

ZUBOFF, SHOSHANA: *Das Zeitalter des Überwachungskapitalismus*. Frankfurt/M., New York [Campus] 2018

ZUBOFF, SHOSHANA: Surveillance capitalism and the challenge of collective action. In: *New Labor Forum*, 28, 2019, S. 10-12

ZUCKERBERG, MARK: The Internet needs new rules. Let's start in these four areas. In: *The Washington Post*, 30.03.2019, https://www.washingtonpost.com/opinions/mark-zuckerberg-the-internet-needs-new-rules-lets-start-in-these-four-areas/2019/03/29/9e6f0504-521a-11e9-a3f7-78b7525a8d5f_story.html [03.03.2021]

REGISTER

A

B

C

D

E

F

G

H

I

J

K

L

M

N

O

P

Q

T

Schriften zur Rettung des öffentlichen Diskurses

PETER SEELE

Künstliche Intelligenz und Maschinisierung des Menschen

Schriften zur Rettung des öffentlichen Diskurses, 1

2020, 200 S., 190 x 120 mm, dt.

ISBN (Print) 978-3-86962-512-6
ISBN (PDF) 978-3-86962-513-3
ISBN (ePub) 978-3-86962-514-0

Mit den künstlichen Intelligenzen verhält es sich wie mit künstlichen Tränen: Sie erfüllen einen instrumentellen Zweck. Dieser lässt sich aber in keiner Weise mit jenen komplex-schillernden Gefühlen verbinden, die wir in Freude oder Trauer empfinden – und die uns zum Menschen machen. Der Essay stellt fünf Thesen auf, die aus zwei (unfreiwillig komischen) Dialogen mit künstlich intelligenten Chatbots abgeleitet werden. Das Ergebnis lautet: Nicht nur die Maschinen werden menschenähnlicher – auch die Menschen werden durch die Digitalisierung immer mehr zu ›Datenhaufen‹ und maschinenähnlicher. Daraus ergibt sich die Frage, welche Auswirkungen Chatbots auf den öffentlichen Diskurs haben und haben werden.

HERBERT VON HALEM VERLAG

Schanzenstr. 22 · 51063 Köln
http://www.halem-verlag.de
info@halem-verlag.de

Schriften zur Rettung des öffentlichen Diskurses

STEPHAN RUSS-MOHL (Hrsg.)

Streitlust und Streitkunst.
Diskurs als Essenz der Demokratie

Schriften zur Rettung des öffentlichen Diskurses, 3
2020, ca. 448 S., Broschur, 190 x 120 mm, dt.

ISBN (Print) 978-3-86962-552-2
ISBN (PDF) 978-3-86962-553-9
ISBN (ePub) 978-3-86962-554-6

Zuletzt die Corona-Pandemie, davor die Klimakatastrophe und die Migrationskrise – die öffentliche Diskussion polarisiert sich, sie wird schriller und der Umgangston rauer, ja oftmals unerträglich. Auf der Strecke bleiben Streitlust, Streitkunst und Diskurse, die in der Tradition der Aufklärung nach tragfähigen politischen Kompromissen in unseren Demokratien suchen.

Im vorliegenden Band leuchten Experten und Kritiker am Beispiel verschiedener Themenfelder aus, ob und inwieweit es in der Aufmerksamkeitsökonomie und als Folge der Digitalisierung Diskursversagen gibt. Welche Schäden entstehen dadurch dem Gemeinwesen? Und was lässt sich tun, um zivilgesellschaftliche Diskurse als Ringen um Problemlösungen wiederzubeleben?

Der Reader ist als Einführungsband in die *Schriften zur Rettung des öffentlichen Diskurses* konzipiert.

HERBERT VON HALEM VERLAG

Schanzenstr. 22 · 51063 Köln
http://www.halem-verlag.de
info@halem-verlag.de

HERMANN ROTERMUND

Nach dem Rundfunk.
Die Transformation eines
Massenmediums zum Online-Medium

2021, 380 S., 3 Abb.,
Broschur, 213 x 142 mm, dt.

ISBN (Print) 978-3-86962-556-0
ISBN (PDF) 978-3-86962-557-7
ISBN (ePub) 978-3-86962-558-4

Radio und Fernsehen, so die Ausgangsthese des Buchs, haben den Zenit ihrer Bedeutung für die private und öffentliche Kommunikation überschritten. Eine Legitimationskrise speziell der öffentlich-rechtlichen Medien wird allerdings von diesen selbst bestritten. Der Autor analysiert aus soziologischer Sicht den Medienwandel, die Leitideen des rechtlichen Rundfunkauftrags und die Organisationsstrukturen der öffentlich-rechtlichen Anstalten. Er belegt so die historische Inadäquatheit der existierenden gemeinnützigen Medien und die Notwendigkeit ihrer Transformation. Die Ausformulierung von Szenarien zeigt Möglichkeiten des Aufbaus von Online-Medien, in denen Inhalte und das Organisationshandeln dem Konzept des Public Value verpflichtet bleiben.

HERBERT VON HALEM VERLAG

Schanzenstr. 22 · 51063 Köln
http://www.halem-verlag.de
info@halem-verlag.de